카이사르의
갈리아 전쟁기

옮긴이_ 김한영

서울대 미학과를 졸업했고 서울예대에서 문예창작을 공부했다. 현재 전문 번역가로 활동 중이다. 옮긴 책으로는 『언어 본능』(공역), 『빈 서판』, 『본성과 양육』, 『에필로그』, 『사랑을 위한 과학』, 『디지털 생물학』, 『이머전스』, 『만화의 역사』, 『미국의 거짓말』, 알랭 드 보통의 『로맨스』, 『섹스 쇼핑 그리고 소설』 등이 있다. 『빈 서판』으로 45회 한국백상출판문화 번역상을 수상했다.

카이사르의 갈리아 전쟁기
Commentarii De Bello Gallico

1판 1쇄 발행_ 2005년 7월 10일
1판 18쇄 발행_ 2018년 3월 10일

지은이_ 가이우스 율리우스 카이사르
옮긴이_ 김한영
펴낸이_ 권선희

펴낸곳_ 사이
출판등록_ 제313-2004-00205호
주소_ 121-819 서울시 마포구 동교동 198-24 재서빌딩 501호
전화_ 02-3143-3770
팩스_ 02-3143-3774

ⓒ 사이, 2005, Printed in Seoul, Korea

ISBN 89-956713-0-0 03900

값 15,000원

* 잘못된 책은 바꿔드립니다.

카이사르의
갈리아 전쟁기

가이우스 율리우스 카이사르 지음
김한영 옮김

사이

차례

서문

문사 카이사르
전쟁터에서… 글을 쓰다 9

무사 카이사르
군인의 윤리를 알다, 리더의 윤리를 알다 18

카이사르, 그의 삶과 죽음 22

제1권 기원전 58년
카이사르 42세, 갈리아 전쟁 1년째
침입자 헬베티족과의 전쟁 32 | 아리오비스투스와의 전쟁 60

제2권 기원전 57년
카이사르 43세, 갈리아 전쟁 2년째
벨가이 정복 88

제3권 기원전 56년
카이사르 44세, 갈리아 전쟁 3년째
알프스 산악 부족과의 전투 122 | 바다에서의 불리한 전투 126
부하 장교들의 승전보 136 | 모리니족 답사 144

제4권 기원전 55년
카이사르 45세, 갈리아 전쟁 4년째
게르만인과의 살육전 148 | 최초의 라인 강 도하 159
브리타니아 상륙 작전 165

제5권 기원전 54년
카이사르 46세, 갈리아 전쟁 5년째
제2차 브리타니아 원정 184 | 로마군 최대의 참사 203
네르비족의 총공격 214 | 갈리아인들의 음모 227

제6권 기원전 53년
카이사르 47세, 갈리아 전쟁 6년째
트레베리족의 반란 234 | 제2차 라인 강 도하 243
갈리아의 풍습과 제도 244 | 게르마니아의 풍습과 제도 252
암비오릭스 추격 256

제7권 기원전 52년
카이사르 48세, 갈리아 전쟁 7년째
갈리아 대반란의 조짐 270 | 아바리쿰 점령 280
게르고비아에서의 패배 298 | 갈리아 총반란, 하이두이족 변절 316
알레시아 공방전 328

제8권 기원전 51년
카이사르 49세, 갈리아 전쟁 8년째
아울루스 히르티우스 서문 352 | 갈리아 평정을 위한 전투 354
갈리아 최후의 전투 369 | 임박한 내전 386

옮긴이의 글 392
카이사르 연표 394

일러두기 1

이 책의 서문과 본문은 H. J. Edwards의 『*Caesar: The Gallic War*』(Harvard University Press)와 Harry F. Towle & Paul R. Jenks의 『*Commentarii De Bello Gallico*』(D. C. Heath & CO., Publishers)를 주 텍스트로 삼았습니다.

서문

문사 카이사르, 전쟁터에서 글을 쓰다

·

무사 카이사르, 군인의 윤리를 알다, 리더의 윤리를 알다

·

카이사르, 그의 삶과 죽음

문사文士 카이사르
전쟁터에서… 글을 쓰다

> 카이사르의 글은 간결하고 질박하고 힘이 있으며,
> 결코 화려한 수식이 없다.
> 어떤 경우에도 흔들리지 않는 냉철한 관찰력,
> 생사의 고비에서도 잃지 않는 객관성,
> 또한 격렬한 전투 상황에 대한 생동감 있는 그의 묘사는
> 전쟁 문학의 수준을 한 단계 끌어올렸다는 평가를 받는다.

글 쓰는 무사武士

로마사뿐 아니라 서양사에 한 획을 그은 가이우스 율리우스 카이사르. 그는 로마의 정치가이자 전쟁 영웅이며, 내전에서 승리한 로마 제일의 권력자이다. 반면 공화정 체제의 파괴자로, 또는 그와 반대로 제정帝政의 초석을 굳힌 자로 상반되게 평가된다. 정치가로서 카이사르에 대한 역사의 평가는 관점에 따라 시대에 따라 학자마다 제각기 다양한 의견을 보인다. 그러나 문사文士, 문인文人으로서의 그에 대한 평가만큼은 한결같다.

방대한 독서량, 폭넓은 저술 활동

카이사르의 천재성이 그의 정치적 야망이 요구하는 수준을 훨씬 넘어선 또 하나의 분야는 저술이었다. 언어 전달 능력과 문장력이 뛰어났던 그의 독서량은, 당대 최고의 지식인이었던 키케로도 인정할 정도로 방대했다. 많은 독서량과 함께, 그는 수많은 전투를 치르는 와중에도 피비린내 나는 전쟁터에서 수시로 글을 써 다양한 책을 출간했다. 알프스 산맥을 넘어가는 행군 중에는 일종의 문장독본 책인 『유추론 De Analogia』을 쓰기도 했으며 시와 산문, 편지 등도 수없이 많이 남겼다.

이 가운데 그의 연설문과 편지 및 소책자는 모두 없어졌고, 그가 쓴 책으로 현재까지 남아 있는 것은 그가 마흔이 넘어 시작하게 된 8년간의 갈리아 전쟁을 기록한 책 『갈리아 전쟁기 De Bello Gallico』와, 원로원의 명령을 거부하고 루비콘 강을 건넘으로써 조국 로마에 반기를 들면서 시작되는 로마 내전을 기록한 책 『내전기 De Bello Civili』단 두 권뿐이다. 라틴어로 쓰인 이 두 권의 책은 현재까지도 라틴 문학의 정수로 평가받고 있다.

『갈리아 전쟁기』와 『내전기』

특히 기원전 58년부터 기원전 51년까지, 그의 전체 인생 중 6분의 1의 시간을 보내며 치른 갈리아 전쟁을 온전히 기록으로 남긴 『갈리아 전쟁기』는 그의 대표작으로, 격렬한 전투 상황에 대한 객관적이고 생동감 있는 묘사로 전쟁 문학의 수준을 한 단계 끌어올렸다는 평가를 받는다. 또한 군더더기 없이 간결하고 명료한 문체 때문에 초급 라틴어 과정을 이수한 학생들이 라틴어 원전으로 공부를 할 때 가장 많이 교본으로 이용하는 책이기도 하다.

또 다른 저서 『내전기』에서 카이사르는 기원전 49년 1월 12일 50세의 나이로 루비콘 강을 건너면서 그 유명한 "주사위는 던져졌다 Iacta Alea Est!"는 말로 내전을 선포하면서 원로원파와 하나가 된 폼페이우스를 상대로 벌이는 내전 상황을 생생히 기록하고 있다. 이 책에서 카이사르는 알렉산드리아 전쟁이 시작되기 전인 기원전 48년까지의 전쟁 상황을 기록하면서 폼페이우스가 살해당하는 장면을 끝으로 자신의 글을 마감한다.

그 뒤에 이어지는 이집트의 클레오파트라 왕위 계승 문제와 관련된 내분에 휩싸여 벌이는 이집트 전쟁과, "왔노라, 보았노라, 이겼노라."의 전투를 묘사한 『알렉산드리아 전쟁기』는 카이사르가 구술하는 것을 그의 비서이자 친구인 히르티우스가 받아 적었다. 또한 아프리카에서 폼페이우스파의 잔여 세력을 소탕하는 전투를 다룬 『아프리카 전쟁기』와, 폼페이우스의 두 아들을 물리침으로써 5년여에 걸친 내전에 종지부를 찍게 되는 『스페인 전쟁기』도 카이사르가 직접 구술을 하고 그의 참모가 받아 적은 것으로 알려지고 있다.

문학성 있는 보고 문학

카이사르는 『갈리아 전쟁기』와 『내전기』에 〈실록〉 또는 〈보고報告〉를 가리키는 의미로 〈회고록Commentarii〉이란 말을 붙였다. 이것으로 보아 그의 의도는 솔직하고 객관적인 보고 문학reportage에 있었다고 짐작된다. 그리고 이러한 제목 때문에 두 책은 역사 서술을 위한 사료로 간주되기도 한다.

  카이사르의 글에 나타나 있는 천재성의 증거는, 그 글이 비록 보고 혹은 정보 전달을 위해, 또는 카이사르 자신의 개인적 권력 기반 확보라는 측면에서 쓰였다 할지라도, 뛰어난 문학적 가치를 갖고 있다는 점이다. 그 글의 목적을 간파한 독자라 하더라도 그 글을 뛰어난 예술 작품으로 감상할 수 있을 정도이다.

카이사르의 대표작, 『갈리아 전쟁기』

> 『갈리아 전쟁기』는 고대의 위대한 장군이
> 자신의 출정을 직접 들려주는 유일한 이야기이다.
> 자기 중심적인 설명은 최대한 배제하여,
> 사실 위주로 간단 명료하게 군더더기 없이 기록하고 있다.
> 나폴레옹은 이 책을 전쟁 기술에 관한 최고의 교과서로 간주했다.

  『갈리아 전쟁기』는 카이사르의 위대한 업적 중 하나인 갈리아 정복에 대한 글로, 오늘날의 프로방스 지역을 제외한 프랑스, 벨기에, 네덜란드, 룩셈부르크, 독일 서부, 스위스 일대를 포함하는 갈리아 지역에서의 전투, 정복 상황을 카이사르가 직접 기록, 저술한 책이다. 42세에 로마를 떠나 처음 갈리아로 들어간 그는 이민족과 장장 8년에 걸쳐 전쟁을 수행한다. 카이사르는 이 전쟁을 승리로 마무리하면서 이후 로마를 지배할 권력의 기반을 갖추게 된다.

8년의 전투, 8권의 기록

모두 여덟 권으로 구성되어 있는 이 책은, 8년 동안의 전쟁을 한 해마다 한 권씩 할애하여 연대기 순으로 기록하고 있다. 제1권부터 제7권까지는 기원전 58년부터 기원전 52년 가을까지의 전쟁을 묘사한 것으로, 기원전 51년에 출판되어 당시 베스트셀러가 되었다 한다. 숨가쁘게 치러지는 갈리아 여러 부족들과의 수많은 전투, 로마인 최초로 라인 강과 도버 해협을 건너면서 게르만인과 브리타니아인과 벌이는 전투, 최대 격전지인 알레시아에서의 공성전, 그리고 그 속에 감춰진 〈고도의 심리전〉 묘사는 독자를 그 현장에 있는 듯한 착각 속으로 빠져들게 한다. 그 중에서도 갈리아인들이 총반란을 일으키면서 반란군의 젊은 총사령관인 베르킨게토릭스와 치열한 두뇌 싸움을 펼치는 제7권의 긴박감 넘치는 필치는 문학 작품으로서도 밀도 높은 걸작으로 평가된다.

마지막 제8권은 카이사르가 죽은 직후 그의 부하이자 친구였던 아울루스 히르티우스가 덧붙인 것이다. 제8권 마지막 몇 장은 기원전 50년의 상황을 보여주면서 이제 갈리아는 평온해졌지만 로마에서 벌어지는 몇몇 불온한 사건들로 인해 내전이 임박했음을 암시하며 글을 끝맺는다.

하지만 일곱 권이 기원전 51년에 바로 출판되었다면 특별한 중요성을 띠었을 것이다. 우선 당시 로마 시민들에게는 『갈리아 전쟁기』라는 책을 통해 전략가이자 정치가로서 카이사르 자신의 역량을 보여주었을 것이고, 원로원에는 그 모든 전쟁이 로마 제국을 수호하기 위한 정복과 원정이었음을 입증했을 것이다. 또한 이 일곱 권의 문학적 통일성은 그것이 단일 작품의 여러 권으로 동시에 출판되었다는 이론을 뒷받침한다. 실제로 이 책들은 카이사르가 매년 원로원에 보낸 공문서에 서문, 주, 여담 등을 추가한 보급판이고 말 그대로 회고록이다.

전투 현장의 사실적 묘사

『갈리아 전쟁기』에서 카이사르는 현장감 있는 전투 묘사와 함께, 당시 로마군이 펼친 군사적 전략과 기술에 대해서도 상세히 기록하고 있다. 또한 때론 불리한 전투 상황에서 공포에 떨며 우왕좌왕하는 로마군의 모습과, 그로 인한 처참한 패배의 실상, 그리고 총사령관의 고뇌도 보여주고 있다. 반면 부하들이 이룬 승리에 대해서는 일일이 부하들과 병사들의 이름을 언급하며 그 공적을 글로 남겨 치하하고 있다. 또한 적군의 용맹함도 인정하여 그 용맹함을 글 속에서 표현하고 있으며, 적군이 펼치는 전략적 우수함을 소개할 때는 자신의 놀라움을 감추지 않고 있다.

다른 전쟁기와 달리 이 책에서 카이사르는, 긴박하게 진행되는 전투 상황을 서술하다 갑자기 자신의 적군인 갈리아 부족과 게르만 부족의 풍습과 제도, 지리적 환경 등을 설명하면서 단순히 전투 사실만 언급하는 것을 넘어 문화사적 사료로서의 가치도 부여하고 있다.

객관적 서술을 위한 3인칭 표현

이 책의 가장 큰 특징은 저자 자신인 카이사르를 1인칭으로 표현하지 않고 〈3인칭〉으로 표현하고 있다는 점이다. 즉 본문 중에 수시로 나오는 "카이사르는, 카이사르가." 등등의 표현은 카이사르가 자신을 언급하는 3인칭 표현 방식이다. 그는 이 책에서 자신을 1인칭으로 표현하는 횟수가

3, 4회에 그친다. 이것은 감정이 이입된 주관적 서술을 최대한 배제해 객관적이고 정확한 서술을 지향하고자 한 그의 표현 방식이라 볼 수 있다. 주관적 기억에서 나온 객관화된 기록은 자신의 삶을 돌아보는 데 더욱 효과적이었을 것이다.

전쟁 기술에 관한 최고의 교과서

『갈리아 전쟁기』에 담긴 엄청난 양의 역사적 사실은 기원전 1세기 서유럽의 역사와 제도를 보여주는 유일한 사료인 동시에, 고대의 위대한 장군이 자신의 출정을 직접 들려주는 유일한 이야기이기도 하다. 흔히 개인적인 글에서 보이는 듯한 자기 중심적인 설명은 최대한 배제하여, 역사적 사실을 전달하려는 목적에 맞게 사실 위주로 간단, 명료하게 설명하고 있는 것이다. 나폴레옹은 이 책을 〈전쟁 기술에 관한 최고의 교과서〉로 간주했다.

카이사르의 글, 카이사르의 문체

기원전 46년에 키케로는 『브루투스』를 쓰면서 카이사르의 글을 다음과 같이 평했다.

"그의 글들은 알몸과 같아서, 인간이 몸에 걸치는 장신구를 벗어던졌을 때 생겨나는 매력으로 충만해 있다. 그가 두 책을 쓴 것은 역사를 저술하려는 사람들에게 사료를 제공하기 위함이고 문학적 감각이 없는 자들의 요구를 충족시키기 위함이다. 그런 자들은 그의 글을 보고 이러쿵저러쿵 비판하지만 그의 글은 분별력을 지닌 사람들로 하여금 스스로 글쓰기를 포기하게 만들었다."

카이사르 문체의 특징을 간단히 말하자면 〈간결함, 고상함, 명료함〉이라고 할 수 있다. 문장 전체가 간결하고 질박하고 힘이 있으며, 글 속에서 어휘들을 구사하는 그 모양은 다양하지만, 결코 화려한 수식이 없다. 어떤 경우에도 흔들리지 않는 냉철한 관찰력과 생사의 고비에서도 잃지 않는 객관성이 그의 글의 특징을 상징하듯, 그는 간결하고, 감정 없는, 객관적인 문체로 읽는 이를 그의 글 속으로 빠져들게 한다.

라틴어 문장의 대가

공직 생활을 했던 모든 로마인처럼 카이사르 역시 때때로 웅변술을 펼쳐 보여야 했다. 서기 1세기에 퀸틸리아누스는 수사학에 관한 논문에서, 카이사르가 웅변술에 전념했다면 능히 키케로와 어깨를 견주었을 것이라고 극찬했다. 퀸틸리아누스가 특히 높게 평가했던 재능은 카이사르 본인도 대단히 중요시했던 고상함elegance이었다.

현재까지 남아 있는 증거들로 볼 때 카이사르는 한편으로는 외국어나 구어체를 사용하지 않고, 또 한편으로는 낯설고 기이한 단어를 피하는 웅변가를 바람직하게 여긴 것 같다. 카이사르 자신의 회고록이 그러한 이상을 충분히 실현하고 있다. 그의 글은 단순 명료한 동시에 지루함과 반복을 피하고 있다.

  카이사르 시대와 후세의 비평가들, 가령 키케로, 아시니우스 폴리오, 수에토니우스, 타키투스, 뷘틸리안, 아울루스 겔리우스 등은 카이사르를 〈라틴어 문장의 대가〉로 칭송했다. 누구보다 회고록의 내용에 집착했던 아시니우스 폴리오조차도 문체에 대해서는 한 마디도 비난하지 않았다.

  결국 우리가 2천 년이 지난 지금에도 카이사르를 만날 수 있는 이유 중 하나는 전장의 아수라장 속에서도 그가 서술하고 발행한 『갈리아 전쟁기』와 『내전기』가 현재까지 전해져 내려오기 때문이다.

무사武士 카이사르
군인의 윤리를 알다, 리더의 윤리를 알다

카이사르의 군인의 윤리는 〈상호 이해와 자기 존중〉에 기초한다.
그는 군인의 윤리가 무엇인지 정확히 알고 있었으며,
그것을 창조하고 유지하는 법 또한 알고 있었다.

군인 카이사르, 리더 카이사르

장수는 태어나는 것이 아니라 만들어진다고 한다면 여기에는 연구와 경험이 필수적일 것이다. 카이사르는 분명 전쟁에 대한 전반적인 지식 외에 세르토리우스, 루쿨루스, 폼페이우스와 같은 장군들의 원정을 면밀히 분석한 세부 지식을 갖추었을 것이다. 갈리아 전쟁 전에도 이미 전투에 참가한 경험은 있었지만, 총지휘권을 행사할 기회는 마흔이 넘어서야 삼두동맹의 후원으로 거머쥘 수 있었다.

군인의 윤리를 알다

그는 군의 리더로서 병사들이나 장교들의 실수는 너그럽게 용서했지만 비겁함, 폭동, 탈주와 같은 죄악에 대해서는 결코 자비를 베풀지 않았다. 카이사르의 군인의 윤리는 〈상호 이해와 자기 존중〉에 기초해 있었다. 그에 따라 병사들은 그를 한 명의 인간이자 군인으로 사랑하게 되었고, 지도자로서 신뢰하게 되었다. 카이사르는 〈군인의 윤리〉가 무엇인지 정확히 알고 있었으며, 그것을 창조하고 유지하는 법 또한 알고 있었다.

그러나 윤리적 우위만으로는 전쟁을 승리로 이끌 수 없다. 병사들도 인간이므로 보급품이 없으면 생존과 전투가 불가능하고 수송 수단이 없으면 이동이 불가능하다. 필요한 물자를 예측하고 확보하는 것이야말로 훌륭한 장군의 필수 조건이다. 카이사르가 현장에서 신속함을 발휘할 수 있었던 것은 모든 군무의 세부적인 면에 대단히 신중하고 지속적으로 주의를 기울인 덕분이었다.

리더의 윤리를 알다

> 그는 부하를 잘 고르는 지도자가 아니라,
> 부하를 잘 다루는 지도자였다.

"강제력이 아닌, 지도력"을 발휘하다

카이사르의 가장 중요한 비결은 많은 평자들이 언급하듯이 〈속도와 신속함〉이다. 그는 신속하게 계산하고 결정했으며 신속한 이동으로 주도권을 잡고, 적을 놀라게 하고, 상대의 병력을 분산시켰다. 그는 신속함을 내세워 전술적 기회를 잡거나 실수를 만회했으며, 신속한 추격을 통해 완전한 승리를 거머쥐었다.
 카이사르의 신속함은 하늘이 내려준 선물이 아니라, 그 자신과 로마군의 몇 가지 능력으로부터 나왔다. 그에게는 누구도 따라올 수 없는 지칠 줄 모르는 힘이 있었고, 두려움이나 위험을 무시하는 동시에 무모함을 거부하는 강인한 용기가 있었다. 그는 대담함과 신중함을 겸비했고, 계획뿐 아니라 기회를 이용할 줄 알았으며, 강인한 정신과 육체를 지닌 동시에 장교들의 애정과 병사들의 존경을 한몸에 받을 정도로 인간적이었다. 또한 칭찬에 인색하지 않았고, 점잖게 그러나 단호하게 질책할 줄 알았으며, 병사들을 자신의 몸처럼 아꼈고, 〈강제력이 아닌 지도력〉을 발휘했으며, 미로와 같은 전쟁에서 한 가지 목표를 분명하고 끈질기게 추구했다.

실천하는 리더십

 카이사르의 기록은 그의 군단병들이 승리한 전투는 물론이고 그들이 쏟아부은 피와 땀도 훌륭히 묘사하고 있다. 그들은 놀라운 속도와 기술로 군선, 이동 수단, 다리, 요새, 공성 시설 등을 창조했다. 그리고 그 모든 일에는 카이사르의 지도력이 관통하고 있었다. 그는 작전을 감독할 장교를 특별히 선정했고, 아무리 기술적인 일이라도 모든 공사에 깊은 관심을 보였으며, 극히 어려운 상황에서도 승리를 기대하고 병사들을 독려했다.
 카이사르는 전쟁터에서 늘 앞장서서 싸웠다. 솔선수범하는 리더십을 발휘하였기에 부하들은 지도자를 믿고 따랐다. 전쟁터에서 그는 야전의 책임자인 수석 백인대장 역할까지 맡는 것을 망설이지 않았다. 고전하고 있는 군단이 보이면 후위에 있는 병사의 방패를 빼앗아 들고 그대로 최전선에 나가 부하들의 이름을 일일이 부르며 격려했다. 총사령관의 이런 모습에 병사들은 사기충천하여 용감하게 싸웠기에 승승장구할 수 있었다. 그의 〈실천하는 리더십〉은 병사와 시민들에게 카이사르와 함께라면 전쟁에서 반드시 이긴다는 믿음을 심어주게 되었다.

정복자 카이사르

카이사르의 갈리아 전쟁과 같은 정복 사업에서, 정복된 부족이 새로운 지배에 복종하면 그때부터는 군사력만큼이나 정치력이 필요해진다. 카이사르는 이러한 이중의 과제를 훌륭히 수행했다. 사실 그는 군인인 동시에 정치가였다. 그가 알프스 너머의 갈리아에 확고한 기반을 마련하여 갈리아 부족들의 분노를 달래고 적을 충성스런 신하로 만들 수 있었던 것은 제왕에 버금가는 정치적 총명함 덕분이었다. 갈리아의 평화는 오랫동안 깨지지 않았고, 갈리아인들은 카이사르의 지배에 들어온 로마 제국을 위해 시민으로서나 군인으로서 충성을 다했다. 또한 그들은 내전 동안에도 카이사르를 저버리지 않았다.

카이사르, 그의 삶과 죽음

(기원전 100년 7월 12일–기원전 44년 3월 15일)

> 돈과 사랑에 있어 보여주는 사고의 자유로움,
> 마흔이 넘어 성공가도에 진입하는 중년의 힘,
> 부하들을 감복시키는 매력,
> 적은 군사로도 갈리아의 수차례 반란을 진압한 판단력,
> 전쟁의 와중에도 집필을 멈추지 않는 문사로서의 자세,
> 루비콘 강을 건널 때의 결단력과 비극적인 죽음까지,
> 그의 삶은 2천 년이 지나도 생생하게 다가온다.

　카이사르의 삶과 영광은 크게 세 부분으로 나뉜다.
　마흔이 되어서야 비로소 로마의 권력에 오른 것, 8년이란 세월 동안 전쟁을 통해 갈리아 지역을 정복한 것, 그후 5년 동안 로마를 지배한 것. 그의 56년 삶은 이렇게 정리될 수 있다.
　카이사르가 로마에서 부각되기 시작하는 시기는 비교적 늦었다. 그는 40대에 들어선 뒤에야 왕성한 활동을 시작한 대기만성형 인물이다. 그 이전의 정치적 활동이나 명성은 같은 시기에 활동했던 폼페이우스나 키케로에 비하면 한참 뒤처졌다. 훗날 그의 최대 라이벌이 되는 폼페이우스는 카이사르보다 고작 여섯 살 많았지만 당시 이례적일 정도의 성공가도를 달리며 20대에 이미 개선식을 치르고, 나이 서른에 총사령관이 되는 등 조숙한 천재의 모습을 보이면서 국민적 영웅으로 부각되고 있었다. 또한 키케로는 30대에 로마 제일의 변호사로 명성을 날리고 있었다. 그들에 비해 카이사르는 뚜렷한 정치적 역량도, 군사적 재능도 보이지 못하고 있었다.

30대, 아직 빛을 보지 못하다

카이사르는 기원전 100년 7월 12일, 귀족 가문인 율리우스 가문의 외아들로 태어났다. 7월을 의미하는 JULY는 그의 이름에서 유래되었다. 그의 가문은 로마 건국자의 후손 집안으로 명문 귀족에 속하지만, 카이사르가 태어날 즈음에는 집정관은 고사하고 법무관을 배출한 지도 오래된 빈약한 가문에 불과했다.

로마는 그가 태어난 때를 전후로 해서 30여 년간 마리우스와 술라의 대결이 극을 달리고 있었다. 그의 고모부이기도 한 마리우스는 민중파를 대표하고, 마리우스 휘하에 있던 술라가 원로원파를 대표하면서 카이사르는 마리우스와 술라, 즉 민중파와 원로원파의 피 냄새 가득한 권력 싸움을 지켜보며 성장하게 된다.

그의 가문은 민중파로 분류되었고, 그 덕분에 당시 로마의 실권을 장악하고 있던 원로원파(옵티마테스optimates, 즉 〈최선의 사람들〉이라고 불렸다.)의 의심을 그림자처럼 달고 다녀야 했다. 더구나 그는 민중파 집정관이었던 킨나의 딸과 결혼함으로써 그 역시 민중파라는 의심을 받아 목숨이 위태롭게 되면서 국외로 탈출해 가까스로 위기를 넘긴다.

술라가 죽고 나자 로마로 다시 돌아온 카이사르는 23세에 변호사로 개업했으나 키케로와 맞붙어 참패를 당하면서 변호사로서도 실패를 하게 된다. 그러다 27세에 드디어 제사장으로 선출되고, 31세에 재무관(회계감사관)으로 선출되면서 정치 경력의 첫발을 내딛는다. 35세에 안찰관, 37세에 법무관 및 최고 제사장에 오른다. 30대 초반에 화려한 사회적 성공을 거둔 당대 인사들에 비해 뛰어난 경력은 아니지만, 민중과 가까운 위치에서 실제 정책 운영 면에서 착실한 성과를 쌓아가며 대정치가가 되기 위한 기반을 구축한다.

마흔, 정점을 향해 가다

제1차 삼두 동맹

기원전 60년, 카이사르는 나이 마흔 살에 폼페이우스, 크라수스(카이사르보다 열네 살 많다.)와 〈제1차 삼두 동맹〉을 맺게 된다. 이 동맹을 배경으로 카이사르는 기원전 59년 마흔한 살의 나이로 로마의 최고 관직인 집정관에 취임하게 된다.

제1차 삼두 동맹에서는 폼페이우스가 최고 권력자로 비쳐질 수 있지만, 조용하게 로마를 움직이는 진정한 실권자는 카이사르였다. 폼페이우스는 오리엔트 원정에서 혁혁한 전과를 올렸는데 폼페이우스가 돌아오기 전부터 카이사르는, 권력에 오를 유일한 길은 제국을 확장할 새로운 정복 사업에 있음을 깨달았을 것이다. 폼페이우스는 동쪽으로 진출했으므로 카이사르는 서쪽에서, 즉 갈리아 지역에서 기회를 찾았다. 카이사르는 그곳에서 피할 수 없는 의무와 기회를 보았다. 그리하여 그는 기원전 58년부터 8년 동안 갈리아 속주 총독으로 갈리아 전쟁을 치르게 된다.

8년의 전쟁, 갈리아 전쟁

카이사르는 그 자신에게 있는 개인적 능력과 마리우스 이후 본격적으로 자리 잡힌 로마 군단의 능력을 유감없이 발휘하여 적은 병력으로 엄청난 수의 갈리아인들을 이길 수 있었다. 전쟁 기간 동안 갈리아 지역의 평정뿐만 아니라 라인 강을 건너 게르만인의 땅으로 침공하기를 두 차례, 도버 해협을 건너 브리타니아(지금의 영국) 섬으로 침공하기를 두 차례나 하였다. 기원전 52년에는 갈리아인들의 총연합으로 대반란이 일어났으나 이것도 진압하여 전쟁은 종지부를 찍고 갈리아는 평온을 되찾았다.

오랜 기간에 걸친 갈리아 전쟁은 로마의 재정을 부유하게 했으며, 로마의 국경을 라인 강까지 확장시켜 도시 국가 로마에서 벗어나 넓은 시야를 키우게 해준 동시에, 유럽 내륙에 처음으로 그리스─로마 문화가 전파됨으로써 서유럽 문화권의 기초가 형성되는 계기가 되었다. 또한 카이사르의 경제적 실권과 정치적 영향력을 증대시키는 결정적 계기가 되어 이후 내전에서 승리할 수 있었던 밑거름도 이곳에서 닦았다고 할 수 있다.

로마의 불길한 조짐, 주사위는 던져졌다!

갈리아 전쟁을 마치자 로마 원로원은 카이사르에게, 군대를 해산하고 로마로 복귀하라는 최종 경고를 내린다. 기원전 56년에 재개된 삼두 동맹은 기원전 53년 크라수스의 죽음과 함께 막을 내렸다. 게다가 폼페이우스에게 시집 간 카이사르의 딸 율리아가 기원전 54년에 죽게 됨으로써 폼페이우스와 카이사르의 결속마저 약화되었다. 그 사이 폼페이우스는 원로원의 지지를 얻으면서 카이사르와 마찰을 빚기 시작한다.

갈리아 전쟁에서의 승리로 대중적 명성을 크게 얻은 카이사르, 원로원은 그를 저지하기 위해 폼페이우스를 끌어들인다. 원로원 주도의 공화정 체제를 유지하길 원하는 원로원파와 현 체제를 무너뜨리려는 카이사르의 대립은, 결국 폭발한다. 원로원파는 카이사르를 총사령관에서 해임하여 본국으로 소환하자는 원로원 최종 경고를 내리게 되고, 이를 어길 시에는 반역자로 간주하겠다고 카이사르에게 통보한다. 또한 폼페이우스에게 군 최고 지휘권을 주어 카이사르를 향해 진군하도록 부추겼다.

공화정 로마법에 의하면 원로원의 허가가 없으면 국경인 북쪽의 루비콘 강과 남쪽의 브린디시에서 휘하 군대를 이끌고 국내로 들어갈 수 없다. 수도 로마에서 열릴 개선식에서 다시 만나기로 약속하고 일단 군대를 해산해야 한다. 또한 사령관은 개선식을 거행하는 날까지 국경은 물론 로마 안으로 들어가는 것조차 법으로 금지되어 있었다.

그러나 카이사르는 이 모든 것을 어기고 기원전 49년 1월 12일 "나아가자, 주사위는 던져졌다!"라는 말과 함께 갈리아와 이탈리아의 국경인 루비콘 강을 건너 자신의 조국 로마에 반기를 든다. 이민족을 상대로 기나긴 전쟁을 이제 막 끝낸 카이사르에게, 이제 또 다른 전쟁이 기다리고 있는 것이다. 그러나 다가올 전쟁은 같은 민족을 상대로 한 내전이었다.

이제 무대 위에는 두 명의 경쟁자가 남겨졌다. 카이사르와 폼페이우스. 누가 살아남아 로마를 지배할 것인지는 진검 승부만이 말해 줄 수 있었다.

로마의 최고 지배자가 되어

내전에서의 승리

루비콘 강을 건너 로마로 진격함으로써 폼페이우스를 비롯한 원로원파와의 내전이 시작되었다. 상대파에 비해 턱없이 부족한 병력으로 내전을 치르게 된 카이사르는 갈리아 전쟁 때와는 달리 승리의 연속을 구가하진 못한다.

그러나 카이사르는 이탈리아를 장악한 뒤 폼페이우스의 근거지인 히스파니아를 점령하고 이집트로 도주한 그를 쫓아 알렉산드리아로 건너간다. 폼페이우스는 그곳에서 살해당했으며, 카이사르는 이집트 왕위 계승 전쟁에 말려들게 되면서 알렉산드리아 전쟁을 치르게 된다. 이 전쟁에서 승리를 거두어 클레오파트라를 왕위에 오르게 한 그는 그녀와의 사이에서 아들 카이사리온을 낳는다.

그 뒤 기원전 47년 소아시아의 젤라에서 미트라다테스 대왕의 아들 파르나케스를 격파함으로써 소아시아의 패권을 잡으면서 "왔노라, 보았노라, 이겼노라Veni, Vidi, Vici!"라는 세 마디 보고를 원로원에 보낸다. 기원전 45년 3월 히스파니아 문다에서 폼페이우스의 두 아들과 싸워 승리함으로써 5년간의 내전을 마침내 종결시킨다. 이 전쟁 기간 동안 『내전기』를 집필했다.

현명한 개혁가, 노련한 정치가

기원전 44년에 종신 독재관이 된 카이사르는 각종 사회 정책 사업과 개혁 사업을 추진했다. 빈민 구제 사업, 식민지 건설, 역법曆法 개혁, 통화 개혁, 행정 개편 등을 실시하는 한편, 아시아와 그 밖의 지역에서 폐해가 많았던 징세 청부 제도를 폐지, 세금을 경감하였다. 또한 로마 시민권을 확대하여 공직 등용의 폭을 넓혔고 대규모 토목 사업으로 도시를 정비하는 등 수도 재개발 정책도 병행하였다. 그는 또한 자신의 정적들에게 어떠한 탄압도 가하지 않고 오히려 그들을 등용하여 쓰는 관용 정치를 펴기도 했다.

그는 실전의 영웅일 뿐만 아니라 군사 전략을 짜내는 장군으로도 탁월한 재능을 보였고, 또 한편으로는 민심의 향방을 정확하게 파악할 줄 아는 민중파 정치가로서 사회 개혁의 실효를 거두었다. 그 후 각종 개혁 사업을 추진하며 독재 체제를 구축하였으나 왕위를 탐내는 자로 의심을 받게 되어 원로원 회의장에서 암살자들의 칼에 23군데가 찔리면서 죽음을 맞는다. 이때가 기원전 44년 3월 15일이었다.

비극적 죽음

카이사르는 기원전 44년 2월에 종신 독재를 선언했다. 카이사르가 그의 권력을 영속화하려 했던 것은 분명한 사실이다. 종신 독재관이란 직함을 받아들인 것이 그 충분한 증거이다. 그러나 그는 자신의 권력을 왕권으로 전환하려 하지 않았다. 카이사르는 로마 시민의 투표를 통해 독재 권력을 부여받았으며, 로마 시민들은 합법적인 주권 소유자로서 언제든 그의 권력을 철회할 수 있었다. 따라서 그가 왕권에 집착했는지에 대해서는 아직도 논란이 분분하다.

카이사르는 내전이 끝난 지 불과 1년도 안 되어 살해되었다. 카이사르 암살 공모를 꾸민 자들은 카이사르의 독재와 낡은 정치에 대한 탄압에 분개했고, 그의 지지 세력 중 어떤 자들은 기대했던 지위를 얻지 못한 것에 불만을 품었다. 또한 몇몇 이상주의자들은 부정부패와 사리사욕을 몰아내고 공익과 공공질서와 효율적 정치를 실현하기 위한 기회를 찾았다.

암살 주모자 중에는 카이사르와 함께 갈리아 전쟁을 치르고 내전 중에도 그와 함께했던 고급 장교인 마르쿠스 브루투스, 가이우스 트레보니우스, 술피키우스 갈바, 미누카우스 바실루스, 데키우스 브루투스도 포함되어 있었다. 카이사르는 "브루투스, 너마저 Et tu, Brute!"라는 말을 남기며 죽는다. 이때의 브루투스가 마르쿠스 브루투스인지, 데키우스 브루투스인지에 대해서는 다양한 해석의 여지가 있다.

위대한 군인이며 집필가이고, 정치가이자 독재관인 카이사르는 이렇게 56세의 나이로 생을 마감하게 된다.

후세 사람들의 그에 대한 평가는 왕정王政을 궁극적인 목표로 삼은 공화정의 파괴자라는 설과, 제정帝政의 기틀을 다진 인물이라는 설로 대립된다. 지금의 많은 역사가들은 "로마가 공화정에 머물렀으면 제국을 제대로 다스리지 못했을 것"이라고 효율성의 문제를 들어 카이사르의 손을 들어주기도 한다.

인간 카이사르

돈과 사랑에 있어 보여주는 사고의 자유로움, 마흔이 넘어 성공가도에 진입하는 중년의 힘, 부하들을 감복시키는 매력, 적은 군사로도 갈리아의 수차례 반란을 진압한 판단력, 전쟁의 와중에도 집필을 멈추지 않는 문사로서의 자세, 루비콘 강을 건널 때의 결단력과 비극적인 죽음까지, 그의 삶은 2천 년이 지나도 생생하게 다가온다.

일러두기 2

1. 이 책 본문 중 나오는 "카이사르는, 카이사르가, 카이사르에게······." 등등의 표현에서 〈카이사르〉는 이 책의 저자 카이사르가 자신을 칭하는 3인칭 표현이다.
2. 이 책에 나오는 지명, 인명, 부족명 등은 라틴어 표기 원칙에 따라 표기하였다.
   단 도시 이름은 카이사르가 전쟁을 치르던 기원전 당시의 이름을 그대로 살려 표기했으며, 각주에 현재 지명과 함께 추가 설명을 달았다. 강, 산, 산맥 등의 이름은 가급적 현재 통용되는 지명에 맞춰 표기 원칙에 따라 표기했다.
3. 『갈리아 전쟁기』 라틴어 원문에는 길이, 높이 등의 단위가 로만마일Roman mile로 표기되어 있으나, 이 책에서는 단위를 환산하여 킬로미터, 미터 등으로 표기하여 독자들의 이해를 돕고자 했다.
4. 각주에서 〈옮긴이〉라고 따로 표기한 것은 국내 번역본 옮긴이가 단 주이다.
5. 각주에서 〈1-30 참조〉 등으로 표기한 것은 〈제1권 30장〉을 참조하라는 의미이다.
6. 각주에 실린 원어는 모두 라틴어이다.
7. 지도에서 괄호 안에 있는 지명은 현재 지명이다.

제1권 **기원전 58년**

카이사르 42세,
갈리아 전쟁 1년째

침입자 헬베티족과의 전쟁

1 갈리아 전체는 세 지역으로 나뉜다. 한 지역에는 벨가이인, 다른 한 지역에는 아퀴타니인, 나머지 한 지역에는 그들 스스로는 켈타이인이라 부르고 라틴어로는 갈리아인이라 부르는 민족이 살고 있다. 세 지역 모두 언어, 제도, 법률이 서로 다르다. 갈리아인은 남쪽으론 가론 강을 사이에 두고 아퀴타니인과 분리되고, 북쪽으론 마른Marne 강과 센Seine 강을 사이에 두고 벨가이인과 분리된다. 세 민족 중에 가장 용감한 민족은 벨가이인인데, 그 이유는 그들이 프로빈키아[1]의 문화와 문명으로부터 가장 멀리 떨어져 있어 상인들이 성품을

유약하게 만드는 일용품을 가지고 출입하기가 가장 어렵기 때문이다. 또 한편으로는 라인 강 너머에 사는 게르만인과 가장 가까이 접해 있어 그들과 끊임없이 전쟁을 치르기 때문이다. 같은 이유로 헬베티족[2]도 다른 갈리아 부족들보다 훨씬 더 용맹한데, 그들 역시 게르만인을 갈리아 영토에서 몰아내기 위해, 또는 게르만 영토를 직접 공격하기 위해 거의 매일 전투를 치르기 때문이다. 앞에서 말한 대로 갈리아인이 살고 있는 영토는 론 강에서 시작해 가론 강과 대서양을 따라 올라간 후 벨가이 영토와 경계를 이룬다. 또한 세콰니족과 헬베티족의 땅에서는 라인 강을 만나 북쪽으로 큰 경계를 이룬다. 벨가이 영토는 갈리아와의 경계에서 시작해 북동쪽으로 라인 강 하류 지역에 펼쳐진다. 아퀴타니 영토는 가론 강에서 시작해 피레네 산맥에 이르고 서쪽으로 히스파니아[3] 옆의 대서양 연안에 이른다. 따라서 그 땅은 북서쪽으로 펼쳐져 있다.

2 헬베티족 중에 신분이 가장 높고 가장 부유한 사람이 오르게토릭스였다. 메살라와 피소가 집정관이던 해에[4] 오르게토릭스는 왕위에 오를 욕심에 귀족들과 음모를 꾸몄다. 그는 사람들에게 완전한 병력을 갖추어 영토 밖으로 나가자고 설득하면서, 그들이 용맹함에서는 타의 추종을 불허하므로 갈리아 전체의 통치권을 손에 넣기는 쉬운

---

1. 기원전 121년경에 갈리아 남부를 정복하고 만든 갈리아 트란살피나라는 이름의 로마 속주를 말한다. 프로빈키아라는 말은 로마 속주를 통칭하기도 하지만 여기에서는 항상 〈갈리아 트란살피나〉를 가리킨다. 갈리아 트란살피나는 〈알프스 너머의 갈리아〉라는 뜻으로 알프스의 북쪽이 아니라 서쪽을 가리키며 프랑스 남부 지중해 연안이 포함된다.
2. 오늘날의 스위스에서 살던 부족을 말한다. 헬베티아는 현재의 스위스를 가리킨다. (옮긴이)
3. 오늘날의 스페인을 말한다. (옮긴이)
4. 기원전 61년을 말한다. 당시 로마의 최고 관직인 집정관은 행정 및 군사의 우두머리였고 민회에서 일 년 임기로 매년 두 명이 선출되었다.

일이라고 주장했다. 이 설득이 더욱 용이했던 것은 헬베티족이 지형상 외부와 차단되어 있었기 때문이다. 한쪽으로는 대단히 넓고 깊은 라인 강이 있어 헬베티족 영토와 게르만인을 분리했다. 다른 한쪽으로는 아주 높은 쥐라 산맥이 헬베티족과 세콰니족의 경계를 이루고 있었다. 그리고 또 한쪽으로는 레만 호수와 론 강이 헬베티족 영토와 프로빈키아 속주를 갈라놓고 있었다. 이런 환경에서 헬베티족의 활동 범위는 매우 제한되었고 이웃 부족들과 전쟁을 할 기회도 극히 적었다. 호전적인 헬베티족으로서는 이 점이 큰 불만이 아닐 수 없었다. 어쨌든 그들은 길이 370킬로미터, 폭 266킬로미터인 그들의 영토가 전체 인구 수에 비해서나 용맹하다는 명성에 비해 너무 좁다고 생각했다.[5]

3 이런 생각과 함께 오르게토릭스의 설득이 더해지자 그들은 원정에 필요한 모든 것들을 준비하기로 결정했다. 그들은 가급적 짐을 실을 수 있는 가축과 마차를 많이 구입하고, 원정에 필요한 식량을 충분히 확보하기 위해 최대한 많은 곡식을 파종하고, 인근 부족들과 평화와 친선을 도모했다. 이런 준비를 완료하기까지 2년이면 충분하다고 판단한 그들은 3년째에 출발할 것을 법령으로 제정해 공포하기까지 했다.

이 일을 추진할 책임자로 오르게토릭스가 선출되었다. 오르게토릭스는 다른 부족들과 화약을 맺는 일도 자진해서 떠맡았다. 세콰니족을 방문한 그는 카타만탈로에디스의 아들 카스티쿠스를 만나, 전에 그의 부친이 가지고 있던 왕권을 되찾으라고 설득했다. 카타만탈로에디스는 오랫동안 세콰니족의 왕좌에 있으면서 로마 원로원으로부터 〈로마인의 친구〉라 불린 인물이었다. 그리고 하이두이족을 방문했을 때에도 둠노릭스에게 같은 내용을 권유하고 그에게 자신의 딸을 아내로 주었다. 둠노릭스는 당시 하이두이족 최고 족장으로 부족민들 사이에 인기가 높았던 디비키아쿠스의 동생이었다.[6] 오르게토릭스는 자신도 곧 헬베티족의 통치권을 장악할 것이므로 카스티쿠스와 둠노릭스 두 사람도 왕권을 확립하기 쉬울 것이라며 그들을 설득했다. 그가 통치권을 장악하면 헬베티족은 갈리아 전체에서 가장 강력한 부족이 될 것이므로 자신의 물자와 군대를 동원해 그들을 왕위에 올려주겠다고 맹세했다. 그의 주장은 효과가 있었다. 세 사람은 각자 왕위에 오르면 호전적인 세 부족의 강대한 힘으로 갈리아 전체를 지배할 수 있을 것이라 기대하며 충의의 맹세를 나누었다.

4 그런데 이 음모가 밀고자들의 입을 통해 헬베티족에게 폭로되었다. 헬베티족은 관습에 따라 오르게토릭스를 포박해 자신의 혐의를 변론하게 했다. 만약에 죄상이 밝혀지면 법에 따라 산 채로 화형에 처해진다. 재판이 있던 날 오르게토릭스는 헬베티 전역에서 자신의 피보호민[7]들을 모두 법정으로 불러모았는데, 그 수가 1만 명에 이르렀다. 그는 또한 자신의 피부양자와 채무자들까지 불러모았고, 결국 그들의 도움으로 재판을 피해 달아났다. 그가 탈출했다는 소식에 분노한

---

5. 1-30 이후에서는 헬베티족이 이주를 감행하게 된 또 다른 이유로 게르만인의 압력이 있었음을 암시한다. (옮긴이)
6. 학자에 따라서는 이 문장에서 부족민들 사이에서 인기가 높았던 최고 족장을 디비키아쿠스가 아니라 둠노릭스로 해석하기도 한다. 즉 "디비키아쿠스의 형제인 둠노릭스는 당시 하이두이족의 최고 족장이었고 부족민들 사이에 인기가 높았다."로 인식하기도 한다. (옮긴이)
7. 후원자에게 충성을 맹세하고 그 대가로 여러 가지 혜택을 누린 자유민을 말한다. (옮긴이)

부족민들은 군대를 조직해 그를 추격했고 관리들은 주변 지역에서 대규모 추격대를 소집했다. 그러는 사이 오르게토릭스는 숨을 거두었는데, 헬베티족 사람들의 생각처럼 자살이라는 의혹이 없지 않다.

5 오르게토릭스가 죽은 후에도 헬베티족은 여전히 이전의 결정대로 그들의 영토에서 이주할 계획을 진행했다. 모든 준비가 완료되었다고 생각한 그들은 약 12개에 이르는 도시[8]와 400개에 이르는 부락과 함께 개인 가옥들에까지 모두 불을 질렀다. 그들이 가지고 떠날 수 있는 곡식을 제외한 나머지 곡식도 모두 잿더미가 되었다. 그렇게 해서 다시 귀향할 수 있다는 희망을 제거하면 앞으로 마주치게 될 온갖 위험을 더 쉽게 극복할 수 있다는 생각에서였다. 그들은 모든 남자들에게 석달치 식량을 빻아서 준비하라고 명령했다. 그리고 이웃 부족인 라우라키족, 툴링기족, 라토브리기족을 설득해 그들과 똑같은 계획을 따르게 했다. 모든 도시와 부락이 잿더미로 변하자 세 부족도 함께 출발했다. 헬베티족은 또한 라인 강 너머에 살다가 노리쿰[9]으로 들어와 노레이아를 습격한 적이 있는 보이족도 동맹자로 받아들였다.

6 그들이 영토를 떠나는 길은 두 가지밖에 없었다. 첫째는 쥐라 산맥과 론 강 사이로 세콰니족의 영토를 통과하는 것이다. 하지만 워낙 좁고 험한 길이어서 마차도 일렬로밖에 지나갈 수 없고, 길 위로 아주 높은 산이 솟아 있어서 소수의 병력으로도 그들의 통행을 쉽게 막을 수 있었다. 두 번째로 우리의 프로빈키아를 통과하는 훨씬 더 빠르고 쉬운 길이 있었다. 헬베티족의 경계와 얼마 전에 로마가 평정한[10] 알로브로게스족의 경계로 흐르는 론 강에는 걸어서 건널 수 있

는 얕은 지점이 군데군데 있기 때문이다. 알로브로게스족의 영토 중 로마에서 가장 먼 도시로 헬베티족의 경계와 맞닿아 있는 곳이 게나바[11]인데, 게나바와 헬베티족의 영토는 다리 하나로 연결되어 있다. 헬베티족은 알로브로게스족이 아직 로마인들에게 복종하는 것처럼 보이지 않았기 때문에 그들의 영토를 통과할 수 있도록 알로브로게스족을 설득하거나, 아니면 무력으로 통과할 수 있을 것이라 생각했다. 출정을 위한 모든 준비가 끝나자 헬베티족은 출발할 날을 정해 한 사람도 빠짐없이 론 강의 강둑에 집결시켰다. 그날은 루키우스 피소와 아울루스 가비니우스가 집정관이던 해[12]의 3월 28일이었다.

7 헬베티족이 우리의 프로빈키아를 통과하려 한다는 소식이 당도하자 카이사르[13]는 즉시 로마를 떠나 최강행군[14]으로 부대를 이끌고 알프스를 넘어 게나바에 도착했다. 갈리아 트란살피나[15]에는 1개 군단[16]밖에 없었기 때문에 카이사르는 프로빈키아 전체에서 최대한의 병력을 소집하도록 명령했고, 게나바의 다리를 파괴하라는 명령을 내렸다. 카이사르가 왔음을 알게 된 헬베티족은 최고의 귀족들

---

8. 라틴어 오피둠 oppidum이란 단어는 〈도시〉를 의미하지만 갈리아의 도시들은 〈요새〉의 성격을 겸했다.
9. 오늘날의 오스트리아를 말한다. (옮긴이)
10. 기원전 61년. 〈정복했다〉는 말의 완곡어법이다.
11. 오늘날의 제네바를 말한다. (옮긴이)
12. 기원전 58년이다.
13. 카이사르가 자신을 3인칭으로 서술한 최초의 대목이다.
14. 보통 행군은 5시간에 25킬로미터를, 강행군은 7시간에 30 내지 35킬로미터를, 최강행군은 밤낮을 가리지 않고 최대한의 거리를 행군한 것으로 구분한다. (『로마인 이야기 4』, 시오노 나나미, 한길사, 1997년.)
15. 〈알프스 너머의 갈리아〉 또는 〈외갈리아〉를 뜻한다.
16. 후에 카이사르의 신임을 얻고 친위대가 된 10군단을 말한다.

로 구성된 사절을 보냈다. 남메이우스와 베루클로에티우스가 이끄는 사절단은 그들이 어떤 피해도 끼치지 않고 프로빈키아를 통과할 것이라고 설명했다. 그리고 그 길 외에는 다른 길이 없으니 그들의 행위를 허락해 달라고 요청했다. 카이사르는 집정관 루키우스 카시우스가 살해되고 그의 군대가 헬베티족에게 패하여 멍에 밑을 통과해야 했던 일[17]을 기억하고 그들의 청을 거절하기로 결심했다. 그리고 호전성을 타고난 헬베티족에게 프로빈키아를 통과하도록 허락하면 반드시 피해나 폭행이 발생할 것이라 생각했다. 그러나 그는 사절들에게, 잠시 생각할 시간이 필요하니 대답을 듣고 싶으면 4월 13일에 다시 오라고 말했다. 그렇게 함으로써 그의 명령대로 군대를 소집할 시간적 여유를 갖기 위해서였다.

8 그동안 카이사르는 함께 도착한 군단과 프로빈키아에서 소집한 병사들을 동원해 론 강으로 흘러나오는 레만 호수에서, 세콰니족과 헬베티족의 경계를 이루는 쥐라 산맥까지 약 28킬로미터에 걸쳐 4.8미터 높이의 방벽과 해자[18]를 구축했다. 공사가 끝나자 카이사르는 수비대를 배치하고 초소를 강화했다. 행여 헬베티족이 허락 없이 통과하려 해도 그들을 쉽게 저지하기 위해서였다. 카이사르가 정한 날에 사절단이 오자 그는 로마인의 관습과 선례에 따라 어느 누구도 프로빈키아를 통과하도록 허락할 수 없으며, 설령 무력을 사용한다 해도 그들을 막겠노라고 못을 박았다. 헬베티족의 희망은 물거품이 되었다. 그들 중 일부는 여러 척의 배를 엮어 다리를 만들거나 수많은 뗏목을 만들었고, 또 다른 자들은 주로 야음을 틈타 물길이 낮은 여울을 걸어서 강을 건너려 했다. 그러나 방벽과 해자, 로마 병사들의 공격 그리고 날아오는 무기 때문에 그들은 강 건너기를 포기하고 물러나야 했다.

9 이제 헬베티족에게 남은 길은 세콰니족의 영토를 통과하는 길뿐이었다. 그러나 그 길은 워낙 좁은 길이어서 세콰니족의 동의가 있어야 지나갈 수 있었다. 세콰니족의 승낙을 얻지 못한 헬베티족은 하이두이족의 둠노릭스에게 사절을 보내 세콰니족의 마음을 움직이도록 중재를 요청했다.

둠노릭스는 높은 인기와 후한 인심 덕분에 세콰니족 사이에서도 영향력이 높았다. 또한 헬베티족인 오르게토릭스의 딸을 아내로 맞이한 탓에 헬베티족 사람들도 그를 친구로 여기고 있었다. 둠노릭스는 왕위에 오를 욕심에 개혁을 지지했고 가능한 한 많은 부족들에게 은혜를 베풀려 했다. 그래서 그는 세콰니족과 교섭을 벌여 헬베티족이 그들 영토를 지나갈 수 있게 해달라고 요청하고 인질 교환[19]을 주선했다. 세콰니족은 헬베티족이 자신들의 영토를 지나가는 것을 방해하지 않겠다고 맹세했고, 헬베티족은 세콰니족의 영토를 통과하는 중에 어떤 피해도 끼치지 않겠다고 약속했다.

10 헬베티족이 세콰니족과 하이두이족의 영토를 지나 산토니족의 영토로 들어가려 한다는 소식이 카이사르의 귀에 들어왔다. 산토니족 영토는 프로빈키아 속주 내의 부족인 톨로사테스족 영토

---

17. 고대 전쟁에서 패자에게 굴욕을 주고 복종을 받아내는 징표로 행한 의식으로, 패배한 군대는 두 개의 창을 수직으로 세우고 그 위에 한 개의 창을 수평으로 고정시켜 만든 낮은 아치를 통과해야 했는데, 이 아치를 〈멍에〉라고 불렀다. 카시우스는 기원전 107년에 헬베티 부족들 중 하나인 티구리니족에게 패했다.
18. 성벽이나 방벽을 보호하기 위해 파는 도랑 또는 호를 말한다. (옮긴이)
19. 인질 교환은 동맹을 보증하는 정상적인 수단이었다. 또한 피지배 부족이 복종의 징표로 인질을 바치기도 한다. 대체로 지도층의 자녀들이 인질로 보내졌다.

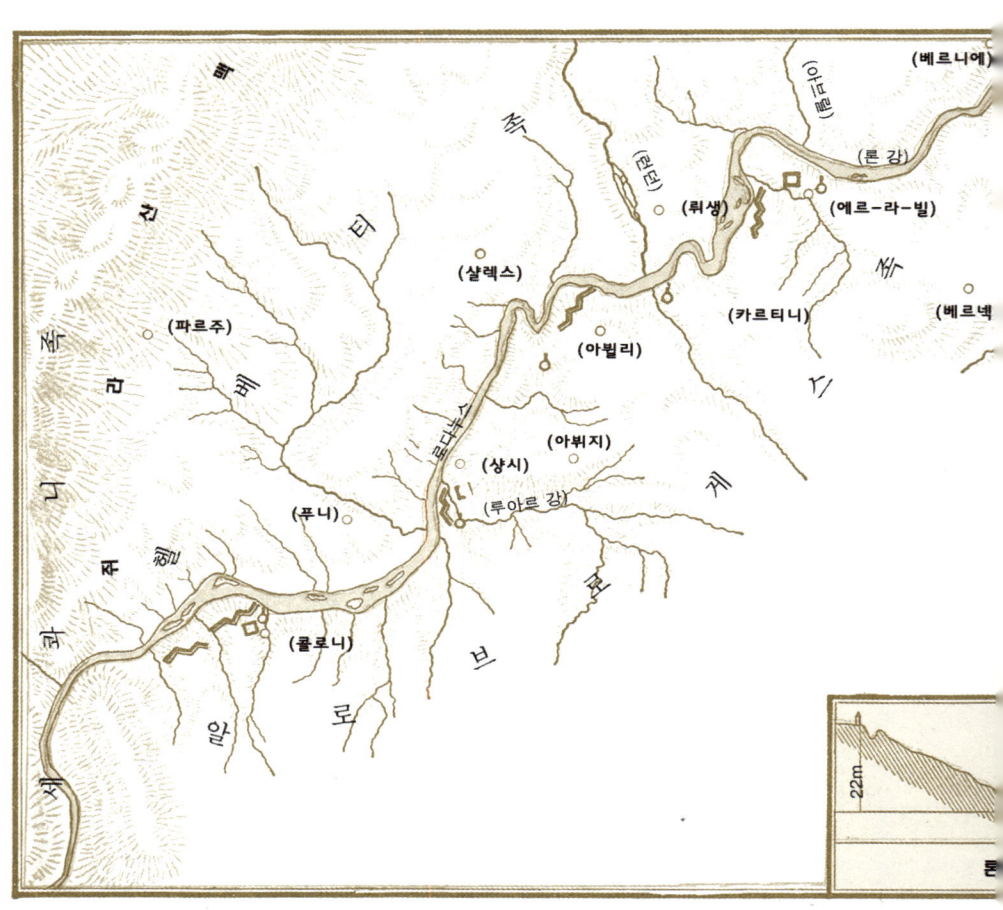

기원전 58년의 헬베티아

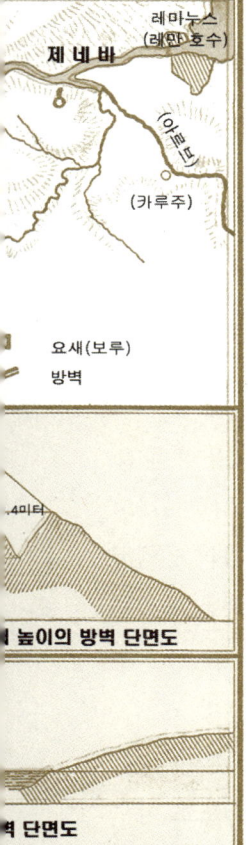

로부터 그리 멀지 않은 곳이다. 헬베티족의 행군이 성공하면 로마인에게 적대적인 이 호전적인 부족이 매우 중요하고 완전 무방비 상태에 있는 경작 지대에 아주 가깝게 접근하게 되어 프로빈키아에 심각한 위협이 될 것임을, 카이사르는 알았다. 그래서 카이사르는 지금까지 축조한 방어 시설을 부장副將[20]인 티투스 라비에누스에게 맡기고 강행군으로 이탈리아로 가서 2개 군단을 새로 편성하고, 아퀼레이아에서 겨울을 지내고 있던 3개 군단까지 동원했다. 그런 다음 카이사르는 그 5개 군단을 이끌고 가장 빠른 길을 이용해 알프스를 넘어 갈리아 트란살피나로 향했다. 도중에 케우트로네스족, 그라이오켈리족, 카투리게스족[21]이 높은 지대에 자리를 잡고 로마 군대의 행진을 막았다. 카이사르는 몇 차례의 교전으로 그들을 물리친 후 갈리아 키살피나[22]에서 가장 먼 도시인 오켈룸을 출발해 7일 만에 프로빈키아의 보콘티족 영토로 들어섰다. 그곳에서 카이사르는 군대를 이끌고 알로브로게스족의 영토로 진군한 다음 다시 세구시아비족의 영토로 들어갔다. 세구시아비족은 프로빈키아의 경계에서 론 강을 건너면 최초로 만나는 부족이다.

---

20. 전쟁이 없는 겨울에는 지방 총독의 보좌관 역할을 했다.
21. 모두 갈리아 남부에 살던 부족이었다. (옮긴이)
22. 〈알프스 이쪽의 갈리아〉 또는 〈내內갈리아〉를 말한다. (옮긴이)

11   헬베티족 군대는 이미 좁은 길을 지나 세콰니족 영토를 통과한 다음 하이두이족 영토에 이르러 그 지역을 약탈, 유린하고 있었다. 생명과 재산을 위협받게 된 하이두이족은 카이사르에게 사절을 보내 도움을 요청했다. 그들은 항상 로마인에게 충성을 다했음에도 로마군의 목전에서 그들의 땅이 황폐해지고, 자녀들이 노예가 되고, 도시가 공격당하는 것은 부당한 일이라고 말했다. 그와 동시에 하이두이족의 동족이자 동맹 부족인 암바리족도 그들의 들판 역시 유린당하고 있으며, 그들의 도시를 위협하는 헬베티족의 공격을 자신들의 힘으로 격퇴하기는 역부족이라고 카이사르에게 알려왔다. 론 강 너머에 부락과 영지를 가지고 있는 알로브로게스족도 적의 공격을 피해 도망쳐 와서는, 헬베티족이 헐벗은 땅만 남기고 모든 것을 강탈했다고 호소했다. 이들의 사정을 들은 카이사르는 헬베티족이 로마의 동맹국들을 짓밟고 산토니족의 영토까지 폐허로 만들기 전에 행동을 개시하기로 결정했다.

12   하이두이족과 세콰니족의 경계를 흐르는 손Saone 강이 있다. 이 강은 어느 방향으로 흐르는지를 알 수 없을 정도로 아주 느리게 론 강으로 흐른다. 헬베티족은 뗏목과 배를 밧줄로 이어 손 강을 건넜다. 카이사르는 척후병으로부터 헬베티족 군대의 4분의 3이 이미 강을 건넜고 약 4분의 1이 손 강의 동쪽 강둑에 남아 있다는 보고를 듣고, 제3야경시(24-03시)[23]에 3개 군단을 이끌고 막사를 출발해 아직 강을 건너지 않은 헬베티족 부대로 접근했다. 카이사르는 경계를 풀고 군수품을 운반하던 헬베티족을 불시에 습격해 많은 적을 죽였다. 가까스로 살아남은 자들은 근처 숲으로 도망쳤다. 헬베티족 영토는 크게 네

구역[24]으로 나뉘는데, 이들은 거주 지역의 이름을 따서 티구리니족이라 불린 자들이었다. 티구리니족은 선대에 그 지역으로 이주한 후, 로마 집정관 루키우스 카시우스를 죽이고 그의 군대를 멍에 밑으로 통과시킨 자들이었다. 따라서 우연인지 신의 섭리인지는 몰라도 헬베티족 중 한때 로마인을 공격하여 치욕적인 패배를 안긴 바로 그 무리가 가장 먼저 죗값을 치르게 된 셈이다. 이로써 카이사르는 조국의 원한뿐 아니라 개인의 원한까지 풀게 되었다. 카시우스가 죽은 그 전투에서 티구리니족에게 살해당한 부장이 그의 장인인 루키우스 피소의 할아버지였기 때문이다.

13 카이사르는 이 전투가 끝난 후 손 강에 다리를 놓고 군대를 도하시켜 헬베티족을 추격했다. 카이사르가 불시에 접근하자 헬베티족은 큰 혼란에 빠졌다. 그리고 그들이 무려 20일 동안 고생하며 건넌 강을 카이사르 군대가 하루 만에 건넌 것을 알고 그에게 사절을 보냈다. 사절단의 우두머리는 카시우스와의 전쟁에서 헬베티족 군대를 이끌었던 디비코라는 자였다.

그는 카이사르에게 다음과 같은 취지를 밝혔다.

"만약 로마인이 헬베티족과 화약을 맺는다면 우리는 어디든 카이사르 그대가 정해 주는 곳으로 가서 머물겠다. 그러나, 헬베티족을 계속 추

---

[23]. 일몰 후의 시간을 크게 4등분하여 18시에서 21시 사이를 제1야경시, 21시에서 24시 사이를 제2야경시, 24시에서 03시 사이를 제3야경시, 03시에서 06시 사이를 제4야경시라 했다. (옮긴이)
[24]. 파구스Pagus: 갈리아의 자치 구역 단위를 말한다. (옮긴이)

격하면서 전쟁을 일으키려 한다면, 카이사르는 과거에 로마인들이 겪었던 불행과 헬베티족의 오랜 용맹을 기억해야만 할 것이다. 카이사르 그대는 강을 건넌 우리 헬베티족 무리들이 동족을 도울 수 없는 상황에서 헬베티족의 한 부대[25]를 습격했다. 따라서 이 일로 자신의 용맹함을 내세우거나 우리를 경멸해서는 안 될 것이다. 헬베티족은 조상 대대로 '용감하게 싸우되 교활한 술책이나 변절을 이용하지 말라.'고 배웠다. 그러므로 카이사르는 우리가 있는 이곳이 로마인의 재난과 로마군의 참패 덕분에 헬베티족이 후세에까지 명성을 누리는 일이 일어나지 않도록 해야 할 것이다."

14   카이사르는 사절에게 다음과 같이 대답했다.

"카이사르는 그대가 언급한 과거의 사건을 잊지 않고 있으며, 더구나 그것은 당연한 패배가 아니었기 때문에 더더욱 분개하고 있다. 만일 그때 로마군이 적의 침입의 기미를 알았다면 손쉽게 예방책을 강구했을 것이다. 그러나 로마군은 근심을 불러올 만한 어떠한 일도 하지 않았고, 따라서 마땅한 이유도 없이 걱정할 필요는 없다고 생각했기 때문에 경계를 늦추고 있었다. 비록 카이사르가 과거의 모욕을 잊는다 해도, 최근에 그대들의 군대가 카이사르의 뜻을 어기고 프로빈키아를 통과한 것과 하이두이족, 암바리족, 알로브로게스족을 공격한 것을 어찌 잊을 수 있겠는가? 그대들이 과거의 승리를 그토록 거만하게 자랑하는 것과 오랫동안 응징을 받지 않고 지내온 것도 묵과할 수 없다. 불멸의 신들이 항상 벌 주려 하는 자들에게 잠시의 성공과 무사함을 허락하는 이유는, 운이 다했을 때 그들에게 더 큰 고통을 안겨주기 위함이다. 그럼에도 카이사르는 그대들이 약속을 지키겠다는 징표로 인질을 보내고 하이두이족과 그 동맹 부족 그리고 알로브로게스족에게 입힌 피해를 보상한다면 그대들과 화약을 맺겠노라."

이에 대해 디비코는, 선조 때부터 내려온 헬베티족의 관습은 자신들의 인질을 보내는 것이 아니라 적으로부터 인질을 받는 것이라며, 이제 로마인들이 그 관습을 목격하게 될 것이라는 답변을 남기고 발길을 돌렸다.

15 이튿날 헬베티족은 진영을 옮겼다. 카이사르도 진영을 철수하고 기병대 전원을 앞세워 적의 이동 경로를 파악하게 했다. 프로빈키아 전역에서, 그리고 하이두이족과 그 동맹 부족들에서 모집한 기병은 4,000기에 이르렀다. 그러나 너무 열심히 추격한 탓에 아군 기병대는 불리한 지형에서 헬베티족 기병대와 전투를 벌이게 되었다. 아군 기병 몇 명이 사망했다. 헬베티족은 불과 500기병으로 대규모의 적을 물리쳤다는 사실에 고무되어 더욱 대담하게 저항하기 시작했고, 후미에서 우리 군대를 자극하며 싸움을 걸었다. 카이사르는 부하들에게 전투를 삼갈 것을 명하고 당분간 적의 약탈, 징발, 도둑질 등을 막는 것에 만족했다. 이런 상태로 2주간 행군하자 적의 후위와 로마군 전위의 간격이 단 8,9킬로미터로 좁혀졌다.

---

25. 파구스 단위의 부대를 가리킨다. (옮긴이)

16 그 사이 카이사르는 하이두이족에게 약속한 식량을 제공하라고 매일 재촉했다. (앞에서 언급한 것처럼 갈리아는 북쪽을 향해 있으므로) 추운 날씨 때문에 들판의 밀은 아직 여물지 않았고 가축에게 먹일 사료조차 충분하지 않았다. 카이사르는 손 강을 통해 배로 수송한 밀을 이용할 수도 있었지만, 진로를 바꿔 강으로부터 멀어진 헬베티족을 놓치고 싶지 않았다. 그러나 하이두이족은 식량 공급을 차일피일 미루면서 밀을 모으고 있다거나, 운반하는 중이라거나, 곧 도착할 것이라는 등 온갖 핑계를 늘어놓았다.

병사들에게 식량을 배급해야 하는 날이 다가와 더 이상 기다릴 수 없음을 알게 된 카이사르는 마침내 하이두이 족장들을 소환했다. 많은 수의 족장들이 진지에 모였다. 그 중에는 디비키아쿠스도 있었고, 하이두이족 사이에서 베르고브레트[26]라 불리는 판관 리스쿠스도 있었다. 하이두이족은 해마다 베르고브레트를 선출해 부족민에 대한 절대 지배권을 부여한다. 카이사르는, 적은 눈앞에 있고 식량은 구할 수도, 들판에서 수확할 수도 없는 이 절박한 시기에 약속한 원조를 제공하지 않는 것에 대해 엄하게 질책했다. 그리고 애초에 카이사르가 이 전쟁에 참가하게 된 것은 그들의 탄원 때문이었음을 지적하면서, 이제 와서 모른 척하고 등을 돌리고 있음을 맹렬히 비난했다.

17 그러자 카이사르의 말에 용기를 얻은 리스쿠스가 숨겨둔 비밀을 털어놓았다. 사람들에게 강한 영향력을 행사하는 자들이 있는데, 특히 사적 영역에서는 판관들보다 더 유력하다는 것이다. 바로 그자들이 선동적이고 사악한 말로 사람들을 부추겨 마땅히 내놓아야 할 식량을 제공하지 못하게 가로막고 있었다. 그자들은 로마의 법

에 복종하느니 차라리 동족인 헬베티족에게 복종하는 편이 나으며, 만일 헬베티족이 패하면 로마군은 하이두이족의 자유마저 박탈할 것이라고 주장했다. 리스쿠스는 계속해서, 그자들은 헬베티족과 내통하면서 로마군의 계획과 이 진지에서 벌어지는 상황을 밀고하는 것이 분명하지만, 현재로서는 그들의 반역 행위를 막을 길이 없다고 말했다. 더욱이 이렇게 중대한 문제를 카이사르에게 보고했으므로 이제는 그 자신이 큰 위험에 처하게 되었으며, 그동안 침묵을 지킬 수밖에 없었던 것도 그런 이유에서였다고 말했다.

18 카이사르는 리스쿠스의 말이 디비키아쿠스의 동생 둠노릭스를 가리킨다고 생각했다. 그러나 그는 이 문제를 공개적으로 논하고 싶지 않았기 때문에 서둘러 모임을 해산하고 리스쿠스를 다시 불렀다. 카이사르는 두 사람만 남은 자리에서 리스쿠스에게 회의에서 한 말의 진의를 물었다. 리스쿠스는 더 솔직하고 분명하게 대답했다.

카이사르는 다른 사람들에게도 은밀하게 같은 질문을 던졌다. 그것은 사실이었다. 둠노릭스는 아주 대담무쌍할 뿐 아니라 민중들에 대한 후한 인심 덕에 영향력이 매우 컸으며 개혁을 하겠다는 야심도 품고 있었다. 지난 몇 년 동안 그는 관세를 비롯해 하이두이족의 모든 징세권을 싼 값에 매입했다.[27] 그럴 수 있었던 것은 그가 경매에 참가하면 어

---

26. vergobret: 판관(dispenser of judgement)을 뜻하는 갈리아어로, 사법권을 가진 관리(magistrate)와 동일하다. (옮긴이)
27. 로마가 세금을 걷는 방식은 징세권을 개인이나 상회에 경매로 넘기는 것이었다. 징세권을 낙찰받은 사람은 이익이 남을 만큼 충분히 많은 돈을 세금으로 징수했다.

느 누구도 감히 맞서려 하지 못했기 때문이다. 이렇게 해서 그는 사재를 모으는 동시에 뇌물로 쓸 막대한 자금을 축적했다. 그는 자비로 대규모 기병대를 거느리면서 언제나 자신을 호위하게 했다. 그는 하이두이족뿐 아니라 인근 부족들에게도 영향력을 행사하고 있었다. 또한 자신의 강력한 지위를 더욱 확장하기 위해 비투리게스족의 영향력 있는 유력한 귀족과 어머니를 재혼시켰고, 그 자신은 헬베티족 여자와 결혼했으며, 어머니가 낳은 의붓 여동생과 그 밖의 친족 여자들을 다른 부족으로 시집보냈다. 이런 관계가 그를 헬베티족의 든든한 후원자로 만들었다. 그러나 로마군이 당도하자 그의 형인 디비키아쿠스가 과거의 영향력과 존경을 되찾은 반면, 자신의 세력은 약화되었기 때문에 그로서는 카이사르와 로마를 증오할 이유가 충분했다. 행여 로마군이 불행한 일을 당한다면 그는 헬베티족을 등에 업고 하이두이족의 왕위에 오르겠다는 야심찬 희망을 품고 있었다. 그러나 로마가 지배하게 되면 왕이 되겠다는 야망은 물론이고 기존의 영향력마저 유지하기 어려울 수 있었다.

카이사르는 이 심문을 통해 며칠 전 기병대가 패배를 당한 것도 둠노릭스와 그의 분견대가 먼저 도망치는 바람에(둠노릭스는 카이사르를 돕기 위해 하이두이족이 보낸 기병대를 지휘했다.) 나머지 기병들이 혼란에 빠져서였음을 알게 되었다.

19

이제 카이사르는 모든 것을 알게 되었고 혐의를 입증하는 명확한 증거까지 확보하게 되었다. 둠노릭스는 헬베티족을 이끌고 세콰니족의 영토를 통과했고, 양 부족 간의 인질 교환을 주선했으며, 그 모든 일을 진행하면서 카이사르나 하이두이족에게 허락을 받기는커녕 알리지도 않았다. 이에 대해 그는 하이두이족의 한 족장에게 고발을 당한 상태였다. 모든 사정을 알게 된 카이사르는 둠노릭스를 직접 처벌하거나, 아니면 하이두이족에게 처벌을 명할 이유가 충분하다고 판단했다. 그러나 한 가지 곤란한 문제가 있었다. 카이사르는 둠노릭스의 형인 디비키아쿠스가 보여준 로마에 대한 헌신, 카이사르에게 베푼 호의, 그의 뛰어난 충성심과 정의감, 그리고 온화한 인품을 익히 알고 있었다. 그는 둠노릭스를 처벌할 경우 디비키아쿠스가 낙심할 것을 우려했다.

결국 문제를 해결하기에 앞서 카이사르는 먼저 디비키아쿠스를 불러들였다. 카이사르는 통역관들을 물리치고 갈리아 프로빈키아의 지도자이자 모든 문제를 믿고 털어놓을 수 있는 가까운 친구 가이우스 발레리우스 프로킬루스를 통해 대화를 했다. 카이사르는 갈리아 족장들이 모인 자리에서 둠노릭스에 대해 나왔던 이야기를 상기시켰고 또한 각각의 사람들이 둠노릭스에 대해 어떻게 말했는지도 밝혔다. 그리고 디비키아쿠스에게 불쾌하게 생각하지 말 것과, 디비키아쿠스가 문제를 조사한 후 둠노릭스를 직접 심판하든지 아니면 부족의 심판을 받게 하라고 촉구했다.

20 디비키아쿠스는 눈물을 흘리며 카이사르를 끌어안고는 동생에게 가혹한 판결을 내리지 말아 달라고 애원했다.

"나도 모든 사실을 알고 있고 그에 대해 어느 누구보다도 더 슬퍼하고 있다. 한때 내가 하이두이와 갈리아의 다른 지방에 상당한 영향력을 미칠 때 나의 동생 둠노릭스는 아직 어리고 가진 것도 거의 없어 나의 도움으로 일어나야 했다. 그런 동생이 지금은 나의 부와 권력을 이용하여 나의 세력을 약화시킬 뿐 아니라 자신의 형인 나를 파멸의 지경에 빠뜨리고 있다. 그러나 나는 형제로서의 애정과 여론의 힘에 흔들렸다. 만일 내가 카이사르와 우호적인 관계를 유지하고 있는 상태에서 나의 동생 둠노릭스가 카이사르의 형벌을 받는다면, 그 형벌이 나의 소원과 정반대로 내려졌다는 것을 아무도 믿지 않을 것이다. 그렇게 된다면 결국 모든 갈리아인이 나에게서 등을 돌릴 것이다."

디비키아쿠스는 눈물을 흘리며 간절히 애원했다. 카이사르는 그의 손을 잡고 위로하면서 그의 뜻을 알겠노라고 말했다. 그리고 그의 설득에 감명을 받았으며 그의 호의와 간청을 고려하여 로마가 입은 피해와 카이사르 자신의 분노를 모두 덮겠노라고 약속했다. 그런 다음 카이사르는 둠노릭스를 진지로 불러 디비키아쿠스가 있는 자리에서, 그에 대한 비난이 나오게 된 배경을 설명하고 카이사르 자신의 견해와 부족의 고충을 들려주었다. 그는 둠노릭스에게 차후에는 조금이라도 의심스런 일을 하지 말 것을 경고하고, 과거의 일은 디비키아쿠스를 보아 눈감아주겠노라고 말했다. 그리고 둠노릭스가 무엇을 하고 누구와 이야기하는지 알기 위해 감시병을 붙였다.

21 바로 그날 카이사르는 척후병으로부터 적이 로마 진지에서 12킬로미터 떨어진 산기슭에서 야영을 하고 있다는 보고를 받았다. 그는 병사들을 보내 산의 지형과 적의 위치를 파악하게 하고 그 반대편의 오르막이 어떤 형태인지를 알아오게 했다. 돌아온 병사들은 오르기 쉬운 우회로가 있다고 보고했다. 제3야경시(24-03시) 중에

카이사르는 티투스 라비에누스 선임부장[28]에게 2개 군단을 이끌고 척후병들을 따라 산꼭대기까지 올라갈 것을 명하고 작전 계획을 일러주었다. 그런 다음 카이사르 자신은 제4야경시(03-06시)에 기병대 전체를 앞세우고 적이 밟았던 길을 따라 적진에 접근했다. 한때 루키우스 술라의 군대에 있었고 후에는 마르쿠스 크라수스의 군대에서 복무했으며[29] 폭넓은 군사 지식과 경험을 겸비한 자로 유명한 푸블리우스 콘시디우스가 정찰대를 이끌고 선두에 섰다.

22 동이 틀 무렵 라비에누스는 이미 정상에 포진해 있었다. 카이사르는 불과 2.2킬로미터 앞까지 적진에 접근했다. 후에 포로들을 통해 알게 된 바에 따르면, 적은 카이사르의 도착이나 라비에누스의 도착을 전혀 눈치 채지 못했다 한다. 그때 콘시디우스가 말을 몰고 달려와서, 라비에누스가 점령했어야 할 산정이 적의 수중에 있으며, 그 자신은 갈리아군의 무기와 휘장으로 그들을 알아보았노라고 보고했다. 카이사르는 부대를 이끌고 근처의 다른 언덕으로 올라가 전투 태세를 갖추었다. 애초에 카이사르는 라비에누스에게 아군 본대가 적진 근처에 모습을 드러낼 때까지 전투를 벌이지 말라고 지시했다. 적을 사방에서 한꺼번에 공격하기 위해서였다. 카이사르의 지시에 따라 라비에

---

28. legatus pro praetore: 법무관의 권위를 가진 부장 티투스 라비에누스는 카이사르가 이탈리아에 머무는 겨울에 부장으로서 프로빈키아에서 군대를 지휘하고 총독 대행 역할을 했다.
29. 루키우스 코르넬리우스 술라는 기원전 81년부터 80년까지 로마의 독재관이었고, 유명한 장군이자 카이사르의 고모부이기도 했던 가이우스 마리우스(기원전 157년경-86년)의 정적이었다. 마르쿠스 리키니우스 크라수스는 기원전 70년과 기원전 55년에 폼페이우스와 함께 집정관을 지냈고, 기원전 60년에 폼페이우스, 카이사르와 함께 이른바 〈삼두 정치(트리움비라투스)〉를 시작했다.

누스는 정상을 점령한 다음 교전을 피하면서 아군 부대가 오기를 기다렸다. 카이사르는 그날 늦게야 척후병들의 보고를 통해, 정상을 점령하고 있던 군대는 그의 부하들이었고 헬베티족은 이미 진지를 이동했으며, 콘시디우스가 겁에 질린 나머지 사실과 다른 것을 보았다고 보고했음을 알게 되었다. 카이사르는 해가 질 때까지 평소 간격을 유지하며 추격을 계속했고, 적진으로부터 4.4킬로미터 떨어진 곳에 야영을 명했다.

23 이튿날, 병사들에게 식량을 배급하기로 한 날이 사흘 앞으로 다가왔고 하이두이족 도시 중 가장 크고 부유한 도시인 비브락테가 불과 27킬로미터 거리에 있었기 때문에, 카이사르는 식량 공급 문제를 해결해야 할 때가 되었다고 생각했다. 그는 헬베티족으로부터 진로를 바꿔 비브락테로 향했다. 적은 로마를 지원하는 갈리아 기병 대장 루키우스 아이밀리우스에게서 도망친 갈리아 노예들로부터 이 소식을 들었다. 그들은 로마군이 두려움 때문에 도망치는 것이라 생각했는지도 모른다. 전날 로마군이 유리한 고지를 차지하고도 공격을 하지 않았으니 더욱 그랬을 것이다. 혹은 그들이 로마군의 식량 보급선을 차단할 수 있다고 생각했을지도 모른다. 어쨌든 그들은 계획을 바꿔 진로를 변경해 우리의 후미를 추격하면서 공세를 퍼붓기 시작했다.

24 이것을 본 카이사르는 군대를 가장 가까운 언덕으로 올려 보내고 기병대를 내보내 적의 공격을 막게 했다. 그 사이 그는 산허리에 노련한 병사들로 구성된 4개 군단을 3열 전투 대형[30]으로 배치했다. 그리고 언덕 위에는 최근에 갈리아 키살피나에서 모집한 2개 군단과 외인부대[31] 전체를 배치해 사면 전체를 장악했다. 한편 그는 군

장을 한곳에 쌓아두게 하고[32] 고지에 배치된 병사들에게 그것을 에워싸고 지키도록 명령했다. 헬베티족은 모든 짐마차를 끌고 쫓아와서 그들의 짐을 한곳에 쌓았다. 그런 다음 밀집 대형으로 아군 기병대를 격퇴하고, 밀집진[33]을 갖추어 아군의 제1열을 향해 진격했다.

25 카이사르가 먼저 자신의 말을 보이지 않는 곳으로 보내버리자 다른 군사들도 그를 따라 하여[34] 로마군 전체가 위험을 똑같이 나누고 스스로 도망칠 기회를 제거했다. 카이사르는 병사들을 독려한 다음 전투에 참가했다. 높은 곳에 배치된 투창병들이 창을 던지자 적의 밀집진이 순식간에 무너졌다. 밀집진이 무너지자 아군 병사들은 검을 뽑아 들고 적을 공격했다.[35] 갈리아 병사들은 방패에 로마군의 창

---

30. 로마군의 정규 전투 대형은 다음과 같은 모습이었다.

      4   3   2   1 대대
    --- --- --- ---
        7   6   5
       --- --- ---
     10   9   8
    ---   ---   ---

비상시에는 신속하게 전투 대형으로 전환할 수 있도록 3열 종대로 행진하기도 했다.
31. 경무장 보병이나 기병은 동맹시의 지원 부대로 구성했다. 가난한 동맹시는 궁수나 투석병을 제공했고 부유한 동맹시는 로마군과 비슷한 장비를 갖춘 병사들을 제공했다. 이들 동맹군은 로마군 전체의 3분의 1 또는 절반을 차지했다. (옮긴이)
32. 전투에 방해가 되지 않도록 사전에 병사들의 군장을 한곳에 쌓아두었다.
33. 두텁게 포진한 보병 밀집 대형을 말한다. 첫째 줄 병사들이 방패를 부분적으로 겹치게 들어 앞을 막고, 그 뒤의 병사들은 방패를 위로 들어 머리 쪽을 막았다.
34. 전통적으로 보병이 강한 점을 이용해 기병들조차 보병으로 만들어 싸우기 위함이었다. (옮긴이)
35. 로마군의 전통적인 전투 방법이다. 먼저 창을 던져 적을 혼란에 빠뜨린 후 방패로 방어하면서, 밀집 대형에서 사용하기 용이한 짧은 검으로 집요하게 공격한다.

필라 Pila
로마 보병이 사용했던, 길이가 2미터에 달하는 투창. (바깥쪽)

글라디우스 Gladius
로마 보병이 사용하던 총길이 50–70센티미터의 양날 단검. (안쪽)

이 관통했기 때문에 매우 불리한 상태로 전투를 치렀다. 아군의 창은 방패를 관통하면 끝이 휘게 되어 있어 쉽게 뽑아낼 수 없었고 이 때문에 왼팔을 자유롭게 사용할 수 없었다. 그들은 한동안 왼팔을 흔들어대다가[36] 결국에는 방패를 던져버리고 맨몸으로 싸우는 쪽을 택했다. 결국 갈리아 병사들은 부상을 입고 도주하기 시작해 1.5킬로미터가 채 안 되는 언덕으로 물러났다. 아군이 그들을 향해 진격할 때, 1만 5000명가량의 병력으로 적의 후미를 이루고 있던 보이족과 툴링기족이 방향을 돌려 아군의 노출된 측면[37]을 공격해 왔다. 언덕으로 후퇴했던 헬베티족도 이것을 보고 용기를 얻어 다시금 공세를 취하기 시작했다. 이에 로마군은 두 진용으로 나누어, 1열과 2열은 패주하여 달아났던 헬베티족을 공격했고 3열은 새로운 적의 공격에 대응했다.

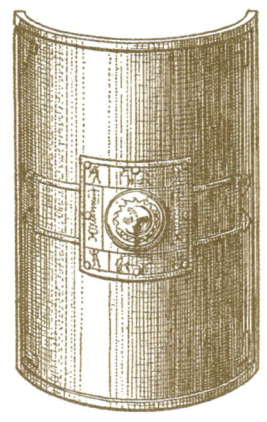

스쿠툼(Scutum, 사각형 방패)

클리페우스(Clipeus, 원통형 방패)

---

36. 방패에 꽂힌 창을 떼어내기 위해서이다.
37. 방패로 방어하기가 어려운 오른쪽을 말한다.

26 양쪽 전선 모두에서 길고 격렬한 전투가 벌어졌다. 헬베티족은 더 이상 아군의 맹공을 막아낼 수 없게 되자 다시 언덕으로 퇴각했고 보이족과 툴링기족은 그들의 짐과 마차가 있는 쪽으로 방향을 돌렸다. 전투는 제7시[38]에서 저녁까지 계속되었지만 단 한 명의 적군도 등을 돌려 도망치지 않았다. 군수품이 있는 곳에서는 밤이 이슥하도록 전투가 계속되었다. 적군은 짐마차로 방벽을 만들고 유리한 위치에서, 접근하는 아군을 향해 무기를 투척했다. 일부는 마차와 수레바퀴 사이에서 창을 던져 아군에게 부상을 입혔다. 기나긴 전투 끝에 마침내 아군은 적의 군수품을 빼앗고 야영지를 점령했다. 그곳에서 오르게토릭스의 딸과 아들 각각 한 명씩을 생포했다. 그날 약 13만 명의 헬베티족이 전투에서 살아남아 밤새 이동했다. 그들은 사흘 동안 한 번도 쉬지 않고 행군을 계속하여 링고네스족의 영토에 당도했다. 그 사흘 동안 아군은 병사들의 부상을 치료하고 전사자를 매장하느라 그들을 뒤

짐마차

쫓아 갈 수 없었다. 카이사르는 링고네스족에게 전령을 보내 헬베티족에게 식량이나 그 밖의 필수품을 제공하지 말 것과, 만약 그들을 돕는 자가 있다면 헬베티족처럼 적으로 간주하겠다고 경고했다. 사흘 후 카이사르는 전군을 이동시켜 추격을 계속했다.

27 헬베티족은 극심한 식량 부족에 시달리자 카이사르에게 사절을 보내 항복 의사를 전달했다. 사절은 행군 중인 카이사르를 만나자 그의 발밑에 엎드려 울면서 화해를 간청했다. 카이사르는 헬베티족에게 그가 도착할 때까지 지금 있는 링고네스족 영토 그 자리에 그대로 머물러 있으라는 명령을 하달했다.

잠시 후 도착한 카이사르는 항복의 징표로 인질과 무기 그리고 헬베티족에게로 도망쳤던 노예들을 요구했다. 그의 요구대로 인질과 무기와 노예가 한곳으로 모이는 동안, 베르비게누스라는 부락에서 온 약 6,000명의 헬베티족이 야음을 틈타 진지를 빠져나가 게르만인이 사는 라인 강의 국경 지대로 탈출했다. 아마 그들은 무기를 넘겨주고 나면 처형당할지 모른다는 두려움에 사로잡혔거나, 대규모의 포로 중에서 그들이 사라진다 해도 알아차리지 못할 것이고 그래서 감쪽같이 안전한 곳으로 도망칠 수 있으리라는 희망을 품었던 모양이다.

28 이 사실을 알게 된 카이사르는 즉시 포로들이 도망치고 있는 지역의 부족들에게, 만약 그들이 이 탈출에 연루되지 않았음

---

38. 일출부터 일몰까지의 시간을 12시로 나누었는데 각 시의 길이는 계절에 따라 달랐다. 제7시는 항상 정오 직후의 시간으로 대략 오후 1시에 해당한다.

을 입증하고자 한다면 포로들을 추격하여 붙잡아 오라고 명령했다. 도망친 자들이 붙잡혀 오자 카이사르는 그들을 적으로 취급했다.[39] 나머지 모두에 대해서는 인질과 무기와 도망친 노예들을 넘겨받은 후 항복을 받아들였다. 카이사르는 헬베티족, 툴링기족, 라토브리기족에게 자신들이 떠나온 땅으로 돌아갈 것을 명령했다. 그리고 그들의 땅에는 농작물이 모두 파괴되어 먹고 살 길이 없으므로, 알로브로게스족에게 지시하여 그들에게 곡식을 제공하게 했고, 헬베티족에게는 불태워 버린 도시와 부락을 재건하라고 명했다. 그가 특별히 이런 명령을 내린 것은 그들이 버리고 떠난 지역을 무인지경으로 남겨두지 않기 위해서였다. 라인 강 너머에 거주하는 게르만족이 헬베티족의 영토로 넘어올 경우 그들의 비옥한 땅을 차지하여 갈리아 프로빈키아의 경계와 알로브로게스족 영토의 경계에 정착할 것이 분명했기 때문이다. 카이사르는 하이두이족의 요청대로, 용맹함으로 유명한 보이족에게 하이두이족 영토에 정착하도록 허락했다. 하이두이족은 그들에게 농토를 주었고, 후에는 자신들과 동등한 권리와 자유를 허용했다.

29 헬베티족의 진지에서 그리스 문자가 새겨진 서판들이 발견되어 카이사르에게 건네졌다. 서판 위에는 몇 개의 제목 아래에 본국에서 출발한 사람, 무기를 다룰 수 있는 사람, 어린 아이들과 노인과 여자의 수가 기록되어 있었다. 모든 숫자를 합쳐 보니 헬베티족은 26만 3000명, 툴링기족은 3만 6000명, 라토브리기족은 1만 4000명, 라

---

[39]. 〈처형했다〉는 것을 완곡하게 표현한 것으로 보인다.

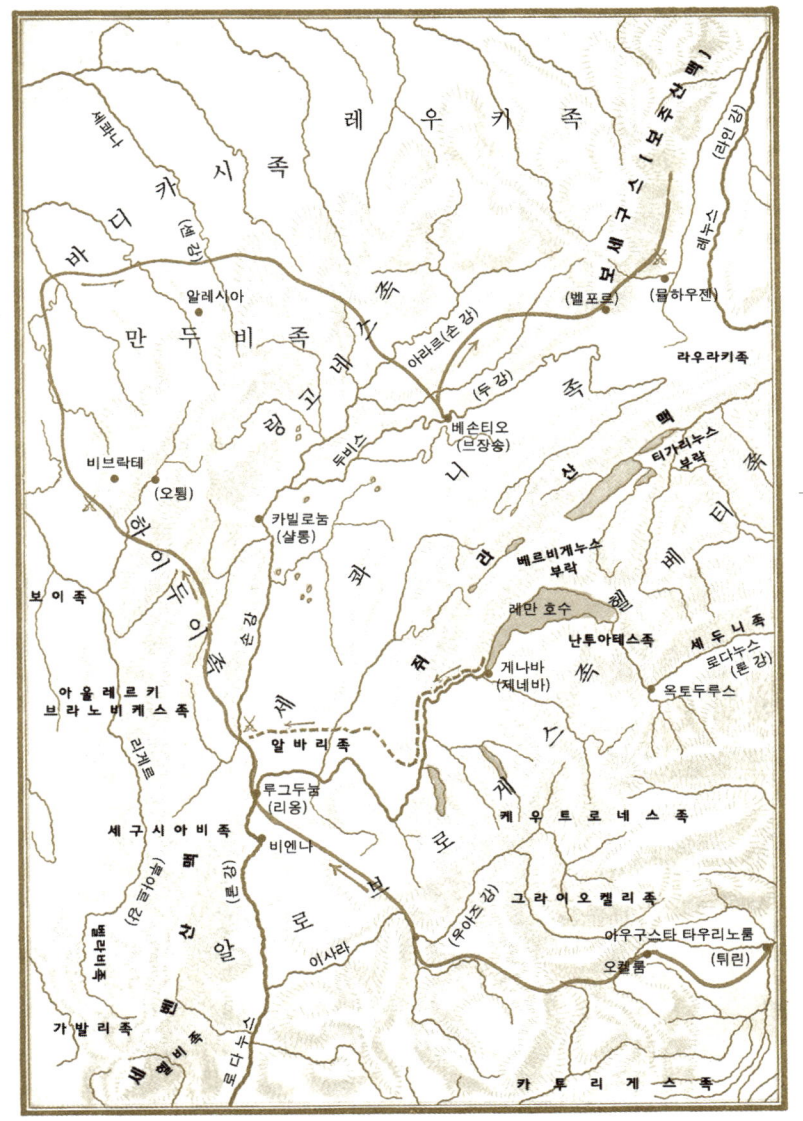

기원전 58년 카이사르의 갈리아 원정도

갈리아 전쟁 1년째

우라키족은 2만 3000명, 보이족은 3만 2000명이었다. 이들 중 무기를 들고 싸울 수 있는 사람은 약 9만 2000명이었다. 전체 인원은 약 36만 8000명이었다. 카이사르의 명령에 따라 고향으로 돌아가는 사람들을 조사한 결과 그 수는 11만 명에 이르렀다.

아리오비스투스와의 전쟁

30 헬베티족과의 전쟁이 끝나자 거의 모든 갈리아 부족의 지도자들이 찾아와 카이사르의 승리를 축하했다. 그들이 말하길, 그들은 카이사르의 목표가 오래전 헬베티족이 로마인에게 저지른 무도한 행위를 응징하는 것이었음을 알고 있었음에도, 그 결과는 로마뿐 아니라 갈리아인에게도 큰 이익이 되었다고 말했다. 헬베티족이 번영을 누리던 자신들의 고향을 떠난 것은 갈리아 전체를 전화에 빠뜨려 그 지배권을 차지할 의도였기 때문이다. 그들이 풍요로운 땅을 떠난 것은 가장 유리한 위치의 비옥한 땅을 정착지로 차지하여 다른 부족들을 속국으로 만들기 위해서였다.

사절들은 하루를 정해 전체 갈리아 회의를 열겠으니 허락해 달라고 요청했다. 일단 그들 사이에 합의가 이루어지면 카이사르에게 청하기를 바라는 몇 가지 부탁이 있다고 말했다. 허락이 떨어지자 그들은 회의 날짜를 정하고, 공동의 합의로 지명된 사람 외에는 어느 누구도 회의 내용을 누설하지 않기로 맹세했다.

31 회의를 마친 후 갈리아 족장들은 다시 카이사르를 찾아왔다. 그리고 그들 자신의 안녕과 부족 전체의 안전과 부합되는 문제를 카이사르와 은밀히 상의하고 싶다고 요청했다. 그가 동의하자 그들은 모두 눈물을 흘리면서 카이사르의 발밑에 몸을 던졌다. 그러면서 그들이 요청하는 바를 이루는 것도 중요하지만, 그들의 논의가 외부로 알려지는 것은 절대로 원치 않는다고 설명했다. 만약 그것이 알려지게 되면 그들은 잔인하고 고통스러운 대가를 치르게 되기 때문이었다. 하이두이족 사람인 디비키아쿠스가 대표로 나와 다음과 같이 설명했다.

갈리아 전체에는 두 파벌이 있는데, 하나는 하이두이족이 이끌고 다른 하나는 아르베르니족이 이끈다. 오래전부터 두 파벌은 주도권을 놓고 맹렬히 싸워 왔다. 그러던 중 아르베르니족과 세콰니족이 게르만인 용병을 고용하기 시작했다.[40] 처음에는 약 1만 5000명이 라인 강을 건넜지만, 그 난폭하고 야만적인 자들이 갈리아 영토에 욕심을 품은 후로는 비옥한 땅과 높은 생활 수준에 이끌려 많은 게르만인들이 라인 강을 넘어와 현재는 그 수가 12만 명에 이른다.

디비키아쿠스는 계속해서, 하이두이족과 그 피보호 부족들이 수차례에 걸쳐 게르만인과 싸웠지만 결국 참혹한 패배를 당해 모든 귀족과 원로, 기병들까지 잃고 말았다고 설명했다. 그 비참한 전투로 인해, 과거에 그들 자신의 용맹함과 로마와의 우호적인 관계를 통해 갈리아를 다스렸던 하이두이족이 파멸을 맞이하여 최고의 귀족들을 세콰니족에게 인질로 보내고, 복종을 맹세하고 속국이 되었다. 그리하여 인질의 반환

---

[40]. 기원전 70년–65년을 말한다. (옮긴이)

을 요구하거나, 로마인에게 도움을 청하거나, 세콰니족의 권위와 지배에 영원히 복종한다는 맹세에 반기를 들지도 못하게 되었다. 하이두이족의 모든 사람 중 오직 그, 디비키아쿠스만이 복종을 맹세하지 않았고, 또한 인질도 제공하지 않았다. 이런 이유로 그는 본국을 탈출해 로마로 가서 원로원에 도움을 간청했다.

그러나 더 비참한 운명을 맞이한 쪽은 패배한 하이두이족이 아니라 승리한 세콰니족이었다. 게르만인의 왕인 아리오비스투스가 갈리아 전체에서 가장 좋은 땅인 세콰니족의 영토 3분의 1을 차지하고 눌러앉아 버린 것이다. 그리고 이제는 세콰니족에게 또 다른 3분의 1을 비워 달라고 명령하고 있다. 몇 달 전에 2만 4000명의 하루데스족이 아리오비스투스 밑으로 들어갔는데, 바로 그들에게 정착할 주거지와 공간을 마련해 주기 위해서였다. 몇 년 후에는 갈리아인은 모두 쫓겨나고 모든 게르만인이 라인 강을 건너 그 자리를 차지할 것이다. 갈리아의 땅과 게르만의 땅은 비교가 되지 않으며, 두 민족의 생활 수준도 하늘과 땅 차이다.

아리오비스투스는 마게토브리가 전투에서 갈리아 연합 부대를 물리치고 승리한 직후부터 거만하고 잔인한 명령을 내리기 시작했다. 그는 모든 최고 귀족의 자녀들을 인질로 요구했고, 자신의 뜻을 거스르거나 성에 차지 않을 경우에는 그 경고로써 그들에게 온갖 종류의 고문을 가했다. 이 아리오비스투스라는 자는 무모하고 성미가 급한 야만인이라 더 이상 그의 명령을 따를 수가 없다. 카이사르와 로마가 도와주지 않으면 갈리아의 모든 부족은 어떤 운명과 마주치더라도 헬베티족이 감행했던 것처럼 게르만인으로부터 멀리 떨어진 곳으로 도피해 새로 정착할 땅을 찾을 수밖에 없다. 행여 이 이야기가 아리오비스투스의 귀에 들어간다면 그는 틀림없이 모든 인질을 극형에 처할 것이다. 그러나 게르만인이 아무리 수적으로 우세하다 해도 카이사르와 로마군의 능력으로 보아, 카이사르가 거둔 최근의 승리로 보아, 로마의 명성으로 보아, 카이사르라면 충분히 게르만인들이 라인 강 너머로 밀려오는 것을 막을 수 있고 난폭한 아리오비스투스로부터 전 갈리아를 보호해 줄 수 있을 것이라고, 디비키아쿠스는 말했다.

32 디비키아쿠스의 말이 끝나자 좌중의 모든 사람들이 슬피 울며 카이사르에게 도움을 청했다. 그런데 모든 사람들 중 유독 세콰니족만이 다른 족장들처럼 행동하지 않고 고개를 떨군 채 침통한 표정으로 바닥만 응시하고 있었다. 그 이유가 궁금하여 물었더니, 그들은 아무 대답도 하지 않고 그저 침통한 표정만 지을 뿐이었다. 카이사르가 재차 이유를 물어도 아무런 응답이 없자 디비키아쿠스가 그들을 대신해, "이 자리에서 세콰니족만이 감히 불평을 하거나 도움을 청할 수 없으니 그들이야말로 어느 누구보다 더 슬프고 원통하다."고 설명했다. 아리오비스투스가 없는 자리에서도 그들은 마치 그의 면전에 선 것처럼 그의 잔인함을 두려워하고 있었다. 다른 부족들은 적어도 도망칠 기회가 있었지만 세콰니족은 아리오비스투스를 자신의 영토 안으로 발을 들이게 했다. 지금은 모든 도시가 그의 수중에 있으며 그가 어떤 괴롭힘을 가해도 참을 수밖에 없었다.

33 이와 같은 이야기를 듣게 된 카이사르는 갈리아인들에게 격려의 말과 함께 문제 해결을 약속했다. 그는 카이사르의 특별한 친절과 호의로 아리오비스투스를 설득하면 그도 난폭한 행위를 중

단할 것이라고 자신 있게 말한 다음 사람들을 돌려보냈다.

카이사르는 숙고를 거듭한 끝에 이 문제를 신중히 고려하여 조치를 취해야겠다고 생각했다. 우선 로마 원로원이 수차례에 걸쳐 형제이자 동족[41]으로 칭했던 하이두이족이 게르만인의 지배하에 노예 신세로 전락했고 아리오비스투스와 세콰니족의 수중에 인질까지 잡힌 심각한 상태였다. 로마의 위대한 권위에 비추어 볼 때 이것은 카이사르 자신에게나 로마에게 대단히 불명예스러운 일이었다. 시간이 지날수록 게르만인들은 습관적으로 라인 강을 건널 것이고, 대규모로 갈리아에 들어오면 로마인에게 위협이 될 것이 분명했다. 또한 그렇게 흉포한 야만인들이 일단 갈리아를 모두 강탈한 후에는, 오래전에 킴브리족과 테우토니족이 그랬듯이 프로빈키아로 밀려오고 그런 다음 이탈리아로 들어올 것이 분명했다. 더구나 세콰니족 영토와 프로빈키아를 가르는 것은 오로지 론 강뿐이었다. 이런 위험은 주저하지 말고 신속하게 제거하는 것이 현명하다고 카이사르는 생각했다. 더구나 아리오비스투스라는 자가 그렇게 건방지고 오만불손하다니, 참을 수 없는 일이었다.

34 이런 이유에서 카이사르는 아리오비스투스에게 사절을 보내 양쪽 중간쯤에 회담 장소를 정하라고 요구했다. 그는 국가적인 문제와 양쪽 모두에게 긴요한 문제들을 논의하기를 희망했다. 그러나 아리오비스투스는 사절에게 다음과 같이 대답했다.

"내가 카이사르에게 필요한 것이 있다면 내 자신이 카이사르를 찾아가겠지만, 카이사르가 나에게 필요한 것이 있다면 내 자신이 있는 곳으로 와야 할 것이다. 게다가 군대의 호위도 없이 무모하게 카이사르가 지배하는 갈리아 땅에 들어갈 수 없으며, 나의 군대를 한 지역에 소집하려면 군량을 확보하는 데 큰 어려움이 따른다. 그리고 마지막으로, 내가 전쟁을 일으켜 정복한 이 갈리아 땅에 카이사르나 로마가 무슨 볼일이 있는지, 자못 이해할 수 없다."[42]

35

아리오비스투스의 말을 전해 들은 카이사르는 다시 사절을 보내 다음과 같은 전갈을 보냈다.

"지금까지 아리오비스투스는 카이사르와 로마에게 대단히 친절한 대접을 받았다. 카이사르가 집정관일 때[43] 로마 원로원은 그대를 왕[44]이자 친구로 선포했다. 그런데 그대가 카이사르와 로마에게 보여준 보답은 고작해야, 카이사르가 초청한 회담을 거절하는 것과 공동의 문제를 논하고 서로의 말을 경청하자는 요구를 무시하는 것이었다. 이에 카이사르는 아리오비스투스에게 다음 사항들을 요구한다. 첫째, 라인 강 너머 갈리아 지방으로 더 이상 많은 수의 사람을 들여보내지 말라. 둘째, 억류 중인 하이두이족 인질을 돌려보내고, 세콰니족에게도 그들이 억류하고 있는 하이두이족 인질을 돌려보내도록 허락하라. 셋째, 하이두이족이나 그 동맹 부족들을 더 이상 괴롭히거나 공격하지 말라. 만일 그

---

41. 공식적인 동맹국을 가리키는 말이다. 하이두이족과 로마 사이에서는 기원전 123년에 처음 사용되었다.
42. 카이사르는 아리오비스투스의 입에서 의도적으로 자극적인 말이 나오게 했고, 그에 대해 아리오비스투스가 단호하게 반응한 것이다.
43. 기원전 59년을 말한다.
44. 로마나 로마 시민을 보호자로 삼은 외국의 군주를 피보호 왕이라 부르고, 〈로마인의 친구이자 동맹〉이란 호칭을 주었다. (옮긴이)

대가 이와 같은 지시를 따른다면 카이사르와 로마의 호의와 친절을 지속적으로 누릴 것이다. 그러나 마르쿠스 메살라와 마르쿠스 피소가 집정관이던 시절에[45] 로마 원로원은, 갈리아 프로빈키아를 다스리는 자[46]는 누구든 로마의 이익을 위한 일이라면 하이두이족과 그 밖의 모든 동맹국을 보호할 의무가 있다고 결정했다. 따라서 그대가 카이사르의 요구를 이행하지 않으면, 카이사르는 하이두이족이 당하고 있는 고통을 묵과하지 않을 것이다."

36   이에 대해 아리오비스투스는 다음과 같이 대답했다.

"정복자가 패자를 자신의 뜻대로 다루는 것은 누구나 다 아는 전쟁의 법칙이다. 로마도 항상 패자들을 그대들 마음대로 지배하지 않았는가. 아리오비스투스가 로마인이 그들의 권한을 어떻게 사용하는지 간섭하지 않았다면, 아리오비스투스의 권한 행사를 로마인이 가로막는 것은 부당한 일이다. 하이두이족은 전운을 걸고 나를 공격하다 패배해 속국이 되었다. 카이사르가 온 후로 세수가 크게 줄어들고 있으니 나로서는 피해가 막심하다. 나는 하이두이족 인질을 돌려보내지 않을 작정이지만, 만일 그들이 합의한 바를 지키고 연공을 계속 바친다면 그들이나 그 동맹 부족들을 부당하게 공격하지는 않을 것이다. 그렇지 않을 경우, 로마인의 형제란 이름은 그들에게 아무 도움이 되지 못할 것이다. 카이사르는 하이두이족이 당하고 있는 고통을 묵과하지 않겠다고 선언했지만, 지금까지 아리오비스투스와 싸워 파멸을 면한 자가 없었다. 카이사르도 원한다면 언제든 도전하라. 그때가 되면 게르만인의 용맹함이 얼마나 무서운지 알게 될 것이다. 우리 군사들은 14년 동안 혹독한 훈련을 받으면서 단 한 번도 지붕 밑에서 잠을 청하지 않았다."

37 이 전언이 카이사르에게 전달되는 중에 하이두이족과 트레베리족이 보낸 사절이 도착했다. 하이두이족은, 최근에 갈리아로 들어온 하루데스족이 그들의 영토를 짓밟아 폐허로 만들고 있으며 심지어 인질을 보내도 아리오비스투스가 화해를 받아들이지 않는다고 하소연했다. 트레베리족은 라인 강변에 살고 있는 100여 개의 수에비족 부락 사람들이 나수아와 킴베리우스라는 두 형제의 지휘하에 강을 건너려 하고 있다고 보고했다. 카이사르는 두 문제를 심각하게 여기고, 수에비족 무리가 아리오비스투스의 병력에 합류하면 갈리아를 방어하는 일이 더 어려워지기 때문에 그 전에 신속히 조치를 취하기로 결정했다. 그는 최대한 빨리 군량을 확보한 다음 강행군의 속도로 아리오비스투스를 향해 군대를 이동시켰다.

38 사흘 동안 행군을 한 후였다. 아리오비스투스가 세콰니족의 최대 도시인 베손티오[47]로 향하고 있으며, 그가 그의 영지를 떠난 지가 벌써 사흘이나 되었다는 정보가 도착했다. 카이사르는 전력을 다해 그를 막아야 한다고 생각했다. 베손티오는 전쟁에 필요한 물자가 풍부할 뿐 아니라 공격을 막아내기에 대단히 유리한 천연의 지형으로 둘러싸여 있었다. 특히 두 Doubs 강이 컴퍼스로 원을 그리듯 도시

---

45. 기원전 61년이다.
46. 갈리아 프로빈키아의 총독을 가리키며, 여기서는 카이사르 자신을 뜻한다.
47. 오늘날의 브장송이다. (옮긴이)

전체를 감싸고 흘렀다. 강이 흐르지 않는 입구 쪽은 폭이 고작 180미터에 불과했고 높은 산이 가로막고 있으며 산줄기가 양쪽으로 강변까지 뻗어 있었다. 이 산 주위로 성벽을 쌓아 요새를 만들었는데 요새 안쪽에 도시가 자리 잡고 있었다. 카이사르는 밤낮을 가리지 않고 강행군하여 도시를 장악하고 수비대를 배치했다.

39 카이사르는 며칠 동안 베손티오에 머물면서 식량과 군수품을 준비했다. 그러는 사이 갑자기 지독한 공포가 아군 전체에 퍼져 병사들의 사기와 의욕을 크게 떨어뜨렸다. 우리 병사들의 질문에 갈리아인과 상인들은 게르만인들이 엄청나게 키가 크고 강하며, 믿을 수 없을 만큼 용감하고, 무기를 능수능란하게 다룬다고 설명했다. 어떤 자들은 전투에서 게르만인과 마주 섰을 때 그들의 험한 인상과 강렬한 눈빛을 똑바로 쳐다볼 수조차 없었다고 떠들어댔다. 공포는 먼저 군관,[48] 외인군 대장, 그리고 카이사르와 친분을 쌓기 위해 로마에서 그를 따라온, 전쟁 경험이 전혀 없는 자들 사이에 퍼졌다.[49] 어떤 자들은 급히 떠나야 한다고 갖가지 핑계를 대면서 휴가를 신청했고, 어떤 자들은 비겁한 모습을 보이는 것이 부끄러워 울며 겨자 먹기로 남아 있었다. 그러나 두려운 표정만은 감출 수가 없었고, 때때로 눈물을 짓기도 했다. 그들은 막사 안에 틀어박혀 자신들의 운명을 슬퍼하거나 동료들끼리 모여 서로의 운명을 한탄했다. 유서를 쓰고 서명하는 소리가 진지 전체에 가득했다.

장교들의 눈물 섞인 불평 때문에 군단병, 백인대장 百人隊長,[50] 기병대장 등 전투 경험이 풍부한 군인들까지도 공포에 물들기 시작했다. 어떤 자들은 애써 태연한 척하면서, 적 따위는 무섭지 않으나 그들과 아리오비스투스 사이에 놓인 좁고 험한 길과 울창한 숲이 문제라거나, 식량이 제대로 수송될지가 걱정이라는 식으로 말했다. 심지어 어떤 자들은 카이사르의 면전에서, 총사령관인 카이사르가 출동 명령을 내려도 병사들이 공포 때문에 군기軍旗를 들고 앞으로 나아가지 못할 것이라고 말했다.

40 이런 상황을 알게 된 카이사르는 즉시 전 직급의 백인대장들을 소집하여, 그들이 자신들의 직무를 벗어나 진군 방향이나 전략을 궁금해 하거나 추측하는 것에 대해 준엄한 질책을 가했다. 그리고 다음과 같이 말했다.

"아리오비스투스는 카이사르가 집정관일 때 로마와 우호적인 관계를 맺고자 대단히 노력했다. 그러던 그가 무슨 이유로 이토록 성급하게 친구로서의 의무를 저버리겠는가? 카이사르는 아리오비스투스가 그의 요구를 알고 그의 공정함을 이해한다면, 카이사르나 로마의 호의를 거절하지 못할 것이라 믿고 있다.

---

48. 트리부니스 밀리툼tribunis militum: 로마군의 지휘 계통에서 중간 간부에 해당하는데, 이 무렵에는 사무직을 맡았다. 과거에는 이들 중 최선임이 군단 사령관(tribune of soldiers)에 선출되어 6인의 군단 사령관이 번갈아 군단을 지휘했다. (옮긴이)

49. 카이사르는 공포의 발단이 병사들이 아니라 일부 장교들에게 있다고 생각했다. 군관은 한때 군단을 직접 지휘한 적도 있었지만, 이 당시에는 행정 사무를 담당하거나 군사 경험을 얻는 자리로 이용되었다. 외인군 대장은 궁수와 투척병으로 구성된 외인 지원 부대를 담당했다. 〈전쟁 경험이 없는 자들〉은 훈련차 카이사르의 참모로 붙어 있는 젊은이들이나 관직을 얻기 위해 따라다니면서 전리품을 챙기는 자들을 가리킨다. 기원후 3세기의 역사가 카시우스 디오는 이른바 이 〈베손티오의 폭동〉을 아주 다르게 설명한다.

50. 켄투리온centurion: 80명의 병사와 20명의 비전투원으로 구성된 백인대를 지휘했다. 6개의 백인대(켄투리아)가 대대(코호르스)를 구성하고 10개의 코호르스가 군단(레기오)을 구성했다. (옮긴이)

그러나, 행여 그가 격정과 광기에 사로잡혀 전쟁을 일으킨다 한들 그대들이 왜 두려워한단 말인가? 왜 그대들은 자신들의 용기와 카이사르의 능력을 의심하고 절망하는가?

우리는 선대에 이미 적들의 침략을 경험한 바 있다. 그러나 가이우스 마리우스[51]가 킴브리족[52]과 테우토니족[53]을 격퇴하지 않았는가. 그때 로마의 병사들은 지휘관들 못지않게 큰 명예를 누릴 만큼 용감히 싸웠다. 보다 최근에 이탈리아에서 노예 반란[54]이 일어났을 때에도 우리는 커다란 위협을 경험했다. 그러나 노예들이 반란을 일으킬 수 있었던 것은 우리에게서 배운 경험과 훈련 덕분이었다.

이 모든 예에서 그대들은 흔들리지 않는 용기가 얼마나 중요한가를 보았을 것이다. 로마인은 노예들이 무기를 갖지 않았을 때에도 오랫동안 그들을 두려워했다. 그러나 후에 노예들이 무기를 들고 승리를 구가할 때, 로마인은 그들을 물리쳤다. 게르만인으로 말하자면 헬베티족과 자주 전투를 벌였고, 두 부족의 국경에서는 물론 게르만의 영토에서도 헬베티족에게 종종 무릎을 꿇었다. 그런데 그 헬베티족을 우리 로마군이 무찌르지 않았는가.

여기에 모인 자들 중에는 갈리아인이 게르만인에게 패하여 도주한 것 때문에 위협을 느끼는 자들이 있을 것이다. 그러나 그들이 어떤 상황에서 패했는지를 보라. 갈리아인이 오랜 전쟁으로 완전히 지쳐 버린 때였음을 알게 될 것이다. 아리오비스투스는 수개월 동안이나 소택지로 둘러싸인 진지에 숨어 지내면서 갈리아인에게 싸울 기회를 주지 않았다. 결국 싸우기를 단념한 갈리아인들이 뿔뿔이 흩어지자 그제야 기습 공격을 가했다. 따라서 그가 승리를 거둔 것은 군대의 용맹함 때문이 아니라 교활한 계략 덕분이었다. 전투 경험이 없는 갈리아인에겐 그런 전술이

통했을지 모른다. 그러나 똑같은 전술로 우리 로마군을 물리칠 수 있을 것이라고는, 그 자신도 기대하지 않을 것이다.

자신의 두려움을 감추기 위해 식량 배급이나 험로를 탓하는 자들이 있는데, 한마디로 주제넘은 짓이다. 결국 그것은 지휘관의 직무 수행을 의심하거나 그것을 카이사르에게 촉구하는 셈이기 때문이다. 그런 문제들은 카이사르의 몫이다. 식량은 세콰니족, 레우키족, 링고네스족이 보급하고 있으며, 들판의 밀도 이미 여물었다. 행군 명령에 대해서라면 조만간 그대들 스스로 판단하게 될 것이다. 병사들이 군기를 앞세워 행진하라는 명령을 거부할 것이라는 말도 있는데, 그에 대해서는 조금도 염려하지 않는다. 과거를 돌이켜볼 때 군대가 지휘관의 명령에 복종하지 않는 경우는 지휘관이 행운으로부터 버림받아 전장에서 패했을 때나, 그의 범죄나 탐욕스런 행위가 밝혀졌을 때이다. 카이사르의 결백함은 그의 전 생애가 입증하는 바이며, 그의 전운戰運 또한 헬베티족과의 전투에서 명백히 입증되었다.

따라서 카이사르는 훗날로 미룰 수도 있는 계획을 즉시 시행하고자 한다. 바로 오늘밤 제4야경시(03-06시)에 진지를 철수할 것이다. 그리하여 그대들의 마음속에 공포가 강한지, 수치심과 의무감이 강한지 확인할 것이다. 단 한 사람도 따르지 않는다 해도 카이사르는 10군단과 함께 출발할 것이다. 카이사르는 10군단의 충성을 믿어 의심치 않는다. 그들은

---
51. 카이사르의 고모부였고, 뛰어난 군인, 정치가이자, 〈민중파〉의 상징적 인물로서 카이사르의 정치적 뿌리였다. (옮긴이)
52. 기원전 101년에 격퇴했다.
53. 기원전 102년에 격퇴했다.
54. 기원전 73년에서 기원전 71년 사이에 노예 검투사 출신의 스파르타쿠스가 일으킨 봉기를 말한다.

앞으로 카이사르의 호위대가 될 것이다."

카이사르는 10군단을 특별히 아꼈고 그들의 용기를 진심으로 신뢰했다.

41 연설이 끝나자 즉시 병사들의 태도가 눈에 띄게 변하고 출정에 나서려는 의욕과 열의가 불타올랐다. 먼저 10군단은 대대장들을 통해 그들에 대한 높은 평가에 감사를 표하고 출정 준비가 완료되었다고 선포했다. 그 뒤를 이어 다른 군단들도 대대장들과 수석 백인대장들을 통해 카이사르에게 충성을 맹세했다. 그들은 결코 의심을 하거나 공포에 사로잡힌 적이 없고, 최고의 지휘권에 도전할 생각도 전혀 없었다고 선언했다. 카이사르는 그들의 사죄를 받아들였다. 카이사르가 전적으로 신뢰하는 유일한 사람인 디비키아쿠스가 행군로를 발견했다. 74킬로미터에 걸쳐 탁 트인 지역을 통과하는 우회로였다. 아군은 카이사르가 명령한 대로 제4야경시에 출발했다. 휴식 없이 행군한 지 7일째 되는 날, 카이사르의 척후병들은 아리오비스투스의 군대가 불과 36킬로미터 밖에 있다고 보고했다.

42 카이사르가 가까운 곳까지 왔음을 알게 된 아리오비스투스는 그에게 사절을 보내, 이제 카이사르가 가까이 와서 그로서는 위험을 느끼지 않고 만날 수 있으므로 예전에 그가 제의했던 회담을 받아들이겠노라고 말했다. 카이사르는 이 제안을 거절하지 않았다. 과거에 노골적으로 거부했던 것을 받아들이는 것으로 보아 그가 이제야 온전한 정신으로 돌아왔다고 생각했다. 카이사르는 그 자신과 로마가 아

리오비스투스에게 베푼 호의를 생각하면 아리오비스투스가 고집을 버리고 카이사르의 요구를 따를 것이라고 크게 기대하기 시작했다. 그로부터 5일째 되는 날로 회담 날짜가 정해졌다. 그 사이 사절들이 양쪽 진지를 오가던 어느 날 아리오비스투스는 카이사르에게 회담장에 올 때에는 보병을 한 명도 대동하지 말라는 조건을 제시하면서, 자신이 포위되거나 함정에 빠질 것이 염려된다고 말했다. 양측 모두 기병대를 대동해야 하며 그렇지 않으면 참석하지 않겠다고 주장했다. 카이사르는 그런 구실 때문에 회담이 무산되는 것을 원치 않았지만, 갈리아 기병에게 자신의 신변을 맡기는 것이 못내 꺼림칙했다.[55] 가장 편리한 해결책은 갈리아 기병대의 말 위에 그가 전적으로 신뢰하는 10군단 병사들을 앉히는 것이었다. 이렇게 하면 여차하는 경우에도 안전을 보장할 수 있었다. 이에 대해 10군단의 한 병사가 익살스런 농담을 던졌다.

"카이사르는 10군단에게 약속한 것보다 더 큰 지위를 부여하고 있다. 10군단을 그의 호위대로 삼겠다고 말했지만 지금 우리를 기사 계급(equites)으로 만들고 있지 않는가."[56]

---

[55]. 카이사르에게는 당시 로마인 기병대가 없었고, 대신 하이두이족을 비롯한 갈리아인들로 구성된 기병대가 있었다.
[56]. 이 농담에는 반어적 의미가 내포되어 있다. 마리우스 시대 이래로 군단에 소속되어 실제로 전투를 담당하는 기병대(equites)는 동맹국의 병사, 즉 비로마인으로 구성되었고 따라서 로마 시민으로 구성된 군단병보다 신분이 낮았기 때문이다. 그러나 병사의 농담은 또한 초기 로마의 귀족 기병(이 또한 에퀴테스 equites라 불렸다)을 암시하기도 한다. 귀족 기병은 오래전에 전투 기능을 버리고 원로원 바로 다음에 해당하는 사회 계급인 이른바 〈기사 계급〉으로 전환되었다. 정황으로 보아 10군단의 병사들을 기사로 삼았다는 농담은 신분 하락보다는 신분 상승을 의미하는 쪽으로 이해할 수 있다.

43

드넓은 평원 한가운데에 상당한 크기의 둔덕이 하나 있었다. 그 둔덕은 아리오비스투스와 카이사르의 두 진지로부터 거의 같은 거리에 있었다. 이곳에서 회담이 열렸다. 카이사르는 언덕으로부터 약 1.5킬로미터 정도 떨어진 곳에 기병대를 세웠다. 아리오비스투스도 비슷한 거리에 그의 기병대를 세운 후, 각자 10명의 호위병만을 대동한 채 말 위에 앉아 회담을 하자고 요구했다.

양측이 회담 장소에 도착하자 먼저 카이사르가 말문을 열었다. 카이사르는 그 자신과 로마 원로원이 아리오비스투스에게 베푼 호의를 상기시켰다.

"카이사르와 원로원은 그대를 왕이자 친구로 선포하고 그대에게 온갖 선물을 보내주지 않았는가. 그것은 개인적 공훈의 대가로 소수에게만 부여되는 특권이었다. 원로원을 알현할 권리도, 요구할 이유도 없는 아리오비스투스 그대가 그런 특권을 누린 것은 카이사르와 원로원이 특별히 관대함을 베풀었기 때문이다. 더 나아가 카이사르는 로마인과 하이두이족 사이에 맺어진 우호 관계에는 합당하고도 오랜 이유가 있으며, 그런 이유로 원로원은 하이두이족에게 여러 번에 걸쳐 경의를 표했음을 지적했다. 하이두이족은 로마와 우호 관계를 맺기 전부터 언제나 갈리아 전체를 지배하는 부족이었다.

로마인의 친구이자 동맹국이 재산을 빼앗기지 않도록 지켜주는 것은 물론이고, 그들의 이익과 신망과 명예가 높아지기를 바라는 것도 로마인의 관습이다. 하물며 그들을 로마인의 친구로 만들어준 고귀한 것들이 다른 자의 손에 강탈당하려 한다면 누가 지켜보고만 있겠는가?"

그런 다음 카이사르는 사절을 통해 전달했던 것과 똑같은 사항들, 즉 하이두이족과 그 동맹 부족들에게 싸움을 걸지 말 것, 인질을 송환할 것, 그리고 게르만인들을 고향으로 돌려보낼 수 없다면 최소한 앞으로는 더 이상 라인 강을 건너오지 못하게 할 것 등을 요구했다.

44 아리오비스투스는 먼저 카이사르의 요구에 퉁명스런 답변을 던진 후 자신의 훌륭함에 대해 장황한 연설을 늘어놓았다.

"내가 라인 강을 건넌 것은 내 자신의 뜻이 아니라 갈리아인이 요구해서 였다. 나는 큰 이익을 바라고 고향과 가족을 떠났으며, 그에 따라 지금은 갈리아인들이 부여한 지위를 누리고 있고, 그들이 자진해서 내준 인질을 잡고 있으며, 전쟁의 법칙에 따라 패자가 승자에게 바치는 공물을 받고 있다. 전쟁을 걸어온 것은 내가 아니라, 갈리아인들이었다. 모든 갈리아 부족들이 나를 공격하기 시작했지만 나는 단 한 번의 전투로 갈리아의 전 병력을 격퇴하여 승리했다.

만일 그들이 또 다시 나의 힘을 시험하겠다면 나는 기꺼이 전투에 응할 준비가 되어 있다. 그러나 그들이 평화를 원한다면 지금까지 자진해서 상납해 온 공물을 계속 바쳐야 할 것이다. 로마와의 우정은 약점이 아니라 명예이자 보호책인 것이 분명하다. 그래서 나도 로마와 우호 관계를 맺기 위해 노력했다. 그러나 로마인을 이용해 공물을 중단하고 인질을 돌려받으려 한다면 나는 로마와의 우호 관계를 기꺼이 포기할 것이다.

내가 갈리아 땅으로 게르만인을 들이는 이유는 갈리아를 공격하기 위해서가 아니라 내 자신을 보호하기 위해서이다. 이것은 지금까지 내가 도전을 받지 않으면 나서지 않았다는 것으로, 즉 내 자신을 보호할 목

아리오비스투스와 회담하는 카이사르(왼쪽).

적이 아니면 누구도 공격하지 않았다는 것으로 입증할 수 있다. 나는 로마인보다 먼저 갈리아에 들어왔다. 그 이전까지 로마 군대는 프로빈키아의 경계 밖으로 나온 적이 없다. 카이사르는 나에게 무엇을 원하는가? 왜 나의 영토에 들어왔는가? 프로빈키아가 로마인의 땅이라면 이곳은 아리오비스투스의 땅이다. 만약 내가 로마인의 땅을 공격한다면 로마인은 싸움을 포기하지 말아야 한다. 마찬가지로 로마군이 아리오비스투스의 관할권에 간섭하는 것은 옳지 않은 일이다.

하이두이족이 오래전부터 로마의 형제였다는 말에 대해서도 나는, 최근 알로브로게스족과의 전투에서 하이두이족이 로마를 돕지 않았고 하이두이족도 그들의 내전에서 그리고 세콰니족과의 전투에서 로마의 도움을 받지 못한 것을 모를 정도로 어리석고 무지한 야만인이 아니다. 카이사르가 가식적인 우정을 빙자하여 갈리아로 군대를 출동한 것은 결국 나를 짓밟기 위한 것이므로, 만약 로마군과 함께 이 지역을 떠나지 않는다면 카이사르를 더 이상 친구가 아닌, 적으로 취급하겠다. 그리고 내가 카이사르를 죽이면 로마의 많은 귀족과 지도자들이 나에게 감사를 보낼 것이다. 나는 바로 로마의 당사자들이 보낸 전령을 통해 그 사실을 알았으므로, 카이사르를 죽이면 로마 귀족들의 호의와 우정을 차지하게 될 것이 분명하다. 그러나 카이사르 그대가 갈리아의 지배권을 모두 넘기고 떠난다면 그대에게 큰 보상을 줄 것이고, 카이사르 그대가 원하는 전쟁이 있다면 어떤 전쟁이든 카이사르가 애를 쓰거나 위험에 처하지 않도록 내가 대신 해주겠다."

45   카이사르도 그가 왜 이 일을 포기할 수 없는지 자세히 설명했다.

"그렇게 충실한 동맹국을 버리는 것은 카이사르 자신의 관행도 아니고 로마의 관습도 아니다. 또한 갈리아가 로마인의 땅이 아니듯 아리오비스투스의 땅도 아니라고 생각한다. 아르베르니족과 루테니족은 퀸투스 파비우스 막시무스에게 정복당했지만 로마로부터 용서를 받아 속주가 되지 않았고 공물도 바치지 않았다. 만일 시간을 기준으로 삼는다면, 갈리아는 로마의 지배를 받는 것이 당연할 것이다. 그러나 원로원은 갈리아인을 정복한 후에도 그들이 자신의 법을 유지하기를 원했으므로, 원로원의 결정에 따라 갈리아는 자유로운 땅이 되어야 한다."

46   회담 도중에 아리오비스투스의 기병들이 둔덕에 아주 가까이 접근해서 우리 병사들에게 야유를 보내고 돌과 투척 무기를 던지고 있다는 소식이 들려왔다. 카이사르는 회담을 중단하고 병사들에게 돌아가서, 어떤 일이 있어도 적에게 응수하지 말라고 명령했다. 그가 신뢰하는 군단과 적의 기병대 사이에 싸움이 벌어진다 해도 아군으로서는 조금도 위험하지 않으리라는 것을 알지만, 그래도 싸움은 피하는 것이 바람직하다고 생각했다. 그렇지 않으면 적을 물리쳤을 때 그들이 카이사르를 믿고 회담을 벌였으나 함정에 빠졌노라고 말할 수도 있다.

아리오비스투스가 회담장에서 보여준 거만함, 즉 로마군에게 갈리아 땅에서 완전히 철수할 것을 명령했다는 것과 그의 기병이 로마 병사들을 공격했다는 것, 그로 인해 회담이 결렬되었다는 사실이 알려지자 아군 병사들은 싸움에 대한 열의와 의욕으로 불타올랐다.

47 이틀 후 아리오비스투스는 카이사르에게 사절을 보내, 일전에 매듭 짓지 못한 문제를 계속 논의하고 싶다는 뜻을 보내왔다. 따라서 카이사르가 다시 한 번 회담 날짜를 정할 수 있는지 물으면서, 회담이 내키지 않으면 아리오비스투스에게 카이사르의 사절을 한 명 보내도 좋다고 통보했다. 카이사르는 회담에 응할 이유가 없었다. 더구나 지난번 회담에서는 게르만인이 우리 병사에게 무기를 투척해도 막을 수가 없었다. 카이사르 생각에 아리오비스투스에게 사절을 보내는 것은 그의 사절을 잔인한 야만인의 손에 맡기는 것과 같아 대단히 위험했다. 가장 좋은 해결책은 가이우스 발레리우스 카부루스의 아들 가이우스 발레리우스 프로킬루스를 보내는 것이었다. 그는 용기와 예절을 겸비한 젊은이였고, 그의 부친은 가이우스 발레리우스 플라쿠스에게서 로마 시민권을 받기도 했다. 또한 그는 성실하고 갈리아어에 능통했으며(아리오비스투스는 갈리아에서 오래 머문 탓에 갈리아어를 자유롭게 구사했다.) 게르만인의 입장에서도 그를 해칠 이유가 없었다. 결국 카이사르는 그를 선정하여 아리오비스투스와 친분이 있는 마르쿠스 메티우스를 딸려 보냈다. 그는 두 사람에게 아리오비스투스의 의도를 파악해서 그에게 보고하라고 지시했다. 그러나 두 사람이 아리오비스투스의 진지에 당도하자 아리오비스투스는 두 사람을 보고 자신의 병사들 앞에서 큰 소리로 "그대들은 왜 나를 찾아왔는가? 정탐하기 위해서인가?"라고 외쳤다. 그리고 두 사람의 말은 듣지도 않고 둘을 묶어 가둬버렸다.

48   그날 아리오비스투스는 진지를 철수하여 카이사르의 진지로부터 9킬로미터 거리에 있는 산기슭으로 이동했고 다음 날 다시 군대를 이끌고 카이사르의 진지를 지나 3킬로미터 전방에 진지를 구축했다. 세콰니족과 하이두이족 영토에서 로마군에게 보내올 식량과 군수품을 차단하려는 목적에서였다. 그날부터 5일 동안 카이사르는 군대를 진지 밖으로 배치해 아리오비스투스가 도전하면 언제든 응할 수 있도록 전투 대형을 갖췄다. 그동안 아리오비스투스는 군대를 진지에 주둔시킨 채 날마다 기병을 내보내 전투를 벌였다. 게르만 병사들은 평소 다음과 같은 훈련을 쌓는다. 게르만의 기병은 6,000기인데, 각 기병은 자신을 보호해 줄 날쌔고 용감한 보병을 한 명씩 뽑는다. 기병이 보병 쪽으로 후퇴하면 보병들이 그 주위로 재빨리 모인다. 만일 기병이 심한 부상을 입거나 말에서 떨어지면 보병들이 그를 에워싼다. 그리고 가까운 거리를 신속히 전진하거나 후퇴할 필요가 생기면 평소 훈련한 대로 말의 갈기를 붙잡고 아주 빠르게 이동한다.

49   카이사르는 아리오비스투스의 군대가 진지에 머물 것이라 생각하고, 더 이상 식량 보급을 방해받지 않기 위해 게르만의 진지로부터 약 0.9킬로미터 떨어진 곳에 두 번째 진지를 위한 장소를 정했다. 아군은 이 장소까지 3열 전투 대형으로 행진했다. 카이사르는 1열과 2열에게는 전투 준비를 명하고 3열에게는 진지 구축을 명령했다. 위에서 언급했듯이 이 장소는 적으로부터 0.9킬로미터 떨어진 곳이었다. 아리오비스투스는 아군을 위협하고 진지 구축을 방해할 목적으로 약 1만 6000명의 경보병 부대와 기병대 전원을 출동시켰다. 그러나 카이사르는 애초의 계획대로 1열과 2열 병사들에게 적을 쫓아버리게

하고 3열에게는 방어 공사를 완료하도록 명령했다. 진지가 완성되자 카이사르는 2개 군단과 외인군 소대를 그곳에 남기고 남은 4개 군단을 이끌고 본진으로 돌아갔다.

50 다음 날 카이사르는 평소 훈련하던 대로 두 진지의 병력을 본진으로부터 조금 떨어진 곳에 집결시켜 전투 대형을 갖추고 적의 공격을 유도했다. 그러나 게르만 군대가 끝내 출동하지 않자 정오경에 아군을 진지로 불러들였다. 마침내 아리오비스투스가 병력의 일부를 출동시켜 작은 진지를 공격했다. 격렬한 전투가 벌어졌다. 해질 무렵 많은 부상자가 속출한 후에야 아리오비스투스는 군대를 진지로 불러들였다.

카이사르는 포로들에게 아리오비스투스가 왜 싸움을 피하는가를 추궁한 끝에 그것이 게르만인의 풍습 때문이라는 것을 알게 되었다. 게르만의 늙은 여자들은 제비를 뽑고 점을 쳐서 전투를 벌이는 것이 유리한지 아닌지 결정하는데, 초승달이 뜨기 전에 전투를 벌이면 승리하지 못한다는 점괘가 나왔다는 것이다.

51 다음 날 카이사르는 각 진지에 적당한 수의 수비대를 배치했다. 그리고 작은 진지 앞에는 적이 훤히 볼 수 있도록 외인부대 전체를 늘어세웠다. 아군의 군단병은 적에 비해 수적으로 훨씬 열세였기 때문에 일종의 허세 전술을 펼친 것이다. 카이사르 자신은 3열 전투 대형을 갖추고 적진을 향해 곧바로 진격했다. 결국 전투를 피할 수 없는 상황이 되자 게르만의 병력도 진지 밖으로 출동하여 하루데스족, 마르코마니족, 트리보키족, 방기오네스족, 네메테스족, 세두시족, 수에

아리오비스투스와 로마군의 전투 배치도

갈리아 전쟁 1년째 | 83

비족이 부족 단위로 동일한 간격을 유지하면서 전투 대형을 갖추었다. 그들은 전선 뒤편을 마차와 수레로 에워싸 도망칠 수 있는 길을 사전에 차단했다. 또한 마차 위에서는 여자들이 출전을 앞둔 남자들에게 두 팔을 내밀고 눈물을 흘리면서, 그들이 로마의 노예가 되지 않게 해달라고 애원했다.

52 카이사르는 다섯 명의 부장과 한 명의 재무관[57]에게 각 군단을 독려하게 하여 모든 병사가 자신의 용맹함을 과시할 수 있게 했다. 그는 적의 좌익이 가장 약하다는 판단에 따라 그쪽부터 공격을 시작했다. 신호가 떨어지자 아군은 적을 맹렬히 공격했다. 그러자 적 또한 갑자기 빠르게 돌격했기 때문에 아군은 적을 향해 창을 던질 여유가 없었다. 병사들은 창을 던져두고 검을 뽑아 들었다. 그러나 게르만인은 여느 때처럼 밀집진을 짜고 아군의 공격을 막아냈다. 여러 명의 우리 병사가 적의 밀집 대형 위로 뛰어올라 손으로 그들의 방패를 열어젖히고 위에서 공격을 가했다. 마침내 적진의 좌익이 무너지고 게르만 병사들이 도망치기 시작했다. 그러나 적의 우익은 수적 우세를 앞세워 아군의 전선을 강하게 압박했다. 아군 기병대를 지휘하는 젊은 푸블리우스 크라수스[58]가 즉시 상황을 파악했다. 그는 전선에 투입된 다른 장교들보다 더 자유롭게 행동할 수 있었기 때문에 즉시 3열을 보내 곤경에 빠진 아군을 돕게 했다.

53 전투는 즉시 아군에게 유리한 쪽으로 기울었다. 적은 등을 돌리고 도망쳐 전장에서 약 50마일[59](74킬로미터) 떨어진 라인 강으로 달아났다. 그들 중에는 간혹 자신의 힘을 믿고 헤엄을 치기 위

해 강물로 뛰어드는 자들도 극소수 있었고, 배를 찾아 안전한 곳으로 도망치려는 자들도 있었다. 아리오비스투스도 작은 배를 구해 반대편 강둑으로 달아났다. 나머지는 아군 기병의 손에 붙잡혀 살해되었다.

아리오비스투스에겐 두 명의 아내가 있었다. 그가 게르마니아에 있을 때 아내로 맞이했던 수에비족 여자와, 노리쿰의 왕 보키오의 동생으로 오빠의 뜻에 따라 아리오비스투스에게 아내로 보내진 갈리아 여자였다. 두 여자 모두 패주하던 중 사망했다. 아리오비스투스의 딸들 중 한 명은 사망하고 나머지는 생포되었다. 가이우스 발레리우스 프로킬루스[60]는 세 겹의 사슬에 묶인 채 호송병들에게 끌려가던 중 기병대를 이끌고 적을 추격하던 카이사르의 눈에 띄었다. 그는 갈리아 프로빈키아에서 가장 훌륭한 갈리아인이고 카이사르의 동료이자 친구였기 때문에 그를 적의 손에서 구출한 것은 카이사르에게 승전 자체만큼이나 큰 기쁨이었다. 프로킬루스가 카이사르의 기쁨과 만족을 앗아갔을지도 모르는 가혹한 운명을 겪지 않은 것은 순전히 하늘의 도움 때문이었다. 프로킬루스의 설명에 따르면, 게르만인들은 그의 앞에서 세 번이나 제비를 뽑아 그를 화형에 처할지 그대로 붙잡아 둘지를 결정했다 한다. 바로 그 제비 뽑기 덕분에 그는 무사히 살아남았다. 마르쿠스 메티우스도 구출되어 카이사르에게 보내졌다.

---

57. 콰이스토르 quaestor: 전장에서 부대의 재무 관리를 담당하는 관리 또는 장교를 말한다. (옮긴이)
58. 삼두의 일원인 마르쿠스 리키니우스 크라수스의 맏아들이다.
59. 대부분의 판본에서 V(5) 마일로 표기되어 있으나, 5마일 이내에는 가능한 장소가 없으므로, 15 또는 50마일로 보는 것이 타당하며, 일반적으로 50마일로 본다.
60. 1-47에서 언급된 인물로, 아리오비스투스에게 사절로 갔다가 잡혔다.

54 전투 소식이 라인 강 너머로 퍼지자 강둑으로 모여들었던 수에비족이 고향으로 돌아가기 시작했다. 라인 강 부근에 살던 부족들은 수에비족이 두려움에 떨며 도망치는 것을 보고는 그들을 추격해 많은 수를 살해했다.

카이사르는 한 번의 출정으로 두 차례의 큰 전투를 승리로 이끈 후,[61] 시기상으로 다소 빠른 감이 있지만 군대를 이끌고 세콰니족 영토의 월동지로 돌아갔다. 그곳에서 그는 티투스 라비에누스[62]에게 지휘를 맡기고 순회 재판을 주재하기 위해 갈리아 키살피나로 향했다.

---

61. 기원전 58년의 출정으로 헬베티족과 게르만인과의 전투에서 모두 승리했음을 의미한다.
62. 카이사르와 동년배이자 그가 절대적으로 신임했던 평민 출신의 장군이다. 나중에 루비콘 강을 건너면서 카이사르를 배신하고 폼페이우스에게 합류한다.

카이사르 43세, 갈리아 전쟁 2년째

제2권 **기원전 57년**

벨가이 정복

1 카이사르가 갈리아 키살피나에 머무는 동안, 앞에서 언급한 갈리아의 세 지역 중 하나인 벨가이[1] 영토의 모든 부족이 로마에 대항해 음모를 꾀하고 서로 인질을 교환한다는 소문이 잇따라 들려왔다. 소문은 결국 라비에누스의 서신으로도 확인되었다.[2] 음모의 이유는 다음과 같았다. 첫째, 그들은 갈리아의 나머지를 정복한 로마군이 이제 그들을 향해 출정할 것이라며 두려워했다. 둘째, 그들은 갈리아인들의 선동에 흔들리고 있었는데, 갈리아인들 중에는 게르만인이 갈리아에 관여하는 것을 못마땅하게 여기는 것과 마찬가지로, 로마의 군대가 갈

리아 땅에서 겨울을 보내며 정주하는 것도 달가워하지 않는 자들이 있었다. 또한 변덕스럽고 불안정한 기질로 인해 통치자가 바뀌기를 원하는 자들도 있었다. 그러나 벨가이인의 음모를 부추긴 갈리아인 중 세 번째 부류는 지지 세력을 고용할 정도의 권력과 재산을 소유한 보다 유력한 족장들이었다. 갈리아에서 그런 자들은 대개 왕위에 오르기를 원했지만 로마의 통치하에서는 야심을 이루기 어려웠기 때문이다.

2 무성한 소문과 라비에누스의 급보를 접한 카이사르는 즉시 갈리아 키살피나에서 새로이 2개 군단을 모집했다.[3] 카이사르는 원정기가 시작되는 초여름에 먼저 부장 퀸투스 페디우스를 보내 2개 군단을 이끌고 갈리아 트란살피나로 진군하게 했다. 카이사르 자신도 군량 보급이 확실해지자 알프스를 넘어 베손티오에 주둔하고 있는 그의 군대에 합류했다. 그리고 벨가이 영토 근처에 사는 세노네스족과 그밖의 갈리아인들에게 벨가이인들의 동태를 파악하라는 임무를 부여하고, 계속해서 그들의 상황을 보고하게 했다. 그들은 모두 충성스럽게 임무를 수행하여, 벨가이인들이 군사를 소집하고 있으며 군대가 한곳에 집결하고 있다고 보고했다. 결국 카이사르는 벨가이 영토로 진격하는 것을 더 이상 늦출 수 없다고 판단했다. 카이사르는 군량을 확보하고 진지를 철수한 후 약 2주 만에 벨가이 국경에 당도했다.

---

1. 현재의 벨기에와 네덜란드, 프랑스 북동부를 이르는 지역으로, 카이사르가 이 책에서 처음 쓰기 시작했다.
2. 당시 라비에누스는 세콰니족의 베손티오에서 겨울철 숙영을 하고 있었다. (옮긴이)
3. 이때의 2개 군단은 8군단, 14군단이었으며, 이로써 로마군은 총 8개 군단(각 군단의 수는 5천 명)이 되었고, 여기에 약 2만 명의 외인부대가 있었다.

3

그는 누구도 예상치 못할 만큼 빠르고 갑작스럽게 도착했다. 벨가이 부족 중 갈리아 영토에서 가장 가까운 지역에 사는 레미족은 카이사르에게 부족의 두 지도자인 이키우스와 안데콤보리우스를 사절로 보냈다. 두 사절은 부족의 생명과 모든 재산을 로마의 보호에 맡기겠노라고 선언했다. 그들은 다른 벨가이 부족들과 공모하지 않았고 로마에 대항해 음모를 꾀하지도 않았으며, 언제라도 인질을 바치고 명령에 따를 준비가 되어 있으며, 카이사르를 그들의 도시로 맞아들여 식량과 군수품을 제공하겠노라고 맹세했다. 다른 벨가이인들은 모두 전쟁을 준비하고 있으며, 라인 강 서쪽에 거주하는 게르만인들도 벨가이인들과 힘을 합친 상태였다. 레미족과 동족이고 관할 구역과 법률을 공유할 뿐 아니라 통치와 치안까지도 함께하는 수에시오네스족이 음모에 가담하는 것을 끝내 막을 수 없을 정도로 그들은 모두 광적인 상태에 있다는 것이 사절들의 말이었다.

4

카이사르는 두 사절에게 어느 부족이 무장을 했는지, 그들의 규모는 어느 정도인지, 그들의 군사적 강점은 무엇인지 등을 물어 다음과 같은 사실을 알아냈다. 벨가이인은 대부분 게르만 혈통으로, 오래전에 라인 강을 건너와 강 서쪽에 살던 갈리아인들을 몰아내고 비옥한 땅을 차지한 사람들이었다. 선대에 킴브리족과 테우토니족이 갈리아 지방 전체를 괴롭힐 때에도 오직 벨가이인만은 그들의 침입을 허락하지 않았다. 따라서 그들은 과거의 위업 덕분에 군사적인 면에서 대단한 권위와 용기를 인정받고 있었다. 레미족은 벨가이 병력의 규모를 완전히 파악하고 있다고 주장했다. 그들과 거리상 가까울 뿐 아니라 혼인으로 결합되어 있었기 때문에 벨가이 전체 회의에서 각 족장들이 어느 정도의 군사를 동원하겠다고 맹세했는지 알고 있었다.

모든 벨가이 부족 중 용맹함과 권위와 수적인 면에서 가장 우세한 부족은 벨로바키족이었다. 그들은 총 10만 명의 군사를 동원할 수 있으며 그 중 6만 명의 정예 병사를 선발하겠다고 약속하면서, 그들에게 출정 지휘권을 모두 넘기라고 요구했다. 레미족과 가장 가까운 곳에 사는 수에시오네스족은 가장 넓고 비옥한 땅을 소유하고 있었으며, 많은 사람이 아직도 디비키아쿠스[4]라는 왕을 기억하고 있었다. 디비키아쿠스는 갈리아 전체에서 가장 강력했으며 수에시오네스족 영토의 대부분은 물론이고 브리타니아 지방까지 지배한 위대한 왕이었다. 현재의 왕은 갈바라는 인물로, 공정하고 신중한 통치자였기 때문에 모든 부족이 그에게 전쟁의 총지휘권을 맡기는 데에 동의했다. 12개 도시를 지배하는 그는 5만 명의 군사를 약속했다. 가장 먼 북쪽에 거주하고, 갈리아인들이 특히 용맹하다고 생각하는 네르비족도 같은 수의 군사를 약속했다. 그 밖에 아트레바테스족은 1만 5천, 암비아니족은 1만, 모리니족은 2만 5천, 메나피족은 7천, 칼레티족은 1만, 벨리오카세스족과 비로만두이족은 합쳐서 1만, 아투아투키족은 1만 9천을 약속했다. 또한 레미족의 추산에 따르면 콘드루시족, 에부로네스족, 카에로에시족, 파에마니족(모두 게르만인으로 알려져 있다.)은 약 4만의 군사를 동원할 수 있었다.

5   카이사르는 레미족에게 관대한 격려의 말을 전했다. 그는 레미족의 모든 원로들을 모이게 하여, 레미족 지도자들의 자녀를

---

[4]. 하이두이족의 디비키아쿠스와는 다른 인물이다.

인질로 내어줄 것을 요구했다. 레미족은 신속하고 정확하게 그의 요구를 수행했다. 카이사르는 하이두이족의 디비키아쿠스를 독려하고, 거대한 적군과 일시에 교전을 벌이지 않기 위해 적을 분산시키는 것이 로마군과 하이두이족의 승리에 얼마나 중요한지 설명했다. 하이두이족 군대가 벨로바키족 영토로 들어가 그들의 땅을 약탈한다면 가능한 일이었다. 그는 이러한 지시를 내린 후 디비키아쿠스를 돌려보냈다.

벨가이 군대가 집결을 마친 후 그를 향해 진군하고 있다는 사실과, 그가 보낸 척후병들과 레미족으로부터 그들이 점점 다가오고 있다는 정보를 들은 카이사르는, 즉시 군대를 이끌고 레미족 영토의 변두리에 있는 엔 강[5]을 건너 그곳에 진지를 구축했다. 그 결과 진지의 한쪽은 강둑이 막아주었기 때문에 후방은 적의 공격으로부터 안전할 수 있었다. 게다가 레미족을 비롯한 우방 부족들이 위험을 겪지 않고 배로 군량을 공급할 수 있었다. 강에는 다리가 하나 놓여 있었다. 카이사르는 이 다리에 수비대를 배치하고, 강 건너편에는 부장인 퀸투스 티투리우스 사비누스의 지휘하에 6개 대대를 남겨놓았다. 카이사르는 사비누스에게 높이 약 3.5미터의 방벽을 쌓고 너비 약 5.5미터의 해자를 파라고 명령했다.

6

진지로부터 약 13킬로미터 떨어진 곳에 비브락스라는 레미족의 도시가 있다. 벨가이 군대가 행군을 하던 중 갑자기 방향을 돌려 이 도시를 맹렬히 공격했다. 이날 도시는 가까스로 적의 공격을 막아냈다. 갈리아인과 벨가이인의 공성법攻城法은 매우 비슷하다. 우선 일렬로 늘어선 대규모 병사들이 사방으로 벽을 둘러싸고 돌을 던진다. 성벽을 지키던 수비대를 제거하면 병사들은 귀갑진[6]을 짜고 가까이 접

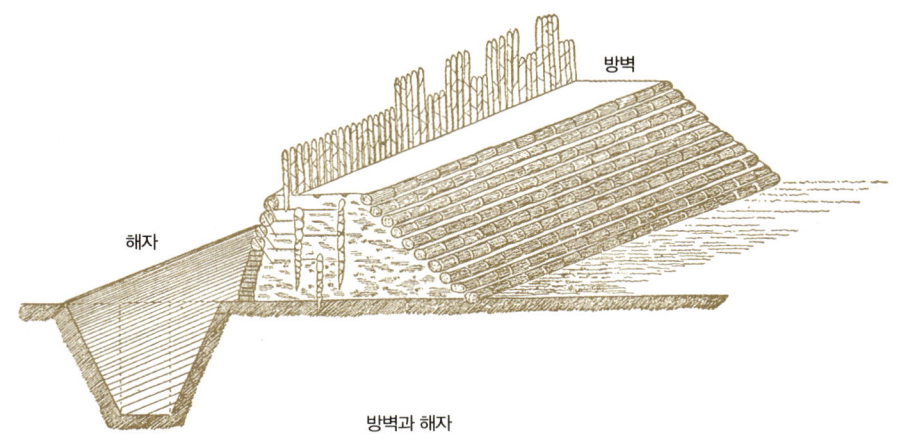

방벽과 해자

근해 성벽의 기초를 무너뜨린다. 이것은 쉬운 공격법이다. 엄청난 수의 병사들이 돌과 무기를 투척하면 누구라도 그 위에 서 있기가 불가능하기 때문이다.

비브락스를 지휘하는 자는 레미족의 최고 귀족이자 부족민들 사이에 평판이 높았던 이키우스였다. 그는 전에 부족의 지도자로 카이사르를 찾아왔던 강화 사절단 중 한 명이었다. 밤이 이슥해지자 그는 카이사르에게 전언을 보내 다급한 상황을 알리고, 카이사르가 도와주지 않으면 더 이상 버티기가 어렵다는 말을 전했다.

---

5. 아르곤의 숲에서 발원하여 프랑스 북동부를 흐르다 우아즈 강으로 합류한다. 우아즈 강은 파리 북서부에서 센 강과 합류한다. (옮긴이)
6. 테스투도 testudo: 거북의 등껍질을 뜻하는 라틴어로, 병사들이 방패로 머리를 막고 진격하는 대형을 가리키는 동시에, 성벽의 기초를 허물거나 참호를 메우는 병사들을 보호하는 경사진 지붕 구조물을 가리키기도 한다. (94쪽 그림 참조.)

7 카이사르는 자정 무렵에 비브락스 방어를 지원하기 위해 이키우스의 전갈을 갖고 온 사람들의 통솔하에, 누미디아 병사[7]와 크레타 궁수, 그리고 벨레아리크 투석병을 보냈다. 지원병이 도착하자 레미족 사람들은 사기를 드높이고 적을 방어할 수 있다는 희망을 되살렸다. 그러나 같은 이유로 적은 비브락스를 점령하겠다는 희망을 접어야 했다. 결국 그들은 한동안 도시 주위를 돌아다니며 레미족 영토를 파괴하고 모든 마을과 집에 불을 지른 후 군대 전체를 이동시켜 카이사르의 진지를 향해 다가왔다. 그들은 카이사르 진지로부터 채 3킬로미터도 안 되는 곳에 진을 쳤다. 그곳에서 피어오르는 연기와 불꽃으로 보아 그들의 진지는 폭이 12킬로미터를 넘을 것 같았다.

거북 모양의 귀갑진 테스투도 Testudo

8 처음에는 적의 수가 워낙 많고 용맹하다는 명성도 자자했기 때문에 카이사르는 선제 공격을 피하려 했다. 그러나 그는 기병대들이 매일 벌이는 전초전을 통해 적군이 얼마나 용감한가를 확인한 동시에, 아군 병사들도 그들을 감당할 만큼 충분히 용맹하다는 사실을 확인했다. 일단 카이사르는 아군 병사들이 적에게 뒤지지 않는다고 확신하자, 진지 앞쪽에 전투 대형을 갖추기에 편리하고 적당한 장소를 선정했다. 아군이 진지를 구축한 언덕은 평지에서 약간 솟아오른 지형이어서 앞쪽에 유리한 위치를 선점하고 전투 대형을 갖출 수 있는 공간이 충분했다. 양쪽 측면은 가파르지만 전면은 언덕 마루까지 완만하게 오르다가 다시 완만하게 평지로 내려가는 형태였다. 카이사르는 언덕의 양쪽 측면으로부터 직각으로 약 300미터 길이의 참호를 파게 하고 호의 양쪽 끝에는 보루를 세우고 발사기[8]를 배치했다. 그렇게 해서 일단 전선이 형성되면 수적으로 우세한 적이 양쪽 날개로 밀고 들어와 아군 병사를 포위할 수 없게 했다. 그런 다음 그는 새로 모집한 2개 군단을 예비 병력으로 진지에 남겨두고 나머지 6개 군단을 진지 앞에 포진시켰다. 벨가이인도 그들의 진지 밖으로 병력을 포진시키고 전투를 준비했다.

---

7. 누미디아인은 대개 기병대로 활용되었지만, 이 책의 뒤에 나오는 구절(2-10, 2-24)을 보아 카이사르는 그들을 경보병대로 이용했음을 알 수 있다.
8. 화살, 돌, 납덩어리, 말뚝 등을 발사하는 무기를 말한다. 몇 가지 종류 중 이 책에는 가까운 거리에서 화살을 발사하는 소궁기小弩機, 즉 스코르피오scorpio가 등장한다. 7-25 참조. (옮긴이)

9 아군과 적군 사이에는 자그마한 습지가 있었다. 적은 우리 병사들이 습지를 건너기를 바라면서 기다렸지만, 아군 역시 그들이 먼저 습지로 뛰어들어 불리한 상황에 빠지기를 기다리면서 무기를 들고 공격을 준비했다. 그러는 사이 아군과 적군의 중간에서 기병전이 벌어졌다. 양쪽 누구도 먼저 습지를 건너려 하지 않았고 기병전이 아군에게 유리하게 전개되자 카이사르는 병사들을 이끌고 진지로 철수했다. 적은 신속하게 그 자리를 떠나 엔 강으로 이동했다. 이미 설명한 바와 같이 엔 강은 아군의 진지 후방에 있었다. 그곳에서 얕은 여울을 찾아낸 적들은 퀸투스 티투리우스 사비누스 부장이 지휘하고 있는 기지를 습격하고 다리를 파괴할 생각으로 일부 병력을 도하시키려 했다. 그리고 이것이 불가능하다면 레미족의 토지를 약탈하여 아군의 식량 보급을 차단할 생각이었다.

10 퀸투스 티투리우스 사비누스에게 이 사실을 보고받은 카이사르는 전 기병대와 누미디아 경보병, 투석병, 궁병을 이끌고 다리를 건너 적을 향해 돌진했다. 그곳에서 치열한 전투가 벌어졌다. 아군은 물 속에서 허우적거리는 적을 공격해 다수를 살해했다. 나머지 적군 병사들은 시체를 헤치며 용감하게 싸워 탈출을 시도했지만 소나기처럼 퍼붓는 아군의 투척 무기에 뒤로 물러설 수밖에 없었다. 먼저 강을 건넜던 자들은 아군의 기병대에 포위

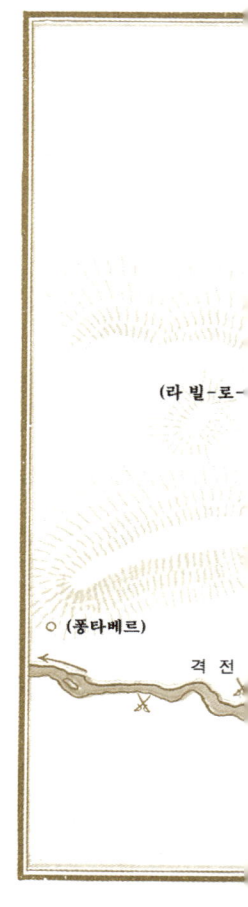

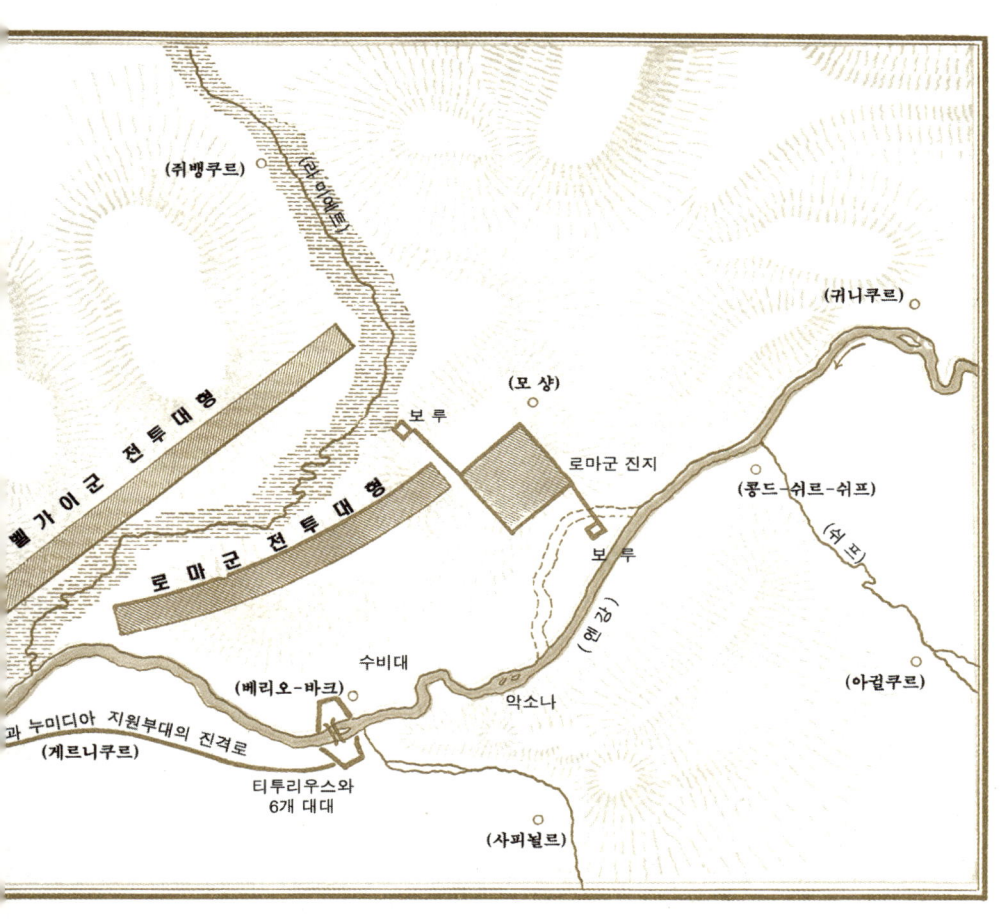

기원전 57년
벨가이군과 로마군의 전투 배치도

되어 죽어갔다.

적은 강을 건너 도시를 습격하려던 계획이 물거품이 되는 것을 보았고, 로마군은 불리한 지형으로는 진격하지 않는다는 사실을 깨달았다. 게다가 식량마저 바닥나기 시작했다. 그들은 회의를 소집하여, 각자 고향으로 돌아가는 것이 최선의 방책이라 결정하고, 그런 다음 로마군이 먼저 침입하는 영토에 모여 그곳을 방어하기로 했다. 다른 부족의 땅보다는 그들 자신의 영토라면 더 잘 싸울 수 있었고, 식량도 그들 자신의 것을 이용할 수 있었다. 그들이 이런 결정을 내린 것은 무엇보다 디비키아쿠스와 하이두이족이 벨로바키족의 영토로 향하고 있는 이때에, 벨로바키족 병사들로 하여금 그들 자신의 부족을 도우러 가는 대신 이곳에 머물도록 설득하는 것이 불가능하기 때문이다.

11 이 결정에 따라 그들은 제2야경시(21-24시)에 큰 소란을 피우며 지휘 체계도 무시하면서 무질서하게 진지를 철수했다. 저마다 먼저 행군에 나서 속히 고향으로 돌아가려 했던 것이다. 그래서 그들의 출발은 마치 도망치는 것처럼 보였다. 척후병을 통해 즉시 상황을 보고받은 카이사르는 적의 함정을 염려했다. 아직은 그들이 떠나는 이유를 알 수 없었기 때문에 그는 군대와 기병을 출동시키지 않았다.

먼동이 틀 무렵 정찰병을 통해 실상을 파악한 카이사르는 먼저 기병을 보내 적의 후방을 공격하여 행군 속도를 더디게 했다. 그는 두 명의 부장 퀸투스 페디우스와 루키우스 아우룬쿨레이우스 코타에게 기병대를 맡기고, 또 다른 부장인 티투스 라비에누스로 하여금 3개 군단을 이끌고 그들을 지원하게 했다. 아군은 적의 후미를 따라잡고 공격을 개시했고, 도망치는 적을 수 킬로미터나 추격해 다수를 살해했다. 본 대열의 후미가 따라잡히자 적은 행군을 멈추고 용감하게 싸우며 저항했다. 그러나 위험으로부터 멀리 떨어진 앞쪽 대열은 반격에 가담할 필요도, 명령도 없는 상황에서 전투 함성이 들리자 즉시 열을 흐트러뜨리고 도망치기 시작했다. 따라서 아군은 아무런 위험도 겪지 않고 오랫동안 수많은 적을 살해할 수 있었다. 해질 무렵 아군은 명령에 따라 추격을 중단하고 진지로 돌아왔다.

12 카이사르는 이튿날 적이 공포와 혼란에서 미처 회복되기도 전에 군대를 이끌고 레미족의 경계를 넘어 수에시오네스족의 영토로 진입한 다음 강행군으로 노비오두눔이란 도시를 향해 급히 이동했다.[9] 그는 요새를 지키는 수비대가 부족하다는 정보를 들었기 때문에 도착한 즉시 공격을 시도했다. 그러나 수비 병력은 소수였지만 해자가 넓고 성벽이 워낙 높아 기습으로는 도시를 함락시킬 수 없었다. 그는 진지를 구축하는 한편 엄호차[10]를 비롯해 성을 공격하는 작전에 필요한 장비들을 준비시켰다. 한편 수에시오네스족은 이미 전날 밤에, 패주했던 전 병력이 돌아와 도시 안으로 들어간 상태였다.

엄호차가 오가고, 토루土壘가 올라가고, 공성탑이 세워졌다.[11] 갈리아인들은 생전에 본 적도 들은 적도 없는 엄청난 공성 공사와 로마군의 신속한 행동에 기겁하여 카이사르에게 사절을 보내 항복의 뜻을 밝혔

---

9. 엔 강의 좌안을 따라 서쪽으로 이동했다.
10. 비네아vinea: 공성攻城 공사의 일꾼들이나 성벽에 접근하는 병사들을 보호하거나 자재를 운반하는 데 사용했던 바퀴 달린 차폐물을 말한다. (100페이지 그림 참조.)
11. 성이나 요새를 공격할 때에는 일차적으로 나무, 돌, 흙 등으로 요새 앞에 토루를 쌓았다. 토루는 최소한 한 개 이상의 공성탑이 올라갈 수 있는 일종의 제방이었다. 공격하는 군대는 이 공성탑을 이용해 성벽 위의 농성군을 제거했다.

이동식 엄호차 비네아 Vinea

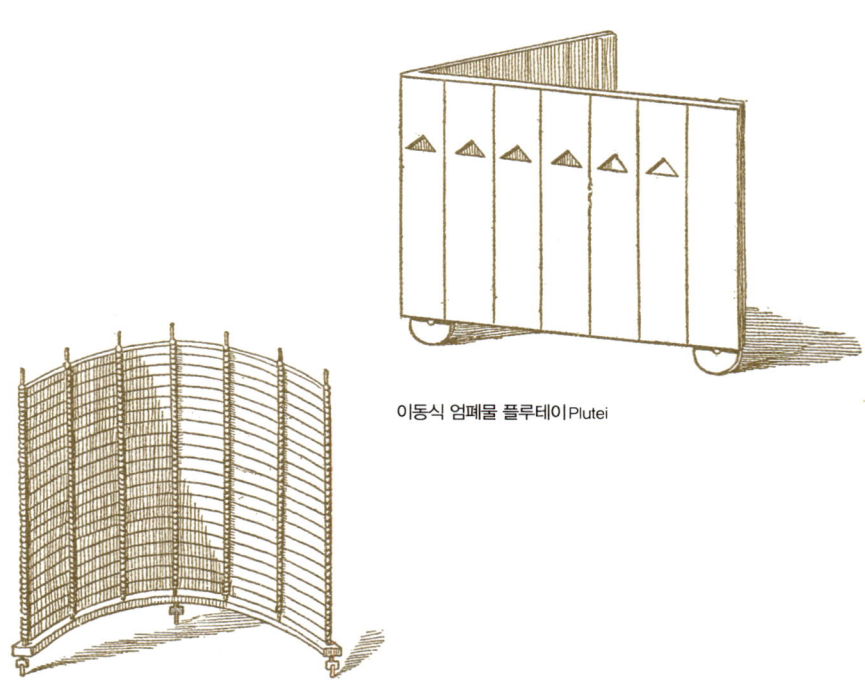

이동식 엄폐물 플루테이 Plutei

다. 레미족의 중재하에 카이사르는 항복을 받아들이고 그들의 안전을 보장해 주었다.

13　카이사르는 갈바 왕의 두 아들과 부족의 지도자들을 인질로 잡고 모든 무기를 회수했다. 그는 수에시오네스족의 항복을 받아들인 다음 군대를 이끌고 벨로바키족의 영토로 이동했다. 벨로바키족은 모든 재산을 가지고 브라투스판티움이란 도시로 퇴각했다. 카이사르와 그의 군대가 그 도시로부터 불과 7.4킬로미터 거리까지 접근하자 도시의 모든 원로들이 나와 카이사르에게 손을 내밀면서, 자신들은 결코 로마에 대항하지 않을 것이며 그들의 생명과 재산을 카이사르의 힘과 보호에 맡기겠노라고 외쳤다. 카이사르가 도시에 이르러 막사를 세울 때에도 소년들과 여자들이 성벽 위에서 손을 내밀며 로마와의 평화를 갈구했다. 카이사르는 관습에 따라 그들의 간청을 받아들였다.

14　벨가이인이 퇴각한 후 디비키아쿠스는 하이두이족 군대를 해산시키고 카이사르 곁으로 와 있었다. 그가 중재 역할을 맡았다. 벨로바키족은 지금까지 하이두이 부족의 친구이자 동맹자였다고 그가 설명했다. 그런데 벨로바키족의 지도자들은 카이사르가 하이두이족을 예속시켜 노예로 삼고 온갖 모욕과 굴욕을 가하고 있다는 말로 사람들을 부추겨 하이두이족과 동맹 관계를 끊게 하고 로마에 대항해 전쟁을 일으켰다는 것이다. "이 정책을 제안한 자들은 그들이 얼마나 큰 재앙을 불러왔는지 깨닫고 브리타니아로 도망쳐 버렸다.[12] 벨로바키족

---
12. 이 구절은 제4권과 제5권에 서술된 브리타니아 침공의 정당성을 내포하고 있다.

은 물론이고 그들을 대신하여 하이두이족까지도 카이사르에게 벨로바키족에 대한 용서와 자비[13]를 구하고자 한다. 카이사르가 자비와 관용을 보여준다면 모든 벨가이 부족 사이에서 하이두이족의 권위가 높아질 것이다. 이것이 중요한 이유는 하이두이족은 전쟁을 치를 때마다 늘 벨가이인들의 도움과 원조에 의존했기 때문이다."

15 카이사르는 디비키아쿠스와 하이두이족의 권위를 세워주기 위해 벨로바키족을 용서하고 그의 보호 아래 받아들였다. 그러나 그들은 벨가이에서도 상당한 인구를 가진 중요한 부족이었기 때문에 600명의 인질을 요구했다. 인질을 인계받고 도시 전체의 무기를 회수하자 카이사르는 브라투스판티움을 떠나 암비아니족의 영토로 이동했다. 암비아니족도 즉시 항복하고 모든 재산을 포기했다.

암비아니족의 경계에는 네르비족이 살고 있었다. 네르비족의 성격과 관습을 조사한 카이사르는 다음과 같은 사실을 알게 되었다. 그들은 자신들의 영토 안으로 상인들이 들어오는 것을 허락하지 않았고, 포도주나 그 밖의 사치품도 들이지 않았다. 그런 물건들은 정신을 나약하게 하고 용기를 약화시킨다고 믿었기 때문이다. 그들은 로마에 굴복하여 조상의 용맹함을 저버렸다는 이유로 다른 벨가이 부족들을 질책하고 비난할 정도로 용맹한 부족이었다. 그리고 절대로 사절을 보내거나 강화 조건을 받아들이지 않겠다고 선언했다.

16 네르비족의 영토를 사흘 동안 행군한 카이사르는 포로들에게서 그의 진지로부터 불과 15킬로미터 떨어진 곳에 상브르 강이 있다는 말을 들었다. 강 건너편에는 네르비족이 로마군의 도착을 기

다리고 있는데, 이웃 부족인 아트레바테스족과 비로만두이족도 네르비족의 설득으로 그들 편에서 전운을 걸고 있었다. 그들은 아직 이동 중인 아투아투키족의 병력이 도착하기를 기다리고 있었고, 여자들과 나이 때문에 전투에 참가할 수 없는 남자들은 로마 군대가 침입할 수 없는 습지대로 대피시켰다.[14]

17

이런 상황을 보고받은 카이사르는 척후병들과 백인대장들을 먼저 보내 진지를 구축하기에 적당한 장소를 물색하게 했다. 이미 항복한 다수의 벨가이인들과 갈리아인들이 카이사르의 뒤를 따르며 아군과 함께 행군하고 있었다. 나중에 포로들로부터 알아낸 바에 따르면, 그들 중 일부가 아군의 행군 방식을 유심히 지켜보았다가 밤에 네르비족에게 도망쳐서 군단과 군단 사이에 어느 정도의 군수품[15]이 수송되는지 일러주었다는 것이다. 로마군의 각 군단과 군단 사이에는 긴 수송 행렬이 끼어 있어 최초의 군단이 진지에 도착해도 다른 군단들은 아직 멀리 떨어져 있을 것이므로, 최초의 군단을 공격하고 군수품을 빼앗는다 해도 다른 군단들이 그들을 돕지 못할 것이라는 설명이었다. 이 정보를 가지고 간 사람들은 네르비족이 고대부터 기병대를 이용하지 않았다는 사실을 고려하고 있었다. 심지어 오늘날에도 그들은 기병에 관심을 두지 않고 가능한 모든 힘을 보병에 쏟고 있다. 그 결과 이웃 부

---

13. 자비(clementia)라는 단어가 일반적으로 적을 용서하는 카이사르의 정책을 가리키게 된 것은 내전 이후 특히 로마 내부의 적에 대해서였다. 그 전까지 카이사르 본인은 외국의 적을 다루는 경우에만 이 단어를 사용했다.
14. 유럽 북서부는 지금과는 달리 과거에는 울창한 숲과 깊이를 알 수 없는 늪이 끝없이 펼쳐져 있었다.
15. 행군시 로마군의 짐에는 대형 무기, 장비, 식량, 인질 등이 포함되고 개인적으로는 병사들의 군장과 소지품 및 전리품이 포함되었다. (옮긴이)

족들의 기병대가 네르비족의 영토를 침략할 때도 있었지만 그들은 아주 쉽게 막아낼 수 있었다. 그들은 어린 나무를 자르고 굽혀서 수많은 가지들이 수평으로 뻗게 하고 그 사이에 관목과 가시나무를 심어 장애물을 만들었다. 방벽 크기의 이 울타리들은 기병을 저지할 뿐 아니라 적의 시야를 가리는 역할도 했다. 아군의 행진이 이 울타리들로 인해 방해를 받자 네르비족은 첩자들의 계략이 시도해 볼 만하다고 생각했다.

18   아군 척후병과 백인대장들이 진지로 정한 곳은 이러했다. 언덕 하나가 꼭대기에서 앞서 말한 상브르 강까지 일정하게 경사져 있었다. 맞은편에는 또 다른 언덕이 아군 언덕과 마주보며 비슷한 경사로 솟아 있고, 그 중간의 약 150미터 거리는 시야가 탁 트였으나 언덕 위쪽은 나무가 우거져 있어 안쪽을 보기가 어려웠다. 적들은 바로 그 숲 속에 숨어 있었다. 강 아래쪽 빈터에는 몇 명의 말 탄 경계병들이 눈에 띄었다. 강물의 깊이는 대략 90센티미터였다.

19   카이사르는 기병을 선두에 세우고 전 병력이 그 뒤를 따르게 했다. 그러나 그가 사용한 행군의 순서와 형태는 벨가이인들이 네르비족에게 말한 것과는 달랐다. 보통 적에게 접근할 때처럼, 카이사르는 경장비만 짊어진[16] 6개 군단을 앞세우고 무거운 짐을 실은 수송 부대를 그 뒤에 두었으며 새로 모집한 2개 군단을 맨 뒤에 둠으로써 짐을 보호하고 후방 수비를 강화했다. 아군의 기병과 투석병과 궁병이 강을 건너 적의 기병과 교전을 벌였지만, 적은 몇 번씩이나 자신들의 동료들이 있는 숲 속으로 물러났다가 잠시 후 다시 나와 아군을 공격하곤 했다. 적이 물러나도 아군은 공터 너머까지 적을 추격할 수 없었다.

그러는 사이 6개 군단이 도착해서 진지를 구축하고 진지 방어를 위한 공사를 시작했다.

적은 숲 속에서 전투 대형을 갖추고 서로를 격려하며 전의를 다졌다. 숲 속에 잠복해 있던 적들의 시야에 아군의 짐이 포착되는 순간 그들은 사전 약속에 따라 일시에 전 병력이 달려나와 우리 기병대를 공격해 손쉽게 격퇴해 버렸다. 그런 다음 일사불란하게 무서운 속도로 강 쪽으로 달려 내려왔다. 그들이 숲에서 나와 강을 건넌 다음 아군의 언덕에 접근한 것은 거의 한순간의 일이었다. 그들은 계속 빠른 속도로 아군의 진지로 몰려와 방어 공사를 하고 있는 우리 병사들을 공격했다.

20 카이사르는 모든 조치를 한꺼번에 취해야 했다. 무기를 들라는 신호로 붉은 기를 올리고, 공사에 투입했던 병사들에게 방어 태세를 갖출 것과 방어 공사에 쓸 재료를 구하러 나간 모든 병사에게 진지로 돌아올 것을 명령하는 신호로 나팔을 불게 했다. 또한 전투 대형을 정렬시키고, 병사들을 독려하고, 전투 개시 신호도 내려야 했다. 그러나 이 모든 일을 완료하기에는 시간이 너무 촉박했고 적들은 빠르게 밀려오고 있었다.

두 가지 요소가 이러한 어려움에서 로마군을 구해 주었다. 첫째는 아군 병사들의 지식과 경험 덕분이었다. 병사들은 이전의 전투 경험을 통해 필요한 순간에 해야 할 일들을 스스로 터득하고 있었기 때문에, 마치 명령을 받고 행동하는 것처럼 일사불란하게 움직였다. 둘째, 카이사

---

16. 통상적인 행군시에는 40킬로그램 정도의 무거운 군장을 멨다. (옮긴이)

로마군 기수

로마군 나팔수

르는 어느 장교든 진지가 완전히 구축될 때까지는 절대로 방어 공사 현장이나 군단을 떠나지 말도록 명령해 두었다. 그러나 실제로 적이 가까운 거리에서 아주 빠르게 밀고 들어오는 상황에서 장교들은 더 이상 카이사르의 명령을 기다리지 않고 스스로 필요하다고 생각하는 조치를 취하며 만반의 준비를 해나갔다.

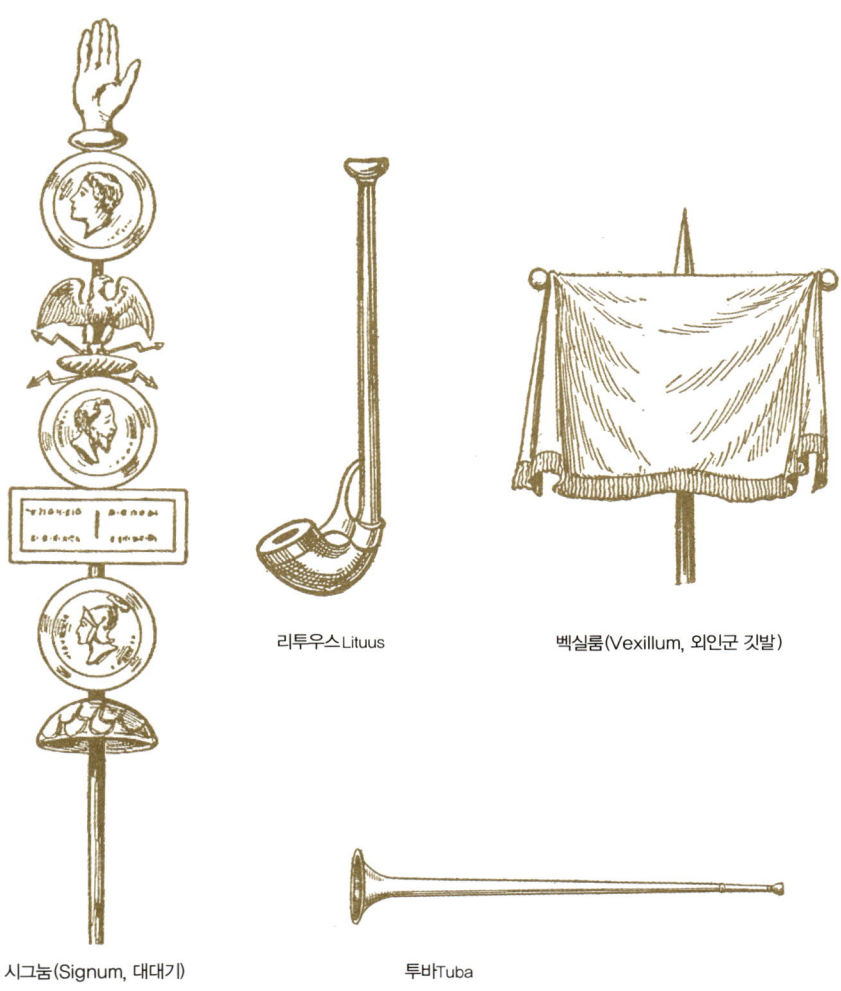

리투우스 Lituus

벡실룸(Vexillum, 외인군 깃발)

시그눔(Signum, 대대기)

투바 Tuba

21 카이사르는 필요한 최소한의 명령을 내린 후 병사들을 독려하기 위해 무작정 달려 내려갔고, 마침 10군단과 마주치게 되었다. 적은 이미 투척의 범위 안에 들어와 있었기 때문에 그는 어쩔 수 없이 짧은 독려의 말로 병사들의 오랜 무공을 상기시키고 적의 공격에 굴하지 말고 용감하게 맞설 것을 강조한 다음 전투 개시 신호를 내렸다. 그는 병사들을 독려하기 위해 다른 쪽으로 갔으나 그곳에서는 이미 전투가 벌어지고 있었다. 모든 일이 순식간에 일어났고 적군의 결의는 아주 대단해서 우리 병사들은 투구깃[17]을 꽂을 시간도, 심지어 투구를 쓰고 방패에서 덮개를 벗겨낼 틈도 없었다. 병사들은 방어 공사를 중단하고 달려나와, 소속 부대를 찾느라 시간을 낭비하지 않기 위해 어느 곳이든 가장 먼저 부대기가 보이는 곳에 자리를 잡고 전투에 임했다.

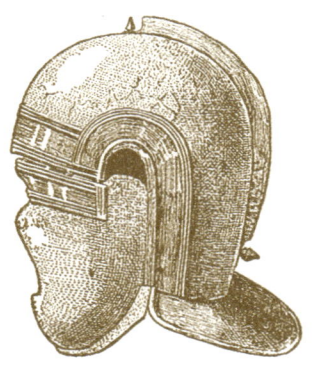 

가죽에 금속을 댄 투구 갈레아Galeae

22 로마군은 이론상의 전투 대형을 따르기보다는, 자연적 지형과 언덕의 경사 및 순간 상황의 필요를 고려해 전선을 형성했다. 각 군단은 각기 다른 장소와 방향에서 전투를 벌였고, 앞서 언급한 두터운 울타리 장벽들이 앞길을 막고 시야를 가렸기 때문에 지휘관들은 병력을 지원하거나, 어디에 무엇이 필요한지를 알거나, 각각의 병사를 지휘하기가 불가능했다. 이렇게 어려운 상황에서 아군과 적군의 승패는 무수히 엇갈렸다.

23 9군단과 10군단 병사들은 왼쪽 날개에 포진했다. 두 군단의 병사들은 뜻밖에 마주친 아트레바테스족을 향해 창을 던지고 공격을 가했다. 아트레바테스족 병사들은 구보로 강을 건너온 터라 기운이 빠지고 지친 상태였으며 부상으로 고통받고 있었다. 보다 높은 지형에 있던 우리 병사들은 즉시 그들을 강물 속으로 몰아냈다. 아트레바테스족은 강을 건너려 했지만 우리 병사들이 검을 뽑아 들고 그들을 따라잡아 많은 자들을 살해했다. 그런 다음 아군 병사들은 주저하지 않고 강을 건너 불리한 지형으로 나아갔다. 적이 반격을 가하면서 또 다시 전투가 벌어졌지만 이번에도 그들은 아군 병사들에게 패하여 달아났다.

다른 곳에서는 11군단과 8군단이 교전 끝에 비로만두이족을 물리쳤다. 그런 다음 아군 병사들은 높은 지역에서 강기슭으로 내려와 싸우기 시작했다. 12군단이 우익에 있었고 7군단이 멀지 않은 곳에 있었지만

---

17. 정확한 의미는 불확실하다. 인시그니아insignia라는 라틴어는 투구에 꽂는 깃장식을 가리키거나 로마군임을 즉시 알아볼 수 있는 그 밖의 어떤 표장을 가리키는 것으로 추정된다.

이제 아군의 진지는 전면과 좌익이 거의 노출된 상태
였다. 네르비족은 총사령관인 보두오그나투스의 지휘
하에 밀집 대형을 짜고 이 부분으로 진격해 들어왔다.
적들 중 일부는 노출된 좌익에서 우리 군단을 에워싸
기 시작했고, 나머지 적들은 아군 진지가 있는 정상
부근을 공격하기 시작했다.

24 내가 앞에서 언급했듯이[18] 아군의 기병대와
기병대를 따르는 경보병대는 이미 적들의
첫 번째 공격에 밀려 패주했다. 이들은 아군의 진지로
돌아오는 중에 네르비족과 정면으로 마주치자 또 다
시 다른 방향으로 달아나기 시작했다. 종군 노예들은
언덕 위의 주진문主陣門[19]에서 우리 병사들이 우세를
보이며 강을 건너는 것을 지켜보다 약탈품을 찾기 위
해 나섰지만, 어느 순간 뒤를 돌아보니 아군의 진지
주변으로 적들이 가득하자 즉시 달아나기 시작했다.
그리고 어느 순간 짐을 운반하는 수송대 사이에서 적
의 함성이 터지자 겁을 먹은 병사들이 사방으로 달아
나기 시작했다. 심지어 갈리아인들 사이에서 용맹함
으로 명성이 자자한 트레베리족 기병대마저 이 모든

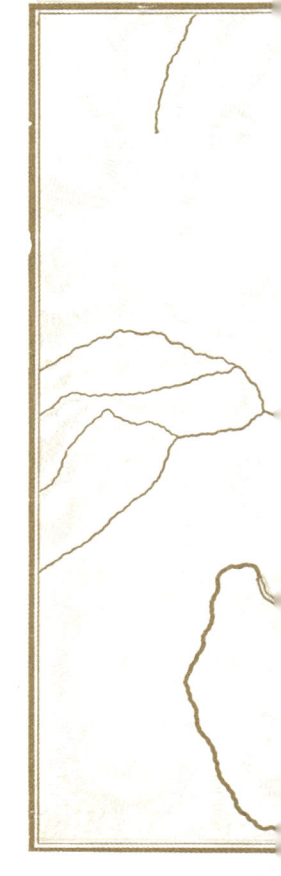

---

18. 카이사르가 자신을 1인칭으로 지칭한 매우 드문 경우이다. (4–27도 참조.)
19. 포르타 데쿠마나 porta decumana: 진지를 양분하는 길이 있었고, 적으로부터 가장 먼 쪽에 주 출입구인
진문이 있었다.

기원전 57년
네르비족과 로마군의 대치도

원형 방패를 든 군단병

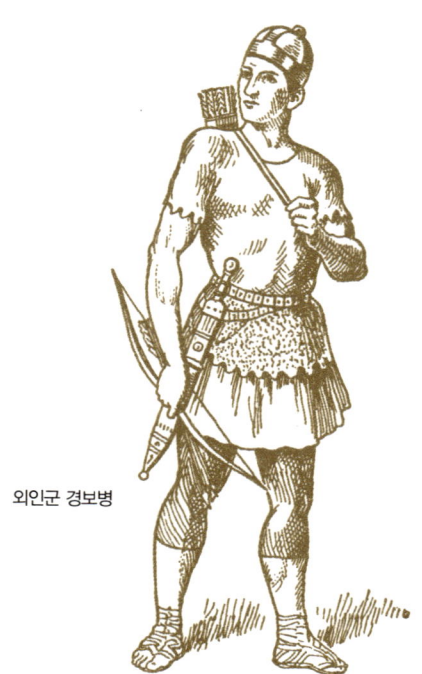
외인군 경보병

상황에 겁을 먹고 말았다. 그들은 부족의 결정에 따라 카이사르에게 보내진 지원군이었지만, 아군의 진지가 적의 병사로 뒤덮이고, 로마의 군단병들이 적에게 포위되어 악전고투를 벌이고 종군 노예, 기병, 투석병, 누미디아인들이 사방으로 흩어져 도망치는 것을 보자 그들도 전운에 대한 기대를 버리고 고향으로 돌아갔다. 그들은 부족민들에게, 로마군이 패했으며 네르비족이 로마군의 진지를 점령하고 군수품을 빼앗았다고 보고했다.

25 카이사르는 10군단을 독려한 후 우익으로 달려갔다. 이곳에서 아군은 크게 고전하고 있었다. 여러 대대의 기들이 한곳에 몰린 탓에 12군단 병사들은 너무 밀집해 있었고 이로 인해 서로의 전투에 지장을 주고 있었다. 4대대는 백인대장들이 모두 전사하고 기수가 살해되었으며 대대기마저 사라졌다. 다른 대대의 백인대장들도 몇 명을 제외하고 모두 전사하거나 부상을 입었다. 용맹함으로 명성이 높은 수석 백인대장 푸블리우스 섹스티우스 바쿨루스마저도 온몸에 중상을 입어 서 있을 수조차 없었다. 다른 병사들도 움직임이 둔해졌고, 후방의 병사들 중에는 투척 무기를 피하기 위해 대열을 이탈하고 물러나는 자들도 있었다. 적은 공격을 늦추지 않았는데 정면 아래에서는 언덕 위로 밀고 올라오고, 양쪽 날개에서는 계속해서 아군을 압박했다. 전력 보강마저 불가능한 위태로운 상황에서 카이사르는 (자신의 방패를 두고 왔기 때문에) 후방의 한 병사로부터 방패를 빼앗아 들고 최전선으로 나아갔다. 그는 백인대장들의 이름을 부르며 그들을 독려하고, 병사들이 검을 보다 쉽게 휘두를 수 있도록 앞으로 전진하여 대열을 넓히라고 명령했다. 카이사르가 나타나자 병사들은 희망과 용기의 불씨를 되살렸

다. 병사들은 저마다 큰 위험에 처한 상황에서도 총사령관에게 분투하는 모습을 보이기 위해 사력을 다해 싸웠다. 그러자 적의 기세가 주춤해졌다.

26 12군단 옆에서는 7군단이 적의 공격을 힘겹게 막아내고 있었다. 카이사르는 대대장들에게, 12군단과의 간격을 조금씩 좁히면서 대열의 방향을 돌려 방진方陣[20]을 이루라고 명령했다. 이렇게 하면 모든 방향에서 적을 막아낼 수 있었다. 이제 병사들이 서로를 지원할 수 있고 적의 후방 공격을 걱정할 필요가 없어졌기 때문에 아군 병사들은 더욱 용감하게 싸우며 적을 물리치기 시작했다. 그러는 사이 후방에서 군수품을 수비하던 2개 군단의 병사들이 전투 소식을 듣고 달려왔다. 빠르게 다가오는 아군의 모습이 언덕 마루에 있던 적의 시야에 들어왔다. 한편 적의 진지를 점령한 다음 높은 곳에서 아군 진영을 지켜보던 티투스 라비에누스도 아군을 지원하기 위해 10군단을 보냈다. 10군단 병사들은 도망치는 기병들과 종군 노예들로부터, 어디에서 전투가 벌어지고 있으며 아군의 진지와 군단과 그들의 사령관이 얼마나 큰 위험에 처해 있는지 알아내고는 사력을 다해 달려왔다.

27 그들이 도착하자 전세는 아군 쪽으로 기울기 시작했다. 아군 병사들은 심지어 부상을 입은 자들까지도 방패로 몸을 지탱하며 다시금 힘을 내 싸우기 시작했다. 종군 노예들까지도 이제 두려움에 떠는 쪽이 네르비족임을 보고는, 무기를 갖지 않은 몸으로 무장한 적을 공격했다. 기병대 역시 패주의 치욕을 씻기라도 하듯 모든 곳에서 군단병을 능가하는 용맹함을 보였다. 그러나 적은 이렇듯 위태로운 순

간에도 무서운 전의와 용기를 발휘해, 앞줄에 선 병사가 쓰러지면 뒤에 선 병사가 시체를 밟고 올라서서 칼을 휘둘렀다. 살아남은 병사들은 시체 더미 위에서 유리한 위치를 이용해 우리 병사들이 던진 창을 받아 아군에게 되던졌다. 그들이 용맹한 부족으로 이름을 날린 데에는 충분한 이유가 있었다. 그들은 넓은 강을 건너거나, 가파른 제방을 오르거나, 극히 어려운 지형에서도 용감하게 진격하는 등 매우 어려운 장애물도 아무렇지 않게 생각하는 용맹한 부족이었다.

28 이 전투로 네르비족의 이름과 전투력은 거의 궤멸되었다. 앞서 말한 대로 아녀자들과 함께 샛강과 습지로 피신했던 노인들은 패전 소식을 듣자 이제는 승자를 막을 것도, 패자를 지켜줄 것도 전혀 없다고 생각했다. 결국 모든 생존자들은 카이사르에게 사절을 보내 항복의 뜻을 밝히기로 결정했다. 네르비족 사절들은 부족에게 몰아닥친 불행을 설명하면서, 600명의 원로가 3명으로 줄었고 싸울 수 있는 남자의 수도 6만 명에서 단 500명으로 줄었다고 선언했다. 카이사르는 그들의 존속을 허락하여 간청하는 불쌍한 부족에게 자비를 보였다. 그는 네르비족에게 자신들의 영토와 도시를 벗어나지 말도록 명령하고, 이웃 부족들에겐 네르비족에게 피해를 입히거나 위해를 가하지 말도록 명령했다.

---

20. 사방四方 형태의 진(square formation)을 말한다.

29   앞에서 언급한 대로 아투아투키족은 전 병력을 이끌고 네르비족을 지원하기 위해 오던 도중 로마군과의 전투 소식을 듣자 행군을 멈추고 고향으로 돌아갔다. 그들은 모든 도시와 요새를 버리고 천연의 방어 시설을 갖춘 한 도시[21]에 그들의 모든 재산을 옮겨놓았다. 그 도시는 외곽을 따라 깎아지른 벼랑과 산들이 감싸고 있고, 한 지점에서만 완만한 경사를 따라 출입할 수 있는데 그나마 폭이 60미터도 되지 않았다. 아투아투키족은 이 통로에 높은 이중 방벽을 쌓았고 지금은 통로 전체에 무거운 바위와 날카로운 말뚝까지 설치해 놓았다. 아투아투키족은 킴브리족과 테우토니족의 후손이다.[22] 두 부족은 로마의 프로빈키아와 이탈리아를 침공할 때 몰 수 없는 가축과 운반할 수 없는 짐을 모두 라인 강 이편(즉, 서쪽)에 두고 6,000명의 수비대를 남겨 물자를 지키게 했다. 주력 부대가 궤멸되자 이 수비대는 공격을 하기도 하고 받기도 하면서 이웃 부족들에게 시달림을 당했다. 결국 그들은 이웃 부족들과 강화를 맺고 이곳을 정착지로 선택했다.

30   로마군이 도착하자마자 아투아투키족은 수시로 출격하여 우리 병사들과 작은 충돌을 일으켰다. 그런 후 그들은 수많은 보루들이 중간중간에 서 있는 둘레 5마일(7킬로미터) 길이의 성벽[23] 안으로 들어가 도시를 떠나지 않았다. 아군은 엄호차를 이용해 토루를 쌓았다. 멀리 공성탑이 만들어지는 것을 본 아투아투키족은 처음에는 "체격도 자그마한 자들이 무슨 재주와 힘으로 그렇게 거대한 탑을 성벽까지 끌고 올 수 있는가?"라며 우리 병사들을 비웃고 조롱했다. (갈리아인들은 보통 그들의 큰 키와 체격에 비교해 로마인의 작은 체격을 경멸한다.)

31 그러나 탑이 움직이고 성벽에 접근하자 그들은 예상치 못한 위용에 놀라 즉시 카이사르에게 사절을 보내 강화를 요청했다. 사절들은 그렇게 거대한 구조물을 그토록 빨리 이동하는 것으로 보아 로마인은 전쟁을 할 때 신의 도움을 받는 것이 분명하다고 말한 다음, 모든 재산과 생명을 로마의 처분에 맡기겠노라고 선언했다. 그러면서 한 가지 호의를 베풀어 달라고 간청했다. 만일 다른 부족들에게서 들은 것처럼 카이사르가 자비와 관대함을 보여 그들의 목숨을 살려줄 것이라면, 무기만은 빼앗지 말아 달라는 것이다. 주변의 모든 부족들이 그들의 용맹함을 적대적인 눈으로 보고 있기 때문이다. 무기가 없으면 그들은 이웃 부족들로부터 그들 자신을 보호할 수가 없었다. 한때 그들이 최고의 자리에서 지배했던 부족들에게 괴롭힘을 당하고 죽느니, 차라리 로마인의 손에 모든 운명을 맡기겠다는 것이다.

32 카이사르는 다음과 같이 대답했다.

"만일 성문을 부수는 망치가 성벽에 닿기 전에 항복했다면 자비를 베풀겠지만, 그것은 그대들이 뛰어나서가 아니라 카이사르의 관례에 따른 것이다. 그러나, 무기를 버리지 않으면 항복한 것으로 간주할 수 없다.

---

21. 아투아투카를 말한다. (옮긴이)
22. 가능성이 없는 연결이다.
23. 〈길이 15로만마일의 성벽〉으로 묘사된 판본이 있는데 이것은 거의 불가능하다. 또한 〈길이 15,000피트의 성벽〉으로 묘사된 판본도 있으나 이것은 카이사르가 길이를 나타낼 때 흔히 사용한 표현법이 아니다. (숫자는 쉽게 변조되므로) 〈XV(15)〉라는 숫자를 〈V(5)〉로 정정하는 것이 가능한 해결책으로 보인다.

대신 네르비족에게 한 것처럼 그대들을 위해서도 이웃 부족들에게 로마의 신민을 해치지 말도록, 명령을 내릴 것이다."

그의 대답을 전해 들은 아투아투키족은 카이사르의 말에 따르기로 결정했다. 그들은 성벽 위에서 도시 앞 해자 속으로 수많은 무기를 던졌는데, 이렇게 쌓인 무기는 그 높이가 성벽과 거의 비슷할 정도였다. 그럼에도 약 3분의 1의 무기가 도시 안에 몰래 숨겨져 있음이 나중에 밝혀졌다. 그날 도시는 성문을 열고 평화를 누렸다.

33 해가 지자 카이사르는 성문을 닫으라고 명령하고 병사들을 도시 밖으로 내보냈다. 밤사이에 주민들이 병사들로부터 피해를 입지 않도록 하기 위해서였다. 그러나 항복을 하면 아군 경계병들이 철수를 하거나 최소한 경계가 느슨해질 것이라 생각한 아투아투키족은 예정된 작전에 따라 행동을 개시했다. 그들은 촉박한 시간 때문에 나무껍질이나 엮은 가지에 짐승 가죽을 씌워 만든 방패를 들고 숨겨둔 무기를 꺼내들었다. 그들은 제3야경시(24-03시)에 일제히 도시 밖으로 몰려나와 경사가 가장 완만한 쪽으로 아군의 임시 보루를 공격했다.

카이사르가 명령해 놓은 바에 따라 즉시 봉화가 올라가자 가까운 요새들에서 아군 병사들이 달려나왔다. 적은 최후의 희망을 걸고 맹렬히 싸웠다. 로마군이 방벽과 탑 위에서 무기를 쏟아붓고 지형마저 불리한 상황에서 적이 생존의 희망을 걸 수 있는 유일한 것은 그들 자신의 용맹함뿐이었다. 약 4,000명이 사망했고 남은 자들은 도시 안으로 쫓겨 들어갔다. 다음 날 아군은 아무도 지키지 않는 성문들을 파괴했다. 카이사르는 병사들을 안으로 들여보냈고, 도시 안의 모든 물건과 주민을

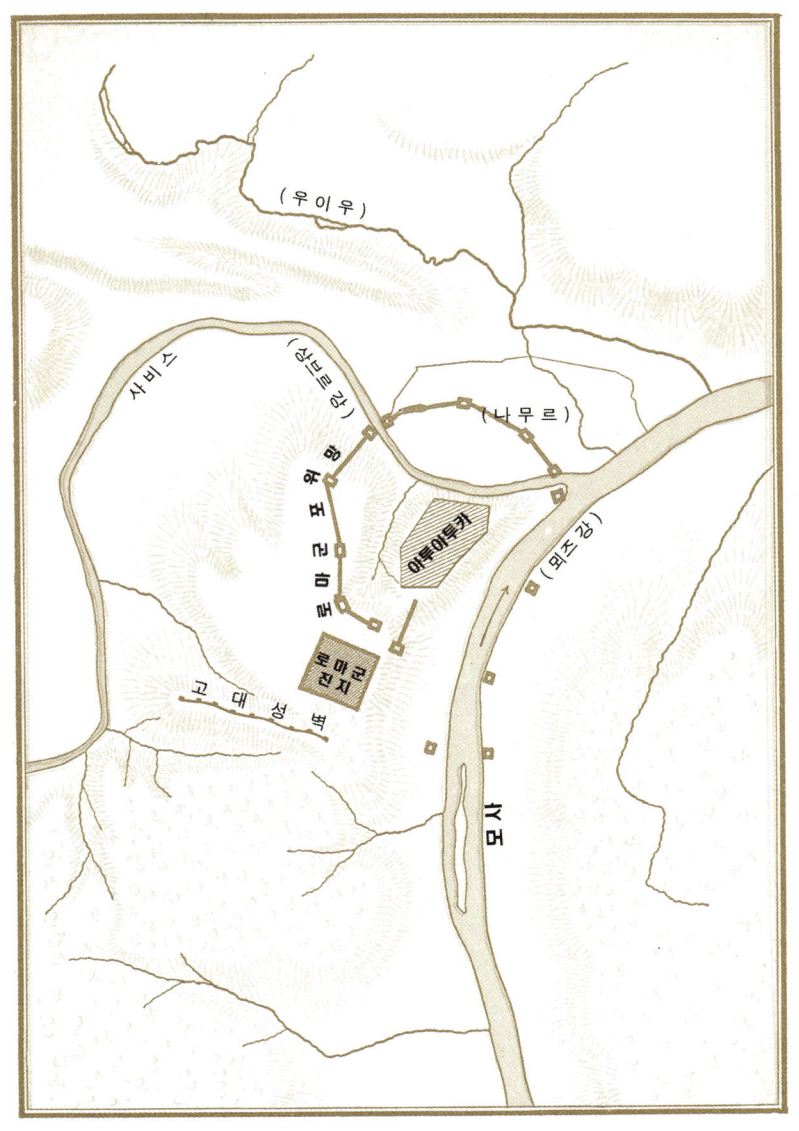

아투아투카 공성 작전도

한꺼번에 매각했다. 상인들은 노예로 매각된 자의 수가 5만 3,000명이라고 카이사르에게 보고했다.[24]

34 같은 시기에 1개 군단을 이끌고 대양[25] 해안의 부족들을 정벌하기 위해 파견되었던 푸블리우스 크라수스는 베네티족, 베넬리족, 오시스미족, 쿠리오솔리타에족, 에수비족, 아울레르키족, 레도네스족 등 모든 부족들이 로마의 권위와 지배에 종속되었다고 보고했다.

35 전쟁이 끝나자 갈리아 전체에 평화가 찾아왔다. 전쟁에 대한 소문이 야만인들 사이에 퍼지자 라인 강 건너편에 거주하는 부족들이 카이사르에게 사절을 파견해, 그들도 인질을 보내고 카이사르의 지배에 복종하겠노라고 약속했다. 그러나 그는 서둘러 이탈리아와 일리리쿰에 가야 했기 때문에, 사절들에게 이듬해 초여름에 다시 오라고 말했다. 그런 다음 원정을 벌였던 지역 근처의 카르누테스족, 안데스족, 투로네스족의 영토에 동영지를 정하고 군단을 이동시킨 후 자신은 이탈리아로 출발했다.

카이사르의 편지를 통해 이 모든 전과가 보고되자 로마는 15일 감사제를 선포했다. 지금까지 그 누구도 누리지 못한 명예로운 일이었다.[26]

---

24. 점령된 도시의 주민들은 보통 노예로 팔렸다. 로마군이 거둔 전쟁 수익의 대부분은 전리품과 노예 거래에서 나왔다.
25. 대서양을 가리킨다.
26. 원로원의 결정에 따라 (매번 그런 것은 아니었지만) 대개 개선식을 거행한 후에 감사제를 열었다. 10일 감사제가 보통이었고 특별한 경우 12일 감사제를 열었다.

제3권 **기원전 56년**

카이사르 44세,
갈리아 전쟁 3년째

알프스 산악 부족과의 전투

1 카이사르는 이탈리아로 떠날 때 세르비우스 갈바에게 12군단과 기병 소대를 주어 난투아테스족, 베라그리족, 세두니족의 영토로 보냈다. 이들의 영토는 알로브로게스족 영토의 경계와 레만 호수, 론 강에서 알프스 산맥의 높은 봉우리에 이르는 넓은 지역이었다. 갈바를 이곳으로 보낸 이유는 로마인들의 알프스 산맥 통행을 자유롭게 하기 위해서였다. 그곳은 로마 상인들이 자주 이용하는 통로였는데, 종종 커다란 위험을 겪거나 무거운 통행세를 내야 했다. 카이사르는 갈바에게, 필요하다면 그의 군단을 그 지역에 주둔시켜 겨울을 나도 좋다

고 허락했다.

갈바는 수많은 교전을 승리로 이끌고 적의 요새들을 습격했다. 적들은 모두 그에게 사절을 보내고 인질을 바치면서 강화를 요청했다. 전투를 마친 후 갈바는 난투아테스족의 영토에 2개 대대를 주둔시키고, 그 자신은 다른 대대들과 함께 베라그리족 영토의 옥토두루스라는 장소에서 겨울을 보내기로 결정했다. 계곡에 자리 잡은 이 부락은 주변에 평탄한 지형이 없고 사방이 높은 산으로 둘러싸여 있었다. 또한 이 부락 중간에는 강[1]이 흘러 마을을 양분하고 있었다. 갈바는 부락의 한쪽 절반은 갈리아인들을 위해 남겨두고, 다른 절반은 주민들을 철수시키고 그의 군단을 주둔시켰다. 그리고 방벽과 해자로 주둔지를 방어했다.

2 갈바는 동영지에서 며칠이 지났을 때, 옥토두루스로 식량을 수송해 오라고 명령했다. 그때 갑자기 척후병들로부터 밤중에 모든 갈리아인이 그가 지정해 준 지역을 떠났으며, 세두니족과 베라그리족의 군대가 마을을 굽어보는 산들을 점거하고 있다는 보고가 들어왔다.

갈리아인들이 저항을 재개하고 로마군을 공격하기로 결정한 데에는 여러 가지 이유가 있었다. 우선 그들은 로마군이 군단 병력이라 해도 2개 대대가 빠졌을 뿐 아니라 많은 병사들이 마초 징발을 위해 소규모 부대로 빠져나갔으므로 아군 병력을 우습게 생각했다. 게다가 평탄하지 못한 지형이라 산 위에서 계곡으로 진격하면서 무기를 투척하면

---

1. 론 강의 지류인 드랑스 강을 뜻한다.

로마군은 1차 공격도 버티지 못할 것이라 생각했다. 또한 그들은 자신들의 자식들이 인질로 잡힌 것에 불만을 품고 있었다. 그리고 로마군이 알프스의 봉우리들을 점령한 것은 단지 통행을 쉽게 하기 위해서가 아니라, 실은 그들을 영원히 지배하고 프로빈키아에 인접한 영토를 합병하기 위해서라고 믿고 있었다.

3 동영지 구축과 방어 공사가 완료되지 않았고 식량과 그 밖의 군수품도 충분히 확보되진 않았지만, 갈바로서는 인질도 넘겨받았기 때문에 공격당할 염려는 전혀 없다고 생각하고 있었다. 그는 보고를 들은 즉시 회의를 소집해 의견을 물었다. 불시에 위험이 닥쳤을 뿐 아니라 거의 모든 봉우리들이 적의 군대로 뒤덮이고, 모든 길이 막혀 병력이나 물자의 지원을 바랄 수도 없는 위태로운 상황이었다. 회의 분위기는 암울했다. 심지어 군장을 버리고 밖으로 뛰쳐나가 오던 길로 되돌아가야 한다고 주장하는 자들도 있었다. 그러나 다수의 사람들은 그 방법은 최후의 수단으로 남겨놓고 진지를 방어하면서 상황을 지켜보기로 결정했다.

4 회의에서 결정한 사항들을 미처 준비하고 실행에 옮길 시간도 없이 공격 신호에 맞춰 적들이 사방에서 밀려오고 방벽 위로 돌과 창이 날아왔다. 적군이 맹렬히 공격했지만 아군은 용감히 맞서 싸웠고; 무기를 최대한 아끼기 위해 적을 정확히 겨냥했다. 또한 아군 병사들은 진지의 한 곳이 수비대가 줄어 위태로워 보이면 그곳을 돕기 위해 신속히 달려갔다. 그러나 적들은 싸움이 오래 지속되어 피로가 쌓이면 곧 새로운 병력으로 교체되었기 때문에 아군의 상황은 점점 불리해

져 갔다. 아군은 숫자 면에서 압도적으로 열세였기 때문에 병력 교체가 전적으로 불가능했다. 사실 우리 병사들은 싸움에서 물러나기도 힘들 정도로 지쳤을 뿐 아니라 부상당한 병사들을 다른 곳으로 옮겨 회복시킬 기회조차 없었다.

5 전투는 여섯 시간 넘게 멈추지 않고 계속되었다. 아군 병사들은 기력도, 무기도 소진되어 갔지만 적들은 더욱 맹렬히 공격하며 방벽을 무너뜨리고 해자를 메우기 시작했다. 이렇듯 상황이 절대 절명의 순간으로 치닫고 있을 때, 네르비족과의 전투에서 많은 부상을 입었던 수석 백인대장 푸블리우스 섹스티우스 바쿨루스가 분별력과 용기를 겸비한 대대장인 가이우스 볼루세누스와 함께 갈바에게 달려왔다. 두 사람은 이 절망적인 상황을 타개할 수 있는 유일한 희망은 예상치 못한 돌격을 시도하는 것뿐이라고 설명했다. 갈바는 백인대장들을 소집하여, 전투를 점차 중단하고 단지 적의 무기를 막아내면서 잠시 휴식을 취한 다음, 신호가 떨어지면 일제히 진지 밖으로 돌격하여 로마군의 용맹함을 보이라고 명령했다.

6 로마군 병사들은 갈바의 명령대로, 진지의 모든 문을 열고 일제히 돌격하여 적에게 상황을 파악하거나 대열을 정비할 기회조차 주지 않았다. 이로써 전세는 역전되었다. 로마군의 진지를 점령하겠다고 꿈꾸던 자들은 이제 완전히 포위당해 죽음을 맞이했다. 진지를 공격하기 위해 몰려온 갈리아인은 모두 3만 명이 넘는 것으로 추정되었는데, 그들 중 3분의 1 이상이 전사했으며 나머지는 겁에 질려 도망쳤다. 그들은 산 위로 달아나 저항할 생각조차 하지 못했다. 적의 군대

가 완전히 패주하자 아군 병사들은 살해된 자들에게서 무기를 회수하고 진지로 돌아왔다.

전투가 끝난 후 갈바는 더 이상 전운을 시험하지 않기로 했다. 그는 동영지에 들어온 목적과 그가 겪은 상황이 완전히 어긋남을 깨달았고, 무엇보다 식량과 물자 부족을 크게 염려했다. 그에 따라 이튿날 그는 부락의 모든 건물을 불태우고 프로빈키아로 출발했다. 그의 행군을 방해하거나 저지하는 적은 없었다. 그는 군대를 이끌고 난투아테스족의 영토를 지나 알로브로게스족의 영토로 들어왔고 그곳에서 겨울을 보냈다.

바다에서의 불리한 전투

7 벨가이인을 물리치고, 게르만인을 쫓아냈으며, 알프스의 세두니족까지 물리쳤으므로 이제 카이사르는 전 갈리아를 정복했다고 생각하여 겨울이 되자 일리리쿰을 향해 출발했다. 그는 이곳 부족들을 방문하여 그 지역을 자세히 알고자 했다. 그런데 갑자기 갈리아에서 전쟁이 발발했다.

전쟁이 일어난 원인은 이러했다. 젊은 푸블리우스 크라수스[2]는 7군단을 이끌고 안데스족의 영토에 들어가 대서양 해안에서 월동을 하고 있었다. 그 지역은 곡물이 매우 부족했기 때문에 크라수스는 외인군 부대장들과 대대장들을 이웃 지역으로 보내 식량을 구해 오게 했다. 크라수스의 명령에 따라 티투스 테라시디우스는 에수비족의 영토로, 마르쿠스 트레비우스 갈루스는 쿠리오솔리타에족의 영토로, 퀸투스 벨라니우스와 티투스 실리우스는 베네티족의 영토로 들어갔다.

8 베네티족은 그 지역의 해안 지대를 모두 아우를 정도로 그 위세와 세력이 상당하다. 그들은 여러 척의 선박을 보유하고 있으며 그 선박을 이용해 브리타니아를 왕래할 뿐 아니라, 이론과 실제 모든 면에서 항해술이 매우 뛰어난 부족이다. 게다가 배를 댈 수 있는 항구가 아주 적은 거칠고 넓은 바다 곁에 살면서 그 항구들을 지배했기 때문에, 그들의 영해를 정기적으로 항해하는 자들은 그들에게 공물을 바쳐야 했다.

베네티족은 크라수스에게 보낸 인질을 되돌려 받을 생각으로 실리우스와 벨라니우스를 억류했다. 갈리아인들은 매사 충동적이고 성급하게 결정을 내린다. 베네티족의 권위에 영향을 받은 이웃 부족들도 똑같은 이유로 트레비우스와 테라시디우스를 억류했다. 각 부족 지도자들은 재빨리 사절을 교환하고, 오로지 공동의 결정에 따라 행동하기로 맹세했다. 그들은 다른 부족들에게도 로마의 지배를 인정하지 말고, 조상들에게서 물려받은 자유를 지키라고 주장했다. 모든 해안 부족들이 즉시 이 견해에 설득되어 푸블리우스 크라수스에게 공동 사절단을 보냈다. 그리고 실리우스, 벨라니우스, 테라시디우스, 트레비우스를 돌려받고 싶다면 자신들의 인질들을 돌려보내라고 요구했다.

---

2. 카이사르는 마르쿠스 리키니우스 크라수스의 맏아들을 가리켜 〈젊은〉 푸블리우스 크라수스라고 지칭하며 그에게 신뢰와 애정을 표현했다. 아버지와 달리 능력 있는 늠름한 청년이었던 그는 재능도 뛰어나 카이사르의 신뢰를 저버리지 않았다. (『로마인 이야기 4』, 시오노 나나미, 한길사, 1997년.)

9 크라수스는 이 사건을 카이사르에게 보고했다. 거리가 다소 멀었기 때문에[3] 카이사르는 대서양으로 흘러드는 루아르 강에서 군선을 건조하고, 프로빈키아에서 노잡이들을 차출하고 선원과 조타수를 소집하라고 명령했다. 이 문제들은 곧 해결되었다. 그런 다음 카이사르는 시간이 허락하는 대로 서둘러 크라수스의 군대 곁으로 돌아갔다. 카이사르가 온다는 소식을 들은 베네티족과 여러 부족들은 자신들이 얼마나 큰 잘못을 저질렀는지 깨달았다. 그들은 어느 나라에서나 신성불가침으로 대접받는 사절들을 억류하고 감금한 것이다. 그래서 그들은 앞으로 닥칠 위험이 얼마나 큰지 알기에 그에 맞춰 전쟁을 준비하기 시작했고, 특히 해전에 필요한 것들을 철저히 준비했다. 그들은 또한 자연 지형에 특별한 기대를 걸었다. 육로들은 대개 강어귀에서 끊기는데 로마인들은 그 지역에 익숙하지 못하고, 항구도 거의 없기 때문에 배로 이동하기도 쉽지 않을 것이라 생각했다. 게다가 로마군은 식량 부족 때문에 인근에 오래 머물지 못할 것이라 확신했다. 그리고 상황이 그들의 예상과 다르게 펼쳐진다 해도 그들에게는 뛰어난 항해술이라는 강점이 있는 반면, 로마인들은 배를 다루는 기술도 없고 전투가 펼쳐질 지역의 바다, 항구, 섬 등에 대한 지식도 없었다. 그들은 또한 드넓은 대양을 항해하는 것이 육지로 둘러싸인 바다[4]를 항해하는 것과는 크게 다르다는 점도 알고 있었다.

그들은 이런 계획들을 채택했다. 베네티족은 도시의 방어를 강화하고 들판에서 곡식을 거둬들였다. 또한 카이사르가 베네티아에서 군사 행동을 시작할 것이라 생각하고 가능한 모든 배를 그곳에 집결시켰다. 이 전쟁을 위해 그들은 오시스미족, 렉소비족, 남네테스족, 암빌리아티족, 모리니족, 디아블린테스족, 메나피족과 동맹을 맺었다. 그들은 또

한 이들 지역의 반대편에 있는 브리타니아에도 지원을 요청했다.[5]

10 방금 지적한 여러 가지 어려움에도 불구하고 많은 요소들이 카이사르의 전의를 자극했다. 우선 베네티족은 기사 계급의 로마 시민을 억류하는 잘못을 저질렀고, 복종을 맹세한 후 반기를 들었으며, 인질을 제공한 후 변절했고, 여러 부족들을 선동하여 음모를 꾀했다. 무엇보다 그들의 행동을 묵과하면 다른 갈리아 부족들이 자신들도 그들과 비슷하게 행동해도 괜찮을 것이라 생각할 수 있다. 카이사르는 거의 모든 갈리아인들이 정치적 변화를 열망하고 있으며, 그들의 변덕스런 성향 때문에 언제라도 전쟁에 뛰어들 수 있다는 점을 인식하고 있었다. 또한 모든 인간은 선천적으로 자유를 갈망하고 예속 상태를 싫어한다는 사실도 잘 알고 있었다. 따라서 카이사르는 보다 많은 부족들이 공모에 가담하기 전에 병력을 나누어 여러 곳에 배치했다.

11 카이사르는 부장 티투스 라비에누스와 기병대를 라인 강 가까이에 사는 트레베리족의 영토로 파병했다. 라비에누스에게 내린 명령은 레미족을 비롯한 벨가이 부족들을 찾아가 충성을 확인할 것과, 벨가이인들이 불러들였다고 소문이 나도는 게르만 병력이 배를

---

3. 플루타르코스와 수에토니우스의 기록에 따르면, 갈리아 트란살피나로 떠나기 전에 카이사르는 갈리아 키살피나의 남부 도시인 루카에서 삼두의 다른 두 인물인 폼페이우스 및 크라수스와 이른바 루카 회담을 벌였다. 이 회담에서 그들은 기원전 54년 3월 1일에 만료될 카이사르의 전직 집정관 임기를 5년 연장했다.
4. 지중해를 가리킨다.
5. 카이사르는 분명 라인 강에서 피레네 산맥에 이르는 갈리아 해안이 브리타니아 남부 해안과 평행하다는 사실을 염두에 두고 있다. 브리타니아에서 약 600킬로미터나 떨어진 곳에 사는 메나피족과 모리니족이 함께 언급된 것은 중요한 사실이다. 그들의 영토는 후에 브리타니아 원정의 기지가 되었기 때문이다.

타고 강을 건너는 것을 막는 것이었다. 카이사르는 푸블리우스 크라수스에게 12개 대대와 대규모 기병대를 주어 아퀴타니아[6]로 보내면서, 그곳 부족들이 갈리아로 지원군을 보내 베네티족의 병력과 합류하는 것을 막으라고 지시했다.[7] 또한 부장 퀸투스 티투리우스 사비누스와 3개 군단을 베넬리족, 쿠리오솔리타에족, 렉소비족 영토로 보내 그들의 병력이 합류하는 것을 막도록 지시했다. 그리고 젊은 데키우스 브루투스[8]에게는 로마군의 함대와, 픽토네스족과 산토니족 등 이미 정복된 부족의 영토에서 징집한 선박들을 지휘하게 하고 가능한 한 빨리 베네티족의 영토로 출발할 것을 명했다. 카이사르 자신도 보병 전체를 이끌고 같은 방향으로 출발했다.

12 이들 도시는 대개 바다 쪽으로 불쑥 돌출된 땅에 위치해 있어서 12시간마다 두 번씩[9] 조수가 밀려올 때는 육로로 접근하기가 불가능했다. 그리고 조수가 낮을 때는 범선이 얕은 여울에서 어려움을 겪기 때문에 해로로 접근하는 것도 불가능해진다. 따라서 어느 방법으로든 그런 도시를 공격하기는 쉽지 않은 일이었다. 베네티족은 어느 순간에든 규모가 큰 포위 공격에 위급함을 느끼거나 도시를 지킬 수 있다는 희망이 꺾이면, 성벽만큼이나 높고 거대한 방파제가 바다를 막아주는 가운데 여러 척의 배들을 해안 가까이 붙여(그들은 특히 이 기술에 능했다.) 모든 재산을 싣고 바다로 나가 가까운 요새로 떠나버렸다. 그리고 그곳에서도 똑같은 지리적 이점을 활용해 방어 시설을 구축했다. 베네티족은 여름 내내 이러한 작전을 구사했다. 게다가 로마군의 배는 악천후에 종종 발이 묶였고, 광활한 바다는 조류가 세고 항구도 매우 적어 항해하기가 극히 어려웠다.

13 베네티족의 선박은 로마의 군선과 크게 달랐다. 그들의 배는 다음과 같은 구조와 장비를 갖추고 있었다. 용골[10]은 로마 선박보다 더 평평해서 여울과 썰물 때의 바다를 보다 쉽게 항해할 수 있었다. 또한 뱃머리가 아주 높고 뒤쪽의 고물도 그와 비슷하게 설계되어 험한 파도와 폭풍우를 이겨내기에 적합했다. 전체적으로는 오크 재목으로 되어 있어 강한 힘이나 진동을 잘 견뎠다. 갑판을 지탱하는 가로 장은 30센티미터 두께의 굵은 판자로 되어 있고 사람의 엄지손가락만큼이나 굵은 쇠못으로 고정되어 있었다. 닻에는 밧줄이 아닌 쇠사슬이 달려 있었다. 돛은 아마포 대신 얇게 편 가죽을 사용했는데, 이것은 아마가 없다든가 마를 사용할 줄 모르거나, 혹은 아마포로 만든 돛이 대양의 거센 바람과 폭풍, 많은 짐을 잘 감당하지 못한다고 생각해서였을 것이다. 그들의 배와 로마군 배가 충돌할 때 보면, 단지 속도와 노질에서만 로마군 배가 우수하고 그 밖의 모든 면에서는 그들의 배가 그 지역의 자연과 기후 조건에 더 적합했다. 적의 배들은 아주 단단해서 아군 배와의 충돌 작전에서도 파손되지 않았고, 높이 때문에 무기를 투척

---

6. 프랑스 남부의 아키텐을 말한다. (옮긴이)
7. 아퀴타니아는 가론 강에서부터 피레네 산맥에 이른다. 따라서 역사학자 몸젠이 정확히 지적했듯이 카이사르는 이 침략이 불가피한 방어 조치였다고 설득하지 못하고 있다.
8. 이때 데키우스 브루투스의 나이는 28세로, 그는 이 해전에서 뛰어난 성과를 올린다. 카이사르가 숨을 거두면서 외친 "브루투스, 너마저."라는 비명에 대해 많은 학자들은 그때의 브루투스는 마르쿠스 브루투스가 아닌 데키우스 브루투스라고 주장한다. 데키우스 브루투스는 카이사르가 깊이 신뢰하는 부하였고, 그 역시 갈리아 전쟁뿐만 아니라 내전 기간 내내 카이사르 옆에서 그를 충실히 보좌했다. 여러 가지 정황으로 보아 그는 카이사르가 정말로 신뢰하고 사랑하는 부하였는데, 카이사르 암살 당시 칼을 든 자 가운데 전혀 예상치 못한 그가 있는 것을 보고 카이사르가 깊은 허탈감을 느끼며 위와 같은 비명을 외쳤을 것이라고 추측한다.
9. 카이사르의 오류. 어떤 책들은 〈XXIV(24)〉를 〈XII(12)〉로 수정하기도 하지만 어떻게 해서 이런 오류가 숨어 들었는지는 알기 어렵다. 또 다른 책들은 〈두 번씩(bis)〉을 삭제하거나 보다 불명확한 〈이곳으로(hic)〉로 바꾼다. 그러나 지중해는 조수가 거의 없다. 아마 카이사르가 잘못 보았거나 다른 사람에게서 잘못된 정보를 들은 듯하다. 또한 당시 로마의 독자들에겐 이런 자세한 사실이 중요하지 않았을 수도 있다.

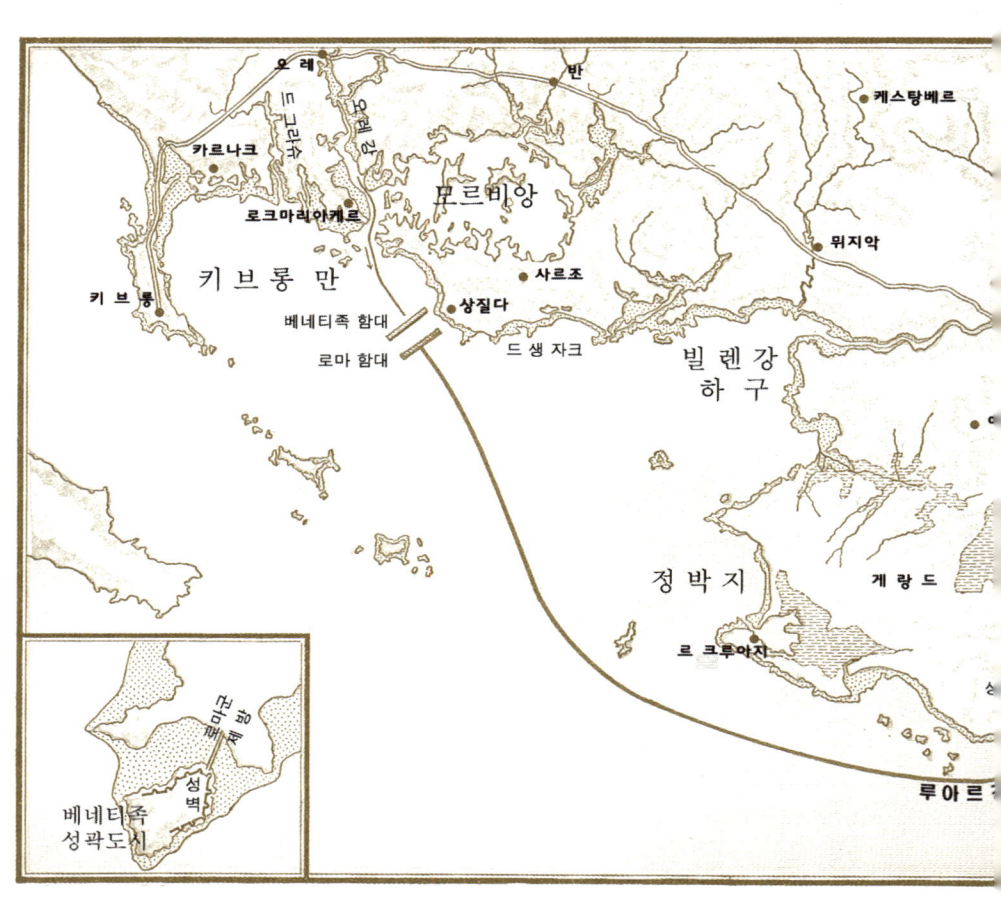

기원전 56년
베네티족과의 해상 전투도

해도 소용이 없었다. 또한 같은 이유로 갈고랑쇠를 걸어 방향을 조종할 수도 없었다. 게다가 폭풍이 몰아칠 때에는 아군보다 먼저 달아나 쉽게 대피했고, 썰물이 빠지더라도 바위나 암초에 부딪힐 걱정 없이 얕은 여울에서 안전하게 휴식을 취했다. 반면에 로마의 배들로서는 이 모든 문제 하나하나가 심각하게 고민할 문제였다.

14 카이사르는 몇몇 도시를 공격하여 손에 넣었지만 그의 엄청난 노력은 매번 수포로 돌아갔다. 도시를 점령해도 도망치는 적을 막을 수도, 피해를 입힐 수도 없었다. 결국 그는 함대를 기다리기로 결정했다. 아군 함대가 도착하자 적은 즉시 이를 발견했다. 온갖 장비와 무기를 갖춘 약 220척의 베네티족 군선들이 아군 함대를 향해 다가왔다.[11] 로마 함대를 지휘하는 데키우스 브루투스와 개별 범선을 통솔하는 대대장과 백인대장들 사이에는 어떤 작전을 어떻게 구사할지에 대한 일치된 전략이 부족했다. 이미 충돌 작전은 무용지물이란 것이 밝혀졌고,

---

10. 선체의 중심선을 따라 배 밑을 선수에서 선미까지 꿰뚫은 부재로, 선체의 세로 강도를 맡는 중요한 부분이다. (옮긴이)
11. 나폴레옹 3세는 베네티족과 데키우스 브루투스가 키브롱에서 해전을 벌였을 것으로 추정했다. 그렇다면 로마군이 바다를 굽어보았던 〈언덕과 산들〉은 상질다Saint-Gildas일 것이고, 베네티족의 함대는 오레Auray 강 어귀에서 출범했을 것이다.

갑판에 포탑을 세워도 적선의 고물이 더 높았기 때문에 아군 병사들은 낮은 위치에서 무기를 정확히 겨냥해 투척할 수가 없었다. 오히려 아군 배들이 베네티족에게 더 큰 피해를 입었다.

그러나 아군은 특별한 무기를 사전에 준비했는데, 긴 장대 끝에 날카로운 갈고리를 매단 것으로, 요새를 공격할 때 방벽을 잡아당겨 쓰러뜨리거나 파손시키는 갈고랑쇠와 거의 비슷했다. 아군 병사들은 적선의 활대 양쪽 끝을 돛대에 묶고 있는 밧줄에 이 갈고리를 걸었고, 일단 밧줄이 갈고리에 걸리면 전속력으로 노를 저어 밧줄을 끊었다. 밧줄이 끊어지면 가로돛이 떨어질 수밖에 없다. 갈리아 선박은 전적으로 돛과 삭구[12]에 의존했기 때문에 그것들이 망가지자 갈리아 함선의 모든 이점이 단번에 사라졌다. 이후의 나머지 전투는 병사 개개인의 전투력과 용맹함으로 판가름이 났는데, 이 점에 있어서는 우리 병사들이 월등히 우

고대 로마의 군선

세했다. 특히 카이사르와 군대 전체가 눈앞에서 벌어지는 로마군의 용감한 행위들을 낱낱이 보고 있는 상황이었기 때문에 더욱 열심히 전투에 임했다. 카이사르와 아군은 바다가 한눈에 보이는 언덕과 산 위에 포진해서 전투를 내려다보고 있었다.

15 앞서 말한 대로 갈리아 함선의 가로돛이 떨어지면 두세 척의 아군 함선들이 적선을 에워쌌다. 우리 병사들은 적의 배에 기어올라 맹렬히 싸웠다. 야만인들은 몇 척의 배를 잃은 후 상황을 파악하고는 목숨을 구하기 위해 달아나기 시작했다. 모든 배들이 바람을 받기 위해 방향을 돌리고 돛을 올린 순간 갑자기 바람이 멎고 바다가 고요해졌기 때문에 적의 배들은 못에 박힌 듯 멈춰서고 말았다. 승부를 결정 지을 절호의 기회를 잡은 아군 병사들은 적의 군선을 차례로 추격하고 습격했다. 전투는 제4시(오전 10시)경에 시작되어 해질녘에 끝났지만 어둠이 내릴 무렵 육지에 닿은 갈리아 함선은 거의 없었다.

16 이 전투로 베네티족과 해안 부족에 대한 원정이 마감되었다. 베네티족은 무장을 할 수 있는 모든 남자들이 전투에 참가했을 뿐 아니라 지혜나 명망을 가진 모든 원로들까지 나섰으나 참패를 당하고 말았다. 게다가 그들은 소유하고 있던 모든 배를 동원했지만 이제 그 배들을 모두 잃었기 때문에 그들에겐 퇴각할 방법도 없고 도시를 방어할 수단도 없었다. 결국 그들은 스스로 항복하고 전 재산을 카이사르

---

12. 배에서 쓰는 밧줄이나 쇠사슬 따위를 통틀어 이르는 말이다. (옮긴이)

에게 넘겼다. 카이사르는 이 야만인 부족들이 차후에 로마와의 약속을 신중히 지키도록 하기 위해서는 엄중한 처벌이 불가피하다고 판단했다. 그에 따라 베네티족의 모든 원로를 처형하고 나머지 사람들은 노예로 처분했다.

부하 장교들의 승전보[13]

17 베네티족 원정이 진행되는 동안에 퀸투스 티투리우스 사비누스는 카이사르가 배정한 병력을 이끌고 베넬리족 영토로 들어갔다. 베넬리족의 지도자는 비리도빅스라 불리는 자였는데, 그는 공모를 꾀한 모든 부족들에 대해 총지휘권을 갖고서 그들로 하여금 대규모 병력을 파병하도록 강요한 자였다. 지난 며칠 사이에 아울레르키족, 에부로비케스족, 렉소비족은 전쟁을 거부했다는 이유로 자신들의 원로들을 처형한 다음 도시의 문을 닫고 비리도빅스와 병력을 합쳤다. 또한 전 갈리아로부터 수많은 범죄자들과 도적들이 고된 농사일을 버리고 약탈과 전투를 기대하며 비리도빅스에게 합류했다.

사비누스는 진지 안에 머물렀고 그의 진지는 모든 면에서 훌륭했다. 비리도빅스는 불과 3킬로미터 떨어진 곳에 그와 정면으로 마주한 진지에서 매일 병력을 내보내 사비누스에게 싸움을 걸었다. 결국 적들은 사비누스를 얕보기 시작했고 심지어 아군 병사들까지도 사비누스를 비웃기 시작했다. 사비누스가 겁을 내고 있다는 기미가 보이자 적은 대담하게도 로마군 진지 방벽으로 접근했다. 사비누스가 이렇게 행동한 것은 한 명의 부하로서 특히 자신의 총사령관이 없는 상황에서, 평탄한 지형이 아니거나 절호의 기회가 찾아오지 않았을 때는 함부로 대규모의 적군과 전투를 벌이지 말아야 한다고 확신했기 때문이다.

18 일단 적들이 사비누스를 겁쟁이로 간주하자 그는 외인군 병사 중에서 영리함과 교활함을 두루 갖춘 갈리아인 한 명을 골랐다. 사비누스는 갖가지 혜택과 물질적 보상으로 그를 설득한 후 은밀한 지시를 내려 적에게 보냈다. 그 갈리아인은 탈영병인 체하고 베넬리족에게 가서, 로마군이 얼마나 두려워하고 있는지 설명했다. 즉 카이사르가 베네티족의 공격을 받아 대단히 어려운 지경에 빠졌으며, 카이사르를 돕기 위해 사비누스는 늦어도 다음 날 밤까지는 그의 군대를 이끌고 몰래 진지를 빠져나갈 것이라고 알렸다. 이 말을 들은 적들은 이렇게 좋은 기회를 놓칠 수 없다고 아우성치면서 이 기회에 반드시 사비누스의 진지를 공격해야 한다고 목소리를 높였다. 갈리아인들이 전투를 결정한 데에는 여러 가지 이유가 있었다. 우선 사비누스가 지금까지 싸움을 회피했고, 탈영병을 통해 확실한 증거를 확보했으며, 그들의 식량이 바닥나고 있었고(그들은 이 점에 너무 소홀했다.), 베네티족의 승전보에 고무되었으며, 마지막으로 "사람은 믿고 싶은 대로 믿는다."는 일반적인 사실 때문이었다. 그들은 이런 생각에 도취된 나머지 비리도빅스를 비롯한 부족의 지도자들이 그들의 무장과 진격을 허락할 때까지 회의 장소를 떠나지 못하게 했다. 그들은 벌써부터 승리를 확신하고 기뻐하

---

13. 카이사르는 이 책뿐만 아니라 원로원에 보낸 보고서에서도 부하들의 이름을 일일이 열거하며 그들의 공적에 대해 상세히 적고 있다.

면서, 로마군의 호를 메울 나뭇가지와 장작을 모은 다음 진지를 향해 출발했다.

19 사비누스의 진지는 1.5킬로미터가량 완만한 경사가 이어진 언덕 위에 있었다. 갈리아인들은 로마군에게 무장하고 집결할 시간을 주지 않기 위해 전속력으로 돌진했는데, 막상 진지에 도착했을 때는 숨이 차 헉헉거렸다. 사비누스는 아군 병사들을 독려하고 공격 신호를 내렸다. 적의 병사들이 등에 짊어진 군장을 내려놓기도 전에 사비누스는 기습적으로 두 개의 성문을 열고 돌격하라는 명령을 내렸다. 아군은 유리한 위치에 있었고, 적은 지친 데다 전문 기술도 부족했다. 반면 아군 병사들은 용기와 전투 경험이 풍부했다. 결국 베넬리족은 아군의 1차 공격도 견디지 못하고 줄행랑을 놓기 시작했다. 아군 병사들은 아직도 힘이 넘쳤기 때문에 도망치는 적을 추격하여 많은 자들을 살해했다. 나머지 적들은 기병이 추격했는데, 패주하는 대열에서 극소수의 적들만이 아군 기병의 추격을 벗어났다.

사비누스가 카이사르의 해전 승전보를 들은 바로 그 시간에 카이사르도 사비누스의 승전보를 들었다. 모든 부족들이 즉시 사비누스에게 항복했다. 갈리아인들은 호전적인 기질 때문에 전쟁을 자주 일으키지만 패배 앞에서는 즉시 전의를 꺾는 나약한 심성을 지녔다.

20 거의 같은 시기에 젊은 푸블리우스 크라수스는 아퀴타니아 지방에 도착했다. 앞에서 언급했듯이 이 지역은 영토 면에서나 인구 면에서 갈리아 전체의 3분의 1에 해당한다. 크라수스는 전쟁을 치러야 할 곳이 불과 몇 년 전에 루키우스 발레리우스 프라에코니누스

부장이 적에게 패하여 도망치던 중 살해된 곳이고, 또한 전직 집정관인 루키우스 말리우스가 모든 군수품을 빼앗기고 목숨만 부지한 채 간신히 빠져나온 곳임을 알고 있었다. 그래서 그는 만전을 기하여 군량을 확보하고, 외인군 병력과 기병을 모집한 것 외에, 아퀴타니아에서 아주 가까운 프로빈키아 영토의 갈리아 부족인 톨로사족과 카르카소족, 나르보족 중에서도 개별적으로 다수의 용맹한 자들을 모집했다. 모든 준비를 마친 후 그는 군대를 이끌고 소티아테스족의 영토로 들어갔다.

크라수스가 온다는 소식에 소티아테스족은 즉시 대규모 병력과 기마를 소집했다. (특히 기병이 강한 부족이었다.) 그런 다음 행군 중인 로마군의 대오를 공격했기 때문에 처음에는 기병전이 벌어졌다. 그런데 적의 기병대가 패하고 아군이 본격적으로 공격을 시작하자 갑자기 깊은 계곡에 매복하고 있던 적의 보병 부대가 모습을 드러냈다. 적의 보병들이 아군의 기병을 공격하여 물리치자 양측 보병 간에 새로운 전투가 시작되었다.

21 전투는 길고 격렬했다. 소티아테스족은 이전 전투에서의 승리로 인해 자신감이 넘쳤고, 아퀴타니아족의 안전이 그들의 용맹함에 달려 있다는 결의로 가득했다. 반면 아군 병사들은 총사령관과 다른 군단이 없는 이곳에서 젊은 지휘관과 함께 훌륭한 전과를 거두겠다는 열의에 불타고 있었다. 마침내 적은 많은 사상자를 내고 줄행랑을 쳤고, 퇴각하는 중에도 많은 자가 살해되었다. 크라수스는 군대를 돌려 소티아테스족의 도시를 공격하기 시작했다. 적이 완강하게 저항하자 크라수스는 공성탑과 엄호차를 동원했다. 아퀴타니아족은 한 차례 돌격을 감행했고, 또 한 번은 토루와 엄호물까지 굴을 파고 공격했

다. 그들은 여러 지역에 광산과 채석장을 갖고 있었기 때문에 특히 갱도를 파는 기술이 뛰어났다. 아군의 지속적인 방비 탓에 이런 작전이 수포로 돌아가자 적은 크라수스에게 사절을 보내 항복을 알려왔다. 크라수스는 그들의 요청을 수락하고 무장 해제시켰다.

22 아군이 전투 준비에 온 마음을 쏟고 있을 때 도시의 또 다른 쪽으로부터 적의 대장 아디아투아누스가 600명의 충성스런 부하들을 이끌고 돌격을 감행했다. 솔두리[14]라 불리는 이 추종자들은 서로 굳은 우정을 맺고 모든 전리품을 함께 나누기로 맹세한 집단으로, 만약 한 사람이 비참한 최후를 맞이하면 다른 동료도 그와 함께 같은 운명을 맞이하거나 스스로 목숨을 끊어야 한다. 그들 중 누구라도 우정을 맹세한 동료의 죽음 앞에서 죽기를 거부했다는 기록이 없다. 적의 공격을 받은 곳에서 함성이 터지자 아군 병사들은 즉시 무기를 들고 달려갔고, 맹렬한 전투가 벌어졌다. 아디아투아누스는 결국 도시 안으로 퇴각한 후 크라수스에게 비슷한 조건으로 항복을 알려왔다. 크라수스는 그의 항복을 받아들였다.

23 무기와 인질을 건네받은 크라수스는 보카테스족과 타루사테스족의 영토로 이동했다. 야만인들은 자연과 인간이 함께 빚어낸 천혜의 요새가 불과 며칠 만에 그에게 함락되었다는 소식에 놀라 모든 곳에 사절을 보내 음모를 꾀하고, 인질을 교환하고, 병력을 준비하기 시작했다. 그들은 심지어 아퀴타니아에서 가장 가까운 내히스파니아[15] 부족들에게까지 사절을 보내 지원군과 지휘관을 보내 달라고 요청했다. 야만인들은 이들의 도착으로 막강한 권위와 대군을 거머쥐

게 되자 드디어 전쟁을 일으켰다. 그들이 선출한 지휘관들은 퀸투스 세르토리우스[16] 밑에서 끝까지 복무했으며 군사 면에서 뛰어난 지식과 기술을 가졌다고 알려진 자들이었다. 이들 지휘관들은 로마군 방식을 따라해 유리한 위치를 선점하고, 진지를 구축하고, 로마군의 식량 공급을 차단했다.

크라수스는 자신의 휘하에 있는 병력은 너무 소규모인 탓에 병력을 나누기가 어려운 반면, 적은 여러 곳을 돌아다니고 길을 차단하면서도 충분한 병력을 진지에 남겨둘 수 있음을 깨달았다. 이런 이유로 식량 수송은 어려워졌고, 게다가 적의 수는 하루가 다르게 증가했다. 이에 따라 크라수스는 더 이상 전투를 지체하지 않기로 결심하고 회의를 열어 그의 결정을 알렸다. 모두가 그의 의견에 찬성하자 그는 다음 날 전투를 개시하기로 결정했다.

24 새벽녘에 크라수스는 전 병력을 2열 전투 대형[17]으로 포진시키고 외인부대를 대열 중앙에 배치한 다음 적의 반응을 기다렸다. 갈리아인은 월등한 병력과 오랫동안 전쟁에서 쌓아온 명성, 그리고 상대적으로 적은 아군의 병력 때문에 무난히 승리할 것이라 생각했다. 그럼에도 계속해서 도로를 봉쇄하고 식량 보급을 차단하여 피해를 입지 않고 승리를 거머쥐는 것이 더 안전하다고 판단했다. 게다가 로마

---

14. soldurii: 문맥상 정예 부대나 기병대를 가리키는 것으로 추정되지만, 정확한 뜻은 불확실하다.
15. 피레네 산맥에서 에브로 강에 이르는 로마 속주를 말한다.
16. 로마에 모반을 꾀했던 인물로, 당시 그 지역 사람들에게 대중적 인기가 높았다.
17. 3열 전투 대형 대신에, 적은 병력으로 적과의 전선을 넓히기 위해 2열 대형을 선택했다.

군이 식량 부족 때문에 퇴각을 하게 되면 군장을 메고 행군할 것이고 그러면 사기도 높지 않을 것이므로 그때 보다 쉽게 공격할 수 있다고 생각했다. 갈리아의 지휘관들은 이 작전을 채택했고, 그 결과 로마군이 전투 대형을 갖춘 상황에서도 그들은 진지에서 나오지 않았다. 크라수스도 이 사실을 간파했지만 적이 전투를 미루고 두려워하는 기미를 보이자 아군의 전의는 더욱 불타올랐다. 아군 병사들은 더 이상 지체하지 말고 적의 진지를 공격해야 한다고 한목소리로 외쳤다. 이에 따라 크라수스는 모든 병사들을 독려하여 용기를 불러일으킨 다음 적의 진지를 공격하기 시작했다.

25   아군의 일부 병력이 호를 메우는 사이 다른 병사들은 투척 무기를 퍼부어 적의 수비대를 방벽과 방어 시설에서 몰아냈다. 크라수스는 외인부대의 전투력을 크게 신뢰하지 않았으므로 그들에게는 돌과 투척 무기를 나르고 아군의 토루에 쓸 뗏장을 운반하도록 해서 그들도 전투하는 병사들처럼 보이게 했다. 한편 적도 흔들리지 않고 용감하게 싸우면서 유리한 위치에서 효과적으로 무기를 투척했다. 그때 적의 진지를 한 바퀴 돌고 온 아군 기병대가 크라수스에게, 적의 진지 뒤편에 나 있는 주진문의 방비가 허술하여 쉽게 돌파할 수 있다고 보고했다.

26   크라수스는 기병 장교들에게, 부하들에게 막대한 보상을 약속하여 사기를 북돋우라고 지시한 다음 그가 세운 작전을 설명했다. 크라수스의 명령에 따라 장교들은 진지를 수비하면서 체력을 비축하고 있던 대대들을 이끌고 적군의 눈에 띄지 않도록 우회하여 적

의 진지 후방으로 접근했다. 모든 눈과 생각이 전투에 쏠려 있어 적이 상황을 파악하기도 전에 아군은 앞서 말한 곳에 도착해 진문을 부수고 진지 안으로 돌입했다. 진지 뒤편에서 함성이 들리자 아군 병사들은 승리의 희망이 보이면 항상 그랬던 것처럼 한층 기운을 내어 더욱 용감하게 싸우기 시작했다. 사방이 포위되자 적의 병사들은 희망을 버리고 사력을 다해 싸우면서 아군의 공격을 뚫고 도주하기 시작했다. 아군 기병대는 넓은 평원으로 도망치는 적들을 추격한 후 밤이 이슥해서야 진지로 돌아왔다. 아퀴타니아와 칸타브리아에서 집결한 5만 명의 군사 중 살아남은 자는 4분의 1에 불과했다.

27   전투에 대한 소식이 퍼지자 대부분의 아퀴타니아 부족들은 크라수스에게 항복을 알리고 스스로 인질을 보내왔다. 그들은 타르벨리족, 비게리오네스족, 프티아니족, 보카테스족, 타루사테스족, 엘루사테스족, 가테스족, 아우스키족, 가룸니족, 시부자테스족, 코코사테스족이었다. 그러나 먼 지역의 부족들은 겨울이 다가오는 것을 핑계로 인질을 보내지 않았다.

모리니족 답사

28 원정기인 여름이 거의 끝나고 있었다. 전 갈리아가 복속되었지만 모리니족과 메나피족은 여전히 전쟁을 준비하고 있었고, 사절을 보내 강화를 논의하지도 않았다. 이에 따라 카이사르는 그들을 신속하게 정벌할 수 있다는 판단하에 군대를 이끌고 북쪽으로 이동했다. 그러나 모리니족과 메나피족은 다른 갈리아 부족들과는 아주 다른 전법을 사용했다. 강력한 갈리아 부족들이 넓은 곳에서 정규전을 벌이다 로마군에게 참패했다는 사실을 깨닫고, 그들은 모든 병력과 재산을 근처의 숲과 습지대 속으로 옮겨놓았다.

카이사르는 숲의 경계에 이르러 진지를 구축하기 시작했지만 적의 모습은 전혀 보이지 않았다. 그러나 아군 병사들이 넓게 흩어져 진지 공사를 할 때 적이 일시에 모든 숲에서 뛰쳐나와 공격을 퍼부었다. 우리 병사들은 신속하게 무기를 들고 적을 물리쳐 숲 속으로 쫓아냈다. 많은 적들이 살해됐지만 아군도 적을 추격하기 위해 숲 속으로 너무 깊이 들어갔기 때문에 일부 병사들이 목숨을 잃었다.

29 그 후 카이사르는 적의 기습적인 측면 공격을 막기 위해 숲에 있는 모든 나무를 베게 하고, 베어낸 나무들은 적이 있는 방향을 중심으로 좌우 날개에 쌓아 방벽을 만들었다. 불과 며칠 사이에 아주 빠른 속도로 넓은 지역의 나무가 베어졌다. 적의 가축과 군수품의 후미가 아군의 수중에 들어오자 적은 더 깊은 숲 속으로 달아났다. 그때 더 이상 나무를 벨 수 없을 정도로 거센 폭우가 몰아쳤다. 끊임없이 쏟아지는 비로 인해 아군 병사들은 막사에 머무는 것조차 불가능했다.

결국 카이사르는 적의 들판을 초토화시키고 부락과 건물을 불태운 다음, 그의 군대를 이끌고 겨울을 나기 위해 아울레르키족과 렉소비족을 비롯해 최근에 원정을 벌였던 부족들의 영토로 돌아갔다.

제4권 기원전 55년

카이사르 45세, 갈리아 전쟁 4년째

게르만인과의 살육전

1 폼페이우스와 마르쿠스 크라수스가 집정관으로 선출된 그해[1] 겨울에, 게르만 부족인 우시페테스족과 텐크테리족이 대규모로 무리를 지어 라인 강을 건너 바다에서 그리 멀지 않은 강 하류로 몰려왔다. 그들이 강을 건넌 이유는 수에비족이 여러 해에 걸쳐 그들을 공격하고 전쟁을 일으키면서 농경 생활을 방해했기 때문이다.

수에비족은 게르만인 중에서도 규모가 가장 크고 가장 공격적이다. 대략 100개의 부락을 이루고 사는 그들은 매년 각 부락에서 1,000명의 병사를 선발해 영토 밖으로 나가 전쟁을 벌인다. 부락에 남은 자들은 그들 자신과 원정에 나간 사람들의 가족들까지 함께 부양한다. 이듬해에는 그들이 무장을 하고 전장에 나가고 원정에서 돌아온 자들이 부락에 남는데, 이런 식으로 일상과 전쟁을 중단 없이 병행한다. 그러나 토지를 사적으로나 개인적으로 소유하지 않으며, 한 곳에 일 년 이상 거주하는 것도 허락하지 않는다. 그들은 곡물을 거의 소비하지 않고 우유와 가축을 주식으로 하며 대부분의 시간을 사냥을 하면서 보낸다. 이런 활동과 그들의 음식, 일상적인 훈련, 그리고 어려서부터 의무나 규율에 얽매이지 않고 원하는 대로 행동하는 자유로운 생활 덕분에, 그들은 매우 건장한 체격과 강인한 힘을 가진 사람으로 성장한다. 뿐만 아니라 꾸준한 훈련을 통해 신체를 단련하여 아무리 추운 지방에서도 짐승 가죽 외에는 어떤 것도 몸에 걸치지 않으며, 그나마 몸에 걸친 가죽도 아주 작아서 대부분의 신체가 그대로 노출된다. 뿐만 아니라 추운 날에도 강에 들어가 목욕을 한다.

2 그들은 상인의 출입을 허락하지만, 필요한 물품을 구입하기 위해서가 아니라 자신들의 전리품을 파는 데에 그 주된 목적이 있다. 게다가 갈리아인은 짐을 실을 수 있는 말을 대단히 좋아해 비싼 값을 치르고 구입하는 반면, 게르만인은 짐말을 수입하지 않는다. 그들은 작고 추하게 생긴 자신들의 토종말을 하루도 빠짐없이 훈련시켜 혹독하게 부린다. 기병전을 치를 때에는 종종 말에서 뛰어내려 땅 위에서 싸우는데 그동안 말이 달아나지 않도록 훈련시켰기 때문에 필요할 때

---

1. 로마의 집정관은 매년 두 명씩 선출되었다. 카이사르와 삼두 정치를 이끌었던 두 주역은 루카 회담에서 합의한 대로 기원전 55년에 공동 집정관으로 선출되었다. (옮긴이)

는 다시 말을 타고 재빨리 물러난다. 그들은 예로부터 안장을 사용하는 것보다 더 치욕스런 일은 없다고 생각했다. 그래서 안장 위에 앉은 적의 기병대를 보면 그 수가 아무리 많아도 용맹스럽게 돌진한다. 그들은 또한 포도주 수입을 허락하지 않는다. 포도주가 인간을 나약하고 여자답게 만들어 힘든 노동을 견디지 못하게 한다고 생각하기 때문이다.

3 수에비족은 자신들 영토 경계 밖에 최대한 많은 땅을 비워두는 것을 대단한 명예로 생각한다. 경계를 둘러싼 넓은 땅이 다른 부족의 침입을 허락하지 않는 그들의 강대함을 보여준다고 믿기 때문이다. 그런 까닭에 수에비족의 영토를 둘러싼 공한지의 한쪽은 폭이 무려 900킬로미터에 이른다는 말이 있다. 그 반대쪽에는 우비족의 영토가 인접해 있다. 게르만의 기준으로 볼 때 우비족은 크고 번성한 국가이고 다른 게르만 부족들에 비해 얼마간 개화된 부족이다. 그 이유는 그들이 라인 강 옆에 살면서 상인들과 자주 접촉하고, 또 갈리아인들과 아주 가까워 그들의 생활 방식에 익숙해졌기 때문이다. 수에비족은 우비족을 여러 차례 침략했지만 그들의 규모와 만만치 않은 세력 때문에 영토에서 몰아내지는 못하고, 대신 공물을 바치게 하면서 우비족의 긍지와 지위를 크게 훼손했다.

4 앞서 말한 대로 우시페테스족과 텐크테리족은 비슷한 처지에 있었다. 그들은 오랫동안 수에비족의 침략을 견디다 결국 자신들의 영토에서 쫓겨났고, 3년 동안 게르만의 여러 지역을 전전하다가 마침내 라인 강에 당도했다. 그들이 도착한 지역은 메나피족이 사는 곳으로, 강 양쪽에 메나피족의 땅과 집과 부락들이 있었다. 그러나 엄

청난 수의 이주민을 보고 놀란 메나피족은 부락을 비우고 강을 건넌 다음 강둑을 따라 수비대를 배치하고 게르만인[2]의 도하를 금지했다. 한편 두 부족은 강을 건너기 위해 갖은 노력을 기울였지만, 그들에겐 배가 없었고 또 메나피족의 경계 수비가 철저해서 강을 건널 수가 없었다. 결국 그들은 자신들의 영토와 고향으로 돌아가는 척하며 사흘 동안 행군을 한 후에 다시 돌아왔다. 두 부족의 기병대는 하룻밤 만에 갔던 길을 되돌아와, 게르만인이 떠났다는 척후병의 보고에 안심하고 다시 라인 강을 건너 부락으로 돌아온 메나피족을 공격했다. 그들이 메나피족 사람들을 죽이고 배를 빼앗아 강을 건넌 후에야 라인 강 이편(서쪽)에 있던 사람들은 사태를 파악했다. 두 부족은 메나피족의 부락을 빼앗고 그들의 식량으로 남은 겨울을 보냈다.

5 이 사건에 대해 보고를 받은 카이사르는 갈리아인의 변덕스런 성격을 염려했다. 그들은 성급하게 결정을 내리고 늘 정권이 변하기를 갈망한다. 또한 카이사르는 어떤 경우에도 갈리아인의 말을 믿지 않기로 결심했다. 그들은 지나가는 여행자를 보면 그가 좋아하든 싫어하든 아랑곳하지 않고 발길을 멈춰 세우고는 그들이 들었던 것이나 본 것에 대해 묻는 관습이 있다. 도시에서는 여러 사람이 상인을 에워싸고 어느 지방에서 왔으며, 그곳에서 어떤 이야기를 들었는지 말해 달라고 조른다. 그러고는 이렇게 해서 들은 사실과 소문에 기초해 종종 대단히 중요한 문제를 쉽사리 결정해 버리고, 그런 후에 곧바로 더 좋

---

2. 즉 우시페테스족과 텐크테리족을 가리킨다.

은 해결책을 생각해 낸다. 소문의 노예인 그들에게 대부분의 사람들은 그들 구미에 맞는 또 다른 대답을 해주기 때문이다.

6 그들의 이러한 습성을 알게 된 카이사르는 보다 심각한 전쟁을 피하기 위해 평소보다 일찍 그의 군대 곁으로 돌아왔다. 본부로 돌아온 카이사르는 우려하던 일이 이미 현실로 나타났음을 알게 되었다. 몇몇 부족들이 게르만인에게 사절을 보내 라인 강 근처에서 떠나준다면 그들이 요구하는 모든 것을 들어주겠노라고 약속한 것이다. 이 약속에 고무된 게르만인은 더욱 넓은 지역을 돌아다니다 결국 트레베리족의 속국인 에부로네스족과 콘드루시족의 영토를 침범했다. 카이사르는 갈리아 지도자들을 불러모았지만, 그가 알아낸 사실을 밝히지 않는 편이 낫다고 생각하여, 그들을 안심시키고 격려한 다음 기병을 소집하여 게르만인과 전쟁을 하기로 결정했다.

7 카이사르는 군량이 확보되고 기병이 소집되자 게르만인이 머물고 있다고 알려진 지역으로 군대를 이동시켰다. 군대와 함께 며칠 동안 행군하던 중에 두 게르만 부족의 사절이 찾아와 다음과 같은 취지를 전달했다.

"게르만인은 결코 로마군을 공격하여 전쟁을 일으킨 적이 없으나, 만일 로마군이 조금이라도 우리를 공격한다면 결코 전쟁을 마다하지 않을 것이다. 게르만인은 조상 대대로 싸움을 걸어오는 적은 반드시 격퇴하고 적에게 화평을 청하지 않는 전통을 물려받았다. 우리는 본국에서 쫓겨나 어쩔 수 없이 이곳에 왔다. 만일 로마가 우리의 호의를 원한다면 우리는 로마의 유익한 친구가 되어줄 수 있다. 따라서 로마는 우리에게 땅을 내어주든지, 아니면 우리가 무력으로 차지한 땅을 인정해 주어야 할 것이다. 우리는 불멸의 신들조차 대적하지 못하는 수에비족에게만 굴복했을 뿐, 지상의 어느 누구에게도 정복당하지 않을 것이다."

8 이에 대해 카이사르는 적절히 대답한 후, 그들이 갈리아에 남아 있는 한 그들과 카이사르의 우정이란 있을 수 없다고 잘라 말했다.

"자신의 영토를 지키지 못한 자들이 다른 부족의 영토를 차지하려는 것은 공정치 못한 일이다. 또한 갈리아에는 부정한 행위를 하지 않고서는 그렇게 많은 자들에게 내어줄 땅이 없다. 그러나 만일 그대들이 원한다면 우비족의 영토에 정착해도 좋다. 현재 우비족은 카이사르에게 사절을 보내 수에비족의 침략을 알리고 도움을 요청하고 있으니, 카이사르가 우비족에게 그런 취지의 명령을 전달하겠다."

9 사절들은, 부족에게 돌아가 보고를 하고 문제를 숙고한 다음 사흘 후에 다시 오겠노라고 말했다. 그러고는 카이사르에게 그 동안에는 더 이상 접근하지 말라고 요청했다. 카이사르는 그 요청도 들어줄 수 없다고 대답했다. 수일 전에 그들이 대규모 기병대를 뫼즈 강 너머로 보내 암비바리티족의 들판에서 식량을 징발하고 약탈한 사실을 알고 있었기 때문이다. 또한 카이사르는 이 기병대가 돌아올 시간을 벌기 위해 그들이 그런 요청을 제안하는 것이라 생각했다.

10   뫼즈 강은 링고네스족의 영토인 보주 산맥에서 흘러나와[3] 발Waal 강이라는 라인 강 지류를 받아들여 바타비족이 사는 섬을 만든다. 발 강은 대양에서 불과 118킬로미터 떨어진 곳에서 라인 강으로 흘러든다.[4] 반면에 라인 강은 알프스 산맥에 거주하는 레폰티족 영토에서 발원하여 빠른 속도로 난투아테스족, 헬베티족, 세콰니족, 메디오마트리케스족, 트리보키족, 트레베리족의 영토를 두루 거치며 흐른다. 그러나 하류에서는 몇 개의 지류로 나뉘어 여러 개의 큰 섬들을 형성한 후 여러 어귀를 통해 대양으로 흘러든다. 그 섬들의 대부분에는 흉포하고 야만적인 부족들이 살고 있으며 몇몇 부족은 물고기와 물새 알을 먹고 산다고 전해진다.

11   카이사르가 적으로부터 18킬로미터 떨어진 곳까지 접근했을 때 약속한 대로 사절들이 다시 찾아왔다. 그들은 행군 중인 카이사르에게 더 이상 전진하지 말 것을 간곡히 요청했다. 그러나 카이사르가 이 청을 거절하자 이번에는 본대 앞에서 행군하는 기병대에게 연락을 취해 교전을 벌이지 말게 할 것과, 그들이 우비족에게 사절단을 보낼 수 있게 허락해 달라고 요청했다. 그리고 그 사절단이 우비족의 원로와 지도자들에게서 지원 약속을 받아오면 카이사르가 제안한 조건을 받아들이겠다고 맹세하고, 이 일을 마칠 때까지 사흘간의 여유를 달라고 요청했다.

　카이사르가 보기에 이 모든 제안 역시 그들의 기병대가 돌아올 때까지 사흘간의 시간을 벌겠다는 목적에서 나온 것이 분명했다. 그러나 그는 물을 보급해야 하니 그날은 6킬로미터까지만 전진하겠다고 약속한 다음, 그들의 진정한 요구가 무엇인지 들어보기 위해 다음 날 가능한 한 많은 사람들을 그곳에 집결시키라고 명령했다. 그와 동시에 카이사르는 대열 맨 앞에서 기병대를 이끌고 있는 부대장들에게 전령을 보내 적을 만나더라도 먼저 공격하지 말 것과, 적이 먼저 싸움을 건다 해도 그가 보병과 함께 도착할 때까지 적의 공격을 방어하기만 하라고 지시했다.

12 그러나 적은 아군 기병이 모습을 드러내자 즉시 공격을 퍼부어 아군 병사들을 혼란에 빠뜨렸다. 적의 기병은 식량을 구하기 위해 뫼즈 강을 건넌 자들이 아직 돌아오지 않았으므로 그 수가 800에 불과했다. 아군 기병은 그 수가 5,000에 이르렀을 뿐 아니라, 적의 사절단이 하루 동안의 휴전에 합의하고 방금 전에 카이사르 진영을 떠난 것을 알았기 때문에 전투가 일어나리라고는 생각하지 않았다. 그래서 더욱 혼란스러웠다. 그럼에도 아군은 즉시 방어에 돌입했다. 적의 기병들은 평소의 작전대로 말에서 뛰어내려 아군의 말을 칼로 찌르고 기병들을 말 위에서 끌어내렸다. 갑작스런 공격에 당황한 아군 기병들은 아군의 대열이 보일 때까지 멈추지 않고 후퇴했다.

이 전투에서 74명의 기병이 사망했는데 그들 중에는 아퀴타니아 출신의 갈리아인이자 뛰어난 무용으로 이름이 높은 피소라는 자가 있었다. 피소는 부유한 가문 출신으로, 그의 조부는 아퀴타니아의 왕권을 손에 넣었고 로마 원로원으로부터 친구라는 호칭을 받은 사람이었다.[5]

---

3. 사실 뫼즈 강은 보주 산맥과 중앙 산지 사이의 랑그르 고원에서 발원한다.
4. 카이사르가 이 글을 쓴 이후 네덜란드의 지형은 변화를 겪었다. 카이사르의 설명에 따르면, 뫼즈 강과 라인 강이 (이 지점에서) 북해를 향해 나란히 흐르다 발 강이 라인 강에서 흘러나와 뫼즈 강으로 흘러 들어가면서 육지의 일부를 잘라 섬과 같이 고립된 삼각주를 만들었음을 알 수 있다.

그는 적에게 포위된 동생을 구하기 위해 달려가 위험에 빠진 동생을 구출해 냈다. 또한 그는 부상을 입은 말에서 낙마하여 적에게 둘러싸인 후에도 용감히 싸웠으나 많은 부상을 입고 끝내 목숨을 잃었다. 그의 동생은 안전한 곳에 도착했으나 멀리서 그 광경을 보고 다시 말을 몰고 달려가 적과 싸우다 전사했다.

13 이 전투 후에 카이사르는 더 이상 사절을 만나지 않기로 결심했다. 처음에는 화평을 청하며 도발하지 않겠다고 맹세했다가 약속을 어기고 함정을 이용한 자들에게는 어떤 조건도 허락할 수 없었다. 게다가 그는 약탈에 나섰던 적군 기병대가 돌아와 적의 병력이 보강될 때까지 기다리는 것이야말로 더없이 어리석은 짓이라 생각했다. 갈리아 부족들은 믿을 수가 없었고, 이 한 번의 교전으로 갈리아인 사이에서 게르만인의 위신은 하늘을 찌를 듯 올라갔을 것이 분명했다. 따라서 그는 갈리아인들에게 모의를 꾸밀 시간을 허락해서는 안 된다고 판단했다. 그는 부장들과 재무관들에게 단 하루도 전투를 미루지 않겠다는 계획을 전달했다. 그때 아주 시기적절한 행운이 찾아왔다. 바로 다음 날 아침에 여러 명의 게르만인들이 모든 원로급 지도자들을 앞세워, 전날과 똑같이 배반과 위선의 탈을 쓰고 찾아와 카이사르를 만나길 청했다. 그들은 카이사르와 합의한 내용과 그들 자신이 요구한 사항을 어기고 싸움을 시작한 것에 대해 사과를 하러 왔다고 주장했지만, 사실은 휴전을 통해 무엇인가 얻어내려고 속임수를 쓰는 것이다.

카이사르는 그들이 제 발로 찾아온 것에 내심 기뻐하면서 그들을 억류시키라고 명령했다. 그런 다음 숙영지에서 전 병력을 출동시키고, 전날의 전투로 의기소침해진 기병대는 후미에 배치했다.

14

카이사르는 병력을 3열 종대로 배열하고[6] 10킬로미터의 거리를 신속히 행군하여 게르만인이 사정을 알아차릴 틈도 없이 적의 진지에 도착했다. 원로급 지도자들이 떠난 상황에서 작전을 결정하거나 무기를 준비할 시간도 없이 아군이 불시에 도착하자, 적은 혼란에 빠져 저항을 하거나 진지를 사수거나 안전한 곳으로 대피할 생각조차 하지 못했다. 공포에 빠진 적들은 비명을 지르면서 사방으로 도망치기에 급급했다. 전날의 변절 행위에 잔뜩 화가 난 아군 병사들은 순식간에 적의 진지를 돌파했다. 무기를 들 수 있는 자들은 한동안 짐마차와 큰 짐들을 방패 삼아 아군 병사들과 싸움을 벌였다. 그리고 수많은 여자들과 아이들이 사방으로 도망치기 시작했다(왜냐하면 게르만인은 고향을 떠나 라인 강을 건널 때 모든 소유물[7]을 가지고 왔기 때문이다). 카이사르는 기병대를 보내 그들을 추격하게 했다.[8]

---

5. 이 갈리아인의 로마식 이름으로 보아, 카이사르가 도착하기 전에도 로마는 갈리아의 아퀴타니아 지방에 큰 영향력을 미치고 있었음을 알 수 있다.
6. 로마군은 행군 대열이 아니라, 전투 대형으로 쉽게 바꿀 수 있는 3열 종대로 행진했다. (8-8 참조).
7. 이 소유물에는 가족도 포함된다.
8. 로마의 전쟁에서는 이런 무자비한 행동이 충분히 용납되었다. 그러나 플루타르코스의 주장에 따르면, 카토는 이 승리에 대해 공식적인 감사제를 결의한 것에 대해 원로원을 비난하고, 그와 동시에 카이사르를 게르만인에게 넘겨주어야 한다고 주장했다 한다(살육에 의한 승리라는 것과 교섭이 진행되는 동안 적의 허를 찔렀다는 것이 그 이유였다. 그러나 로마의 지도부는 적이 아군의 기병을 공격하여 74명을 살해한 순간 강화교섭은 사실상 끝이 났다고 판단했다). 카이사르는 과연 그답게 자신의 행동을 정당화하는 글을 남겼다. 즉 이 살육으로 인해 게르만인이 겁에 질려 도망쳤다는 것이다. (4-15 참조).

15 게르만인들은 등 뒤에서 비명 소리가 들리고 부족민들이 무참히 살해되는 것이 보이자 무기와 군기⁹를 내팽개치고 진지 밖으로 도망쳤다. 그러나 뫼즈 강과 라인 강이 합류하는 곳에 이르러서는 더 이상 도망칠 곳이 없어 많은 자가 살해되었고, 강물로 뛰어든 자들은 두려움과 피로와 빠른 물살에 휩쓸려 사라졌다.

아군은 전원이 살아남고 몇 명만 부상을 입었다. 적의 병력이 43만 명에 이르러 대규모의 처참한 전쟁을 예상했으나 모든 병사가 무사히

로마군 기수 장교

로마군의 독수리기

진지로 돌아온 것이다. 카이사르는 진지에 억류했던 게르만인들에게 떠날 기회를 주었지만, 그들은 게르만인의 횡포로 농토가 황폐해진 갈리아인들에게 보복을 당할 것이 두려워 로마군 진지에 머물기를 원한다고 말했다. 카이사르는 그들의 청을 허락했다.

최초의 라인 강 도하

16 게르만인과의 전투가 끝나자 카이사르는 몇 가지 이유로 라인 강을 건널 수밖에 없다고 판단했다. 그 중에서도 가장 중요한 이유는 게르만인들이 너무나 쉽게 갈리아를 침략한다는 것이다. 로마 군대가 라인 강을 건널 능력과 용기를 갖고 있다는 것을 보여줌으로써 그들에게 두려움을 느끼게 할 필요가 있었다. 또한 우시페테스족과 텐크테리족이 패주한 후에, 앞서 말한 대로 식량을 약탈하기 위해 뫼즈 강을 건넜던 두 부족의 기병대가 라인 강을 넘어 수감브리족의 영토로 퇴각한 후 그들과 동맹을 맺었다는 이유도 있었다. 카이사르가 전령을 보내 그와 갈리아를 상대로 전쟁을 일으켰던 자들의 항복을 요구하자 그들은 로마의 통치는 라인 강에서 끝난다고 대답했다.

---

9. 4-25의 예에서도 알 수 있듯이 로마군은 군기를 지키는 것을 대단히 중요하게 생각했다. 대大 플리니우스(그의 조카이자 양자인 플리니우스를 소小 플리니우스라 부른다)의 「Natural History」에는 마리우스의 규정에 따라 로마의 군기에는 독수리만 표현할 수 있게 되었다고 기록되어 있다. 마리우스가 규정하기 전에는 독수리 외에 늑대, 미노타우로스(사람의 몸에 소의 머리를 한 괴물), 말, 수퇘지 등 토템 신앙의 동물들이 새겨졌는데, 갈리아와 게르만의 군기에는 1세기까지도 그런 동물들이 새겨졌다.

"게르만인이 카이사르의 뜻을 어기고 갈리아로 넘어간 것이 잘못이라면, 카이사르는 어찌하여 라인 강 너머에서 그의 지배와 권위를 따르라고 주장하는가?"

그러나 라인 강 너머의 모든 부족 중 유일하게 우비족만이 카이사르에게 사절을 보내 화약을 맺었다. 그들은 수에비족에게 괴롭힘을 당하고 있는 처지를 호소하며 인질을 보내고 도움을 간청했다. "만일 로마의 사정이 너무 긴박해 올 수 없다면 카이사르의 군대만이라도 라인 강 너머로 보내 달라. 그것만으로도 우비족에게 도움이 되고 미래의 희망이 될 것이다. 카이사르의 군대는 아리오비스투스를 몰아냈고 또한 최근의 전쟁에서 승리하여 가장 멀리 떨어져 있는 게르만 부족들에게까지 명성이 자자하기 때문에 로마의 권위와 친교라면 충분히 우리를 보호할 수 있다." 그러면서 그들은 로마군을 수송할 배를 풍족하게 제공하겠노라고 맹세했다.

17 카이사르는 앞서 언급한 이유들 때문에 라인 강을 건너기로 결정했다. 그러나 배로 건너는 것은 안전하지 않을 뿐 아니라 그 자신의 위엄과 로마의 권위에도 어울리지 않는다고 판단했다. 그에 따라 대단히 넓고 물살이 빠르고 깊은 강 위에 다리를 놓는 것은 극히 어려운 일이었지만, 그럼에도 다리를 놓는 방법이 아니면 그의 군대를 도하시키지 않기로 결정했다.[10]

다리 건설은 다음과 같이 이루어졌다. 45센티미터 두께의 말뚝들을 강물 깊이에 맞춰 길이를 자르고 밑 부분을 날카롭게 깎은 다음 2개씩 한 쌍이 되도록 60센티미터 간격을 두고 묶었다. 뗏목과 기중기를 이용해 이 말뚝들을 차례로 강바닥에 박아 넣었다. 이때 보통의 말뚝처럼 수직으로 박은 것이 아니라 강물이 흐르는 방향으로 각도를 주어 비스듬히 박아 넣었다. 강바닥을 기준으로 12미터 떨어진 맞은편 쪽에도 똑같은 방법으로 말뚝들을 박았는데[11] 이번에는 강물이 흐르는 반대 방향으로 비스듬히 박아 넣었다. 이렇게 해서 양쪽으로 마주선 교각 위에는 그 간격에 맞게 자른 60센티미터 두께의 가로보를 대고 고정시켰다. 가로보의 양쪽 끝은 2개 1조의 조임쇠로 말뚝에 고정시켜 양쪽 말뚝의 거리를 유지했다.[12] 나란히 배열된 두 줄의 교각은 이런 식으로 일정한 간격을 유지하며 하나로 결합되었다. 결국 다리는 교각에 가해지는 강물의 힘이 크면 클수록 그 연결부들이 더욱 굳게 결합하는 성격을 띠도록 대단히 안전하게 건설되었다. 가로보 위에는 세로로 판자들을 이어 붙이고 판자들 사이에는 긴 막대기와 나뭇가지 다발을 채워넣었다.[13] 뿐만 아니라 하류 쪽에는 더 기울어진 각도로 말뚝을 박아 다리를 지탱하게 하여, 구조물 전체가 물살의 힘을 더욱 잘 견딜 수 있게 했다. 마지막으로 상류 쪽에는 다리에서 약간 떨어진 곳에 말뚝들을 박아서 야만인들이 다리를 파괴하기 위해 통나무나 배를 띄워 보내도 그 충격을 약화시켜 다리의 파손을 막을 수 있게 했다.

10. 카이사르가 다리를 놓은 장소에 대해서는 오래전부터 논란이 있었다. 나폴레옹 3세는 본이라 주장했고, 그 밖의 다른 사람들은 쾰로뉴, 그리고 (보다 신빙성이 있는 곳으로) 안더나흐와 코블렌츠라고 주장해 왔다. 안더나흐와 코블렌츠 사이의 폭이 오늘날 350미터가 넘는다는 사실로 보아 카이사르의 기술자들이 얼마나 큰 공사를 벌였는지 알 수 있다. 이 다리는 그의 위엄(디그니타스dignitas)과도 관계가 있다. 이 말 속에는 위신, 가치, 계급, 신분 등 로마 정치가에게 대단히 중요한 의미들이 내포되어 있다. 기원전 49년에 루비콘 강을 건너 로마로 들어올 때 카이사르는 그것이 자신의 〈위엄〉을 지키기 위한 행동이라고 주장했다.
11. 두 기초부의 거리가 12미터이므로 다리 위의 도로 폭은 그보다 좁았을 것이다.
12. 이 문장의 정확한 의미에 대해서는 여러 가지 견해가 있다.
13. 군대가 지나갈 수 있는 도로의 표면에 해당한다.

라인 강 도하를 위해 로마군이 건설한 다리.

18   자재를 모으기 시작한 지 열흘 만에 전체 구조물이 완성되어 부대가 이동했다. 카이사르는 다리 양쪽에 강력한 수비대를 남겨두고 수감브리족의 영토로 향했다. 그러는 동안 게르만 여러 부족에서 보낸 사절들이 당도해 화평과 친선을 청했다. 카이사르는 관대한 태도로 청을 받아들이고 인질을 보내라고 명했다. 그러나 수감브리족은 텐크테리족과 우시페테스족에게서 부추김을 받아 다리가 세워지기 시작할 때부터 도주할 준비를 하고 있었고, 이 즈음에는 이미 전 재산을 가지고 깊은 숲 속으로 들어가 숨어버린 상태였다.

19   카이사르는 며칠 동안 수감브리족의 영토에 머물면서 모든 부락과 건물들을 불태우고 곡물을 베어버린 다음 우비족의 영토로 물러났다. 그가 우비족에게, 수에비족 때문에 곤란에 빠진다면 로마군이 도움을 주겠다고 약속하자 그들은 다음과 같은 정보를 제공했다. "수에비족은 척후병을 통해 다리가 건설되고 있음을 알아낸 후 그들의 관습에 따라 회의를 열고 사방으로 전령을 보내 아이들과 아내자들과 전 재산을 숲 속으로 대피시키라고 전했다. 그리고 무기를 들 수 있는 모든 자들을 한곳으로 집결시켰는데, 그들이 선택한 장소는 수에비족이 지배하는 영토의 한가운데쯤이었다. 그곳에서 그들은 임전 태세를 갖추고 로마군이 오기를 기다리고 있다."

이 사실을 알았을 때 카이사르는 군대를 이끌고 강을 건넌 목적을 모두 달성했다고 생각했다. 다시 말해 게르만인에게 두려움을 주고, 수감브리족을 벌하고, 우비족을 속박에서 해방시킨 것이다. 라인 강 너머에서 도합 18일을 보내는 동안 명예와 이익을 모두 취했다고 판단한 그는 다리를 건너 갈리아로 돌아왔다. 그리고 다리를 파괴했다.

브리타니아 상륙 작전

20 여름도 거의 다 가고 갈리아 지방 전체가 북쪽으로 향해 있어 겨울도 일찍 찾아왔지만 카이사르는 방향을 돌려 브리타니아로 향했다. 그는 갈리아에서 로마에 대항한 거의 모든 적들이 브리타니아로부터 지원을 받았다는 사실을 알고 있었다. 시기상 원정을 벌일 시간은 충분하지 않았지만, 그 섬에 상륙하여 그곳에 사는 사람들과 섬의 지형, 항구, 상륙 장소 등을 살펴보는 것만으로도 큰 이익이 될 것이라 생각했다. 이런 점들에 대해 갈리아인들은 아는 것이 거의 없었다. 사실 상인들을 제외하고는 어느 누구도 그곳으로 건너가지 않으며, 상인들조차도 해안이나 갈리아와 마주한 지방 외에는 아는 바가 없었다. 따라서 카이사르는 모든 지역으로부터 상인들을 불러모았지만 섬의 전체 크기나 그곳에 사는 사람들의 인구 수와 특징, 그들의 전쟁 기술과 전통, 풍습, 그리고 여러 척의 대형 함선을 댈 수 있는 항구가 어디에 있는지조차도 알아낼 수 없었다.

21 카이사르는 상륙을 시도하기 전에 이 모든 문제에 대한 정보가 필요했기 때문에 군선 한 척을 내어 가이우스 볼루세누스를 먼저 보내기로 결정하고, 그곳의 지리를 완전히 파악한 후 가급적 빨리 돌아오라고 지시했다. 그런 다음 카이사르는 전 병력을 이끌고 브리타니아와 가장 가까운 거리에 있는 모리니족의 영토로 들어갔다. 그리고 지난 여름 베네티족 정벌을 위해 건조했던 배들과 함께 주변 지역에서도 배를 모집하여 집결시키도록 명령했다.

그러는 사이에 그의 계획이 새어나가 상인들을 통해 브리타니아인의 귀에까지 들어갔다. 그러자 몇몇 섬의 부족들이 사절을 보내, 카이사르에게 인질을 보낼 것이며 로마의 권위에 복종하겠다고 약속했다. 카이사르는 그들의 말을 들은 후 관대한 처우를 약속하는 한편 그곳에서 맹세한 바를 굳게 지키라고 격려했다. 그런 다음 그들을 고향으로 돌려보낼 때, 아트레바테스족을 정복한 후 그곳의 왕으로 세운 콤미우스를 딸려 보냈다. 카이사르는 콤미우스의 용기와 판단력을 높이 평가했을 뿐 아니라 그의 충성심을 믿어 의심치 않았다. 게다가 콤미우스는 브리타니아에서 상당한 세력을 가진 자였다. 카이사르는 콤미우스에게 가능한 한 많은 부족을 방문하여 로마에 대한 충성을 촉구하고 카이사르가 곧 그곳에 도착할 것임을 선포하라고 지시했다. 한편 볼루세누스는 야만인의 손에 무사하지 못할 것이라는 판단에 상륙을 감행하지는 못했지만, 그래도 최선을 다해 전 지역을 정탐하고 5일 만에 돌아와 그가 관찰한 바를 보고했다.

22 카이사르가 이 지역에 머물면서 함대를 준비하는 동안 모리니족의 다수파가 보낸 사절이 당도했다. 그들은 지난 여름의 공모에 대해 사과를 표하고, 로마에 대적하여 전쟁을 일으킨 것은 야만인인 그들이 로마의 방식에 익숙하지 않아서였다고 해명했다. 그리고 로마가 어떤 명령을 내리든 모두 따르겠노라고 맹세했다. 카이사르에게 이 사건은 매우 시기적절했다. 등 뒤에 적을 남겨두고 떠나는 것이 못내 꺼림칙했을 뿐 아니라 시기상 그들과 전쟁을 할 기회도 없었기 때문이다. 브리타니아 원정을 앞두고 그렇게 사소한 일에 관여하는 것은 좋지 않았다. 그래서 그는 모리니족에게 다수의 인질을 요구했고, 인질이 도착하자마자 그들을 그의 보호 아래로 받아들였다.

약 80척의 수송선이 모이자 카이사르는 그 정도면 충분히 2개 군단[14]을 수송할 수 있다고 생각했다. 그리고 그가 소유한 군선들을 나누어 재무관, 부장들, 지원군 대장들에게 맡겼다. 그 밖에도 18척의 수송선이 오고 있었지만 강한 바람 때문에 12킬로미터 떨어진 항구에 발이 묶여 들어오지 못하고 있었다. 그는 나머지 병력을 두 부장인 퀸투스 티

로마군 수송선

14. 카이사르는 8개 군단 중 2개 군단만 브리타니아 상륙 작전에 참가시키고 나머지 6개 군단은 갈리아에 남겨두었다. 이는 브리타니아로 갔다가 돌아오지 못할 경우를 대비한 것이다.

투리우스 사비누스와 루키우스 아우룬쿨레이우스 코타에게 맡기고 메나피족과 모리니족의 도시들 중 사절을 보내지 않은 곳을 정벌하라고 지시했다. 또한 푸블리우스 술피키우스 루푸스 부장에게는 충분한 병력의 수비군을 주고 출항지를 지키도록 명령했다.

23 카이사르는 이 모든 사항을 결정한 후 항해에 적합한 날을 잡아 제3야경시(24-03시)에 닻을 올리고, 기병대에게는 12킬로미터 떨어진 항구로 가서 배를 타고 출항하여 뒤따라오라고 지시했다. 그들은 명령을 다소 늦게 수행했지만 어쨌든 카이사르는 1차 함대와 함께 제4시(오전 10시)경에 브리타니아에 도착했다.[15] 해안에는 높은 절벽이 솟아 있었고 절벽 위에는 완전 무장한 적의 모습이 보였다. 이곳 지형은 깎아지른 절벽들이 바다를 마주하고 이어져 있어 해안에 적이 나타나면 높은 곳에서 무기를 투척할 수 있었다. 카이사르는 이 장소가 상륙하기에 완전히 부적합하다고 판단하여 제9시(오후 3시)까지 닻을 내리고 나머지 함대가 도착하기를 기다렸다. 그동안 그는 부장들과 대대장들을 소집하여 볼루세누스가 알아낸 정보와 그의 계획을 설명했다. 또한 그들에게, 특히 해전에서는 순간적이고 돌발적인 변화가 많이 발생하므로 어떤 순간에든 정확하게 명령을 수행하는 것이 중요하다는 점을 강조했다. 그는 장교들을 해산시킨 후 유리한 바람과 조수를 기다려 신호를 내리고 닻을 올린 다음, 그로부터 약 10킬로미터 정도 떨어진 평탄한 해안 앞에 닻을 내렸다.

24 그러나 야만인은 로마군의 작전을 파악하고 기병대와 전차를 먼저 보냈다. (그들은 전투를 할 때 항상 전차를 사용했다.) 그리

고 그 뒤를 따라온 나머지 병력이 아군의 상륙을 막자 우리 병사들은 큰 어려움에 처했다. 우선 아군의 배가 너무 커서 해안으로부터 멀리 떨어진 깊은 바다에 정박했기 때문이고, 그곳 지형에 익숙하지 못한 아군 병사들이 크고 무거운 무기를 양손에 들고 배에서 일제히 뛰어내려 파도 속에서 적과 싸워야 했기 때문이다. 반면에 적은 두 손이 자유로웠고 그곳 지형을 훤히 꿰뚫고 있었다. 그리고 해변이나 얕은 바다에 설 수 있었기 때문에 무기를 마음껏 투척하고, 그런 지형에 익숙하도록 훈련받은 말을 자유롭게 몰 수 있었다. 이런 전투를 처음 경험하는 아군 병사들은 겁에 질리고 당황하여 평소 보병전에서 보여주는 사기와 열정을 보여주지 못했다.

25 이것을 본 카이사르는 야만인들에게 낯설어 보이는 동시에 필요시 빠르게 이동할 수 있는 군선들에게 명하여, 수송선으로부터 약간씩 멀어진 다음 빠르게 노를 저어 적의 노출된 날개 앞에서 멈추게 했다. 그곳에서 투석기와 활과 발사기를 이용하면 적을 격퇴할 수 있었다.

이 작전은 아군 병사들에게 큰 도움이 되었다. 군선의 형태와 노의 움직임, 그리고 난생 처음 보는 무기에 놀란 야만인들은 공격을 멈추고 뒤로 후퇴했다. 한편 아군 병사들은 바다가 너무 깊은 탓에 뛰어들기를 망설이고 있었다. 그때 10군단의 독수리기를 든 병사가 신들에게 10군

---

15. 제3야경시는 항상 자정에 시작된다. 그리고 4-29에 언급된 보름달(8월 31일)을 기준으로 계산하면 이날은 기원전 55년 8월 26일이 된다. 여기에 묘사된 위도와 계절이라면 이날은 해가 오전 5시경에 떴으므로, 카이사르는 대략 오전 8시나 9시에 브리타니아에 도착했을 것이다.

로마군의 브리타니아 상륙 작전.

단의 축복을 빈 다음 이렇게 외쳤다.

"뛰어들라, 병사들이여! 적에게 독수리 깃발을 내어주려 하는가? 적어도 나는 로마와 사령관에 대한 의무를 다할 것이다."[16]

그는 커다란 목소리로 이렇게 외친 후 배에서 뛰어내려 독수리기를 들고 적을 향해 나아갔다. 그러자 병사들은 그런 치욕을 당하지 말자고 서로를 격려하며 모두 배에서 뛰어내렸다. 또한 가까운 배에서 이 광경을 지켜본 병사들도 배에서 뛰어내려 적에게 돌진했다.

26 양측은 치열한 전투를 벌였다. 그러나 아군은 대열을 맞출 수도, 확실하게 딛고 설 바닥을 찾을 수도, 소속 부대 군기를 따라갈 수도 없었다. 각기 다른 배에서 뛰어내린 아군 병사들이 그저 아무 깃발이나 보고 몰려들어 혼잡을 빚었다. 그러나 얕은 여울을 잘 아는 적은 아군 병사들이 차례로 해안에 상륙하는 것을 보고는 말을 몰고 달려와 아직 불리한 입장에 처해 있는 소수의 아군 병사들을 다수의 적군 병사들로 에워쌌다. 또 다른 적들은 아군 대형의 노출된 측면[17]을 향해 집중적으로 무기를 투척했다. 이것을 본 카이사르는 군선에 딸린 작은 배들과 정찰선에 병사들을 싣고 아군이 고전하고 있는 곳에 병력을 지원하라고 명령했다. 많은 아군 병사들이 꼬리에 꼬리를 물고 해안에 상륙했다. 아군은 즉시 진형을 갖추고 공격을 개시해 적을 물리쳤으나 그들을 멀리까지 추격할 수는 없었다. 아군 기병대를 실은 선단이 예정대로 도착하지 않았기 때문이다. 그것은 카이사르에게 전과 같은 행운이 따르지 않은 유일한 전투였다.

27 적은 전투에서 패하자 즉시 사절을 보내 화해를 청하고, 카이사르에게 인질을 바치고 그의 명령에 복종하겠다고 맹세했다. 그들은 사절단과 함께 아트레바테스족의 콤미우스를 돌려보냈다. 나는[18] 어떤 이유로 카이사르가 그를 브리타니아에 먼저 보냈는지 앞에서 설명했다. 섬에 상륙한 콤미우스가 사절의 자격으로 카이사르의 요구를 전달했을 때 그들은 콤미우스를 체포하고 사슬로 묶어 감금했으나 전투에서 패하자 그를 돌려보낸 것이다. 브리타니아인들은 지금까지의 일이 다수의 대중들 때문에 일어났다고 변명하면서, 그들의 무지를 헤아려 잘못을 용서해 달라고 간청했다. 카이사르는 브리타니아인 스스로 갈리아 본토에 사절을 보내 화평을 청한 후에 아무런 이유 없이 전쟁을 일으킨 것을 질책한 다음, 그들의 무지를 용서하고 인질을 요구했다. 그들은 인질의 일부를 즉시 인도했지만, 먼 지역에서 오는 인질에 대해서는 며칠의 말미를 요구했다. 그 사이 브리타니아 병사들은 고향으로 돌아갔고, 각지에서 여러 부족의 지도자들이 모여들어 카이사르에게 복종을 맹세했다.

28 이로써 화약이 성립되었다. 브리타니아에 도착한 지 4일 후, 앞서 말한 대로 아군 기병대를 실은 18척의 배들은 그제야 돛

---

16. 이 무명 기수의 웅변은 직접 화법으로 서술되어 있다. 그것은 임박한 위험과 함께 그 순간의 중요성을 말해 주고 있다. 카이사르는 2개 군단을 이끌고 브리타니아에 갔는데, 그 2개 군단은 바로 10군단과 7군단이었다. (4-32 참조.)
17. 방패가 없는 오른쪽 측면을 말한다.
18. 2-24에 이어, 여기서도 카이사르는 자신을 1인칭으로 표현하고 있다. 자신을 1인칭으로 표현한 두 번째 대목이다.

갈리아 전쟁 4년째

을 달고 항구를 출발했다.[19] 배들이 접근하는 것을 브리타니아인들이 진지에서 정탐하고 있을 때, 갑자기 맹렬한 폭풍이 몰아쳐 모든 배들이 방향을 잃고 말았다. 어떤 배들은 풍랑에 떠밀려 처음 출발했던 곳으로 돌아갔고, 또 어떤 배들은 커다란 위험을 겪으며 서쪽으로 흘러가 엉뚱한 해안에 이르렀다. 그러나 그곳에 닻을 내리자 바닷물이 높아지기 시작하여 할 수 없이 돛을 펴고 폭풍이 몰아치는 밤사이에 갈리아 본토로 돌아갔다.

29 그날 밤은 때마침 보름달이 뜨고 대양의 조수가 가장 높은 날이었지만 아군 병사들은 그 사실을 알지 못했다. 그 때문에 병력을 수송한 후 정박시켜 놓았던 수송선들이 일제히 조수에 잠겼고, 설상가상으로 폭풍우까지 몰아쳐 닻을 내린 수송선에 피해를 입히기 시작했다. 아군 병사들은 손을 써볼 수도, 도움을 받을 수도 없었다. 몇 척은 좌초되었고, 다른 배들도 밧줄과 닻과 그 밖의 삭구를 잃어버려 정상적으로 항해할 수가 없었다. 병력을 후송할 다른 배는 없었으며 배를 수리하는 데 필요한 자재도 없었다. 게다가 갈리아로 돌아갈 계획이었기 때문에 브리타니아에서 겨울을 보낼 식량조차도 확보되지 않았다.

30 전투를 치른 후 카이사르를 찾아왔던 브리타니아 족장들은 이 사실을 알고는 서로 간에 협의를 취했다. 그들은 로마군이 기병도, 배도, 식량도 없는 상황에 처했음을 알았을 뿐 아니라 로마군의 협소한 진지를 보고 병력이 많지 않다는 사실도 파악했다. 더구나 갈리아에서 군단을 수송할 때 꼭 필요한 군수품만을 가져왔으므로 상

황은 더욱 심각했다. 이에 따라 그들은 아군의 식량과 군수품 보급을 차단하고 교전을 겨울까지 끄는 등의 방법으로 새로운 전쟁을 시작하기에 더없이 좋은 기회가 왔다고 판단했다. 그들은 아군을 압도하고 퇴로를 차단할 수 있다고 확신했고, 그럼으로써 어느 누구도 브리타니아에 들어와 전쟁을 일으킬 수 없음을 입증하려 했다. 그들은 다시 한 번 음모를 꾸미고, 한 번에 몇 명씩 진지를 떠나 들판으로 나간 병사들을 은밀히 불러모으기 시작했다.

31 비록 카이사르는 그들의 계획을 알지 못했지만, 그의 선단이 큰 피해를 입었고 또한 브리타니아인들이 더 이상 인질을 보내지 않는 것으로 보아 언제든 무슨 일이 일어날 수 있다고 생각했다. 그에 따라 그는 만일의 사태에 철저히 대비하기 시작했다. 그는 매일 들판에서 진지로 식량을 나르게 했고, 크게 파손된 배에서 목재와 청동을 분리해 다른 배들을 수리하게 했다. 그리고 여기에 필요한 장비를 갈리아 본토에서 싣고 오도록 명령했다. 병사들이 그의 지시를 충실히 이행한 덕분에 카이사르는 결국 12척의 배를 버리는 대신 나머지 배들을 완전히 수리할 수 있었다.

32 이런 상황이 진행되던 어느 날, 7군단 전체가 여느 때처럼 식량을 구하기 위해 진지를 나섰다. 브리타니아인들은 여전히 들판에서 일을 했고 어떤 자들은 로마군의 진지를 자주 드나들었기 때

---

19. 그때 갈리아를 떠나 카이사르가 있는 곳으로 출발한 것이다.

문에 아직까지 이렇다 할 적대 행위는 포착되지 않고 있었다. 그런데 진지의 문 앞에서 경계를 선 병사들이 긴급히 카이사르를 찾아와, 7군단이 출동한 곳에서 여느 때보다 큰 먼지 구름이 피어오른다고 보고했다. 카이사르는 즉시 야만인들의 새로운 책략을 간파하고는, 진지를 경계하던 대대들에게 출동 명령을 내리고 다른 2개 대대로 하여금 경계 임무를 이어받게 했다. 병사들은 지체 없이 무장을 하고 카이사르의 뒤를 따랐다.

진지로부터 어느 정도 떨어진 곳에 당도하니 아군 병사들이 고전하면서 힘겹게 싸우는 광경이 눈에 들어왔다. 아군 군단병들은 밀집해 있었고, 적들은 사방에서 그 위로 무기를 투척했다. 다른 지역은 모두 밀 수확이 끝났고 이 지역만 남았기 때문에 적은 아군 병사들이 그곳에 올 것을 예측하고 밤사이 숲 속에 숨어 있었다. 그러다 아군 병사들이 무기를 내려놓고 널찍이 흩어져서 밀을 베고 있을 때 기습적인 공격을 가하여 아군이 대열을 정비하기도 전에 일부 병사를 죽이고 나머지를 혼란에 빠뜨린 후 기병과 전차로 아군을 에워쌌던 것이다.

33 그들은 전차를 다음과 같이 이용했다. 먼저 종횡으로 전차를 몰면서 무기를 투척하고, 말과 전차 바퀴의 소음으로 적을 혼란에 빠뜨려 대열을 흩트러 뜨린다. 이 전차들이 공격을 마치고 기병 대대들 사이로 물러나면, 이번에는 병사들이 전차에서 뛰어내려 전투를 시작한다. 전차병은 전장으로부터 떨어진 곳으로 물러나 전차를 세우고 기다리다가 적이 밀려오면 재빨리 그들 진영으로 퇴각한다. 이런 전법 덕분에 브리타니아 군대는 기병의 기동성과 보병의 안정성을 동시에 발휘한다. 반복적인 훈련과 연습으로 그들은 가파른 경사에서도

전속력으로 말을 몰면서 신속하게 방향을 바꿀 수 있었고, 병사들은 전차의 가로대 위를 뛰어다니거나 멍에 위에 올라섰다가 순식간에 전차 안으로 들어갈 수 있다.

34 이런 전술을 처음 본 아군은 한동안 혼란에 빠졌지만 때마침 카이사르가 도착하여 한숨을 돌리게 되었다. 그가 오자 적은 잠시 공격을 중단했고 아군 병사들은 혼란에서 벗어났다. 카이사르는 지금은 공격을 펼칠 적절한 기회가 아니라는 판단에 잠시 그 자리에 머문 후 병력을 이끌고 진지로 돌아왔다. 이런 일들이 벌어지는 동안 아군 병사들은 쉴 틈이 없었으며, 들판에 남아 있던 브리타니아인들도 모두 흩어졌다. 그 후 여러 날 동안 폭풍이 몰아쳤기 때문에 병사들은 진지에 머물렀고 적도 전투의 기회를 잡지 못했다. 그 사이 야만인들은 여러 부족들에게 사방으로 전령을 보내, 로마군의 수가 매우 적기 때문에 그들을 진지에서 몰아내기만 하면 전리품을 얻고 영구적인 자유를 누릴 수 있다고 주장했다. 이렇게 해서 소집된 대규모의 보병과 기병이 아군의 진지를 향해 다가왔다.

35 카이사르는 지난번과 똑같은 상황이 벌어질 것임을 예견했다. 즉, 아군이 적을 격퇴하면 그들은 위험에서 벗어나기 위해 빠른 기동력을 이용할 것이 분명했다. 그러나 그에게는 앞서 언급했던 아트레바테스족의 콤미우스가 갈리아에서 데리고 왔던 약 30기의 기병이 있었다. 카이사르는 군단을 진지 앞에 전투 대형으로 배치했다. 전투가 시작되고 얼마 되지 않자 적은 아군의 공격을 견디지 못하고 도망치기 시작했다. 아군 병사들은 힘과 체력이 허락하는 한 적을 추격하

여 다수를 살해한 후, 넓은 지역의 건물들을 모두 불태우고 진지로 돌아왔다.

36 같은 날 적은 카이사르에게 사절을 보내 화평을 청했다. 카이사르는 전에 요구했던 인질의 수를 두 배로 늘리고 그들을 갈리아 본토로 데려오라고 명령했다. 추분[20]이 얼마 남지 않은 시기였고, 배들이 파손되었기 때문에 겨울 폭풍이 부는 바다를 항해할 수는 없었기 때문이다. 그는 좋은 날씨를 기다려 자정이 조금 넘은 시각에 닻을 올렸다. 모든 배가 무사히 본토에 닿았지만 수송선 두 척은 다른 배들이 도착한 항구로 들어오지 못하고 약간 아래쪽 해안으로 예인되었다.

37 이 두 척의 배에서 내린 약 300명의 병사가 진지로 행군하고 있을 때, 카이사르가 브리타니아로 떠날 때만 해도 화평을 맺었던 모리니족이 전리품을 노리고 아군 병사들을 포위했다. 눈앞에 드러난 적의 병력은 소수였다. 그들은 아군 병사들에게 죽음을 원치 않는다면 무기를 버리라고 협박했다. 그러나 아군 병사들이 원진을 갖추고 방어 태세를 취하자, 그 함성을 듣고 약 6,000명에 이르는 모리니족 병사들이 벌떼처럼 몰려들었다. 이 소식을 들은 카이사르는 기병대 전체를 출동시켜 아군을 지원했다. 기병대가 도착할 때까지 아군 병사들은 무려 네 시간 동안 적의 공격을 막아내며 용감히 싸웠다. 아군은 단지 몇 명만이 부상을 입고도 많은 수의 적을 죽였다. 기병대가 나타나자 적들은 무기를 팽개치고 줄행랑을 놓았으나 많은 자들이 살해되었다.

38   이튿날 카이사르는 그와 함께 브리타니아에서 돌아온 2개 군단을 티투스 라비에누스 부장에게 주어 적대 행위를 재개한 모리니족을 정벌하도록 명령했다. 지난해에 피난처로 이용했던 습지들이 완전히 말라서 퇴각 장소가 되지 못했기 때문에 거의 모든 적들이 무기를 버리고 라비에누스에게 항복했다.

한편 퀸투스 티투리우스 부장과 루키우스 코타 부장은 그들의 군단을 이끌고 메나피족의 영토로 들어갔다. 메나피족이 항복을 거부하고 깊은 숲 속으로 숨어들어 갔기 때문이다. 아군은 그들의 영토에 도착하여 들판을 황폐화시키고 곡식을 베고 건물을 불태웠다. 그들이 돌아오자 카이사르는 벨가이인의 영토에 전 군단의 동영지를 마련했다. 브리타니아에서는 단 두 부족만 인질을 보내오고 나머지는 약속을 지키지 않았다. 카이사르의 보고서를 받은 로마 원로원은 그의 업적을 기리기 위해 20일 감사제를 공포했다.[21]

---

20. 9월 24일로, 카이사르는 한 달 가까이 브리타니아에 머물렀다.
21. 이보다 더 성공적인 전과를 올린 2년 전 벨가이인과의 승전보에 대해 원로원이 15일 감사제를 결의한 것에 대해 카이사르는 큰 자부심을 표했었다(2-35 참조). 하지만 이번의 업적은 정복보다는 변경을 개척한 데에 있었다. (타키투스는 『Agricola』에서, 〈브리타니아를 정복했다기보다는 드러냈다〉라고 표현했다.) 카시우스 디오는 이 감사제에 대해 다음과 같이 설명했다. 즉 카이사르와 로마가 브리타니아 원정을 중시한 것은 물질적 이득이 클 것이라고 기대해서였지만, 그 원정은 카이사르에게나 로마에게나 명예 외에는 아무것도 안겨주지 않았다는 것이다. 그러나 로마의 정치 사회에서는 명예 자체가 가치 있는 필수품으로 인식되었다.

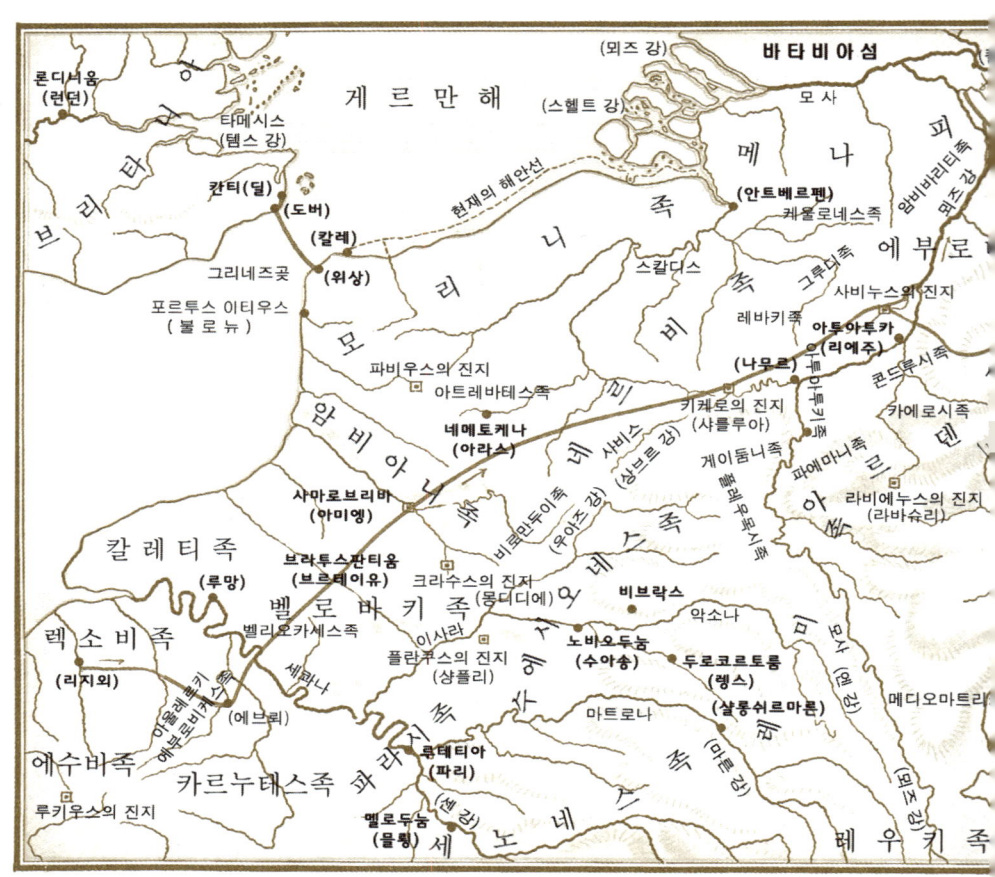

기원전 55년과 기원전 54년의
로마군 원정도

카이사르 46세,
갈리아 전쟁 5년째

제5권 **기원전 54년**

제2차 브리타니아 원정

1 루키우스 도미티우스와 아피우스 클라우디우스가 집정관이던 해[1]에 카이사르는 매년 그렇듯이 동영지를 떠나 이탈리아로 향했다.[2] 떠나기 전에 그는 군단을 책임지게 된 부장들에게 겨울 동안 가능한 한 여러 척의 배를 건조하고 낡은 배들을 수리하도록 지시하고, 새로 건조할 배의 종류와 형태를 상세히 일러주었다. 신속한 적재와 정박을 위해 지중해에서 사용하는 범선보다 약간 낮게 만들어야 했다. 그곳 바다는 빈번한 조수 변화로 인해 파도가 더 작기 때문에 더욱 그러했다.[3] 또한 화물과 많은 수의 수소용 말을 실을 수 있도록 다른 바다에

서 사용하는 배들보다 폭이 약간 넓어야 했다. 그리고 최대 속력을 낼 수 있도록 노와 돛을 모두 장착하라고 명령했다. 여기에는 선체가 낮은 것도 한몫 했다. 마지막으로 배를 건조하고 수리하는 데 필요한 장비는 히스파니아에서 가져오도록 지시했다.

갈리아 키살피나에서 순회 재판이 끝나자 카이사르는 일리리쿰으로 향했다. 프로빈키아에서 가장 가까운 지역이 피루스타이족의 습격으로 큰 피해를 입고 있다는 보고가 들어왔기 때문이다. 그곳에 도착한 카이사르는 그곳 부족들로부터 군대를 소집하고 한 장소에 집결시켰다. 이 소식이 알려지자 피루스타이족은 사절을 보내, 그 모든 일들 중에 공적인 정책하에서 일어난 것은 하나도 없다고 주장했다. 그들은 피해가 있었다면 모든 수단을 강구하여 기꺼이 보상하겠노라고 맹세했다. 사절의 설명을 들은 카이사르는 정해진 날까지 인질을 보낼 것을 요구하고, 명령을 어길 시에는 그들 부족을 철저히 징벌하겠다고 선언했다. 정해진 날짜에 카이사르의 요구대로 인질이 도착하자 그는 그곳 부족들 중에서 판관을 임명하여 피해액을 사정하고 벌금을 물리게 했다.

2 이로써 모든 문제가 해결되고 순회 재판이 끝나자 카이사르는 갈리아 키살피나를 거쳐 그의 군대가 있는 곳으로 향했다. 동영지를 두루 점검한 그는 자재가 극히 부족한 상황에서도 병사들의 놀

---

1. 기원전 54년을 말한다.
2. 카이사르는 순회 재판을 주재하기 위해 이탈리아로 가야 했으나 갈리아 전쟁이 5년째로 접어든 새해까지도 갈리아에 지체하고 있었다.
3. 도버 해협의 파도를 의미한다. 도버 해협의 파도는 대서양의 큰 파도에 비해 작고 대단히 불일정하다. 파도가 작은 것은 수심이 얕고 폭이 좁기 때문이다.

라운 열의 덕분에 그가 지시한 600척의 배와 28척의 군선이 수일 내라도 곧 진수시킬 수 있을 정도로 모두 건조되었음을 알았다. 그는 책무를 맡은 병사와 장교들을 칭찬한 다음 계획을 실행하기 위해 전 병력을 포르투스 이티우스[4]에 집결시키도록 지시했다. 그가 알아낸 바에 따르면 그곳은 해협 횡단이 가장 쉬운 곳으로, 갈리아 본토에서 브리타니아까지 약 45킬로미터밖에 되지 않았다. 카이사르는 적당한 수의 병력을 남긴 후 경무장한 4개 군단과 800기의 기병을 이끌고 트레베리족의 영토로 진군했다. 트레베리족은 계속해서 회의에 불참하고 카이사르의 명령도 따르지 않았으며, 들리는 소문에 의하면 라인 강 건너편에 사는 게르만인에게 도움을 요청한다는 것이다.

3   기병으로 치자면 트레베리족은 갈리아 전체에서 단연 최고의 부족이다. 그들은 또한 보병의 규모도 상당하고, 앞서 말한 대로 라인 강에 인접해 있다. 부족 내에서 인두티오마루스와 킨게토릭스[5]라는 두 사람이 최고 권력을 놓고 경쟁하고 있었다. 카이사르와 그의 군단이 도착했다는 소식이 퍼지자 두 지도자 중 한 명인 킨게토릭스가 카이사르를 찾아와 그를 비롯한 전 부족이 그에게 충성을 다할 것이며 로마와의 우정을 버리지 않겠다고 약속했다. 그런 다음 그간에 부족 내에서 일어났던 일을 털어놓았다. 그러나 인두티오마루스는 전쟁 준비에 돌입하여 기병과 보병을 소집한 동시에 무기를 들 수 없는 자들은 아르덴 숲으로 대피시켰다. 이 숲은 라인 강에서 트레베리족 영토의 중간을 지나 레미족 영토에 이를 만큼 엄청난 규모를 자랑한다.

트레베리족의 몇몇 지도자가 카이사르를 찾아왔는데, 한편으로는 킨게토릭스와 친분이 있어 용기를 냈고 또 한편으로는 로마군이 왔다는 사실에 놀라서였다. 부족을 보호할 대책을 찾기 위해 고심하던 그들은 은밀히 카이사르에게 문제를 상의해 왔다. 그러자 모두에게 버림받을 것이 두려워진 인두티오마루스가 마침내 사절을 보내 다음과 같은 뜻을 전했다. 즉 그가 부족을 떠나 카이사르를 찾아오지 못한 것은, 귀족들이 자리를 비운 사이에 무지한 백성들이 어리석은 반란을 꾀하지 않도록 하기 위해서였고, 그가 머물러 있었기 때문에 전 부족이 지금도 그의 지배하에 있으며, 만약 카이사르가 허락한다면 이제라도 로마군의 진지로 찾아가 그가 가진 재산과 부족의 재산 모두 카이사르의 호의에 맡기겠다고 제의했다.

4 카이사르는 인두티오마루스가 무엇 때문에 이런 말을 하는지, 그리고 자신이 시작한 계획을 왜 포기하려 하는지 잘 알고 있었다. 그러나 그는 브리타니아 원정 준비가 모두 끝난 지금 트레베리족의 영토에서 조금이라도 시간을 낭비하고 싶지 않았기 때문에, 인두티오마루스에게 200명의 인질을 데려오라고 대답했다. 이들 중에는 카이사르가 직접 이름을 거명한 인두티오마루스의 아들과 친족들이 포함돼 있었다. 인질이 도착하자 카이사르는 인두티오마루스에게 위로의 말을 건네고 충성을 잊지 말 것을 당부했다. 그리고 한편으로는 트레베리족의 지도자들을 한 명씩 진지로 불러 그들을 킨게토릭스의 편으로 만들었다. 이렇게 한 이유는 킨게토릭스가 카이사르에게 확실한 우호를 보

---

4. Portus Itius: 〈이탈리아 항구〉. 일반적으로 불로뉴였을 것으로 추정한다.
5. 둘 다 트레베리족이므로 게르만인이 아닌 켈트인이었다. 킨게토릭스는 인두티오마루스의 사위다. (5-56 참조.)

였으므로 그 호의에 답하기 위해서이기도 했지만, 또 한편으로는 트레베리족 내에서 킨게토릭스의 권위를 최대한 높여주는 것이 중요했기 때문이다. 이렇게 해서 인두티오마루스는 부족에 대한 영향력을 크게 제한당했다. 이리하여 이전에도 로마에 적대감을 품고 있었던 그는 이제는 그보다 훨씬 더 강한 분노를 품게 되었다.

5 이 문제가 해결되자 카이사르는 군단을 이끌고 포르투스 이티우스에 도착했다. 그러나 멜디족의 영지에서 건조한 60척의 배들은 폭풍으로 인해 예정대로 도착하지 못하고 처음 출항한 곳으로 되돌아간 상태였다. 그 밖의 모든 배들은 완전한 장비를 갖추고 출항할 준비를 하고 있었다. 또한 갈리아 전역에서 모집한 약 4,000기의 기병과 갈리아 전 부족의 족장들이 모였다. 카이사르는 충성심이 확고한 몇 명만을 갈리아에 남겨두고 나머지는 인질로 데려가기로 결정했다. 그가 없는 사이에 갈리아에서 반란이 일어날 것을 염려해서였다.

6 이 중에는 앞에서 언급한 하이두이족의 둠노릭스가 있었다.[6] 카이사르는 특히 이 자를 그의 곁에 묶어두려 했는데, 그가 반란을 꿈꾸고 권력을 갈망하는 위험 인물인 데다 갈리아인들 사이에 영향력이 크다는 것을 알고 있기 때문이다. 또한 둠노릭스는 하이두이족 회의에서, 카이사르가 그에게 부족의 왕권을 주었다고 주장했다. 부족민들은 이 말에 분노했지만 감히 그의 말을 거부하거나, 그를 비난하기 위해 카이사르에게 사절을 보내지도 못하고 있었다. 카이사르는 이 사실을 자신의 지지자들로부터 들어 잘 알고 있었다.

처음에 둠노릭스는 온갖 핑계를 늘어놓으면서 갈리아에 남게 해달라고 애원했다. 우선 그는, 항해라는 것이 난생 처음이라 바다가 두렵다고 했다. 그리고 역시 변명에 불과했지만 종교적 의무 때문에 부족을 떠날 수 없다고 했다. 그는 자신의 요구가 일언지하에 거절당해 모든 희망이 수포로 돌아가자 이번에는 갈리아의 지도자들을 한 명씩 만나 갈리아 본토를 떠나지 말라고 설득하면서 사람들을 선동했다. 이 모든 것이 갈리아의 귀족을 제거하려는 음모라면서, 카이사르가 그들을 갈리아인들이 볼 수 없는 브리타니아로 끌고 가 처치할 계획을 갖고 있다고, 그럴 듯한 이유를 대면서 그들을 공포에 빠뜨렸다. 그는 다른 사람들에게 맹세를 하면서, 그들도 갈리아에 이득이 될 것이라 생각되는 바를 행하라고 재촉했다. 많은 자들이 이 사실을 카이사르에게 고했다.

7 카이사르는 하이두이족의 권위와 명예를 매우 존중했기 때문에 이 소식을 듣자마자 무슨 수를 써서라도 둠노릭스를 제지해야 한다고 생각했다. 또한 둠노릭스의 광기가 들불처럼 번지는 상황에서 그나 로마가 피해를 입지 않도록 하는 것이 그의 의무라 여겼다. 따라서 그 지역에 항상 부는 북서풍 때문에 발이 묶이게 된 25일 동안 카이사르는, 둠노릭스의 충성을 이끌어내는 동시에 그가 획책하는 계획의 전모를 파악하기 위해 많은 노력을 기울였다.

마침내 항해하기에 좋은 날이 오자 카이사르는 그의 병사들과 기병대에게 승선 명령을 내렸다. 그러나 모든 사람이 항해 준비에 몰두하는

---

6. 하이두이족 디비키아쿠스의 동생으로, 갈리아 전쟁 초기에 헬베티족과 내통하면서 로마군의 식량 공급을 방해하는 등 카이사르와 로마에 대해 증오심을 품고 있는 인물이다. (1-18, 1-20 참조).

사이에 둠노릭스는 하이두이족 기병대를 이끌고 진지를 떠나 고향으로 향했다. 이 사실을 알게 된 카이사르는 즉시 원정과 그 밖의 모든 계획을 뒤로 미루고 대규모 기병대를 파견해 둠노릭스를 다시 끌고 오라고 명령했다. 그리고 만일 그가 명령을 어기고 무력으로 저항하면 살해해도 좋다고 지시했다. 카이사르가 있을 때 그의 명령을 무시하는 자는 카이사르가 없을 때에도 분별 있는 행동을 하지 않을 것이 분명했기 때문이다. 예상했던 대로, 소환 명령을 받은 둠노릭스는 무력으로 저항하면서 지지자들에게 충성을 호소했다. 그리고 그는 "나는 자유로운 사람이고 자유로운 국가의 시민이다."라고 계속해서 외쳐댔다. 카이사르의 병사들은 명령에 따라 그를 에워싸고, 죽였다. 그리고 하이두이족 기병은 모두 카이사르에게 돌아왔다.

8 이런 일들이 일어난 후였으므로 카이사르는 3개 군단과 2,000기의 기병을 라비에누스에게 맡겨 갈리아 본토에 남기면서, 항구들을 감시하고, 식량 보급을 유지하고, 갈리아에서 일어나는 모든 일들을 파악하고, 상황에 따라 계획을 세우고 대처하게 했다. 카이사르는 나머지 5개 군단과 본토에 남겨진 기병과 같은 수의 기병을 이끌고 출발했다. 함대는 해질녘에 닻을 올렸다. 처음에는 부드러운 남서풍이 불었지만 자정 무렵부터 바람이 끊겨 항해를 계속할 수 없었고, 그런 다음에는 조수에 밀려 멀리 떠내려갔기 때문에 동틀녘에는 브리타니아 땅이 좌현 후미에서 모습을 드러냈다. 카이사르는 조수가 바뀌는 때에 맞춰 힘차게 노를 저어 섬에 접근했는데, 마침 그곳은 지난해에 상륙하기에 아주 적합하다고 생각한 장소였다. 그러는 동안 병사들은 대단히 훌륭한 용기를 발휘하여 쉴 새 없이 노질을 계속한 덕분에 무거운 짐을

실은 수송선들도 군선과 거의 같은 속도로 해안에 당도할 수 있었다.

정오경에 전 함대가 브리타니아 해안에 상륙했으나, 적은 단 한 명도 보이지 않았다. 나중에 포로들을 통해 알아낸 바에 따르면, 대규모의 적군이 출동했지만 지난해에 왔던 배들과 개인적인 용도에 맞게 건조된 상선들[7]까지 포함하여 모두 800척이 넘는 대규모의 로마 함대를 보고는 겁에 질려 높은 지대로 달아나 숨어버렸다 한다.

9 병사들이 상륙하여 진지를 구축하기에 적합한 장소를 찾아냈다. 포로들로부터 적군의 위치를 알아낸 카이사르는 10개 대대와 300기의 기병을 해안에 남겨 함대를 지키게 하고, 제3야경시(24-03시) 중에 군대를 출동시켰다. 그는 넓고 모래가 많은 해안에 함대를 정박시켰기 때문에 배에 대한 걱정을 덜 수 있었다. 함대를 방어하는 병력의 지휘는 퀸투스 아트리우스에게 맡겼다. 밤사이에 약 18킬로미터를 전진하자 적의 병력이 시야에 들어왔다. 그들은 높은 지대에서 강[8]으로 기병과 전차를 내려보내 아군의 길을 막고 공격을 가해 왔다. 그러나 아군의 기병대에 밀리자 숲으로 들어가, 자연 지형에 인공을 가미해 만든 견고한 방어 시설 속으로 숨어버렸다. 수많은 나무를 베어 모든 입구를 차단한 것으로 보아 그들은 내전에 사용할 목적으로 이 요새

---

[7] 이들은 로마군을 상대로 장사를 하는 상인들이나 브리타니아가 부유하다는 소문에 이끌려 군대를 따라온 자들이었을 것이다. 2차 브리타니아 원정을 시작하기 전인 기원전 54년 6월에 카이사르는 키케로에게 편지를 썼는데, 키케로는 그 편지에서 다음의 구절을 아티쿠스에게 써보냈다: "이 섬에는 한 조각의 은도 없고, 포로를 잡아 파는 것 외에는 어떤 전리품도 기대할 수가 없습니다. 그리고 그들 중에 행여 음악이나 교양에 뛰어난 자가 있으리라고 예상하지 않기를 바랍니다." (『Letters to Atticus』 4.16.7).

[8] 스투어 강으로 추정된다.

를 준비해 놓은 것이 분명했다. 적은 소규모 단위로 숲에서 뛰쳐나와 아군의 진입을 방해했다. 그러나 7군단 병사들이 귀갑진을 짜고 적의 방책 위로 경사면을 만들어 요새를 점령하고 적을 숲에서 몰아냈다. 아군의 사상자는 거의 없었지만 그래도 카이사르는 도망치는 적을 너무 멀리까지 추격하지 말라고 명령했다. 그곳 지형을 잘 모른다는 이유도 있었고, 해가 많이 기울어 진지를 구축할 시간도 충분하지 않았기 때문이다.

10 이튿날 아침에 카이사르는 보병과 기병을 3개 부대로 편성한 다음 패주한 적을 추격하라는 임무를 부여했다. 이 병력이 상당한 거리를 전진하여 적의 후미를 포착했을 때, 퀸투스 아트리우스가 보낸 전령이 말을 몰고 카이사르에게 달려왔다. 그가 보고하기를, 간밤에 지독한 폭풍이 불어 거의 모든 배가 파손을 입고 해안으로 떠밀려 올라왔다는 것이다. 닻과 돛줄이 망가져서 선원들과 조타수들이 폭풍의 힘을 이겨내지 못했고, 그 결과 배들이 서로 충돌하여 심각한 파손을 입고 말았다.

11 보고를 받은 카이사르는 즉시 출동한 병사들에게 행군을 중단하고 진지로 돌아오라고 명령했다. 그리고 함대가 있는 곳으로 가서 상황을 점검했다. 전령의 보고는 거의 모두 사실이었다. 약 40척의 배가 사라졌지만 나머지는 어떻게든 수리가 가능할 것 같았다. 그는 군단병 중에 공병을 선발하고 갈리아 본토에서도 기술자를 불러들였다. 그리고 라비에누스에게 편지를 보내 그가 지휘하고 있는 군단의 병력을 이용해 가능한 한 많은 배를 건조하라고 지시했다. 그리고

많은 어려움과 노력이 따르는 일이었지만 현 상황에서 가장 편리한 해결책은 모든 배를 바닷가로 끌어올려 한 줄로 늘어세운 후 진지와 연결되도록 하는 것이었다. 이 작업은 꼬박 열흘이 걸렸다. 병사들은 밤에도 쉬지 않고 일을 했다. 카이사르는 일단 배들을 끌어올려 진지를 강화한 후에 함대를 지키던 병력을 그대로 남겨두고 전에 떠났던 곳으로 돌아갔다.

이제는 훨씬 더 많은 브리타니아 군대가 그를 기다리고 있었다. 그들은 전체의 합의에 따라 전쟁의 총지휘권을 카시벨라우누스에게 일임했는데, 그의 영토는 바다에서 약 120킬로미터 떨어진 곳에 있었고 템스 강에 의해 해안 부족들의 영토와 분리되어 있었다.[9] 지금까지 카시벨라우누스와 다른 부족들은 서로 끊임없이 전쟁을 벌여왔지만, 로마군의 상륙에 놀란 후 그에게 전쟁의 모든 책임을 맡긴 것이다.

12 [10] 브리타니아의 내륙 지방에는 구전에 따라 그들 스스로 선주민의 후예라 주장하는 사람들이 살고 있다. 반대로 해안 지방에는 한때 약탈과 전쟁을 위해 벨기움[11]에서 건너온 사람들이 살고 있는데, 대부분의 부족들이 원래의 부족과 같은 이름으로 불리고 있다.

---

[9] 카이사르는 영국의 지리를 잘 몰랐던 것이 분명하다. 그는 템스 강이 (결국에는) 삼각형의 섬 중 세 번째 면을 향해 북쪽으로 흐른다고 생각했다. (5-13 그림 참조.) 이 문장에 서술된 거리는 바다로부터 템스 강을 건넌 지점까지 행군을 한 거리가 되어야 한다.

[10] 긴박한 상황을 묘사하다가 갑자기 브리타니아의 풍습과 지리적 환경, 생활 방식 등을 소개하고 있다. 전투 자체만 묘사하는 일반 전쟁기와는 사뭇 다른 면을 보여준다.

[11] 이 시기에 카이사르에게 정복당해 로마 속주가 된 갈리아 벨기카 지방을 가리킨다. 갈리아 북부와 동부에 해당하며, 센 강에서 라인 강에 이르는 지역과 북해 연안의 저지대 그리고 헬베티족의 영토를 포함한다. (옮긴이)

갈리아 전쟁 5년째

그들은 전쟁이 끝난 후 브리타니아에 남아 땅을 경작하기 시작했다. 인구 밀도도 높고 가옥도 대단히 많아 갈리아의 부락들과 매우 비슷하며, 가축을 많이 기른다. 화폐로는 동전이나 금화를 사용하거나, 일정한 무게를 가진 쇠막대를 화폐 대용으로 사용한다. 내륙 지방에서는 주석이 발견되고, 해안을 따라 철이 생산되지만 소량에 불과하며, 청동은 수입에 의존한다. 갈리아에서 나는 모든 종류의 목재가 생산되지만 너도밤나무와 전나무는 나지 않는다. 토끼와 닭과 거위 고기를 먹는 것을 금기시하는 반면 오락과 취미로 기르는 경우는 많다. 기후는 갈리아보다 온화하고 겨울은 더 따뜻하다.[12]

13 섬은 세모꼴 모양이고, 한쪽 면은 갈리아를 마주 보고 있으며, 그 면의 한쪽 귀퉁이인 켄트 지방에는 갈리아에서 오는 거의 모든 배가 정박하는 곳이 있다. 이 귀퉁이는 동쪽을 향해 있고 다른 귀퉁이는 남쪽을 향해 있으며, 그 사이의 거리는 약 740킬로미터에 이른다. 두 번째 면은 히스파니아와 서쪽을 향해 있다. 이쪽에 있는 히베르니아[13]는 브리타니아 크기의 절반이라고 여겨진다. 브리타니아에서 히베르니아까지의 거리는 갈리아에서 브리타니아까지의 거리와 비슷하다. 그 중간에는 모나라 불리는 섬이 있고, 그 외에도 몇 개의 작은 섬들이 있는데, 몇몇 작가들의 기록에 따르면 이곳은 동지를 전후하여 30일 동안이나 밤이 계속된다고 한다. 사람들에게 물어서는 이 말의 진위를 확인할 수 없었고, 다만 물시계로 정확히 계측해 본 결과 갈리아 본토보다 밤이 짧다는 사실을 알 수 있었다. 이 면의 길이는 약 1,036킬로미터에 이른다. 세 번째 면은 북쪽을 향해 있고 그 너머에는 다른 땅이 없으며 다만 게르마니아를 향해 전체적으로 비스듬히 기울어져 있

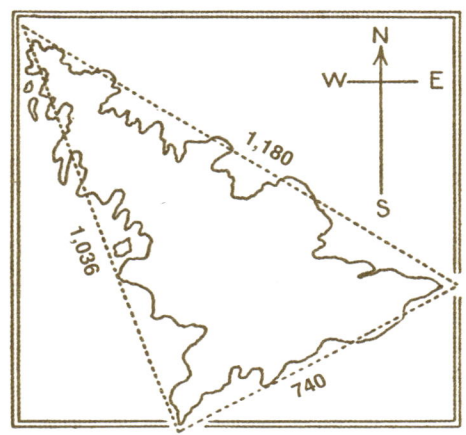
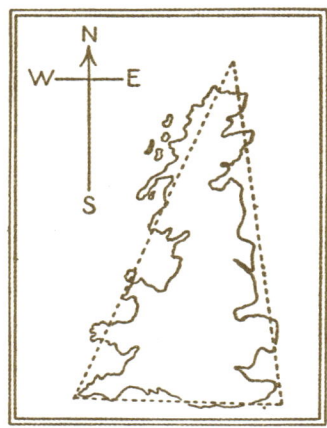

카이사르가 생각했던 브리타니아 지형도 　　　　　실제 브리타니아 지형도

다. 그 면의 길이는 약 1,180킬로미터로 생각된다. 따라서 섬 주위의 총 길이는 거의 3,000킬로미터에 달한다.[14]

12. 브리타니아 민족지학에 해당하는 이 첫 번째 단락은 관찰의 한계를 드러내고 있어 한때는 여러 편집자들이 임의로 끼워넣은 것이 아닌가 하는 의심을 받기도 했다. 주석이라면 중부 내륙 지방이 아니라 콘월에서 생산되었을 것이고, 청동은 수입에만 의존하지 않았다. 아마도 브리타니아에서는 구리가 나지 않는다고 가정하여 그와 같이 말한 것으로 추측된다. 또한 너도밤나무와 전나무도 있었지만 카이사르가 직접 목격하지 못한 것이 분명하다.
13. 오늘날의 아일랜드를 말한다. (옮긴이)
14. 이 단락 역시 관찰과 정보와 추론의 결합이다. 그는 해안의 길이를 실제보다 낮게 추정하고 있지만, 기원후 1세기 이전에는 어느 누구도 그 섬을 일주한 적이 없었다. 스페인이 아일랜드(히베르니아)와 같은 방향인 서쪽에 놓여 있다는 생각은 알렉산더 시대에 브리타니아로 항해를 했던 마실라의 피테아스(마르세일레스)의 기록을 그대로 채택한 오류이다. (플리니우스의 『Natural History』 2-77 참조.) 모나는 웨일스 서부에 있는 앵글시 섬의 위치를 오해한 것일 수 있지만 그보다는 맨 섬을 가리킬 확률이 높다. 스코틀랜드 서해에 위치한 작은 섬 역시 피테아스의 글에서 나온 것으로 추정되며 북극권 내에 위치한 섬들로 여겨진다.

14 섬의 모든 주민 중에서 가장 개화된 사람들은 켄트에 살고 있는데, 그곳은 전체적으로 바다에 둘러싸인 지방이다. 그들의 생활 방식은 갈리아인과 매우 유사하다. 내륙에 사는 대부분의 주민들은 곡물을 재배하는 대신 우유와 고기를 주식으로 하고 짐승 가죽을 입는다. 브리타니아인들은 모두 대청大靑에서 나오는 짙푸른 물감으로 몸을 물들여 전투에서 더 무섭게 보인다. 온몸에 털이 무성하지만 머리와 콧수염만 남기고 모두 깎는다. 주로 형제나 부자父子로 구성된 10-12명의 남자가 아내를 공유한다. 아이가 태어나면 그 여자가 처음으로 잠자리를 한 남자의 자식이 된다.¹⁵

15¹⁶ 적은 기병과 전차를 앞세워 행군 중인 우리 기병대를 맹렬히 공격했지만, 아군은 모든 면에서 우세한 전력을 보이며 그들을 숲과 산으로 격퇴시켰다. 아군 병사들은 적을 추격하여 다수를 살해했지만 개중에는 너무 깊이 들어가 나오지 못한 병사들도 있었다. 얼마 후 우리 병사들이 경계를 풀고 진지를 구축하느라 분주할 때에 브리타니아인들이 갑자기 숲에서 몰려나와 진지 앞을 지키던 부대를 공격했다. 맹렬한 전투가 시작되었다. 카이사르는 2개 대대(경계 부대가 소속된 두 군단의 제1대대)를 보내 아군을 지원했다. 두 대대는 중간 간격을 매우 좁히고 포진했지만, 아군 병사들이 적의 낯선 전술을 보고 기겁한 사이에 적은 대담하게 두 대대의 중앙을 공격한 다음 사상자도 없이 물러났다. 이날의 전투로 퀸투스 라베리우스 대대장이 목숨을 잃었다. 더 많은 대대를 지원하자 적은 퇴각했다.

16 이 전투는 진지 앞에서 모두가 지켜보는 가운데 벌어졌다. 그 동안 아군 병사들은 그들의 무거운 병기 때문에 적과 싸우는 데 불리하다는 사실을 명확히 깨달았다. 적이 달아나도 쫓아갈 수가 없었고, 아군의 밀집 대형을 벗어날 수도 없었다. 기병 역시 매우 불리하게 싸웠다. 적은 종종 싸움터에서 먼 곳으로 도망치다 아군 기병이 군단으로부터 조금만 벗어나면 전차에서 뛰어내려 유리한 입장에서 싸웠다. 그들의 기병 전략은 퇴각할 때나 추격할 때나 똑같이 아군을 위험에 빠뜨렸다. 그들은 또한 밀집 대형으로 싸우지 않고 소규모 부대들이 넓은 간격으로 흩어져 싸웠고, 곳곳에 대대를 배치해 지친 병사들을 새 병력으로 교체할 수 있었다.

17 이튿날 적은 진지에서 멀리 떨어진 높은 지대에 포진한 다음 소규모 분대를 이루어 아군의 기병을 공격했으나 전날처럼 맹렬한 공격은 없었다. 정오에 가이우스 트레보니우스 부장은 카이사르의 지시에 따라 3개 군단과 전 기병을 이끌고 식량 조달에 나섰다. 이들이 식량을 모으는 동안 갑자기 적이 사방에서 몰려와 맹렬한 공격을 가하여 병사들은 자신의 부대기와 군단을 찾을 틈도 없이 싸움을 시작했다. 그러나 아군 군단병은 용감하게 싸워 적을 물리쳤고, 기병들도 후방에 군단이 보이는 한 그들의 지원을 믿고 추격을 계속하며 적을 사

---

15. 고고학자들의 발견에 따르면 카이사르가 도착하기 오래전에도 영국의 내륙 지방에서는 밀을 재배했다고 한다. 대청은 잎에서 푸른색 물감을 짜내는 식물이다. 그리고 카이사르의 표현만으로는 10여 명의 남자로 구성된 한 집단이 한 명의 아내를 공유했는지, 아니면 각 구성원이 한 명의 아내를 거느렸는지(일부일처) 불분명하다. 그러나 켈트인의 관습이 일처다부가 아니었음을 보여주는 증거는 없으며, 한 해석에 따르면 인구 밀도가 높은 사회에서 산아 제한에 필요했던 수단이었다고도 한다.
16. 5-11에 이어 적과의 대결 상황이 다시 이어지고 있다.

납게 몰아붙였다. 아군 기병은 도망치는 적에게, 집결하거나 항전을 하거나 전차에서 뛰어내릴 기회도 주지 않고 많은 자를 쓰러뜨렸다. 이 전투가 끝난 직후 각지에서 모였던 적의 지원 부대는 모래알처럼 흩어졌다. 이때부터 브리타니아인은 로마군과의 교전에 전 병력을 출동시키지 못했다.

18 적의 계획을 파악한 카이사르는 군대를 이끌고 카시벨라우누스의 영토로 진격해 템스 강에 이르렀다. 이 강에는 걸어서 건널 수 있는 곳이 단 한 군데 있었는데, 그것도 큰 어려움이 따랐다. 강가에 도착하자 맞은편 강둑에는 적의 대규모 병력이 진을 치고 있었고, 강둑 위에는 날카로운 말뚝이 무수히 박혀 있었다. 강물 밑에도 똑같은 말뚝들이 숨겨져 있었다. 포로와 패잔병들로부터 이 사실을 안 카이사르는 기병대를 먼저 보내고 곧이어 군단병들이 그 뒤를 따르게 했다. 아군 병사들은 아주 빠르고 힘차게 이동했기 때문에, 비록 머리만 물 위로 내민 상황임에도 적은 아군 군단과 기병의 공격을 견디지 못하고 패주했다.

19 앞에서 설명한 것처럼, 정면 대결의 희망을 완전히 접은 카시벨라우누스는 대부분의 병력을 해산시키고 약 4,000의 전차병[17]만을 남겼다. 그리고 길에서 약간 떨어진 깊은 숲 속에 숨어 아군의 행군을 계속 감시했다. 그는 로마군의 행군 방향을 예측하여 그곳에 사는 사람과 가축을 미리 숲 속으로 이동시켰고, 아군 기병이 약탈과 파괴를 위해 들판을 자유롭게 돌아다니면 숲 밖으로 난 모든 길과 통로로 전차를 내보내 아군 기병을 큰 위험에 빠뜨렸다. 그렇게 아군 기병에게

두려움을 주어 우리 기병이 보다 넓은 지역을 돌아다니며 파괴하는 것을 막기 위해서였다. 이런 상황에서 카이사르가 취할 수 있는 유일한 대책은 병사들에게 군단의 대오에서 너무 멀리 나가지 말도록 하는 것과, 행군 중인 군단병들이 보호할 수 있는 범위에서만 들판을 초토화시키고 불을 질러 적에게 최대한 손실을 입히게 하는 것이었다.

20 그러는 중에 그 지역에서 가장 강력한 부족에 속하는 트리노반테스족이 카이사르에게 사절을 보내 항복의 뜻을 전하고 그의 명령에 복종할 것을 약속했다. 전에 갈리아 본토에 있을 때 그 부족의 젊은이인 만두브라키우스라는 자가 카이사르를 찾아와 도움을 청한 적이 있었다. 그는 부족의 왕이었던 부친이 카시벨라우누스에게 살해된 후 자신도 살해의 위험을 느껴 갈리아로 도피한 터였다. 트리노반테스족은 카이사르에게 만두브라키우스의 목숨을 카시벨라우누스의 손에서 보호해 줄 것과, 그가 왕위에 올라 부족을 통치할 수 있도록 그들에게 그를 보내줄 것을 요청했다. 카이사르는 그들에게 40명의 인질과 로마군의 식량을 요구하고 만두브라키우스를 돌려보냈다. 그들은 곧 카이사르의 요구대로 인질과 식량을 보냈다.

21 이렇게 해서 트리노반테스족은 안전을 확보하게 되었고, 로마군 병사들로부터 피해를 입지 않게 되었다. 그러자 케니마그니족, 세곤티아키족, 안칼리테스족, 비브로키족, 카시족도 카이사르

---

17. 너무 큰 숫자라 역사학자들도 미심쩍어 한다.

에게 사절을 보내 항복의 뜻을 전하고 보호를 요청했다. 카이사르는 그들로부터, 카시벨라우누스의 요새가 숲과 습지로 둘러싸여 있으며 현재 카이사르가 있는 장소에서 그리 멀지 않다는 것과, 그가 많은 수의 병사와 가축을 그곳에 모아놓았다는 사실을 알아냈다. 그러나 브리타니아인들이 말하는 요새는 방책과 해자를 갖춘 우거진 숲을 가리키는 것으로, 그들은 적의 공격을 피해 항상 그곳에 모이곤 한다.[18]

카이사르가 병력을 이끌고 도착해 보니 그곳은 자연 지형을 훌륭하게 이용한 천혜의 요새였다. 그러나 그는 요새의 두 측면에 공격을 가했다. 적은 한동안 방어했지만 결국 아군의 공격을 견디지 못하고 요새의 또 다른 출구로 몰려나왔다. 그곳에는 많은 가축이 있었고, 수많은 적들이 도망치다 붙잡히거나 살해되었다.

22 이곳에서 이런 일들이 일어나는 동안에 카시벨라우누스는 앞서 말한 대로 바다를 끼고 있는 켄트 지방으로 전령들을 보냈다. 그곳은 네 명의 왕인 킨게토릭스, 카르빌리우스, 탁시마굴루스, 세고박스가 통치하고 있었다. 카시벨라우누스는 그들에게 전 병력을 동원하여 예고 없이 로마 함대를 습격하라고 지시했다. 그러나 그들이 로마군 진지에 도착했을 때는 오히려 아군이 먼저 돌격하여 수많은 적을 죽였고, 귀족 출신 지도자인 루고토릭스를 생포하여 무사히 진지로 귀환했다. 이 전투 소식이 전해졌을 무렵 카시벨라우누스는 이미 여러 번의 패배를 경험했고, 그의 땅도 황폐해져 있었다. 특히 연합 부족들의 이반이 치명적이었다. 결국 그는 카이사르에게 사절을 보내 아트레바테스족의 콤미우스를 통해 항복의 뜻을 전했다. 카이사르는 갈리아인들의 돌발적인 봉기를 염려해 본토에서 겨울을 나기로 결정했다. 여름

이 얼마 남지 않았고 적대 행위가 쉽게 재발할 수 있기 때문에 그는 인질을 요구하고 브리타니아가 로마에 바칠 조공의 액수를 정했다. 그리고 카시벨라우누스에게 절대로 만두브라키우스나 트리노반테스족을 해치지 말도록 명령했다.

23 카이사르는 인질을 넘겨받은 후 군대를 이끌고 해안으로 돌아갔다. 배들은 모두 수리를 마친 상태였다. 포로의 수도 대단히 많았고 지난번의 폭풍으로 몇 척의 배를 잃었기 때문에 카이사르는 일단 배를 진수시킨 후 병력을 두 번에 나눠 수송하기로 결정했다. 어쨌든 이 해에나 전년도에나 수많은 배가 여러 차례 바다를 건넜지만 병력을 수송한 배를 단 한 척도 잃지 않은 것은 사실이었다. 그러나 갈리아 본토에서 다시 빈 채로 출항한 배들 즉, 1차로 브리타니아에서 병사들을 싣고 갈리아에 도착한 배들과, 갈리아를 떠난 후 라비에누스에게 건조하라고 지시했던 60척의 배들 중 예정대로 브리타니아로 돌아온 배는 거의 없었다. 거의 모든 배들이 어쩔 수 없이 갈리아로 되돌아간 것이다. 카이사르는 한동안 배를 기다렸으나 허사였다. 추분이 얼마 남지 않았고 겨울이 닥치면 항해를 전혀 할 수 없으므로 어쩔 수 없이 모든 배에 정원보다 더 많은 수의 병사를 태웠다. 그는 잔잔한 날의 제2야경시(21-24시)가 시작될 때 닻을 올려 새벽녘에 육지에 도착했다. 전 함대가 무사히 목적지에 도착한 것이다.[19]

---

18. 몇몇 연구자들은 카시벨라우누스의 요새가 베룰라비움에 있었음을 확인했다. 이 글에서 카이사르는 카시벨라우누스의 요새를 적절한 방어 시설을 갖춘 〈진짜〉 요새와 대비시키고 있다.
19. 7월 초에 브리타니아에 도착해 9월 말에 그곳을 떠난 것이다.

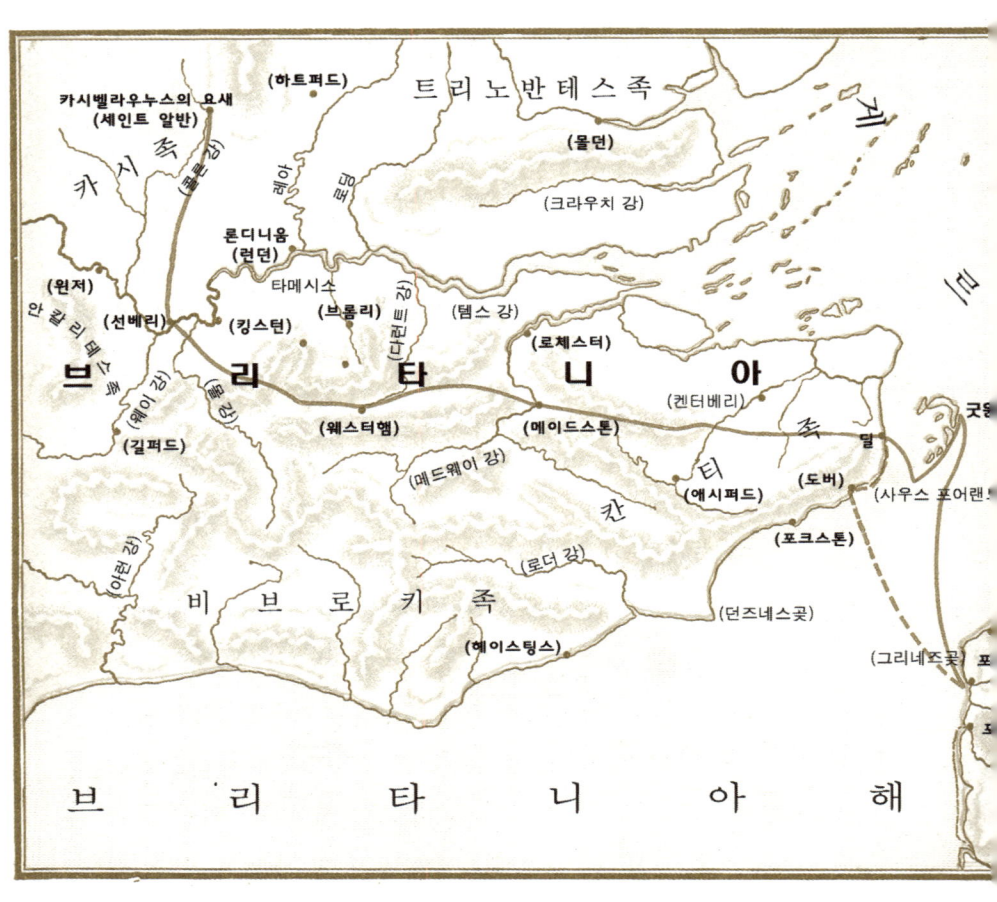

기원전 54년의 브리타니아 원정도

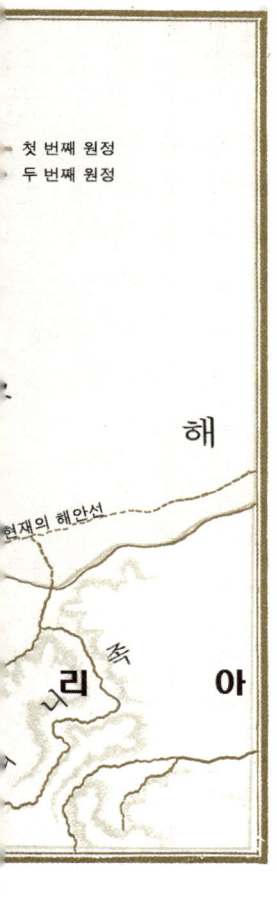

첫 번째 원정
두 번째 원정

로마군 최대의 참사

24   배들을 정박시킨 후 사마로브리바[20]에서 갈리아인들의 회의가 열렸다. 그해 갈리아에는 가뭄이 들어 곡식이 크게 부족했으므로 카이사르는 동영지를 배정할 때 전년도와는 다르게, 각 군단을 여러 부족의 영토로 분산시킬 수밖에 없었다. 한 군단은 가이우스 파비우스 부장에게 맡겨 모리니 족의 영토로 배정했고, 또 한 군단은 퀸투스 키케로[21]에게 맡겨 네르비 족의 영토로 보냈으며, 세 번째 군단은 루키우스 로스키우스에게 맡겨

---

20. 파리 북쪽 130킬로미터 지점에 있는 오늘날의 아미앵이다. 카이사르는 그런 회의를 자주 소집한 것으로 여겨진다. (4-6, 5-2, 5-24, 6-3 참조.)
21. 유명한 철학자 키케로의 동생이다.

에수비족의 영토로 보냈다. 네 번째 군단은 티투스 라비에누스 부장에게 맡겨 트레베리족 국경과 인접한 레미족 영토로 보냈다. 또한 3개 군단에게는 벨가이의 동영지들을 배정하고 각 군단의 지휘는 재무관인 마르쿠스 크라수스[22]와 두 명의 부장 루키우스 무나티우스 플란쿠스와 가이우스 트레보니우스에게 맡겼다. 최근에 포 강[23] 북쪽에서 모집한 1개 군단은 5개 대대와 함께 뫼즈 강과 라인 강 사이에 자리 잡은 에부로네스족의 영토로 보냈다. 이 부족의 통치자는 암비오릭스와 카투볼쿠스였다. 카이사르는 두 명의 부장인 퀸투스 티투리우스 사비누스와 루키우스 아우룬쿨레이우스 코타에게 이 병력의 지휘를 맡겼다.

카이사르는 이런 식으로 동영지를 배정했으므로 식량 부족 문제가 쉽게 해결될 것으로 생각했다. 그리고 루키우스 로스키우스에게 배정한 매우 복종적이고 평화로운 지역을 제외한 모든 군단의 동영지들은 서로 148킬로미터 거리 내에 위치해 있었다. 카이사르는 전 군단이 정해진 장소에 안전하게 진지를 구축할 때까지 갈리아에 남기로 결정했다.[24]

25

카르누테스족 중에는 조상 대대로 부족의 왕을 지낸 가문의 후손으로 타스게티우스란 이름을 가진 귀족이 있었다. 카이사르는 모든 원정에서 이 사람의 특별한 지원을 받았기 때문에 그의 용기와 호의에 대한 보답으로 그를 조상들과 똑같은 지위에 복위시킨 바 있었다. 그러나 타스게티우스는 부족을 통치한 지 3년 만에 많은 부족민들이 보는 자리에서 그의 적들에게 살해되었다. 이 소식이 카이사르의 귀에 들어왔다. 많은 사람이 연루된 사건이었기 때문에 살해자들이 부족을 선동해 반란을 일으킬 수 있었다. 그래서 카이사르는 벨기움에 있는 루키우스 플란쿠스에게 전령을 보내 서둘러 군대를 이끌고 카르누테스족의 영토로 들어가 그곳에서 겨울을 보내라고 명령했다. 또한 타스게티우스의 살해에 가담한 자들을 모두 체포해 그에게 보내라고 지시했다. 그러는 동안 군단의 지휘권을 부여받은 모든 로마군 부장들과 재무관들은 그들의 병력이 무사히 동영지에 도착해 진지 공사를 모두 마쳤다는 보고를 보내왔다.

26 아군이 동영지에 도착하고 보름가량 지났을 때, 에부로네스족의 암비오릭스와 카투볼쿠스의 선동으로 뜻밖의 반란이 일어났다. 그들은 영토의 경계까지 나와 사비누스와 코타를 맞이했고 아군의 동영지에 식량까지 수송했지만, 트레베리족의 인두티오마루스가 보낸 전령들이 그들을 부추기고 부족을 선동해 반란을 일으키게 되었다. 그들은 목재를 조달하러 나간 로마 병사들을 갑자기 습격한 다음 대규모 병력으로 아군의 진지를 공격했다. 아군 병사들은 즉시 무기를 들고 보루로 올라갔고, 한쪽에서는 히스파니아 기병대가 달려와 기병전을 승리로 이끌자 적은 희망을 버리고 한 걸음 물러났다. 그런 다음 그들은 관습에 따라 우리 편에서 누군가를 내보내 함께 회담을 하자고 큰 소리로 외쳤다. 그리고 공동의 이익을 위해 할 말이 있으며, 양쪽의 합의로 이 싸움이 해결되기를 바란다고 주장했다.

---

22. 젊은 푸블리우스 크라수스의 동생이다.
23. 이탈리아 북부를 흐르는 강을 말한다. (옮긴이)
24. 이 무렵, 폼페이우스에게 시집 간 카이사르의 딸 율리아가 죽었다는 전갈을 받는다. 지난해에는 어머니가 돌아가셨고 연이어 딸까지, 모두 카이사르가 갈리아 전쟁을 치르느라 로마에 없는 동안 세상을 떠났다.

27　아군은 사비누스의 절친한 친구이자 기사 계급[25]인 가이우스 아르피니우스를 대표로 보냈다. 그리고 암비오릭스에게 카이사르의 명을 전하기 위해 양쪽을 오갔던 히스파니아인 퀸투스 이우니우스도 함께 나섰다. 그들이 나타나자 암비오릭스는 다음과 같이 말을 했다.

그는 카이사르가 그에게 베풀어준 모든 호의에 대해 깊이 감사하고 있다. 그가 이웃 부족인 아투아투키족에게 해마다 바쳤던 조공으로부터 자유롭게 된 것도 카이사르 덕분이었다. 또한 카이사르는 아투아투키족에게 인질로 넘어가 노예가 되었던 그의 아들과 조카를 돌려보내 주었다. 그가 로마군의 진지를 공격한 것은 그 자신의 자유로운 뜻과 결정에 따른 것이 아니라, 부족의 강요에 못 이겨서였다. 그는 통치력이 약하여, 그가 부족을 다스리는 만큼 부족민의 뜻을 따라야 한다. 게다가 그의 부족이 전쟁에 나선 것은 갈리아인들의 갑작스런 공모를 거부할 수 없었기 때문이다. 이 사실은 그의 미천함으로 쉽게 입증될 수 있다.[26] 그는 자신의 군대로 로마군을 이길 수 있다고 믿을 만큼 무지하지는 않기 때문이다.

암비오릭스는 계속해서 다음과 같이 말했다.

그러나 전 갈리아의 합의에 따라 오늘은 카이사르의 모든 동영지를 공격하기로 한 날이다. 따라서 어느 군단도 다른 군단을 지원하러 가지 못할 것이다. 반면에 갈리아인들은 공동의 자유를 되찾기 위한 계획하에 쉽게 다른 부족의 청을 거절할 수가 없다. 그는 지금까지 동족에 대한 의무를 충실히 수행했으므로, 이제 카이사르의 호의에 보답할 수 있는 방법을 고려해 보겠다. 암비오릭스는 사비누스에게, 사비누스 자신과 로마 병사들의 안전에 유의할 것을 우정의 이름으로 애원하고 또 경고하는 바이다. 수많은 게르만인이 갈리아인에게 고용되어 라인 강을 건넜으며 이틀 후면 이곳에 도착해 로마군을 공격할 것이다. 사비누스와 코타는 이웃 부족들이 알기 전에 병사들을 데리고 동영지를 떠나 74킬로미터 밖에 있는 퀸투스 키케로나 조금 더 멀리 있는 라비에누스에게로 가야 할 것이다.

마지막으로 암비오릭스는 다음과 같이 약속하고 반드시 약속을 지키겠노라고 맹세했다. 즉 그는 로마군이 그의 영토를 통과하도록 안전한 길을 내주겠으며, 이는 로마군의 겨울철 숙영이 자신의 부족에게는 짐이 되므로 부족의 이익을 위한 일인 동시에, 카이사르의 은혜를 갚는 일이라고도 했다. 이렇게 말한 후 암비오릭스는 자리를 떠났다.[27]

28

아르피니우스와 이우니우스로부터 암비오릭스의 말을 전해 들은 부장들은 갑작스런 사태에 크게 당황했다. 적의 말이었지만 무턱대고 무시할 수만은 없었다. 더구나 에부로네스족과 같이 약소한 부족이, 그것도 선제 공격으로 로마에 전쟁을 일으킨 것은 도무지 믿을 수 없는 일이었다. 그에 따라 이 문제를 논의하기 위해 회의를 소집하자 격렬한 논쟁이 벌어졌다. 코타 부장을 비롯하여 여러 명의 대대장들과 수석 백인대장들은 일시적인 자극이므로 어떤 대응도 해서는 안 되며, 카이사르의 명령 없이는 동영지를 떠나서는 안 된다고 주장했

---

[25]. 원로원 귀족 다음의 계급을 말한다. (1-42 각주 참조.)
[26]. 다음과 같은 논리였을 것이다. "나는 스스로의 판단을 거스르고 부족의 강요에 떠밀려 로마군을 공격했다. 나 혼자였다면 결코 이 군대로 로마군을 이길 수 있다고 생각하지 못했을 것이다."
[27]. 암비오릭스의 말은 카이사르가 쓴 라틴어 원문에 간접 화법으로 되어 있으므로 원문을 그대로 살려 간접 화법으로 옮긴다. (옮긴이)

다. 그들은 게르만 군대가 아무리 많아도 동영지의 수비를 강화하면 충분히 막아낼 수 있다고 주장했다. 그리고 이에 대한 증거로 그들이 적의 첫 번째 공격을 용감하게 물리쳤고 더 나아가 많은 자에게 부상을 입혔음을 강조했다. 식량 부족에 대해서는 그 사이 근처의 동영지나 카이사르로부터 지원이 들어올 것이므로 걱정할 필요가 없다고 주장하고, 마지막으로 그렇게 중요한 문제를 적의 언동에 따라 결정하는 것이 얼마나 어리석고 부끄러운 일인가를 강조했다.

29 이에 대해 사비누스는 큰 목소리로, 적의 군대에 게르만인까지 합류하여 들이닥치거나 근처의 동영지에 재난이라도 발생한다면 그때는 이미 손을 쓸 수가 없다고 주장했다.

"결정할 시간이 조금밖에 남지 않았다. 카이사르는 이탈리아로 떠났을 것이다. 그렇지 않다면 카르누테스족이 타스게티우스를 살해할 계획을 세우지 못했을 것이고, 에부로네스족도 로마군의 진지 앞으로 다가와 그런 경멸을 퍼붓지 못했을 것이다. 나는 적의 언동에 흔들리는 것이 아니라, 사실을 있는 그대로 말하는 것이다. 라인 강이 지척이다. 게르만인은 아리오비스투스의 죽음과 로마군의 승리를 뼈아프게 생각하고 있으며, 갈리아인들도 로마에 패한 후로 과거의 영광을 잃고 수없이 경멸을 당했으므로 감정이 격앙되어 있다. 마지막으로 강조하건대, 암비오릭스가 확실한 근거도 없이 그런 계획을 세웠다고 누가 장담할 수 있는가? 어찌 되었든 그의 의견을 따르는 것이 안전하다. 불행한 일이 일어나지 않는다면 가까운 군단에 무사히 도착할 것이고, 그렇지 않다면 전 갈리아가 게르만인과 연합한 것이므로 유일한 대책은 도주하는 것뿐이다. 나의 의견과는 달리, 코타와 그 밖의 사람들이 제안하는 계획을 밀고 나간다면 어떤 결과를 초래하겠는가? 현재 우리가 직면한 위험을 두려워할 이유는 없다 해도 오랫동안 포위 공격을 받는다면 굶주림에 시달릴 것이 분명하다."

30 두 가지 방안이 제시된 후에 코타와 수석 백인대장들은 사비누스의 의견에 강하게 반대했다. 그러나 사비누스는 여러 병사들이 들을 만큼 목소리를 높여 다음과 같이 말했다.

"정 그렇다면 그대들의 뜻대로 하라. 나 역시 그대들만큼이나 죽음을 두려워하지 않는 사람이다. 아군 병사들은 이 상황을 이해할 것이다. 그래서 만일 불행한 일이 일어난다면 그대들에게 해명을 요구할 것이다. 그러나 그대들이 동의하기만 한다면 모레쯤에 병사들은 가장 가까운 진지의 아군 병력과 합류하게 될 것이고, 아군으로부터 멀리 떨어진 곳에 고립되어 적의 검이나 굶주림으로 죽는 대신, 아군과 함께 전쟁의 위험을 견뎌낼 것이다."[28]

31 두 사람이 자리를 박차고 일어나자 다른 사람들이 그들을 붙잡고 애원하면서 완강한 태도로 인해 불행한 사태가 빚어지지 않게 하자고 설득했다. 그곳에 남든 떠나든 모두가 한 가지 의견에

---

[28]. 이 주장의 묘사 방법 자체가 재난을 예고하고 있다. 코타는 대대장들과 백인대장들의 지지를 받는 동시에 카이사르의 명령을 따를 필요가 있다고 지적하므로, 독자는 그의 견해가 옳다는 생각으로 기울게 된다. 반면에 사비누스는 카르누테스족의 사건을 잘못 해석하고 있고(5-25 참조), 최대한 설득해야 하므로 직접 화법으로 말할 뿐 아니라 코타의 의견을 거부하도록 일반 병사들을 조종하고 있다.

동의한다면 아무 어려움이 없겠지만, 이 논쟁이 계속된다면 모두의 안전을 보장할 수가 없다는 것이다. 의견 대립은 자정까지 계속되었고, 결국 코타가 주장을 굽혀 사비누스의 견해를 따르기로 했다.

새벽에 진지를 출발한다는 지시가 내려졌다. 병사들은 저마다 소지품을 챙기고 운송할 장비와 남겨둘 장비를 구분하느라 간밤을 뜬눈으로 지새웠다. 그곳에 남는 것이 위험할 수밖에 없는 온갖 이유들이 떠돌았으며, 누적된 피로와 불면도 위험을 배가시키고 있었다. 심지어 병사들은, 그들에게 충고를 해준 것이 적이 아니라 진정한 친구인 암비오릭스라 굳게 믿고 새벽녘에 진지를 출발했다. 대열은 길었고 장비는 극도로 무거웠다.

32   간밤의 소란과 정탐으로 로마군의 계획을 알게 된 적은 약 3킬로미터 전방의 숲 속 두 군데에서 매복을 하고 로마군이 나타나기를 기다렸다. 아군 대열의 절반 이상이 깊은 계곡으로 들어서자 갑자기 양쪽에서 적이 나타나 대열의 후방을 공격하고 전위 부대가 올라오는 것을 막았다. 아군 병사들은 대단히 불리한 위치에서 싸움을 벌였다.

33   이런 일을 전혀 예상하지 못한 사비누스는 그제야 불안감을 느끼고, 달려가서 자신의 대대들을 정렬시켰다. 그는 연신 두려움에 떨면서 넋이 나간 사람처럼 우왕좌왕했다. 이런 모습은 전투가 시작될 때에야 결정을 내리는 사람들에게서 흔히 볼 수 있다. 반면에 코타는 행군 중에 이런 일이 일어날 수 있음을 예상했으며, 그런 이유로 진지를 떠나지 말자고 주장했던 것이다. 그는 아군의 안전을 위해

최선을 다했고, 병사들의 이름을 부르고 그들을 독려하는 동시에 자신도 직접 전투에 참가하여 지휘관의 몫과 사병의 몫을 함께 수행했다. 대열이 너무 길었기 때문에 지휘관들은 전체적인 상황을 살피면서 각 지점에 필요한 조치가 무엇인지 예측하기가 어려웠다. 따라서 그들은 짐을 버려두고 원진을 짜라고 명령했다. 이는 곤경에 처했을 때 흔히 택하는 작전이었지만 그것은 불행한 결과로 이어졌다. 그로 인해 아군은 자신감이 없어지고 적의 사기는 크게 올라갔기 때문이다. 로마군은 커다란 공포와 절망에 빠진 상황이 아니라면 결코 그런 작전을 구사하지 않는다. 그리고 이 작전으로 인해 불가피하게 발생한 또 다른 결과로, 아군 병사들은 너나없이 부대기를 떠나 자신의 값비싼 소지품을 찾기 위해 짐을 쌓아둔 곳으로 달려갔다. 비명과 탄식 소리가 하늘을 메웠다.

34 반면에 야만인들은 이에 대비한 책략을 세워놓고 있었다. 적의 지휘관들은 어떤 병사도 자신의 위치를 떠나지 말도록 명했고, 전리품은 모두 그들의 것이고 로마군이 남기는 것은 모두 그들 손에 들어갈 것이라고 강조했다. 이로써 그들은 모든 것이 승리에 달려 있다고 믿게 되었다. 사기에서나 병력에서나 적은 로마군과 대등했다.

지휘관과[29] 하늘이 저버린 상황에서, 승리의 희망은 오직 자신들의 용기에 달려 있음을, 아군 병사들은 잘 알고 있었다. 한 대대가 출격할 때마다 많은 수의 적이 쓰러졌다. 이 사실을 알아차린 암비오릭스는 병

---

29. 사비누스를 가리킨다.

사들에게 가까이 다가가지 말고 먼 거리에서 무기를 투척하도록 지시했다. 또한 로마군이 공격을 해오면 즉시 물러서라고 명령했다. 그의 병사들은 가벼운 무장과 평상시의 훈련 덕분에 아군의 공격을 무사히 막아낼 수 있었다. 우리 로마군이 부대기 쪽으로 퇴각하면 그때 병사들을 추격할 계획이었다.

35 적의 병사들은 암비오릭스의 지시를 철저히 이행했다. 아군 한 대대가 원에서 나와 공격을 가하면 적은 신속하게 물러났다. 아군 대대가 돌격을 할 때마다 그 자리에 틈이 생기면 적은 노출된 측면에 무기를 투척했다. 돌격했던 병사들이 원래 위치로 돌아오기 시작하면, 물러났던 적들과 가까운 곳에 숨어 있던 적들이 한꺼번에 몰려와 에워쌌다. 돌격을 하는 대신 원진을 유지하고 있을 때는 용맹함을 보여줄 공간이 없었고, 그렇게 밀집된 대형에서는 수많은 적들이 투척하는 무기를 피할 수도 없었다. 이렇듯 불리한 상황에서 많은 병사들이 부상을 당했지만 아군은 끝까지 저항했다. 동틀녘부터 제8시(오후2시)경까지 반나절 넘게 싸우는 동안 어느 누구도 부끄러운 행동을 보이지 않았다. 지난해에 수석 백인대장이었던 용감하고 강인한 티투스 발벤티우스는 두 허벅지에 투창이 관통했고, 또 다른 수석 백인대장인 퀸투스 루카니우스는 적에게 포위된 아들을 구하러 달려가 용감하게 싸우다 전사했다. 루키우스 코타 부장은 모든 대대와 병사들을 독려하다가 투석으로 얼굴에 큰 부상을 입었다.

36 이 모든 상황이 사비누스를 공포에 빠뜨렸다. 그는 멀리서 병사들을 독려하고 있는 암비오릭스를 보고 그나에우스 폼페이

우스[30]를 그에게 보내, 그와 로마 병사들의 목숨을 살려 달라고 요청했다. 암비오릭스는 사비누스에게, 원한다면 언제든 회담을 갖자고 대답했다. 그 역시 로마 병사들의 안전에 동의하도록 그의 병사들을 설득하고 싶으며, 사비누스에게는 어떤 해도 입히지 않겠다고 맹세했다.

사비누스는 이 말을 부상당한 코타에게 전하고 그들 둘이 전장을 빠져나가 암비오릭스와 회담을 갖자고 제안했다. 그는 암비오릭스를 잘 설득하면 그들 자신과 아군 병사들의 목숨을 구할 수 있다고 생각했다. 그러나 코타는 무장한 적에게 접근하기를 거부하면서 반대 의사를 굽히지 않았다.

37

그러자 사비누스는 주위에 있던 대대장들과 수석 백인대장들에게 그를 따르라고 명령했다. 사비누스가 다가오자 암비오릭스는 그에게 무기를 버리라고 요구했다. 사비누스는 요구대로 무기를 버리고 그의 부하들에게도 그를 따라 하라고 명령했다. 그러나 회담을 하는 동안 암비오릭스는 고의적으로 시간을 끌었고, 그러는 사이 사비누스는 적들에게 포위되어 살해당하고 말았다. 적은 그들의 관습에 따라 승리를 선언하고 함성을 지르며 아군 대열을 공격했다. 그곳에서 루키우스 코타가 적과 싸우다 쓰러졌고 대부분의 병사들도 그와 함께 전사했다. 나머지 병사들은 새벽에 떠나왔던 진지로 퇴각했다. 그들 중 루키우스 페트로시디우스라는 이름의 기수는 수많은 적이 밀려오자 독수리기를 방벽 안으로 밀어넣고 진지 앞에서 용감히 싸우다 전사했다.

---

30. 로마인 주인의 이름을 딴 갈리아 출신의 피보호민(해방 노예)이다.

아군 병사들은 어려운 상황에서도 해가 질 때까지 전투를 계속했지만, 날이 어두워지자 희망을 포기하고 한 사람도 남김없이, 스스로 목숨을 끊었다. 전투에서 빠져나온 몇몇 병사는 숲을 헤치고 길을 더듬어 티투스 라비에누스 부장의 동영지에 도착하여 그동안의 모든 일을 라비에누스에게 보고했다.[31]

네르비족의 총공격

38   승리에 도취된 암비오릭스는 곧바로 기병대를 이끌고 이웃 부족인 아투아투키족의 영토로 향했다. 그는 기병대와 함께 하루 낮과 하루 밤을 쉬지 않고 행군했다. 암비오릭스가 그간의 일을 설명하자 아투아투키족은 흥분의 도가니에 빠졌다. 다음 날 암비오릭스는 네르비족을 찾아가 그들 자신을 영원히 해방시키고, 로마인에게 받았던 치욕을 그들 손으로 되갚을 수 있는 기회를 놓치지 말라고 촉구했다. 그리고 로마군의 두 부장이 죽었고 다수의 병력이 사라졌으니 퀸투스 키케로의 동영지에 주둔한 로마 군단도 손쉽게 궤멸시킬 수 있다고 주장하면서 그가 지원할 것을 약속했다. 네르비족은 그의 말을 쉽게 믿었다.[32]

39   그들은 즉시 케우트로네스족, 그루디족, 레바키족, 플레우목시족, 게이둠니족 등 네르비족의 지배를 받는 모든 부족에게 전령을 급파해 최대한의 병력을 소집한 다음, 아직 사비누스의 죽음을

전해 듣지 못한 퀸투스 키케로의 동영지로 예고도 없이 몰려갔다. 사비누스의 경우처럼 퀸투스 키케로의 동영지에서도 방어 공사에 쓸 나무를 구하러 숲으로 들어간 로마군 병사들 중 일부가 갑자기 들이닥친 적의 기병대에 포위되고 말았다. 잠시 후 에부로네스족, 네르비족, 아투아투키족 그리고 그들의 동맹 부족과 피보호민들이 로마 군단을 공격하기 시작했다. 아군 병사들은 즉시 무장을 하고 보루로 올라갔다. 그날 아군은 간신히 위기를 넘겼다. 적은 이 공격을 성공하면 최후의 승리를 거머쥘 것이라 믿고 속전속결에 모든 희망을 걸었다.

40 퀸투스 키케로는 즉시 전령들을 뽑아 큰 보상을 약속하고 카이사르가 있는 곳으로 급파했다. 그러나 모든 길이 차단되어 한 명도 빠져나가지 못했다. 그날 밤 아군 병사들은 방벽을 쌓기 위해 모아둔 목재를 이용해 놀라운 속도로 120개의 탑을 만들고, 허술해 보이는 방벽을 모두 보완했다. 이튿날 적은 훨씬 더 많은 병력을 동원해 해자를 메우고 로마군 진지를 공격했다. 아군 병사들은 전날과 똑같은 방법으로 적을 막아냈다. 다음 날도 같은 일이 되풀이되었다. 병사들은 밤에도 쉬지 않고 방어 공사를 계속했다. 환자와 부상자들도 쉴 틈이 없었다. 다음 날의 전투에 필요한 것들이 모두 밤사이에 준비되었다.

---

31. 사비누스의 과오로 최소 6천 명(9천 명이라는 설도 있다.)의 로마 군단병이 목숨을 잃었다. 이 패배는 카이사르가 갈리아 전쟁을 치르면서 겪은 최대의 참사였다. 이 소식을 듣고 충격에 빠진 카이사르는 애도의 표시로 로마군의 복수를 할 때까지 머리와 수염을 깎지 않았다고 전해진다. 이 패배의 현장은 벨기에의 아투아투카였다고 언급된다.
32. 2-28에서 카이사르는 네르비족의 병력이 거의 궤멸되었다고 말했다. 반면 7-75에서는 그들이 알레시아에 5천 명의 병사를 보냈다고 말한다.

아군 병사들은 끝을 태운 말뚝과 방벽 위에서 던질 창을 최대한 많이 만들었다. 또한 탑 중간중간에 상판床板을 대고 나뭇가지를 엮어 난간과 창을 만들어 붙였다.[33] 키케로는 건강이 좋지 않았지만 밤에도 쉬지 않고 병사들을 독려하다 결국 부하들의 간청으로 잠시 휴식을 취했다.

41

네르비족 지휘관들 중에 퀸투스 키케로와 약간의 안면이나 친분이 있는 자들이 그를 찾아와 회담을 갖자고 요청했다. 자리가 마련되자 그들은 암비오릭스가 사비누스에게 했던 것처럼 거짓말을 구구절절 늘어놓았다. 즉, 전 갈리아가 무기를 들고 일어섰고, 게르만인도 라인 강을 건넜으며, 카이사르의 동영지들과 부장들은 이미 공격을 당하고 있다는 것이었다. 그들은 또한 사비누스의 죽음을 전하면서 그 증거로 암비오릭스를 가리켰다.[34] 네르비족은 이렇게 말했다.

"키케로가 행여 로마군의 지원과 도움을 기대한다면 그것은 큰 오산이다. 다른 로마군들도 이미 절망적인 상황에 처해 있기 때문이다. 그러나 우리는 퀸투스 키케로와 그의 로마군에 대해서는 우리 땅에서 동영하는 것을 제외하고는 어떤 요구라도 거부할 뜻이 없다. 로마군의 동영을 거부하는 것은 그것이 관습으로 굳어지는 것을 원치 않기 때문이다. 그것을 제외하면 로마군이 아무 걱정 없이 진지를 떠나 어디든 원하는 곳으로 가게 해주겠다."

이에 대해 퀸투스 키케로는, 무장한 적의 조건을 받아들이는 것은 로마의 관습이 아니라고 일언지하에 거절했다. "만약 무기를 버리고 평화롭게 살기를 진정으로 원한다면, 먼저 카이사르에게 사절을 보내 도움을 청하라. 그리고 카이사르의 공정한 판단하에 그대들이 원하는 것을 얻도록 하라."는 것이었다.

42 네르비족은 키케로를 함정에 빠뜨리려 했지만 보기 좋게 거절당하자 로마군 진지 둘레로 3미터 높이의 방벽을 쌓고 그 위에 흉벽을 세웠으며 넓이 4.5미터의 참호도 팠다. 그들이 이런 기술을 익힐 수 있었던 것은 지난 몇 년 동안 로마군의 방법을 눈여겨본 동시에 은밀히 숨겨둔 아군 포로들로부터 가르침을 받았기 때문이다. 그러나 이런 공사에 적합한 도구들이 없었으므로 그들은 검으로 뗏장을 떼어내고 손과 망토로 흙을 퍼 날랐다. 이 공사를 보고 적의 규모를 짐작할 수 있었다. 적들은 총둘레가 10마일[35](14.8킬로미터)에 이르는 이 공사를 세 시간 안에 끝냈기 때문이다. 그 후로 적은 포로들이 가르쳐준 대로 방벽의 높이에 따라 여러 개의 탑을 세우고 공성용 갈고랑쇠와 엄호차를 만들었다.

43 공성 7일째에 강한 바람이 몰아쳤다. 네르비족은 투석기를 이용해 뜨겁게 달군 진흙탄과 불화살을 갈리아 식으로 초가지붕을 인 아군 병사들의 숙소 위로 퍼부었다. 순식간에 불이 붙었고,

---

33. 진지의 둘레가 약 1,400미터였다면 120개의 탑은 12미터 간격을 두고 세워졌을 것이다. 따라서 이 탑들 위에서 무기를 투척하면 방벽의 모든 범위를 방어할 수 있으므로 단 하나의 보루로 진지를 방어하는 것과는 비교가 되지 않는다.
34. 암비오릭스가 그 자리에 있다는 것은 사비누스와 코타가 패배했음을 입증하고, (다른 갈리아 부족들도 그렇지만) 그가 지금껏 보여준 충성도 과거지사에 불과함을 입증하기 때문이다.
35. 이 본문에는 문제가 있다. 여러 판본에는 둘레가 15마일 또는 10마일이라고 기록되어 있지만 둘레가 약 1마일인 로마군 진지에 비해 터무니없이 크다. 계산을 해보면 3마일 정도가 적당하다.

바람이 워낙 강해 진지 전체로 불길이 번졌다. 적은 벌써 승리나 한 것처럼 엄청난 함성을 지르면서 공성탑과 엄호차를 밀면서 다가왔고 보루에 사다리를 걸치고 오르기 시작했다. 진지 어디에서나 아군 병사들은 화염에 검게 그을고 쏟아지는 투척 무기에 애를 먹었다. 모든 군장과 소지품이 잿더미로 변하고 있었다. 이런 상황에서도 아군 병사들의 용기와 전의는 조금도 흐트러지지 않았다. 어느 누구도 보루를 버리고 도망치지 않았고 심지어 뒤조차 돌아보지 않았으며, 오히려 그 어느 때보다 더욱 용감하고 맹렬하게 싸웠다. 아군에겐 전투가 시작된 이래로 가장 힘든 날이었지만, 오히려 많은 수의 적이 부상을 입거나 살해되었다. 그들은 보루 아래로 밀집해 들어왔고 그 결과 전위의 병사들이 후위에 막혀 물러날 기회를 찾지 못했기 때문이다. 불길이 잠깐 수그러진 동안에 적의 공성탑 하나가 다가와 아군의 보루에 닿았다. 그러자 3대대의 백인대장들은 자신의 위치에서 물러났고 부하들도 모두 물러나게 했다. 그런 다음 적에게 손짓을 하면서 들어올 테면 들어와 보라고 소리쳤다. 어느 누구도 감히 나서지 못했다. 곧이어 아군은 사방에서 돌을 던져 적들을 거꾸러뜨리고 공성탑을 불태웠다.

44 이 군단에는 이름난 백인대장 둘이 있었는데, 둘 다 대단히 용맹했으며 선임 자리를 앞두고 있었다. 그들의 이름은 티투스 풀로와 루키우스 보레누스였다. 두 사람은 누가 우월한지를 놓고 항상 다툼을 벌였고, 해마다 가장 중요한 직위를 놓고 치열한 경쟁을 벌였다. 적과의 싸움이 한창일 때 풀로가 큰 소리로 외쳤다. "이보게 보레누스, 무엇을 망설이는가? 이 기회에 자네의 용맹함을 보여주는 게 어떠한가? 오늘 결판을 내보세." 그는 이 말을 남기고 진지 밖으로 뛰쳐

나가 적의 대열 중에서도 가장 밀집해 있는 곳을 사정없이 공격했다. 보레누스도 사람들의 눈을 의식한 듯 즉시 경쟁자를 따라 진지 밖으로 뛰쳐나갔다. 풀로는 사정거리 안으로 뛰어 들어가 적에게 창을 던졌고 이 창은 대열 앞으로 달려나오던 한 갈리아 병사를 꿰찔렀다. 그가 의식을 잃고 쓰러지자 갈리아 병사들은 그를 방패로 감싼 후 미처 물러나지 못한 풀로를 향해 일제히 창을 던졌다.

창 하나가 풀로의 방패를 관통한 후 검대에 꽂혔다. 그 충격으로 칼집이 돌아가 오른손으로 검을 뽑는 데 애를 먹었고 그러는 사이 풀로는 적에게 둘러싸이고 말았다. 그때 그의 적수인 보레누스가 그를 구하기 위해 달려왔다. 갈리아 병사들은 풀로가 창에 맞아 치명상을 입었을 것이라 생각하고 즉시 보레누스에게 칼을 겨누었다. 보레누스는 검을 휘두르며 접전을 벌인 끝에 한 명을 살해하고 나머지 적들도 뒤로 몰아냈다. 그러나 너무 열심히 몰아붙이다 발을 헛디뎌 구덩이로 빠지고 말았다. 보레누스가 적에게 둘러싸이자 이번에는 풀로가 그를 구하러 달려왔다. 두 사람은 몇 명의 적을 죽인 후 아군 병사들의 환호를 받으며 무사히 진지로 돌아왔다. 이렇듯 그들의 경쟁심과 싸움에 행운이 따른 덕분에 그들은 반목 속에서도 서로 돕고 상대방의 목숨을 구할 수 있었다. 그러나 누가 더 용감한지는 끝내 판가름 나지 않았다.

45

날이 갈수록 적의 포위 공격은 더욱 무자비하고 맹렬해졌다. 특히 수많은 아군 병사들이 부상을 입어 다른 병사들이 그들의 몫까지 감당해야 했다. 상황이 악화될수록 더욱 많은 전령들이 급파되었다. 그러나 적에게 붙잡힌 전령들은 아군 병사들이 보는 앞에서 고문당하고 처형되었다.

아군의 진지에는 베르티코라는 이름의 네르비 귀족 출신이 있었는데, 공성이 시작될 때 키케로의 진지로 도망쳐 와서 그에게 충성을 다하고 있었다. 베르티코는 자신의 노예 중 한 명을 골라 자유와 막대한 보상을 약속한 다음 전령을 담은 편지를 들려 카이사르에게 보냈다. 노예는 편지를 창 속에 숨기고[36] 갈리아인들 틈에 섞인 다음 유유히 빠져나가 카이사르가 있는 곳으로 달려갔다. 카이사르는 그제야 퀸투스 키케로와 그의 군단이 처한 위험을 알게 되었다.

46 편지는 그날 제11시(오후 5시)경에 도착했다. 카이사르는 즉시 약 37킬로미터 떨어진 벨로바키족 영토에 있는 마르쿠스 크라수스 재무관에게 전령을 보내, 한밤중이라도 군단을 이끌고 즉시 출발하여 그가 있는 곳으로 오라고 명령했다.[37] 전령의 급보에 따라 크라수스는 즉시 출발했다. 카이사르는 또 다른 전령을 가이우스 파비우스 부장에게 보내, 군단을 이끌고 아트레바테스족 영토로 오라고 지시했다. 카이사르도 그곳을 통과할 예정이었다. 그리고 라비에누스에게는 별다른 위험이 없으면 군단을 이끌고 네르비족의 영토로 오라고 일렀다. 그 밖의 다른 군대는 멀리 떨어진 곳에 있어 기다리지 않는 편이 낫다고 생각했다. 카이사르는 동영지 근처에서 약 400기의 기병을 모집했다.

47 제3시(오전 9시)경에 크라수스의 선발대가 도착해 그가 오고 있다는 소식을 알리자 카이사르는 즉시 사마로브리바를 출발했다. 이날 그는 30킬로미터를 행군했다.[38] 그는 크라수스에게 1개 군단을 맡기고 사마로브리바를 지키게 했다. 이곳에 군수품과 전 부족의

인질들, 공문서, 월동을 위해 운반해 놓은 식량 등을 보관할 예정이었다. 파비우스는 잠시 지체했지만 곧 군단을 이끌고 나타나 예정대로 카이사르와 합류했다.

라비에누스는 사비누스가 죽고 그의 대대들이 궤멸됐다는 소식을 이미 들었다. 그리고 트레베리족이 전 병력을 동원해 그의 동영지를 노리고 있으므로, 그런 상황에서 진지를 떠난다면 마치 도망치는 것처럼 보일 것이고 또한 적의 공격을 막아낼 수 있을지도 염려되었다. 더구나 적은 최근의 승리로 사기가 오른 상태였다. 그는 카이사르에게 편지를 보내 지금 군단을 이끌고 동영지를 나서는 것이 얼마나 위험한 일인가 설명했다. 그리고 얼마 전 에부로네스족의 영토에서 일어났던 일과 함께, 트레베리족의 모든 보병과 기병이 그의 진지로부터 4.4킬로미터 떨어진 곳에 진을 치고 있다는 사실을 전했다.

48 카이사르는 그의 판단에 동의했다. 애초에 생각한 대로 3개 군단이 아닌 2개 군단에 불과했지만 카이사르는 모두의 생명을 구할 유일한 길은 속도에 있다고 생각했다. 강행군으로 네르비족 영토에 도착한 카이사르는 포로들을 통해 퀸투스 키케로에게 어떤 일이 일어나고 있으며, 상황이 얼마나 위태로운지 알게 되었다. 그는 갈리아 기병 하나를 큰돈으로 매수해 퀸투스 키케로에게 편지를 전하게 했다.

---

36. 창 손잡이에 구멍을 파고 그 안에 감췄을 것으로 보인다.
37. 카이사르는 사마로브리바(지금의 아미앵)에 머물고 있었다.
38. 카이사르가 키케로를 지원하기 위해 사마로브리바를 출발할 때 1개 군단을 이끌고 출발했다면 그 부대는 트레보니우스의 지휘하에 (분명 사마로브리바에서) 월동하고 있던 군단이라는 해석이 있다. (*The Conquest of Gaul*, S. A. Handford, Penguin Books, p. 233.)

중간에 적이 가로채더라도 아군의 계획을 알 수 없도록 편지를 그리스어로 적었다.[39] 그리고 만일 키케로를 만나기 어려우면 편지를 창의 가죽 손잡이에 묶어 창을 진지 안으로 던지라고 지시했다. 편지에는 그가 군단을 이끌고 곧 도착할 예정이니 지금까지의 용기를 잃지 말라고 적혀 있었다.

이 갈리아인은 두려운 나머지 지시받은 대로 창을 던졌지만 우연하게도 그 창은 아군의 공성탑에 꽂히고 말았다. 병사들은 이틀 동안이나 이 창을 발견하지 못하다가 사흘째에 한 명이 발견하여 퀸투스 키케로에게 가져갔다. 편지를 읽은 키케로는 병사들이 모인 자리에서 다시 한 번 큰 소리로 읽어주어 모든 병사에게 큰 기쁨을 안겨주었다. 그리고 멀리서 피어오르는 연기를 보고 카이사르의 군단들이 가까이 왔음을 확신했다.

49

척후병으로부터 상황을 알게 된 갈리아인들은 포위 공격을 단념하고 카이사르가 있는 쪽으로 몰려갔다. 갈리아인의 총병력은 대략 6만 명이었다. 기회가 오자 퀸투스 키케로는 앞서 말한 베르티코라는 자에게 카이사르에게 급파할 갈리아인 한 명을 뽑아 달라고 부탁했다. 그리고 이 갈리아인에게, 조심스럽게 빠져나가 카이사르에게 편지를 전하라고 지시했다. 편지에는 적이 포위 공격을 멈추고 전체 병력을 카이사르 쪽으로 출동시켰다는 내용이 담겨 있었다. 자정 무렵 편지가 도착하자 카이사르는 병사들에게 상황을 설명하고 용감하게 전투에 임하라고 독려했다. 카이사르는 이튿날 새벽녘에 진지를 철수한 다음 적과 약 6킬로미터 떨어진 곳까지 행군했다. 계곡 건너편으로 적의 군대가 보였고, 계곡 아래로는 시내가 흐르고 있었다. 소수의 병력으로 불리한 지형에서 교전을 벌인다면 큰 위험에 부딪힐 수 있었다. 게다가 퀸투스 키케로가 포위 공격에서 벗어난 것을 알았으므로 카이사르는 이제 침착하게 행군 속도를 늦추기로 결정했다. 로마군은 행군을 멈추고 최대한 유리한 장소에 진지를 구축했다. 아군은 가까스로 7천 명에 이르렀고 각자 짐도 두고 왔기 때문에 진지의 규모는 작을 수밖에 없었다. 그런데다 통로마저 최대한 좁게 만들어 적으로 하여금 아군의 진지를 얕잡아 보게 했다. 한편 카이사르는 사방으로 척후병을 보내 계곡을 건널 수 있는 가장 편리한 길을 알아보게 했다.

50 그날 아군과 적은 물가에서 몇 차례 기병전을 벌였지만 이내 제 위치로 물러났다. 갈리아인은 더 많은 병력이 도착하기를 기다리는 중이었고, 카이사르는 적에게 두려워하는 모습을 보여주어 적을 아군 쪽으로 끌어들여 그의 진지 앞에서 싸우게 되기를 원했다. 그리고 그 목적을 이루지 못하더라도 계곡과 시내를 안전하게 건널 수 있도록 주변 지형을 철저히 파악했다. 해뜰녘에 적의 기병이 진지 앞까지 다가와 아군의 기병과 교전을 벌였다. 카이사르는 아군 기병대에게 적에게 밀리는 척하면서 진지로 퇴각하라고 지시하는 동시에, 진지 안에는 방벽을 더 높이고 진문을 방책으로 막으라고 명령했다. 그리고 이 모든 일들을 수행할 때에는 공포에 사로잡힌 것처럼 조급하게 행동하

---

39. 어떤 학자들은 Graecis litteris가 〈그리스어〉가 아닌 〈그리스 문자〉를 의미한다고 주장한다. 그러나 1-29와 6-14를 보면, 네르비족은 헬베티족보다 프로빈키아로부터 더 먼 곳에 거주하기 때문에 그만큼 그리스어를 알았을 가능성이 낮다. 반면에 6-14에서 카이사르는 〈Graecis litteris〉(이것 역시 그리스어인지 그리스 문자인지 불분명하다.)가 갈리아에 널리 퍼져 있다고 설명한다.

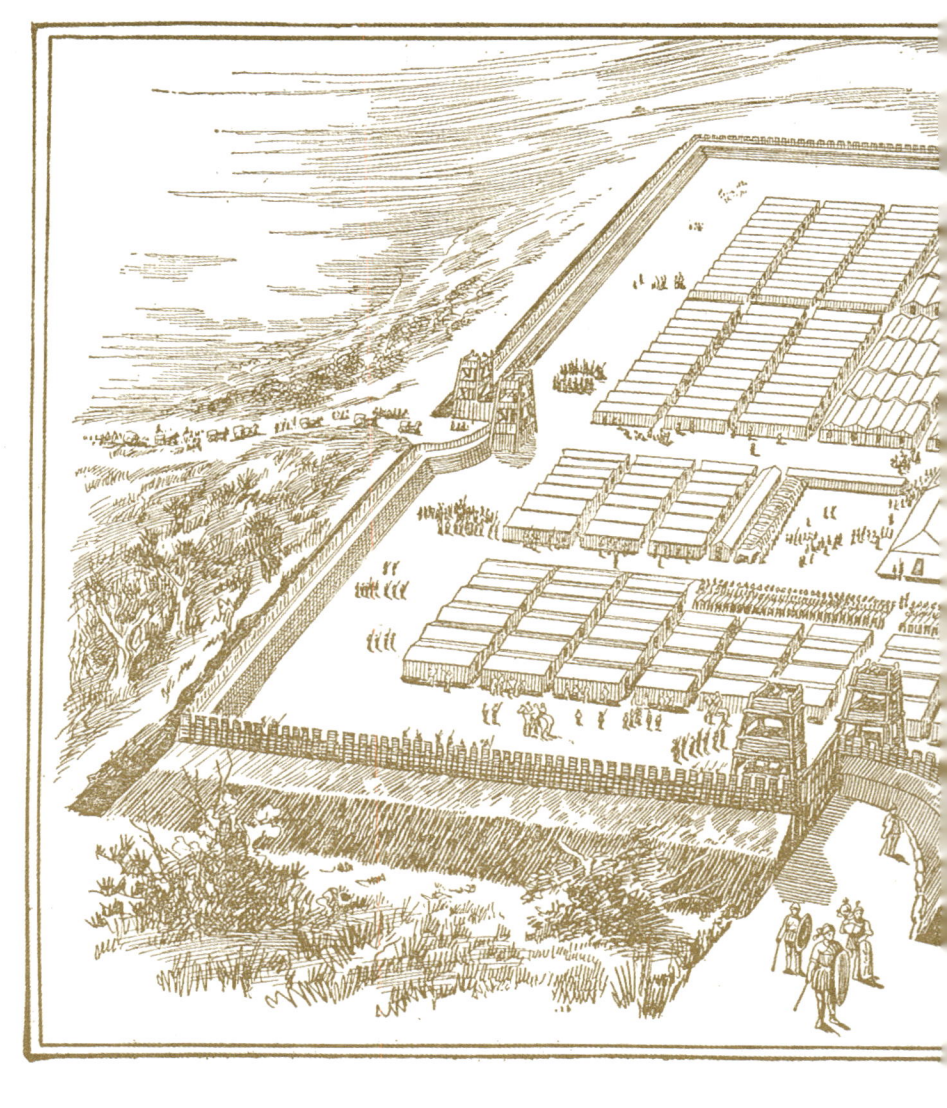

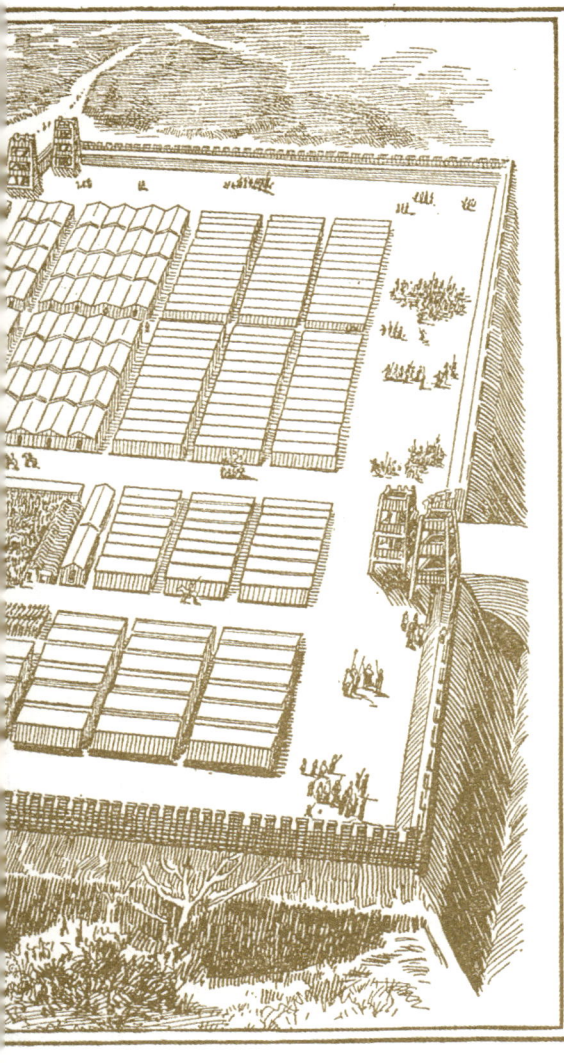

사각형 모양의
일반적인 로마군 진지.

라고 지시했다.

51 이 모든 것들이 적의 병력을 불리한 지형으로 끌어들였다. 심지어 아군 병사들은 방벽에서도 물러나 있었기 때문에 적은 더욱 가까이 다가와 사방에서 진지 안으로 무기를 투척했다. 그런 다음 진지 주위로 도처에 사자들을 보내, 갈리아인이든 로마인이든 제3시(오전 9시) 이전에 투항을 하면 해치지 않고 자유를 주겠지만 그 시각이 지나면 누구도 받아주지 않겠다고 으름장을 놓았다. 진문들은, 실은 단 한 겹의 뗏장으로 막아놓았지만, 적에게는 마치 방책을 쳐놓아 쉽게 돌파하기가 불가능할 것처럼 보였다. 그런데도 적은 우리 군대를 얕잡아 보고 진지 앞으로 다가와 맨손으로 방벽에 구멍을 내고 호를 메우기 시작했다. 바로 이때 카이사르는 모든 진문에서 일제히 기병을 내보내 순식간에 적을 공격했다. 아군의 돌격에 놀란 적은 단 한 명도 저항할 생각을 못하고 도망치기에 급급했다. 수많은 자들이 죽음을 당했고, 죽음을 피한 자들은 무기를 버리고 도망쳤다.

52 적은 숲과 습지 속으로 도망쳤기 때문에 카이사르는 더 이상 적에게 피해를 입히기 어렵다고 판단하여 그들을 멀리까지 추격하지는 않았다. 이날 아군은 전 병력이 무사했다. 군단을 이끌고 퀸투스 키케로의 진지에 도착한 카이사르는 적이 만든 공성탑과 엄호차와 요새를 보고 감탄했다. 또한 퀸투스 키케로의 군단을 정렬시켜 보니 부상당하지 않은 병사는 10명 중 1명에 불과했다. 이런 것들로부터 카이사르는 그들이 얼마나 큰 위기에 처해 있었으며 얼마나 큰 용기로 위기를 극복했는지 알게 되었다. 그는 퀸투스 키케로와 그의 군단을 아

낌없이 칭찬하고, 퀸투스 키케로의 추천에 따라 뛰어난 무공을 보여준 백인대장들과 대대장들을 한 명씩 일일이 치하했다.

카이사르는 포로들의 입을 통해 사비누스와 코타에게 닥쳤던 재난을 확실히 알게 되었다. 이튿날 그는 회의를 열어 그간의 일들을 설명했다. 그리고 병사들을 위로하고 격려하면서 불멸의 신들이 돕고, 병사들이 용감하게 싸운 덕분에 적을 물리치고 패배를 만회했으므로, 한 부장의 과오로 일어난 이 손실을 냉정하게 받아들이라고 말했다. 이제 적에게는 축하할 이유가 사라졌고, 아군에게는 슬퍼할 이유가 사라졌다.

갈리아인들의 음모

53 카이사르가 승리했다는 소식은 레미족에 의해 놀랄 만큼 빠르게 라비에누스에게 전달되었다. 그는 퀸투스 키케로의 동영지로부터 약 80킬로미터 떨어져 있었고 카이사르가 키케로의 진지에 도착한 것은 제9시(오후 3시)가 넘어서였지만, 자정을 넘기기도 전에 라비에누스의 진문에서 함성이 울려퍼졌다. 그것은 카이사르의 승리를 축하하는 레미족의 함성이었다. 그 소식이 또한 트레베리족에게 전해지자, 이튿날 라비에누스를 공격하려 했던 인두티오마루스는 야음을 틈타 군대를 이끌고 트레베리족의 영토로 돌아갔다.

카이사르는 파비우스와 그의 군단을 동영지로 돌려보내고, 그 자신은 사마로브리바 주위에서 3개 군단의 동영지들을 관리하기로 결정했다. 갈리아인들의 극심한 소요 때문에 군대와 함께 그곳에서 겨울을 나기로 결심한 것이다.[40] 사비누스의 패배와 죽음이 갈리아 전역에 알려지자 거의 모든 갈리아 부족들이 사방으로 전령과 사절을 보내 전쟁을 논의하기 시작했다. 그들은 서로의 계획이 무엇이고 어디에서 전쟁을 일으킬 것인지 등을 알렸고, 어둠을 이용해 은밀한 곳에서 회의를 열었다. 그해 겨울이 다 가도록 갈리아인들의 음모와 반란 소식이 끊이지 않은 가운데 카이사르는 단 한순간도 마음을 놓지 못했다. 그 와중에 13군단을 지휘하고 있는 재무관 루키우스 로스키우스가 다음과 같은 정보를 보내왔다. 즉 아레모리카이라 불리는 갈리아 부족들이 전쟁을 위해 대규모 병력을 일으켜 그의 동영지로부터 12킬로미터 이내까지 접근했다가 카이사르가 승리했다는 소식을 듣고는 서둘러 돌아갔는데, 그 모습이 마치 패주하는 것과 같았다는 것이다.

54 그럼에도 카이사르는 각 부족의 족장들을 불러들여, 일부는 (그들이 어떤 일을 벌이고 있는지 알고 있다는 식으로) 겁을 주고 또 일부는 부드러운 말로 회유하면서 대부분의 갈리아를 복종시켰다. 그러나 갈리아인들 중 특히 세력이 강한 세노네스족은 부족의 결정에 따라 카이사르가 왕위에 올린 카바리누스를 처형하려 했다. 카이사르가 갈리아에 왔을 때 그 부족의 왕은 조상들의 왕위를 물려받은 그의 형제 모리타스구스였다. 카바리누스는 음모를 눈치 채고 도망쳤지만, 세노네스족은 카바리누스를 국경까지 추격해 왕위를 빼앗고 국경 밖으로 추방시켰다. 그런 다음 카이사르에게 사절을 보내 허락을 구했다. 카이사르는 부족의 전 원로를 소집했으나 그들은 명령에 따르지 않았다. 갈리아의 야만인들은 로마에 대항할 세력이 나타났다는 사실에 큰 의미를 부여했고, 그로 인해 전체적인 분위기가 일변하고 말았다. 결국

하이두이족과 레미족을 제외한 거의 모든 부족을 의심하지 않을 수 없었다. (카이사르는 언제나 두 부족을 특별히 존중했다. 하이두이족은 오랫동안 로마에 충성을 다했고, 레미족은 최근에 갈리아 전쟁에서 큰 도움을 주었기 때문이다.) 나로서는[41] 이것이 그리 놀라운 일은 아니라고 생각한다. 여러 가지 이유가 있지만, 특히 전 갈리아 부족들 사이에서 강력한 세력으로 이름이 높았던 그들이 로마의 지배에 굴복하여 그 명성을 잃은 것에 원통함을 금치 못하고 있기 때문이다.

55 이에 따라 트레베리족의 인두티오마루스는 겨울 내내 라인 강 너머 여러 부족들에게 사절을 보내, 로마군이 대부분 궤멸되고 아주 적은 병력만이 남았다고 주장하면서 돈을 약속하고 지원을 요청했다. 그러나 사절들은 단 한 부족도 설득하지 못했다. 게르만인들은 아리오비스투스의 전쟁과 텐크테리족의 이주를 통해 이미 두 번이나 쓰라린 경험을 했으므로 또 다시 운을 시험하고 싶지 않다고 선언했다. 인두티오마루스는 게르만인에 대한 기대를 접고, 병력을 모집해 훈련시키고 이웃 부족들로부터 말을 사들였으며, 전 갈리아에서 부랑자와 범죄자들을 돈으로 매수해 끌어들였다. 그가 이런 수단으로 큰 세력을 키우자 개인과 부족 할 것 없이 저마다 사절을 보내 호의와 친선을 청했다.

---

40. 카이사르는 처음으로 갈리아에서 겨울을 보냈다. 카이사르와 함께 사마로브리바 부근의 동영지들로 간 군단은 키케로를 지원하기 위해 사마로브리바를 떠날 때 그곳에 남겨두었던 크라수스의 군단과, 키케로의 진지로 함께 갔던 트레보니우스의 군단, 그리고 키케로의 군단이었다.
41. 카이사르 자신을 1인칭으로 표현했다.

56 그들은 모두 자발적으로 인두티오마루스에게 접근했는데, 한편에서는 죄의식에 떠밀린 세노네스족과 카르누테스족이 합류했고 또 한편에서는 로마와의 전쟁을 준비하고 있던 네르비족과 아투아투키족이 합류했다. 이제는 전쟁을 일으키기에 충분한 병력을 모을 수 있다고 생각한 인두티오마루스는 마침내 병사들의 소집을 명했다. 갈리아인들은 다음과 같이 전쟁을 시작했다. 즉 공동의 법에 의해 전투에 참가할 수 있는 모든 남자는 무장을 하고 모였으며, 맨 마지막에 도착한 자는 모두가 보는 앞에서 고문을 당하고 처형되었다. 이 회의에서 인두티오마루스는 킨게토릭스를 공동의 적으로 선언하고 그의 재산을 몰수했다. 킨게토릭스는 그의 사위이자 반대파의 우두머리였으며 앞서 말한 것처럼 카이사르의 충실한 지지자였다. 인두티오마루스는 이 문제를 매듭 지은 후 세노네스족 및 카르누테스족과 그 밖의 몇몇 부족들이 그에게 도움을 청하고 있으며, 그들에게 갈 때 레미족의 영토를 통과하면서 그 땅을 파괴하겠노라고 선언했다. 그러나 그 전에 먼저 라비에누스의 진지를 치겠다고 공언한 후 사람들에게 필요한 것들을 지시했다.

57 라비에누스는 자연 지형을 이용해 튼튼하게 만든 진지에 틀어박혀 있었으므로 그 자신이나 군단에게 어떤 위험이 닥치리라고는 조금도 걱정하지 않았다. 오히려 성공적인 공격 기회를 놓치지 않을까 하는 것이 유일한 걱정거리였다. 따라서 인두티오마루스가 대중들 앞에서 한 연설을 킨게토릭스와 그의 부하들을 통해 전해 들은 그는 인접한 부족들에게 사절을 보내고 각지에서 기병대를 소집했다. 그리고 특정한 날을 정해 도착하도록 지시했다. 한편 인두티오마루스

와 그의 전 기병은 거의 매일 라비에누스의 진지로 몰려왔다. 어떤 때는 진지의 형태와 지형을 파악하기 위해서였고, 또 어떤 때는 회담을 요청하거나 겁을 주기 위해서였다. 적의 기병은 여러 차례 방벽 안으로 무기를 투척했다. 라비에누스는 아군 병사들을 요새 안에 붙들어 두고 모든 수단을 동원해 겁을 먹은 듯한 인상을 풍기도록 했다.

58

인두티오마루스는 진지에 접근할 때마다 로마군을 더욱 얕잡아 보았다. 그러나 라비에누스는 단 하룻밤 사이에 인근의 모든 부족들에게서 소집한 기병들을 감쪽같이 진지 안으로 불러들였고, 더구나 경계를 철저히 하여 모든 병사들이 진지를 벗어나지 않도록 만전을 기하고 있었기 때문에 트레베리족으로서는 기병의 도착을 알거나 보고받을 방법이 없었다. 그날도 인두티오마루스는 평소처럼 로마군 진지로 접근해서 하루가 다 가도록 주변을 어슬렁거렸다. 그의 기병들은 아군 병사들을 불러내기 위해 무기를 투척하고 욕설을 퍼부었다. 그러나 아무런 응답이 없자 적은 땅거미가 질 무렵 대열을 해산하고 여러 방향으로 흩어지기 시작했다. 바로 그 순간에 라비에누스는 두 개의 진문을 열고 기병 전체를 출동시켰다. 그 전에 그는, 일단 적이 놀라서 도망치면 (그의 예상대로였다.) 오직 인두티오마루스만을 추격하고, 그 자를 찾아서 죽이기 전에는 어떤 자도 공격하지 말라고 엄명을 내렸다. 다른 자들을 추격하다 자칫 시간을 놓치면 그에게 달아날 기회를 줄 수 있기 때문이다. 그는 인두티오마루스를 죽이는 자에게는 큰 상을 내리겠노라고 약속하고, 기병대를 지원하기 위해 보병을 출동시켰다.

행운은 라비에누스의 손을 들어주었다. 인두티오마루스는 모든 기병에게 쫓기다 결국 얕은 강에서 붙잡혀 살해되었다. 병사들은 그의 머리를 진지로 가져온 다음 다시 추격을 계속해 갈리아인들을 살해했다. 이 일이 알려지자 한곳에 모여 있던 에부로네스족과 네르비족의 병사들은 뿔뿔이 흩어졌다. 이로써 카이사르는 비교적 평온한 갈리아를 지배하게 되었다.

카이사르 47세,
갈리아 전쟁 6년째

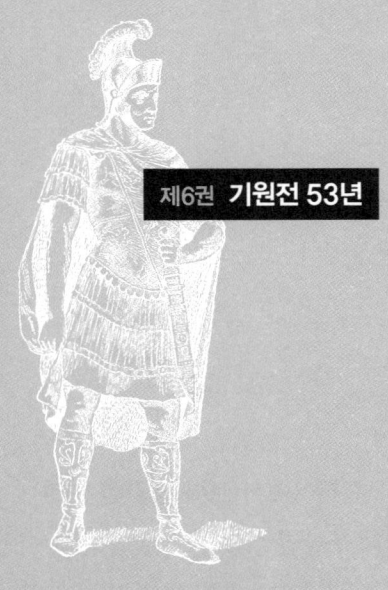

제6권 **기원전 53년**

트레베리족의 반란

1 카이사르는 여러 가지 이유로 갈리아에서 보다 심각한 반란이 일어날 것을 예상하고 세 명의 부장인 마르쿠스 실라누스, 가이우스 안티스티우스 레기누스, 티투스 섹스티우스를 통해 병력을 모집하기로 결정했다. 이를 위해 그는 전직 집정관으로서 군대의 지휘권을 갖고 있으면서도 국사를 위해 로마 근처에 머물고 있던 폼페이우스에게 전갈을 넣어,[1] 폼페이우스가 집정관일 때 갈리아 키살피나에서 군무 서약을 받았던 병사들을 그에게 보내 달라고 요청했다.[2] 카이사르는 그렇게 해서 로마군이 전쟁으로 인한 병력 손실을 단기간에 만회할 뿐

아니라, 그 규모까지 늘릴 만큼 이탈리아의 자원이 막대하다는 인상을 갈리아인들에게 심어주는 것이 미래를 위해 매우 중요하다고 생각했다. 폼페이우스가 국가와 동지에 대한 의무를 기꺼이 수행하자 카이사르의 부장들은 신속하게 병사들을 소집했고, 그 결과 겨울이 끝나기 전에 3개 군단이 편성되어 갈리아로 보내졌다. 카이사르는 사비누스가 잃은 대대의 수를 두 배로 늘렸다. 이 병력 충원의 속도와 규모는 로마의 자원과 군사 조직이 얼마나 위대한가를 똑똑히 보여주었다.

2 앞서 묘사한 것처럼 인두티오마루스가 죽자 트레베리족은 그의 친척들에게[3] 최고 권력을 넘겼고, 그들도 게르만인에게 돈을 약속하고 도움을 청하는 일을 포기하지 않았다. 그들은 가까운 부족들을 설득하지 못하자 더 먼 게르만 부족들의 의사를 타진하여 몇몇 부족을 포섭했다. 그들은 동맹을 맺기로 맹세하고 약속한 돈을 보증하는 담보로 인질을 제공했다. 그리고 암비오릭스와도 협력하여 병력을 합치기로 약속했다.

이 소식을 들은 카이사르는 도처에서 전쟁 준비가 이뤄지고 있음을 알았다. 네르비족, 아투아투키족, 메나피족이 라인 강 이쪽에 사는 모든 게르만인들과 함께 전쟁을 준비하고 있었다. 세노네스족은 카이사

---

1. 폼페이우스는 기원전 55년에 집정관을 지낸 후 5년 임기로 스페인을 지배하는 전직 집정관에 임명되었지만, 식량 공급이라는 특별 임무를 맡아 〈로마 근처에〉 머물고 있었다. 절대 지배권(임페리움)을 갖고 있는 상태였으므로 로마에는 들어올 수 없었다.
2. 폼페이우스가 그 병사들을 모집한 곳이 카이사르의 관할 지역이었음을 지적하고 있다.
3. 그들은 카이사르의 인질들이었다(5-4 참조). 브리타니아에서 돌아온 후 카이사르는 그들을 석방한 것이 분명하다. 이 때문에 인두티오마루스는 그들의 목숨을 걱정하지 않고 반란을 일으킬 수 있었다.

르의 소환 명령에 불응하고 카르누테스족을 비롯한 이웃 부족들과 협의를 벌이고 있었다. 트레베리족은 거듭 게르만인들에게 사절을 보내 지원을 촉구했다. 그러자 카이사르는 예년보다 일찍 원정을 시작하기로 결심했다.

3 아직 겨울이 끝나지 않았지만 카이사르는 가장 가까운 4개 군단을 소집해 불시에 네르비족의 영토로 진입했다. 네르비족이 병력을 소집하거나 도망치기도 전에 카이사르는 다수의 남자들과 가축을 붙잡아 아군 병사들에게 전리품으로 넘겨주고 들판을 파괴했다. 네르비족은 즉시 항복하고 인질을 바쳤다. 카이사르는 이 일을 재빨리 매듭 지은 후 군단과 함께 동영지로 돌아갔다. 그는 관행에 따라 초봄에 갈리아 부족 회의를 소집했다. 모든 부족이 참석했지만 세노네스족, 카르누테스족, 트레베리족은 오지 않았다. 이것을 반란의 조짐으로 판단한 카이사르는, 그들의 책동을 결코 묵과하지 않겠다는 결의를 분명히 보여주기 위해 회의 장소를 파리시족의 도시인 루테티아[4]로 변경했다. 파리시족은 세노네스족의 이웃 부족으로, 선대에는 그들과 한 부족이었지만 이번 공모에는 가담하지 않은 것이 분명했다. 연단에 서서 회담 장소를 변경하겠다고 공표한 바로 그날, 카이사르는 군대를 이끌고 세노네스족의 영토를 향해 강행군으로 이동했다.

4 그가 온다는 소식을 듣자 공모의 주모자인 아코는 사람들에게 도시로 모이라고 명령했다. 그러나 사람들이 미처 도착하기도 전에 로마군이 임박했다는 소식이 들려왔다. 그들은 저항을 단념하고 하이두이족을 통해 사절을 보내고 자비를 구했다. (오랫동안 하이두이족

의 보호 아래 있었기 때문이다.) 하이두이족의 요청에 따라 카이사르는 그들을 기꺼이 용서하고 사죄를 받아들였다. 그해 여름은 전쟁을 수행해야 할 때이지, 옳고 그름을 따질 때가 아니었다. 카이사르는 그들에게 100명의 인질을 바치게 하고 하이두이족에게 관리를 맡겼다. 그러자 즉시 카르누테스족도 사절과 인질을 보내고 레미족을 통해 (그들은 레미족의 피보호민이었다.) 용서를 구했다. 카이사르는 그들에게도 관대한 처분을 내린 후 회의를 종료하고 갈리아 부족들로부터 기병을 소집했다.

5 이제 카이사르는 이 지역을 평정했으므로 트레베리족 및 암비오릭스와의 전쟁에만 생각을 집중할 수 있었다. 그는 카바리누스와 세노네스족의 기병에게 그와 함께 출동할 것을 명했다. 불 같은 성미를 지닌 카바리누스의 복수심과 그에 대한 부족민들의 증오가 충돌하여 소요가 일어날 조짐이 보였기 때문이다.[5] 이 문제는 곧 해결되었다. 그러나 암비오릭스가 과연 정면 대결에 응할지 불확실했기 때문에, 카이사르는 그 밖의 어떤 작전이 가능한지 고심하기 시작했다. 에부로네스족의 국경 근처에는 끝없이 펼쳐진 습지와 숲으로 둘러싸인 메나피족의 영토가 있었다. 전 갈리아에서 이 부족만이 한 번도 카이사르에게 사절을 보내지 않았고 강화를 협의하지도 않았다. 그들은 암비오릭스와 우호 관계를 맺고 있었다. 또한 그들은 트레베리족을 통해 게르만인과도 동맹을 맺고 있었다. 따라서 암비오릭스를 치기 전에 먼저

---

4. 오늘날의 파리로, 카이사르의 동영지에서 남쪽으로 130킬로미터 떨어져 있다. (옮긴이)
5. 세노네스족은 카바리누스를 처형하려 했다. (5-54 참조.)

이 부족이 그에게 제공하는 지원을 차단하는 것이 급선무였다. 그렇지 않으면 암비오릭스가 위험을 느끼고 메나피족의 영토에 숨거나 라인 강 너머의 게르만인과 연합할 수 있기 때문이다. 카이사르는 다음과 같은 전략을 구사했다. 먼저 전군의 군수품을 트레베리족 경계에 인접해 있는 레미족 영토에 머무르는 라비에누스에게 보내고 이와 함께 2개 군단을 지원했다. 카이사르 자신은 이제 장비를 가볍게 한 5개 군단을 이끌고 메나피족의 영토로 진군했다. 메나피족은 병력을 소집하는 대신 자연 지형을 이용한 방어에 의존하기로 하고 모든 재산을 짊어지고 숲과 습지로 도망쳤다.

6 카이사르는 병력을 나눠 가이우스 파비우스 부장과 마르쿠스 크라수스 재무관에게 할당하고 신속하게 습지에 흙을 쌓아 둑길을 만든 다음 세 방향에서 전진하면서 주위의 건물과 부락을 불태우고 많은 가축과 사람을 붙잡았다. 이 작전에 놀란 메나피족은 그에게 사절을 보내 화평을 요청했다. 그는 인질을 넘겨받은 후, 만약 메나피족이 암비오릭스나 그의 사절을 영토 안에 들이면 그들을 적으로 간주하겠다고 못을 박았다. 카이사르는 이렇게 문제를 해결한 후 아트레바테스족의 콤미우스와 약간의 기병을 남겨 메나피족을 감시하게 하고 트레베리족의 영토로 발길을 돌렸다.

7 카이사르가 메나피족의 문제를 처리하는 동안 트레베리족은 대규모의 보병과 기병을 소집하여 그들의 영토 경계에서 월동하는 라비에누스의 군단을 향해 이동하고 있었다. 그러나 라비에누스 동영지까지 이틀 정도의 거리만 남았을 때 카이사르가 보낸 2개 군단

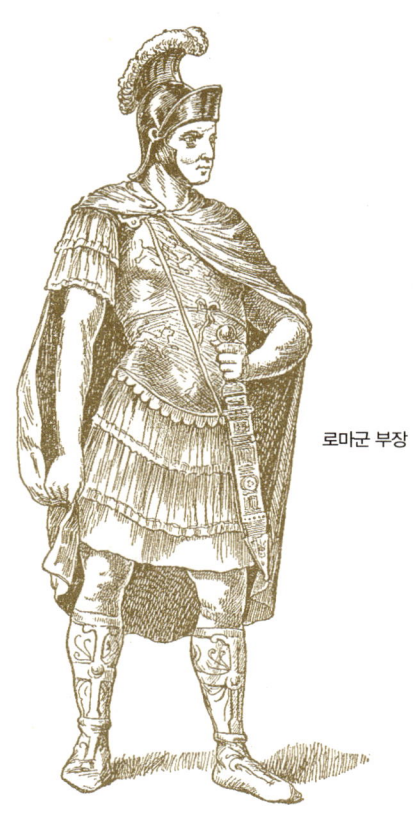

로마군 부장

로마군 백인대장

갈리아 전쟁 6년째 | 239

로마군 총사령관

로마군 중보병(군단병)

이 이미 합류했다는 소식이 들려왔다. 그들은 22킬로미터 떨어진 곳에 진지를 구축하고 게르만 지원군이 오기를 기다리기로 결정했다. 적의 계획을 알아챈 라비에누스는 그들의 경솔함을 이용해 교전을 벌이겠다는 생각으로, 5개 대대에게 짐과 진지를 지키게 한 다음 25개 대대와 다수의 기병을 이끌고 적진에 접근하여 1.5킬로미터 떨어진 곳에 진지를 구축했다. 라비에누스와 적 사이에는 강이 하나 흐르고 있었는데, 물살이 세고 강둑이 가파라 건너기가 어려웠다. 물론 그는 강을 건널 뜻이 전혀 없었고, 적들은 지원군이 오기를 애타게 기다리고 있었기 때문에 로마군이 먼저 건너오기를 기대하지도 않았다.

라비에누스는 회의를 열어 다음과 같이 공표했다. 즉 게르만인이 오고 있다는 소문이 있으므로 자신과 로마군의 안전을 위태롭게 하는 대신, 다음 날 동틀녘에 진지를 철수하고 이동하겠다고 공표했다. 많은 갈리아 기병들 중에는 갈리아를 위해 힘쓰는 자들이 있기 마련이므로 이 소식은 곧 적의 귀에 들어갔다. 밤이 되자 라비에누스는 대대장들과 수석 백인대장들을 불러, 아군이 겁을 내고 있다고 여기도록 평소보다 더 소란스럽고 떠들썩하게 진지를 철수하도록 명령했다. 그렇게 해서 로마군이 도주한다는 인상을 주려는 것이다. 아군과 적의 진지는 아주 가까웠기 때문에 적은 동이 트기 전에 척후병을 통해 아군의 움직임을 보고받았다.

8 아군의 후미가 막 진지를 벗어나려는 순간, 갈리아인들은 그토록 손에 넣고 싶었던 전리품을 놓치지 않으려고 서로를 격려하기 시작했다. 그들 생각에 로마군은 잔뜩 겁을 먹고 있으므로, 게르만 지원군을 기다리는 것은 시간 낭비다. 이 막강한 병력으로 저렇게 짐을

지고 힘들게 도망치는 소규모 부대를 공격하는 데 망설일 필요가 어디 있단 말인가! 그들은 지체 없이 강을 건너 불리한 지형에서 전투를 벌이기 시작했다.

상황은 라비에누스가 예상한 대로였다. 그는 모든 적이 강을 건널 때까지 계속 도망치는 모습을 보이면서 침착하게 아군 병사들을 이끌었다. 그리고 병사들의 짐을 가까운 전방의 둔덕 위에 쌓게 한 후 이렇게 말했다.

"병사들이여, 마침내 바라던 기회가 왔다. 그대들은 적을 가파르고 불리한 지형으로 끌어들였다. 이제 그대들이 카이사르 총사령관에게 보여주었던 그 용기를 이곳에서 펼쳐 보여라. 그가 이 자리에서 그대들을 보고 있다고 생각하라."

라비에누스는 군기를 적의 방향으로 돌리게 하고 병사들에게 전투 대형을 갖추라고 명령했다. 그리고 몇몇 기병 대대를 보내 짐을 지키게 하고 나머지 기병은 양쪽 날개에 배치했다. 공격을 알리는 신호가 울리자 아군 병사들은 즉시 적에게 창을 던졌다. 예상과는 정반대로 도망치던 자들이 오히려 공격을 가해 오자 적은 아군의 공격을 막아내지 못하고 단번에 흩어져 가까운 숲으로 도망치기 시작했다. 라비에누스의 기병은 도망치는 적을 추격해 다수를 살해하고 많은 자들을 생포했다. 며칠 후 트레베리족은 다시 그에게 충성을 맹세했다. 게르만 지원군은 도중에 트레베리족의 패주를 알고는 고향으로 돌아갔다. 공모를 주도했던 인두티오마루스의 친족들은 부족을 버리고 게르만인을 따라갔다. 트레베리족의 통치권은 앞에서 본 대로 처음부터 끝까지 충성을 다한

킨게토릭스에게 돌아갔다.

제2차 라인 강 도하

9 메나피족의 영토를 떠나 트레베리족의 영토에 도착한 카이사르는 두 가지 이유에서 라인 강을 건너기로 결심했다. 첫 번째는 게르만인이 트레베리족에게 지원군을 보냈기 때문이고, 두 번째는 암비오릭스에게 피난처를 제공하지 못하게 하려는 것이다. 이에 따라 카이사르는 예전에 건넜던 지점에서 상류 쪽으로 조금 올라간 곳에 다리를 건설하기로 결정했다. 건설 방법은 이미 잘 알고 있었고 여기에 병사들의 고된 노력이 더해진 끝에 다리는 며칠 만에 완성했다. 카이사르는 트레베리족의 갑작스런 반란을 막기 위해 다리 이쪽에 든든한 수비대를 남기고 나머지 부대와 기병을 이끌고 라인 강을 건넜다. 과거에 카이사르에게 항복을 선언하고 인질을 보냈던 우비족은 그들의 결백함을 입증하기 위해 사절을 보냈다. 그들은 트레베리족에게 지원군을 보낸 적도 없고 카이사르와의 약속을 깨뜨린 적도 없다고 설명한 후, 게르만인에 대한 증오로 인해 무고한 부족이 형벌을 받지 않게 해달라고 애원했다. 그리고 인질을 요구한다면 언제든 더 내주겠다고 약속했다. 카이사르는 그들의 설명을 통해 지원군을 보낸 부족이 수에비족임을 알게 되었다. 그는 우비족의 청을 받아들인 다음 수에비족의 영토로 들어가는 통로를 자세히 조사했다.

10 며칠 후 카이사르는 우비족으로부터, 수에비족이 전 병력을 한 장소에 집결시키고 그들의 지배하에 있는 부족들에게 병력 차출을 강요하고 있다는 정보를 입수했다. 이에 따라 카이사르는 식량을 확보하고 진지를 구축하기에 적당한 장소를 골랐다. 그리고 우비족에게 그들의 가축과 모든 재산을 들판에서 도시 안으로 옮기라고 명령했다. 식량이 부족해지면 수에비족이 무지한 야만인 근성을 드러내며 불리한 조건에서도 싸움을 걸어올 수 있다는 계산에서였다. 그리고 수에비족에게 척후병을 자주 보내 동태를 파악하라고 지시했다. 우비족은 카이사르의 명령에 따라 며칠 간격으로 정찰한 내용을 보고했다. 그 보고에 따르면 수에비족은 로마군이 당도했다는 소식을 듣고 그들의 전 병력과 그동안 소집했던 지원군을 따라 멀리 영토 끝으로 피신했다는 것이다. 그곳은 수에비족 영토의 깊은 안쪽에서부터 시작되는 바케니스라 불리는 광대한 숲으로, 케루스키족과 수에비족의 영토를 가르고 있어 서로를 침략하거나 해를 입히지 않게 하는 천연의 울타리 역할을 해왔다. 수에비족은 이 숲의 경계에서 로마군을 기다리고 있었다.

갈리아의 풍습과 제도

11[6] 여기서 잠시 갈리아와 게르마니아의 풍습 그리고 두 민족의 차이를 살펴보는 것도 반드시 부적당한 일은 아니라고 생각한다.

갈리아에는 각각의 부족, 구역(파구스), 부락은 물론이고 개별 가문에까지 파벌이 존재한다. 갈리아인들은 파벌의 지도자를 가장 권위 있는 사람으로 생각하여 전적으로 그의 결정과 판단에 따라 행동한다. 고대로부터 전해 내려오는 이 관습 때문에 하층민은 부당한 착취로부터 보호를 받는다. 파벌의 지도자는 자신의 피보호민이 부당하게 억압당하거나 착취당하는 것을 두고 보지 않으며, 그들을 보호함으로써 자신의 권위를 유지한다. 이런 구조는 가문이나 부락뿐 아니라 갈리아 부족 전체에도 존재한다. 갈리아 전체는 두 파벌로 나뉘어 있다.

12 카이사르가 처음 갈리아에 왔을 때 두 파벌의 우두머리는 하이두이족과 세콰니족이었다. 예로부터 하이두이족은 최고의 권위를 인정받았고 피보호민의 수도 대단히 많았다. 이에 열세를 느낀 세콰니족은 아리오비스투스 및 게르만인과 동맹을 맺고 큰돈과 보상을 대가로 그들을 자기 편으로 끌어들였다. 그리고 몇 차례의 전투를 승리로 이끌면서 하이두이족의 귀족들을 제거한 후에는 그들을 힘으로 밀어붙여 수많은 피보호민을 빼앗고 지도자들의 아들을 인질로 데려갔으며, 그들로 하여금 대중 앞에서 다시는 세콰니족에게 대항하지 않겠다고 맹세하도록 강요했다. 또한 인접한 영토의 일부를 강제로 빼앗아 전 갈리아의 중심 세력이 되었다.

이 때문에 디비키아쿠스는 어쩔 수 없이 로마를 찾아와 원로원에 도

---

6. 로마군과 게르만인과의 전투가 시작될 긴박한 시점에 카이사르는 갑자기 화제를 돌려 갈리아와 게르마니아의 풍습과 제도, 생활 방식 등을 비교하는 문화사적인 글을 쓴다. 브리타니아인들과의 전투를 묘사하다가 그들의 민족지적 내용을 설명한 5–12와 같은 맥락으로 볼 수 있다. 이는 다른 전쟁기와는 차별되는 구성이라 할 수 있다.

움을 청했지만 뜻한 바를 이루지 못하고 돌아갔다. 그러나 카이사르가 도착하자 상황은 변하기 시작했다. 하이두이족은 인질을 되돌려 받았고, 예전의 후원 관계[7]를 복구했으며, 카이사르의 도움으로 새로운 후원 관계도 만들게 되었다. 이제 하이두이족과 우호 관계를 맺는 자들은 더 좋은 조건과 관대한 지배를 받게 되었을 뿐 아니라 세력과 위신도 높일 수 있었다. 이렇게 해서 세콰니족은 패권을 잃게 되었다.

세콰니족의 자리를 차지한 것은 레미족이었다. 카이사르가 레미족을 높이 평가한다는 사실이 알려지자 오랜 반목 때문에 하이두이족과 동맹을 맺지 못한 부족들이 대신 레미족의 보호를 받는 속국이 되겠다고 선언했다. 레미족은 이들을 충실히 보호하여 갑자기 부여된 권위를 신중히 유지해 나갔다. 이 당시 갈리아에서 단연 최고로 강한 부족은 하이두이족이었고, 레미족이 그 뒤를 이었다.

13 갈리아에서는 두 계급이 명예와 존경을 얻는다. 평민은 거의 노예처럼 간주되어 뜻대로 행동하지 못하고 의사도 표현하지 못한다. 많은 평민들이 빚이나 무거운 조세에 짓눌리거나 세력가의 탄압을 견디지 못해 귀족을 찾아가 보호를 요청한다. 그러면 그들은 마치 주인이 노예를 부리듯이 모든 권리를 행사한다. 명예로운 두 계급 중 하나는 성직자[8]이고, 다른 하나는 기사이다.

종교를 담당하는 성직자들은 공사公私의 모든 희생제를 주관하고 종교와 관련된 모든 문제를 해결한다. 그들은 커다란 존경의 대상으로, 수많은 젊은이들이 그들을 찾아와 가르침을 구한다. 그들은 부족이나 개인 간에 벌어지는 거의 모든 분쟁에 판결을 내린다. 예를 들어 누군가가 범죄를 저지르거나, 살인을 하거나, 유산이나 땅 때문에 분쟁이 일어나면 그들이 나서서 판결을 내리고 보상과 처벌을 결정한다. 개인이나 집단이 그들의 판결에 승복하지 않으면 성직자들은 그들의 희생제를 금지시켜 버린다. 이것은 가장 가혹한 형벌이다. 희생제가 금지된 사람은 악한 자나 범죄자로 간주된다. 모든 사람이 그를 피하고, 접근하지도 않고 말을 걸지도 않는다. 부정한 것과의 접촉으로 어떤 피해가 돌아올 것이 두렵기 때문이다. 그들은 법에 도움을 청해도 공정한 판결을 얻지 못하고, 명망 있는 자리에 오르지도 못한다. 모든 성직자는 최고의 권위를 가진 최고 성직자의 지배를 받는다. 그가 죽으면 다른 성직자들 중에서 뛰어난 자가 그의 자리를 계승하지만, 비슷한 여러 명이 경쟁할 때는 전체 투표로 결정하거나 때로는 무력을 동원한 싸움으로 해결하기도 한다. 그들은 일 년에 한 번씩 갈리아의 중심에 해당하는 카르누테스족 영토의 신성한 장소에 모여 판결을 내린다. 분쟁이 있는 자들이 갈리아 각지에서 모여드는데, 모두 그들의 결정과 판결에 복종한다. 드루이드교는 브리타니아에서 갈리아로 넘어왔다고 알려져 있으며, 오늘날에도 이 종교를 깊이 이해하려는 자들은 브리타니아로 건너간다고 한다.

14 성직자는 전쟁에 참가하지 않고 다른 사람들처럼 세금을 내지도 않는다. 즉 군복무를 비롯한 모든 의무가 면제되는 것이다. 그런 혜택 때문에 많은 사람들이 자의로 혹은 부모의 권유로 성직자의 길에 들어선다. 수련 기간에는 수많은 시구詩句를 암기하는데, 어

---

7. 부족 간의 보호, 피보호 관계를 말한다.
8. 기독교로 개종하기 전 고대 켈트인의 종교인 드루이드교의 사제를 가리킨다.

떤 자들은 수련에 20년이 걸리기도 한다. 갈리아에서는 공사의 기록을 포함하여 거의 모든 방면에 그리스 문자를 사용하지만, 성직자들은 교육 내용을 글로 남기는 것은 부적절하다고 여긴다. 내가 보기에 이 관행에는 두 가지 이유가 있는 것 같다. 첫째, 교육 과정이 널리 알려지는 것을 원치 않기 때문이고 둘째, 수련하는 자들이 글에 의지하면 암기에 집중하지 않기 때문이다. 실제로 수도승들 중에는 일종의 대비책으로 암기할 내용을 글로 적어놓았다가 결국 암기를 포기하는 경우가 종종 있다고 한다. 성직자들이 전하는 주된 교의는 영혼은 죽지 않으며 사후에 다른 사람에게로 넘어간다는 것이다. 이렇게 해서 죽음의 공포를 극복할 수 있기 때문에 그들은 이 교의가 사람들에게 강한 용기를 불어넣는다고 생각한다. 이 밖에도 그들은 천체와 그 움직임에 대해, 우주와 지구의 크기에 대해, 사물의 본질에 대해, 신들의 힘과 특성에 대해 오랜 토론을 벌이고 그로부터 얻은 지식을 젊은이들에게 가르친다.

15 두 번째는 기사 계급이다. 전쟁이 일어나면(카이사르가 오기 전에는 거의 해마다 전쟁이 일어났다.) 모든 기사가 전투에 참가해 다른 부족을 침략하거나 적의 공격을 막아낸다. 기사는 각자의 신분과 재력에 따라 주위에 거느리고 참전할 수 있는 추종자와 피보호민의 수가 결정된다. 그들의 수가 기사의 지위와 세력을 알아볼 수 있는 유일한 기준이다.

16 갈리아인들은 대단히 미신적이어서 중병에 걸린 사람들 또는 출전을 앞두거나 위험한 일에 처한 사람들은 제물로 산 사람을 바치거나, 그렇게 하겠다고 맹세하고 성직자에게 희생제를 의뢰한

다. 한 사람의 생명을 구하려면 반드시 다른 사람의 생명을 바쳐서 신의 노여움을 풀어야 한다고 믿기 때문이다. 그들은 또한 국가 제사도 이와 비슷하게 거행한다. 어떤 부족들은 거대한 신상神像[9]을 만들고 고리버들로 엮어 만든 신상의 팔과 다리에 산 사람들을 가득 집어넣는다. 그리고 이 신상에 불을 붙여 산 사람들을 그대로 화형시킨다. 갈리아인들은 도둑이나 강도 또는 그 밖의 범죄자들을 이런 식으로 처형하면 신들이 더욱 기뻐한다고 믿는다. 그러나 마땅한 범죄자가 부족할 때는 무고한 사람들을 붙잡아 죽이는 일도 서슴지 않는다.

17   갈리아인들이 가장 숭배하는 신은 메르쿠리우스인데 곳곳에 그의 신상이 모셔져 있다. 갈리아인들은 그를 모든 기술의 발명가이자 길과 여행의 안내자로 믿고 또한 돈 버는 일과 여행을 주관한다고 믿는다. 그 다음으로는 아폴로, 마르스, 유피테르, 미네르바를 숭배한다.[10] 그들은 이 신들에 대해 다른 민족들과 거의 똑같이 생각한다. 아폴로는 질병을 막아주고, 미네르바는 기술과 공예의 원리를 가르쳐주고, 유피테르는 천상을 다스리고, 마르스는 전쟁을 지배한다. 중대한 전쟁을 결의하고 나면 전투에서 얻을 대부분의 전리품을 마르스에게 바치겠다고 맹세한다. 전쟁에서 승리하면 포획한 동물들로 제사를 올

---

9. 신상에 해당하는 라틴어 시뮬라크라simulacra는 단지 상像을 의미할 수도 있지만, 대개는 조상과 같이 인간의 모습을 한 신상을 가리킨다.
10. 카이사르는 로마의 독자들이 이해할 수 있도록 갈리아의 신들을 로마 신의 이름으로 부르고 있다. 가령 테우타테스는 메르쿠리우스, 벨론은 아폴로, 헤수스는 마르스, 타라니스는 유피테르로 불렀다. (미네르바는 달의 여신인 벨리사나를 가리킨다고 추정하기도 하지만 확실하지는 않다.) 한때 갈리아 종교의 두드러진 형태였던 토템 신앙(특히 수퇘지를 신성한 동물로 여겼다.)의 흔적은 발견되지 않는다.

리고 그 밖의 전리품들을 모두 한곳에 모아놓는다. 따라서 여러 부족들 영토에서 그런 물건들이 작은 언덕처럼 쌓여 있는 것을 볼 수 있는데, 일단 전리품을 쌓아둔 후에는 어느 누구도 종교적 규율을 어기고 자신의 전리품을 집으로 가져가거나 훔쳐가지 않는다. 그런 행동을 하면 고문을 포함해 가장 가혹한 형벌이 가해진다.

18 갈리아인들은 드루이드교의 가르침에 따라 그들이 모두 디스[11]라는 한 조상의 후손이라 주장한다. 따라서 그들은 시간의 흐름을 낮이 아닌 밤을 기준으로 결정하고, 생일이나 달(月)과 해(年)의 시작을 정할 때도 낮보다 밤을 기준으로 삼았다.[12] 그 밖의 여러 생활 방식에 대해 이야기하자면, 갈리아인은 아들이 성장해서 병역의 의무를 수행할 수 있는 나이가 될 때까지는 공식적으로 아버지 앞에 나타나는 것을 허락하지 않는다는 점에서 다른 민족들과 차이를 보인다. 그들은 아직 소년에 불과한 아들이 아버지 앞에 나타나는 것을 치욕스런 일로 생각한다.[13]

19 남자가 결혼을 할 때는 아내가 가져오는 지참금과 거의 비슷한 액수의 재산을 떼어 아내의 지참금과 합한다. 그들은 이 재산을 공동으로 관리하면서 이윤을 불린다. 후에 한쪽이 사망하면 살아남은 배우자는 원금과 그때까지의 이자를 모두 돌려받는다. 남자는 자식뿐 아니라 아내의 생사까지도 마음대로 결정할 권한이 있었다. 귀족 가문의 가장이 죽으면 친척들이 모이는데, 그의 죽음에 조금이라도 미심쩍은 기미가 보이면 그의 '아내들을' 노예처럼 심문한다.[14] 만약 어떤 사실이 밝혀지면 끔찍한 고문을 가한 후 목숨을 빼앗는다. 갈리아

인의 장례식은 그들의 문명 수준에 비해 대단히 화려하다. 살아 있는 것을 포함해 죽은 자가 생전에 소중히 여겼던 것은 모두 그와 함께 화장시킨다. 얼마 전까지만 해도 망자가 아꼈던 노예와 피보호민까지 장례식이 끝날 때 함께 불태웠다는 기록이 있다.

20 공사를 상당히 공정하게 처리한다고 여겨지는 부족들은, 만약 누구라도 이웃 부족에게서 부족의 안위에 영향을 미칠 수 있는 소문이나 소식을 들었다면 반드시 판관에게 보고하는 동시에 다른 사람에게는 발설하지 말아야 한다는 법령이 있다. 잘 알려진 사실이지만 이것은 성미가 급하거나 미숙한 자들이 종종 헛소문에 놀라 범행을 저지르거나 중대한 문제를 일으키기 때문이다. 판관들은 스스로 판단하여 대중에게 알릴 것과 알리지 말 것을 결정한다. 그리고 회의가 아니면 부족 문제를 논하는 것은 금지되어 있다.

---

11. Dis: 지하 세계(명부)의 신 플루토에 해당한다. 여기에는 갈리아인이 이주 민족이 아니라 토착 민족이라는 그들의 주장이 내포돼 있다.
12. 애매한 표현이지만, 갈리아인은 땅과 어둠의 신으로부터 생겨났다고 생각했기 때문에 어둠을 기준으로 시간을 계산하고 (영어에서 2주를 〈fortnight〉이라고 부르는 것처럼) 시간 단위를 밤의 수로 따져 불렀음을 암시한다. 타키투스에 따르면 게르만인도 그랬다고 한다.
13. 가령 아버지가 전사로서 대중 앞에 섰을 때 아직 전사가 되지 못한 아들이 그 자리에 나타나면 아버지에게 치욕스런 일이 되었다. 일종의 터부였을 것으로 추측된다.
14. 가장을 뜻하는 라틴어 파테르파밀리아스paterfamilias는 로마에서 전 가족의 생사여탈권을 쥔 가장을 가리킨다. 카이사르는 갈리아인들이 일부다처라고 말하지는 않았지만 복수형인 〈아내들(de uxoribus)〉이 일부다처를 암시하고 있다. 〈노예처럼 심문한다〉는 것은 고문을 의미한다.

게르마니아의 풍습과 제도

21 게르만인의 풍습은 갈리아인과 매우 다르다. 그들에게는 종교 행사를 주관하는 성직자가 없고 희생제도 없다. 이들이 신으로 숭배하는 것은 오직 눈으로 볼 수 있고 확실한 이익이 되는 것, 가령 태양의 신, 불카누스,[15] 달의 신 같은 것들이고 그 밖의 것들은 귓전으로 흘려버린다. 게르만인은 사냥과 전쟁으로 평생을 보내고 어린 시절부터 힘든 노동과 인내를 추구한다. 그들 사이에서는 가장 오래 동정을 지킨 자가 가장 큰 칭찬을 받는다. 그렇게 하면 키가 더 커진다는 말도 있고, 힘과 결단력을 기를 수 있다는 말도 있다. 스무 살에 도달하기 전에 여자를 아는 것은 수치스런 일로 여기지만, 그렇다 해도 이런 문제에 대해서는 감추는 바가 전혀 없다. 남녀가 함께 강에서 몸을 씻기도 하고, 몸에 걸치는 옷도 몸이 거의 다 드러나는 모피와 짐승 가죽에 불과하기 때문이다.

22 게르만인은 농경에 열의가 없고 우유, 치즈, 고기를 주식으로 한다. 어느 누구도 자기 자신의 땅이나 집을 소유하지 않는다. 남자를 군대에 보낸 가족이나 부족은 관리들과 유력자들로부터 일정 규모의 토지를 배정받지만 일 년 후에는 다른 곳으로 이동해야 한다. 게르만인들은 이 제도에 여러 가지 이유를 제시한다. 즉 습관에 사로잡히고 농사에 익숙해짐으로써 호전성이 사라지는 것을 막기 위해서이고, 넓은 땅을 욕심 내어서 강자가 약자의 땅을 빼앗는 것을 막기 위해서이고, 추위와 더위를 견딜 수 있는 집을 짓기 위해 지나치게 공들이는 것을 막기 위해서이고, 분파와 다툼을 조장하는 금전에 대한 욕심

을 막기 위해서이고, 유력자와 평민의 평등한 소유로 평민들이 만족하며 살 수 있게 하기 위해서이다.

23 게르만 부족들 사이에서 최고의 명예는 영토의 경계 지역에 넓은 황무지를 둔 부족에게 돌아간다. 그것이야말로 이웃 부족들을 영토 밖으로 몰아내고 접근이나 거주를 허락하지 않는 용맹함의 징표라 여기기 때문이고, 또한 불시에 침략당할 위험을 제거하여 보다 안전하게 살 수 있다고 믿기 때문이다. 침략을 당하거나 다른 부족을 침략하는 전쟁이 일어나면 전쟁을 지휘하고 생사여탈권을 갖는 지휘관이 선출된다. 그러나 평시에는 부족 전체를 지배하는 사람을 두지 않고 대신 각 구역과 부락의 지도자가 판관 역할을 하면서 분쟁을 해결한다. 각 부족의 영토 밖에서 벌어지는 약탈 행위는 불명예가 되지 않는다. 오히려 그들은 젊은이들을 훈련시키고 나태함을 몰아내기 위해 그런 일들을 장려하는 편이다. 게다가 부족 회의에서 족장이 다른 부족을 침략하기 위해 지휘권을 요구하고 지지를 호소하면, 그와 그의 뜻을 지지하는 사람들은 부족민들의 갈채 속에 자리에서 일어나 지원을 맹세한다. 지원을 맹세한 자가 약속을 지키지 않으면 이탈자나 배반자로 간주되어 그 후로는 누구도 그의 말을 신뢰하지 않는다. 게르만인은 환대의 의무를 저버리지 않는다. 어떤 이유로든 손님이 찾아오면 그들을 신성불가침의 대상으로 여기고 보호한다. 어느 가정이나 손님을 맞아들이고 함께 음식을 먹는다.

---

15. Vulcanus: 불의 신을 말한다.

24 한때는 갈리아인이 게르만인보다 용맹하여 수시로 그들을 침략했다. 또한 인구 밀도도 높고 땅도 부족했기 때문에 라인 강 너머에 식민지를 세우기도 했다. 이렇게 해서 볼카이 텍토사게스족은 게르마니아에서 가장 비옥한 곳인 헤르키니아 숲[16] 주변 지역을 차지하고 그곳에 정착했다.[17] 에라토스테네스와 그 밖의 몇몇 그리스인들도 소문을 통해 이 숲을 알고 있었으나, 그들은 이 숲을 오르키니아 숲이라 부른 것으로 나는 알고 있다.[18] 볼카이 텍토사게스족은 오늘날까지도 그곳에 살고 있으며 공정하고 용맹한 부족으로 명성이 높다. 오늘날 그들은 게르만인과 똑같이 음식을 먹고 똑같이 옷을 입으며, 그들과 똑같이 가난과 궁핍과 고난을 견디며 산다. 반면에 갈리아인은 프로빈키아에 가까이 살아 수입품에 익숙하며 사치스럽고 편리한 생활을 누린다. 그들은 많은 전투에서 패하는 동안 점차 패배에 익숙해져서, 이제는 그들 자신이 용맹함에 있어서는 게르만인과 대적할 수 없다고 생각한다.

25 짐을 가볍게 하고 위에서 말한 헤르키니아 숲을 통과하는 데는 꼬박 9일이 걸린다. 게르마니아에는 거리를 측정하는 단위가 없기 때문에 숲의 크기를 더 정확하게 설명하기가 불가능하다. 이 숲은 헬베티족, 네메테스족, 라우라키족의 땅에서 시작되고, 다뉴브 강과 함께 똑바로 펼쳐지면서 다키족과 아나르테스족의 영토에 이른다. 여기에서 숲은 강과 멀어지고 왼쪽으로 펼쳐지는데, 크기가 워낙 방대해서 많은 부족들의 경계를 품고 있다. 이 지역에 사는 어느 누구도 숲의 끝에 도달했다거나(60일이 걸린다고 한다.) 숲이 어디에서 시작하는지를 들었다고 말하는 사람이 없다. 숲 속에는 어디서도 볼 수 없는 수

많은 야생 동물이 살고 있다고 모두가 믿는다. 그 동물들은 워낙 특이해서 기록해 둘 만한 가치가 있다고 생각한다.

26 수사슴과 같이 생긴 소가 있다. 두 귀의 중간인 이마 한가운데에는 한 개의 뿔이 있는데, 흔히 보는 동물의 뿔보다 더 길고 똑바르게 자란다. 뿔의 끝은 손가락이나 나뭇가지처럼 여러 갈래로 갈라져 있다. 암컷도 수컷과 똑같이 생겼고 뿔의 모양과 크기도 같다.

27 엘크라는 동물도 있다. 그 형태와 얼룩덜룩한 가죽은 염소와 비슷하지만, 염소보다 훨씬 크고 뿔이 뭉툭하며 다리에는 관절이 없다. 엘크는 양처럼 눕지 못하고, 뜻밖의 사고로 땅바닥에 쓰러지면 혼자 힘으로는 다시 일어서지 못한다. 엘크는 나무를 침상처럼 이용해 선 채로 나무에 기대 휴식을 취한다. 사냥꾼들이 엘크의 발자국으로 그들의 자취를 추적해서 휴식 장소를 발견하면 나무 밑의 흙을 파거나 나무 밑동을 베어서 간신히 서 있을 정도로 약하게 해놓는다. 엘크가 평소처럼 나무에 기대면 엘크의 무게 때문에 나무와 엘크가 함께 쓰러진다.

---

16. 독일 중남부의 산지다.
17. 식민지에 대한 카이사르의 설명은 리비키우스와 타키투스의 기록으로 확인된다.
18. 에라토스테네스(기원전 275년경-194년)는 알렉산드리아의 비평가, 지리학자, 수학자, 철학자, 시인이었다. 〈몇몇 그리스인들〉 중에는 티모스테네스와 포시도니우스가 포함될 것이다.

28 세 번째로 오록스라는 동물이 있다. 오록스는 코끼리보다 약간 작고, 외모와 색깔, 형태가 황소와 비슷하다. 오록스는 대단히 사납고 발이 빠르며 사람이나 동물이 시야에 들어오면 즉시 공격한다. 게르만인은 함정을 파서 오록스를 잡은 다음 도살한다. 오록스 사냥은 젊은이를 강인하게 만드는 일종의 훈련으로 간주된다. 사나운 오록스를 죽인 자는 사냥의 증거로 오록스의 뿔을 공개하여 큰 갈채를 받는다. 오록스는 어릴 때 잡힌 것도 사람과 친해지거나 길들여지지 않는다. 뿔은 크기와 모양과 형태가 소의 뿔과 사뭇 다르다. 게르만인은 오록스의 뿔을 높이 평가해서 그 표면에 은테를 두르고 중요한 축제 때 술잔으로 사용한다.

암비오릭스 추격

29 [19] 우비족 정찰병을 통해 수에비족이 숲으로 피신한 것을 알게 된 카이사르는 무엇보다 식량 보급이 염려스러웠다. 앞에서 설명한 대로 게르만인은 농사를 거의 짓지 않기 때문이다. 결국 카이사르는 더 이상 진군하지 않기로 결정했다. 그러나 야만인들이 그에 대한 두려움을 기억하고 지원군을 보내지 못하도록 하기 위해 군대를 철수시키고, 다리를 파괴할 때도 우비족 영토의 강둑과 맞닿은 60미터 부분만 파괴하고 나머지는 그대로 남겨두었다. 갈리아 쪽의 다리 끝에는 4층 탑을 세우고 12개 대대를 주둔시켜 다리를 지키게 하고 튼튼한 방어 시설로 주둔지를 강화했다. 그리고 젊은 가이우스 볼카티우스 툴루스에

게 주둔지와 수비대를 맡겼다. 곡식이 여물기 시작하자 카이사르는 암비오릭스를 치기 위해 군대를 이동시켜 아르덴 숲을 통과했다. 이 숲은 라인 강과 트레베리족의 영토에서부터 네르비족의 영토에 이르기까지 길이가 740킬로미터가 넘는, 갈리아에서 가장 큰 숲이다.[20] 카이사르는 루키우스 미누키우스 바실루스와 전 기병을 먼저 보내, 신속한 행군으로 얻을 수 있는 기회와 이점을 정탐하게 했다. 그리고 적에게 미리부터 경계심을 주지 않기 위해 바실루스에게 진지에서 불을 피우지 말라고 지시하고 자신도 곧 뒤따라 가겠노라고 말했다.

30 바실루스는 카이사르의 명령을 충실히 이행했다. 로마군은 아무도 예상하지 못한 빠른 진군으로, 무장하지 않은 자들과 아직 들판에서 일하고 있는 자들을 모두 생포했다. 생포된 자들이 전해준 정보에 따라, 바실루스는 암비오릭스가 소수의 기병과 함께 머물고 있는 장소로 즉시 진격했다. 모든 일에서, 특히 군사적인 문제에서는 운이 매우 중요하다.[21] 암비오릭스가 바실루스와 로마군이 온다는 소식이나 소문을 듣지 못하고 아무런 준비 없이 방심하고 있을 때, 바실루스가 그를 공격할 수 있었던 것은 전적으로 행운이었다. 마찬가지로 암비오릭스가 모든 무기와 말과 마차를 빼앗기고도 죽음을 모면한 것 역

---

19. 갈리아와 게르마니아의 풍습과 제도를 모두 비교한 후, 6-10에 이어 게르만인과의 전투 이야기로 다시 돌아왔다.
20. 과장된 크기이다.
21. 카이사르는 운(포르투나fortuna)의 중요성을 자주 강조하는데, 라틴어에서 〈포르투나〉는 어떤 속성이나 신을 가리키기도 한다. 플루타르코스를 비롯한 몇몇 사람들은 포르투나를 카이사르에 대한 특별한 수식어구로 사용했다. 1-40에서는 카이사르 자신이 포르투나와의 관계를 언급한다. ("그의 전운 또한…… 명백히 입증되었다.") 6-35, 6-42에서도 언급되고 있다.

시 운의 작용이었다. 갈리아인들은 더위를 피하기 위해 주로 숲이나 강가에 집을 짓는데, 암비오릭스가 탈출에 성공한 것도 그가 머물고 있던 집이 나무로 둘러싸인 덕분이었다. 그렇게 좁은 공간에서, 그의 부하들이 잠시 동안 기병의 공격을 막아주는 사이에 암비오릭스는 부하가 내준 말을 타고 숲 속으로 사라졌다. 이렇게 해서 운은 암비오릭스를 위험에 빠뜨리기도 하고, 그의 목숨을 구해 주기도 했다.

31 암비오릭스가 병력을 소집하지 않은 것이 전쟁을 피하려는 의도적인 결정에 따른 것인지, 아니면 기병의 습격을 받은 후 로마군의 추격에 쫓기고 있다는 위기감에 계획을 변경한 것인지는 알 수 없다. 그러나 분명한 것은 그가 모든 곳으로 전령을 보내 각자 알아서 몸을 숨기라고 지시했다는 것이다. 어떤 자들은 아르덴 숲으로 피신하고 또 어떤 자들은 끝없이 이어진 습지로 들어갔으며, 대양에 가까운 자들은 본토를 떠나 거센 조류에 휩쓸리는 섬으로 몸을 숨겼다. 많은 자들이 자신의 고향을 떠나 전혀 모르는 사람에게 목숨과 재산을 맡겼다. 카투볼쿠스는 에부로네스족의 나머지 절반을 지배하다가 암비오릭스를 지지하여 동맹을 맺은 자였다. 이제 노인이 된 그는 전쟁이나 추방의 어려움을 견딜 수 없었으므로 반란을 주도한 암비오릭스에게 저주를 퍼부은 다음, 갈리아와 게르마니아에서 흔히 볼 수 있는 주목朱木의 독을 먹고 스스로 목숨을 끊었다.

32 게르만인으로 분류되는 세그니족과 콘드루시족의 영토는 에부로네스족과 트레베리족의 영토 사이에 있다. 두 부족은 카이사르에게 사절을 보내 그들을 적으로 간주하거나, 라인 강 이쪽에 사

는 모든 게르만인을 한패로 보지 말아 달라고 간청했다. 그들은 결코 전쟁을 계획하지 않았고 암비오릭스에게 지원군을 보낸 적도 없다고 주장했다. 카이사르는 포로들을 심문하여 이 문제를 조사한 후, 만일 에부로네스족의 누구라도 두 부족의 영토로 피신했다면 즉시 그들을 붙잡아 데려오라고 명령하고, 이 명령을 이행하면 그들을 공격하지 않겠다고 약속했다. 카이사르는 병력을 셋으로 나누고 전 군단의 장비와 무거운 군수품을 아투아투카로 보냈다. 아투아투카는 사비누스와 코타가 겨울을 보냈던 요새로, 에부로네스족의 영토 중심부에 있었다. 카이사르는 여러 가지 이유로 그곳을 결정했는데, 특히 지난해에 구축한 방어 시설들이 온전하게 남아 있어 병사들이 수고를 덜 수 있다는 이유가 가장 컸다. 그는 최근 이탈리아에서 모집한 3개 군단 중 하나인 14군단을 그곳에 남기고 군수품을 지키게 했다. 그리고 퀸투스 툴리우스 키케로에게 군단의 지휘와 진지를 맡기고 기병 200기를 주었다.

33 카이사르는 병력을 나눈 후 티투스 라비에누스에게 3개 군단을 맡기고 메나피족의 경계에 인접한 해안 지역으로 보냈다. 그리고 같은 수의 군단을 가이우스 트레보니우스에게 맡기고 아투아투키족의 경계 지방을 황폐화시키라고 명령했다. 그 자신은 3개 군단을 이끌고 뫼즈 강으로 흘러드는 스헬데 강과,[22] 아르덴 숲의 가장 먼 곳까지 행군했다. 암비오릭스가 소수의 기병과 함께 그곳으로 향했다는 소식을 들었기 때문이다. 출발할 때 카이사르는 7일 후에 돌아오겠다고 선

---

22. Scaldis: 이 강은 뫼즈 강으로 흘러들지 않는다. 과거에도 그랬을 가능성은 희박하다.

언했다. 바로 그날이 진지에 남은 군단에게 식량을 보급하는 날이기 때문이다. 또한 라비에누스와 트레보니우스에게도 국익에 문제가 될 만한 일이 없는 한 그날까지 돌아오라고 지시했다. 차후의 계획을 논의하고 적의 전략을 자세히 조사하여 새로운 전쟁을 준비하기 위해서였다.

34 위에서 설명했듯이 그곳에는 어떤 병력도 요새도 수비대도 눈에 띄지 않았고, 모든 사람이 넓게 흩어져 있었다. 그들은 각자 깊은 계곡이나 우거진 숲 속 또는 발을 들여놓을 수 없는 습지에 안전하게 숨어 있었다. 그곳 사람들에겐 이런 장소들이 매우 익숙했다. 겁을 먹고 뿔뿔이 흩어진 적들은 단합된 아군 병력에 전혀 위협이 되지 않으므로 부대 자체를 보호하는 것은 문제가 되지 않았다. 그보다 아군이 신중하게 대처해야 할 문제는, 개별 로마 병사들이 자신의 안전을 지키는 것이었다. 그런데 이 문제가 아군에 어느 정도 영향을 미쳤다. 많은 병사들이 전리품에 이끌려 멀리까지 나갔지만 낯설고 비좁은 숲길 때문에 밀집 대형으로 이동할 수가 없었다. 카이사르로서는 범죄자 족속인 에부로네스족을 몰살하여 문제를 확실히 매듭 지으려면 더 많은 부대를 내보내고 병사들을 더 넓게 분산시켜야만 했다. 그러나 로마군의 전투 수칙에 따라 보병 중대[23]들의 대형을 유지한다면 유리한 지형을 이용하고 있는 야만인들을 공격할 수가 없었다. 오히려 어떤 자들은 은밀한 곳에 매복하고 있다가 흩어진 아군 병사들을 포위하기도 했다. 카이사르는 이런 상황에서 예상할 수 있는 모든 가능성을 신중히 고려해야 했다. 비록 모든 아군 병사들의 마음에는 복수심이 불타고 있었지만 공격을 감행하다 해를 입을 수 있으므로 결국 이번의 공격 기회는 그냥 넘어가기로 결정했다. 대신 카이사르는 이웃 부족들에게 사자

를 보내 모두 이곳에 들어와서 에부로네스족을 약탈하고 전리품을 차지하라고 전했다. 아군 병사들 대신 갈리아인들로 하여금 목숨 걸고 싸우게 할 생각이었다. 이와 동시에 수많은 갈리아인들이 사방에서 에워싼다면 에부로네스족은 잔인한 범죄의 대가로 부족과 그들의 이름을 빼앗기게 될 것이다. 순식간에 수많은 사람들이 각지에서 모여들었다.

35

에부로네스족 영토의 모든 곳에서 이런 일들이 벌어지는 동안, 카이사르가 군수품을 지키는 군단에게 돌아가겠다고 약속한 7일째 되는 날이 다가오고 있었다. 이 모든 일에서 운이 전쟁에 얼마나 큰 작용을 하고, 얼마나 큰 변화를 몰고 오는지 분명히 볼 수 있었다. 앞에서 설명한 대로 적은 겁에 질려 뿔뿔이 흩어졌고, 아군의 경계심을 불러일으킬 만한 어떤 공격도 없었기 때문이다. 에부로네스족이 약탈당하고 있으며 모든 사람이 들어와 전리품 사냥에 합류하고 있다는 소식이 게르만인에게도 전해졌다. 라인 강 가장 가까이에 거주하는 수감브리족은 앞서 말한 대로 도망치는 텐크테리족과 우시페테스족에게 피난처를 제공한 부족이었다. 위의 소식을 듣고 2,000의 기병을 소집한 그들은 카이사르가 다리를 건설하고 수비대를 남겨두었던 곳으로부터 약 44킬로미터 떨어진 하류 지점에서 배로 라인 강을 건넜다.

먼저 에부로네스족의 경계에 접근한 그들은 산지사방으로 도망치는 많은 자들을 붙잡고 그들 사이에서 높은 가격으로 거래되는 소를 수없이 포획한 다음, 약탈품을 노리고 더 깊이 전진했다. 전쟁과 약탈에 타

---

23. 보병 중대는 2개의 백인대 또는 대대의 3분의 1로 구성되었다.

고난 재능을 지닌 이 게르만인들에게 습지와 숲은 조금도 방해가 되지 않았다. 그들이 카이사르가 있는 곳을 묻자 포로들은 카이사르가 전 병력을 뒤에 남겨두고 더 깊이 들어갔다고 대답했다. 그때 한 포로가 이렇게 말했다. "왜 당신들은 천운이 찾아온 이때에 보잘것없는 약탈품이나 찾아다니고 있는가? 이곳에서 세 시간이면 로마군이 모든 재산을 남겨둔 아투아투카에 당도할 수 있다. 그곳의 병력은 너무 적어서 방벽을 지키지도 못하고 누구도 감히 진지 밖으로 나오지 못하고 있다." 이 말에 희망을 품은 게르만인들은 지금까지 빼앗은 약탈품을 은밀한 장소에 숨겨두고 아투아투카로 방향을 돌렸다. 이 길에는 위의 정보를 제공한 자가 안내자로 나섰다.

36 그동안 퀸투스 키케로는 카이사르가 지시한 대로 신중을 기해 병사들을 진중에 머물게 하고, 심지어 종군 노예조차도 방어시설 밖으로 나가지 못하게 했다. 그러나 7일째 되는 날, 그는 카이사르가 예정대로 돌아올 것이란 희망을 포기했다. 카이사르가 더 멀리 전진했다는 소식만 들릴 뿐 돌아온다는 소식은 전혀 들리지 않았기 때문이다. 여기에, 아무도 밖으로 나가지 못하고 진지만 지키는 것은 사실상 포위 공격을 당하는 것이나 마찬가지라는 병사들의 불평이 키케로의 불안을 부채질했다. 게다가 9개 군단과 대규모의 기병이 출동했고 적은 뿔뿔이 흩어져 사실상 완전히 궤멸된 상태였기 때문에, 진지로부터 4.5킬로미터 이내에서 어떤 심각한 일이 벌어지리라고는 전혀 상상할 수 없었다. 그래서 키케로는 식량을 조달하기 위해 5개 대대를 가까운 들판으로 내보냈다. 들판과 진지 사이에는 언덕 하나를 제외하고는 아무것도 없었다. 몸이 아픈 몇몇 군단병들은 진지에 남았고, 중상을 입

었다가 회복한 약 300명의 군단병이 여러 부대에 분산되어 함께 밖으로 나갔다. 종군 노예들과 여러 대의 짐마차가 그 뒤를 따랐다.

37 바로 그 순간에 게르만 기병대가 나타나더니 속도를 늦추지 않고 곧장 주진문을 향해 돌진했다. 진지의 그쪽 방면에는 숲이 있어서 아무도 그들의 접근을 눈치 채지 못했다. 방벽 아래에 막사를 치고 있던 종군 상인들도 몸을 피할 여유조차 없었다. 불시의 습격으로 아군 병사들이 우왕좌왕하는 동안 경계를 보던 대대가 간신히 적의 첫 번째 공격을 막아냈다. 적은 진지를 겹겹이 둘러싸고 돌파할 틈을 찾았다. 아군 병사들은 어렵사리 진문들을 방어했고, 자연 지형을 이용한 방어 시설 덕분에 다른 지점들도 무사히 지켜냈다. 그러나 진지 전체는 혼란에 휩싸였다. 병사들은 서로에게 소란의 원인을 물었으며, 어느 누구도 깃발을 어디로 가져가야 할지, 병사들이 어디로 집결할지를[24] 지시하지 못했다. 어떤 병사들은 진지가 적에게 넘어갔다고 외쳤고, 또 어떤 병사들은 로마군과 총사령관이 패주했기 때문에 야만인이 진격한 것이라고 주장했다. 그들이 있는 곳은 코타와 사비누스가 패배를 당한 바로 그 진지였기 때문에 대부분의 병사들은 그때의 재난을 상상하고 미신적인 공상에 사로잡혔다. 야만인들은 포로가 일러준 대로 진지 안에 수비대가 없다는 말을 믿었고, 하늘이 내려준 기회를 놓치지 말자고 서로를 격려하면서 맹렬히 돌파를 시도했다.

---

24. 부대기가 보이는 곳에 대대가 집결한다. (옮긴이)

38   카이사르가 아끼는 수석 백인대장 푸블리우스 섹스티우스 바쿨루스는 병 때문에 수비대와 함께 진지에 남아 있었다. 닷새 동안이나 아무것도 먹지 못한 그가, 자신과 아군 병사들의 안전이 염려스러워 맨몸으로 막사에서 나와 보니 적은 코앞에 있었고 아군은 심각한 위기에 처해 있었다. 그는 즉시 가까이 있는 병사들의 무기를 빼앗아 든 다음 진문 앞을 가로막았다. 그러자 경계를 맡았던 대대의 백인대장들이 그의 뒤를 따랐다. 이들이 힘을 합쳐 잠시 동안 적의 공격을 막아냈지만 그 사이 바쿨루스는 큰 부상을 입어 의식을 잃고 말았다. 병사들이 손에서 손으로 그를 구출해 내 가까스로 목숨을 살렸다. 잠시 동안의 방어로 사기를 회복한 아군 병사들은 다시 힘을 내 진지를 사수하고 적에게 맹렬한 공격을 퍼부었다.

39   들판에서 식량 조달을 마친 아군 병사들의 귀에도 전투의 함성이 들려왔다. 먼저 달려간 기병이 위급한 사태를 전하자 병사들은 공포에 휩싸였지만 주위에는 공격을 피할 곳이 전혀 없었다. 그들은 최근에 모집되어 전투 경험이 전혀 없었기 때문에 대대장들과 백인대장들만을 바라보면서 명령이 떨어지기만을 기다렸다. 그러나 이 생소한 상황에서 어느 누구도 용감하게 나서서 전투를 독려하지 못했다. 야만인들은 멀리 아군 깃발이 보이자 잠시 공격을 멈췄다. 처음에 그들은 포로들의 정보에 따라 먼 곳으로 이동했다고 믿었던 군단들이 돌아온 것으로 생각했지만, 아군이 소수에 불과하다는 것을 알아차리고는 사방에서 진격했다.

40 종군 노예들이 앞다투어 달려가 가까운 언덕을 넘은 다음 깃발 주위에 모여 있던 중대들 사이로 몸을 숨겨 아군 병사들을 더욱 놀라게 만들었다. 어떤 병사들은 쐐기 대형을 만들어 적진을 신속히 돌파하자고 제안했다. 진지까지의 거리가 가까웠으므로 일부 병사가 포위되어 쓰러져도 다른 병사들은 목숨을 구할 수 있었다. 또 다른 병사들은 언덕 위에서 항전을 하다 모두 같은 운명을 맞이하자고 주장했다. 그러나 각 부대에 분산 배치된 소수의 고참 병사들은 두 번째 주장에 반대했다. 그들은 서로를 격려한 다음 지휘권을 맡은 로마의 기사 가이우스 트레보니우스의 뒤를 따라 적진 한가운데를 공격하여 모두 무사히 진지로 돌아왔다. 종군 노예들과 기병들도 그 뒤를 따르며 함께 적을 공격한 끝에 모두 목숨을 구할 수 있었다. 그러나 언덕 위에 남은 병사들은 전술이란 것을 전혀 몰랐다. 그들은 높은 위치에서 방어하려던 애초의 작전을 끝까지 고수하지 못했고, 다른 병사들이 보여준 전투력과 속도도 흉내 내지 못했다. 결국 그들은 진지로 돌아오기 위해 불리한 지형으로 내려오고 말았다. 그들 중에는 다른 군단에서 낮은 계급으로 있다가 용맹함을 인정받고 진급되어 이 군단으로 온 백인대장이 여러 명 있었다. 그들은 자신의 명성을 지키기 위해 마지막 순간까지 용감하게 싸웠다. 그들 덕분에 예상과 달리 일부 병사는 무사히 진지로 돌아왔지만 다른 병사들은 야만인들에게 둘러싸여 죽음을 맞이했다.

41 아군이 진지를 굳게 지켜내자 게르만인은 공격을 포기하고 숲 속에 숨겨둔 전리품을 가지고 라인 강 너머로 물러갔다. 적이 물러간 후에도 아군 병사들 사이에는 두려움이 남아 있어서, 기병과 함께 나갔던 가이우스 볼루세누스가 진지로 돌아와 카이사르가 군

대와 함께 오고 있다는 소식을 전했음에도 병사들은 그의 말을 쉽게 믿지 못했다. 실제로 그들은 거의 제정신을 잃을 정도로 깊은 두려움에 사로잡혀 있었다. 어떤 자들은 카이사르의 전 병력이 몰살당한 후 기병만 도망쳐 왔다고 주장했고, 또 어떤 자들은 카이사르의 군대가 무사했다면 게르만인이 진지를 공격했을 리 없다고 소리쳤다. 결국 카이사르가 도착하자 모든 공포가 사라졌다.

42 카이사르는 전운이란 것을 여러 번 겪은 탓에 돌아오자마자 한 가지 문제를 비판했다. 바로, 경계를 소홀히 하고 대대를 진지 밖으로 내보낸 점을 지적했다. 불운이 닥칠 수 있는 기회는 아무리 사소한 것이라도 허락해서는 안 된다는 것이 그의 판단이었다. 또한 적이 불시에 들이닥친 것은 적의 행운이 작용한 것이고, 더 나아가 적을 방벽과 진문 앞에서 물리친 것도 모두 전운의 힘이라고 생각했다. 무엇보다 놀라운 일은, 게르만인이 암비오릭스의 땅을 약탈하기 위해 라인 강을 건넜지만 갑자기 로마군의 진지로 방향을 바꿈으로써 암비오릭스에게 생각지도 못한 큰 행운이 돌아갔다는 것이다.

43 카이사르는 다시 한 번 병력을 내보내 에부로네스족을 치게 하고, 이웃 부족들에게서 대규모 기병을 소집해 모든 방향으로 출동시켰다. 그들은 보이는 대로 마을과 건물을 모두 불태웠고 모든 가축을 들판으로 몰아냈다. 또한 엄청난 수의 병사와 군마가 곡식을 먹어치웠을 뿐 아니라 때마침 불어닥친 폭풍으로 남은 곡식들마저 모두 쓰러졌다. 결국 군대가 물러간 후라도 은신처에서 살아남은 자들은 식량 부족으로 죽을 수밖에 없었다. 카이사르는 대규모 기병을 여러 부대

로 나눠 사방으로 보냈다. 그리고 여러 번에 걸쳐, 생포된 포로들이 도피 중인 암비오릭스를 보았으며 방금 시야에서 사라졌다고 주장하면서 주위를 두리번거렸기 때문에 기병들은 카이사르의 치하를 받기 위해 더욱 열심히 그를 추격했다. 그들은 큰 어려움 속에서 초인적인 노력을 기울였지만 천운은 매번 그들을 비껴가고 말았다. 그들이 은신처나 숲을 덮칠 때마다 암비오릭스는 매번 야음을 틈타 다른 곳으로 탈출하곤 했다. 그는 단지 4명의 기병에게 목숨을 의지하고 있었다.

44 카이사르는 에부로네스족의 영토를 파괴한 후 원정 중에 잃은 2개 대대를 제외한 전 군대를 이끌고 레미족의 도시인 두로코르토룸[25]으로 들어갔다. 이곳에서 그는 갈리아 회의를 소집해 세노네스족과 카르누테스족의 음모를 조사했다. 반란의 지도자인 아코는 보통 때보다 더 무거운 형벌이 내려져 오랜 관습[26]에 따라 처형되었다. 처형이 두려워 도망친 공모자들에 대해서는 모든 권리를 박탈했다.[27] 카이사르는 월동을 위해 2개 군단은 트레베리족의 영토로, 2개 군단은 링고네스족의 영토로, 나머지 6개 군단은 세노네스족 영토의 아게딘쿰으로 보냈다. 카이사르는 군량을 확보한 후 예년처럼 순회 재판을 주재하기 위해 이탈리아로 출발했다.

---

25. 프랑스 동북부의 랭스를 말한다.
26. 로마의 오랜 관습으로, 죽을 때까지 채찍질을 한 후 머리를 베는 것이다.
27. 직역하자면 〈물과 불의 사용을 금지시켰다〉인데, 이것은 추방의 공식적인 기준이다.

카이사르 48세, 갈리아 전쟁 7년째

제7권 기원전 52년

갈리아 대반란의 조짐

1 카이사르는 갈리아를 평정한 후 예정대로 순회 재판을 위해 이탈리아로 향했다. 그리고 그곳에서 푸블리우스 클로디우스[1]가 살해됐음을 알았다. 일정 연령의 모든 남자는 군무를 서약해야 한다는 원로원의 포고 소식에 카이사르는 그의 속주[2] 전역에서 군대를 소집하기로 결정했다.

이 소식이 금세 갈리아 트란살피나에 퍼졌다. 늘 그랬듯이 갈리아인들은 이번에도 이야기를 확대하고 그럴듯한 소문까지 덧붙여, 로마에서 반란이 일어나 카이사르의 발이 묶였으며 심각한 사회 불안 때문에 그의 군대로 돌아오지 못하고 있다고 수군거렸다. 로마의 지배에 종속된 것을 한탄하던 사람들은 이 기회를 놓치지 않고 보다 자유롭고 대범한 분위기 속에서 새로운 전쟁을 계획했다.

갈리아 족장들은 은밀한 숲에서 회의를 열어 아코의 죽음을 애통해했고 그들도 그와 똑같은 운명을 맞이할 수 있다고 한탄했다. 그들은 전 갈리아의 운명을 슬퍼하면서, 목숨을 걸고 전쟁을 일으켜 갈리아를 해방시킬 사람을 구하기 위해 온갖 약속과 보상을 내걸었다. 그리고 그들의 은밀한 협상이 드러나기 전에, 무엇보다 카이사르를 그의 군대로부터 차단시킬 전략이 필요하다는 데 동의했다. 이것은 간단한 문제였다. 로마군은 총사령관이 없으면 감히 동영지를 벗어나지 못하고, 그들의 총사령관은 군대의 호위가 없으면 군단이 있는 곳으로 갈 수 없기 때문이다. 마지막으로 그들은 조상들로부터 물려받은 명예와 자유를 회복하지 못하느니 차라리 싸우다 죽는 것이 낫다는 데에 동의했다.[3]

2 회의가 끝날 무렵 카르누테스족은, 공동의 이익을 위해서라면 감수하지 못할 위험이 없다고 선언하면서, 그들이 앞장서서 전쟁을 이끌겠다고 약속했다. 계획이 탄로날 수 있으므로 당분간 인질은 교환하지 않기로 하고, 그 대신 최고의 신성한 의식으로써 모든 부족의 군기를 합쳐 그 앞에서 엄숙히 맹세했다. 그것은 일단 전쟁이 시작되면

---

1. 푸블리우스 클로디우스 풀크루스(기원전 92–52년)는 기원전 59년에 호민관을 지냈고 키케로의 추방에 앞장선 민중파 정치가였다. 정적인 밀로와의 충돌에서 기원전 52년 1월에 살해되었다.
2. 〈그의 속주〉는 갈리아 키살피나 지역을 가리킨다.
3. 카이사르는 이 회의를 이전과는 다른 불길한 조짐으로 보고 있다. 전 갈리아의 자유를 표방하고 모인 회의였고, 로마인들처럼 불명예보다 죽음을, 복종보다 자유를 택하겠다는 동기가 깔려 있기 때문이다.

끝까지 카르누테스족을 따르겠다는 맹세였다. 모든 족장이 카르누테스족을 축하하고 개전 시기를 결정한 후 회의를 마치고 돌아갔다.

3   약속한 날이 오자 공격 신호와 함께 카르누테스족은 코투아투스와 콘콘네토둠누스라는 두 무뢰한의 지휘로 케나붐[4]을 공격했다. 그들은 교역을 위해 그곳에 거주하던 로마 시민들을 도살하고 재산을 약탈했다. 피해자 중에는 카이사르의 명령에 따라 식량 보급을 관장하는, 존경받는 로마 기사 가이우스 푸피우스 키타도 있었다. 이 소식은 순식간에 갈리아 전체로 퍼져나갔다. 갈리아인들은 조금이라도 눈에 띄는 사건이나 중요한 일이 발생하면 즉시 온 부락과 들판에 큰 소리로 소식을 전하고, 그것을 들은 사람은 또 다시 소리를 지르며 이웃에게 전한다. 이 사건도 예외가 아니어서, 케나붐에서 동틀녘에 일어난 사건이 제1야경시(18-21시)가 끝나기도 전에 237킬로미터나 떨어진 아르베르니족의 영토에 전해졌다.[5]

4   강력한 영향력을 가진 아르베르니족의 베르킨게토릭스[6]라는 자도 이에 편승했다. 그의 부친인 켈틸루스는 전 갈리아의 지배권을 획득했으나 그 후 왕위에 오르려다 부족민에게 살해되었다. 베르킨게토릭스라는 젊은이는 누구보다 탁월한 능력을 발휘해 피보호민들을 불러모으고 그들의 마음을 쉽게 선동했다. 그의 계획이 알려지자 각지에서 무장한 자들이 몰려왔다. 그러나 그의 숙부 고반니티오를 비롯한 부족 지도자들은 이 일에 반대하여 그를 게르고비아 도시 밖으로 추방했다. 그러자 그는 드넓은 시골 지역을 돌아다니며 범죄자와 무법자들을 끌어들였다. 이렇게 해서 군대를 조직한 그는, 자유를 위해 무

기를 들라고 부족 사람들을 선동하여 대규모 병력을 끌어모으고, 최근에 그를 추방했던 반대자들을 먼 곳으로 쫓아버렸다.

지지자들은 베르킨게토릭스를 〈왕〉으로 선포했다. 그는 모든 곳으로 사절을 보내 충성을 요구했고 세노네스족, 파리시족, 픽토네스족, 카두르키족, 투로니족, 아울레르키족, 레모비케스족, 안데스족, 그리고 해안 지방의 모든 부족들과 동맹을 맺었다. 최고 지휘권이 만장일치로 그에게 주어졌다. 그는 이 권한을 이용해 모든 부족에게 인질을 요구하고 즉시 일정한 수의 병사를 보내라고 명령했다. 그리고 정해진 날까지 주어진 수의 무기를 만들게 했고, 기병에 특별한 주의를 기울였다. 그는 극도로 신중하고 엄격해서 조금이라도 동요를 일으키는 자들은 엄벌에 처했다. 중대한 범죄를 저지른 자에게는 온갖 종류의 고문을 가하여 화형에 처했으며, 가벼운 잘못을 저지른 자에게는 귀를 자르거나 눈을 파낸 후 사람들에게 처벌의 가혹함을 일깨우기 위해 고향으로 보냈다.

5 이 같은 폭압으로 베르킨게토릭스는 빠르게 군사를 모았다. 그는 카두르키족 출신의 루크테리우스라는 이름을 가진 대단히 용감한 자에게 병력의 일부를 맡겨 루테니족에게 보내고, 그 자신은 비투리게스족 영토로 향했다. 이 소식을 들은 비투리게스족은 그들의 보

---

4. 파리 남쪽 113킬로미터 지점으로, 지금의 오를레앙을 말한다.
5. 아르베르니족은 1–31에서 중요한 부족으로 언급됐으나 전쟁과 관련된 언급은 이것이 처음이다.
6. 카이사르의 최대 적이자 후세에 갈리아 저항의 상징이 된 인물이다. 갈리아 역사가 카밀 줄리앙은 그를 한니발이나 미트라다테스에 견주는 인물로 평가했다. 20세기 프랑스에서는 히틀러의 제국주의 침략에 맞선 레지스탕스 운동을 상징하는 낭만적인 국민 영웅으로 부상했다. 몽테뉴를 비롯한 여러 사람이 알레시아를 피난처로 삼은 그의 어리석음을 애석해 했다. 알레시아에서 패한 후 카이사르에게 항복했고, 기원전 46년 카이사르의 장엄한 개선식이 끝난 후 처형되었다.

호자인 하이두이족에게 사절을 보내 적을 막을 수 있도록 지원군을 보내 달라고 요청했다. 하이두이족은 카이사르의 명으로 로마군과 함께 그곳에 남은 부장들의 조언에 따라, 비투리게스족을 지원하기 위해 기병과 보병을 파견했다. 그러나 하이두이족 지원군은 두 부족의 영토를 가르는 루아르 강에 이르러 감히 강을 건너지 못하고 며칠 동안 머물다 오던 길로 되돌아갔다. 그리고 로마군의 부장들에게는, 비투리게스족의 배신이 두려워서 돌아왔다고 보고했다. 비투리게스족은 하이두이족이 강을 건너면 아르베르니족과 연합해 그들을 포위하려는 계획을 갖고 있었다는 것이다. 그들의 철수가 부장들에게 설명한 바로 그 이유 때문이었는지 아니면 로마에 대한 변절 때문이었는지는 확인할 수 없었지만, 하이두이족 지원군이 철수하자 비투리게스족은 즉시 아르베르니족 군대와 힘을 합쳤다.[7]

6 카이사르는 이탈리아에서 이 소식을 들었다. 폼페이우스의 결단[8]으로 로마의 상황이 보다 유리해지자 그는 즉시 갈리아 트란살피나로 출발했다. 이곳에 도착하자마자 그는 중대한 문제에 부딪혔다. 어떤 방법으로 그의 군대와 합류할지가 난관이었다. 그의 군단들을 프로빈키아로 부르면 로마 병사들은 총사령관도 없이 행군 중에 전투를 벌일 수밖에 없었다. 반대로 그가 올라가는 경우, 아직 갈리아인은 평화로워 보였지만 그들에게 목숨을 맡기기는 어려웠다.

7 한편 루테니족에게 파견된 카두르키족의 루크테리우스는 루테니족을 베르킨게토릭스 편으로 만들었다. 그런 다음 니티오브리게스족과 가발리족의 영토로 들어가 그들로부터 인질을 넘겨받았다.

많은 병력을 모은 그는 프로빈키아로 진입해 나르보를 공격하려 했다. 이 소식을 들은 카이사르는 다른 모든 계획을 접고 서둘러 나르보로 출발했다. 그곳에 도착한 카이사르는 겁에 질린 주민들을 안심시키는 동시에 프로빈키아에 거주하는 루테니족의 구역에 전초 부대들을 배치하고, 볼카이 아레코미키족과 톨로사테스족의 영토 그리고 나르보 주변에도 부대를 배치했다. 모두 적과 가장 가까운 지역이었다. 카이사르는 또한 프로빈키아의 병력 중 한 부대와 이탈리아에서 이끌고 온 새 증원 부대에게 아르베르니족 영토와 인접한 헬비족 영토로 집결하라고 명령했다.

8   이러한 조치를 취하자 루크테리우스는 로마군의 전초 부대를 지나 안쪽으로 들어가는 것은 위험하다고 여겼는지 진군을 멈추고 퇴각했다. 카이사르는 헬비족 영토로 출발했다. 아르베르니족과 헬비족의 영토를 가르는 세벤 산맥[9]은 겨울 동안 깊이 쌓인 눈 때문에 행군이 대단히 어려웠다. 그러나 아군 병사들은 엄청난 노력으로 1.8미터 깊이의 눈을 치우고 길을 트며 전진을 계속했다. 카이사르가 아르베르니족의 영토로 들어설 때 그들은 아무것도 모른 채 방심하고 있었다. 그들은 세벤 산맥이 성벽처럼 그들을 보호한다고 믿었다. 그해 들

---

7. 여기에서 카이사르는, 그 일로 인해 처음으로 하이두이족의 충성을 의심하게 되었음을 암시하고 있다. 그러나 지원군이 떠나자 비투리게스족이 변절했다는 하이두이족의 주장을 인정한 것은 그런 의심을 즉시 떨쳐버렸음을 나타낸다.
8. 기원전 52년 하반기에 쓴 이 글에서 카이사르는 폼페이우스와의 친분을 가정하고 의도적으로 반어법을 사용하고 있다. 기원전 52년 1월 18일에 클로디우스가 살해되고 폭동이 일어난 직후 폼페이우스는 단독 집정관에 선출되었고 그를 독재관으로 추대하려는 움직임이 있었다. 더구나 원로원파가 폼페이우스를 포섭하려는 상황에서 삼두 정치의 〈이두〉인 카이사르와 폼페이우스는 권력을 놓고 힘을 겨루고 있었다.
9. 프랑스 남동부에 있는 산맥이다. (옮긴이)

어 아직 세벤 산맥을 통과한 자는 한 명도 없었다. 카이사르는 기병에게 가능한 한 간격을 넓게 유지하면서 적을 최대한 두렵게 만들라고 명령했다.

소문과 보고가 즉시 베르킨게토릭스의 귀에 들어갔다. 겁에 질린 아르베르니족 사람들이 몰려와 그를 에워싸고는 전쟁의 화살이 그들에게 겨누어지고 있음을 한탄하면서, 불쌍한 그들이 적에게 약탈당하지 않게 해달라고 애원했다. 사람들의 간청에 마음이 흔들린 베르킨게토릭스는 진지를 철수하고 비투리게스족의 땅을 떠나 아르베르니족의 영토로 돌아갔다.

9 그러나 카이사르는 베르킨게토릭스의 이동을 예상했기 때문에 그곳에 단 이틀만 머물렀다. 그는 지원군과 기병을 소집한다는 명목으로 그의 군대를 떠나면서, 젊은 브루투스[10]에게 지휘권을 맡기고 기병의 간격을 최대한 넓게 유지하라고 지시했다. 그리고 최소한 3일 후에는 돌아오겠다고 말했다. 준비가 끝나자 그는 부하들의 예상을 완전히 뒤엎고 최대한의 속도로 비엔[11]으로 달려갔다. 그는 얼마 전에 그곳으로 보내 놓은 새 기병을 데리고 밤낮으로 쉬지 않고 강행군으로 하이두이족 영토를 통과하여 링고네스족 영토로 들어갔다. 그곳에는 그의 2개 군단이 동영을 하고 있었다. 그렇게 빠르게 이동한 이유는 하이두이족이 음모를 꾸밀 가능성을 앞지르기 위한 것이었다. 심지어는 하이두이족이 카이사르의 목숨을 노릴 가능성도 있었다.

카이사르는 다른 군단들[12]에게 전령을 보내 그의 도착이 아르베르니족에게 알려지기 전에 모두 한 장소에 집결하라고 명령했다.[13] 카이사르의 도착을 알게 된 베르킨게토릭스는 병력을 다시 비투리게스족 영토로 이동시키고 보이족의 도시인 고르고비나를 공격하기 시작했다. 그곳은 헬베티족 원정 당시 카이사르가 보이족을 정벌한 후 그들을 정착시키고 하이두이족의 지배하에 두었던 도시였다.

10 이 공격으로 카이사르는 작전상 심각한 문제에 부딪히게 되었다. 만약 겨울이 지날 때까지 그의 군단들을 한 장소에 묶어두고, 그 결과 하이두이족의 보호를 받던 부족이 침략을 당하면 그가 우방을 보호하지 못한다는 사실 때문에 전 갈리아가 그에게 등을 돌릴 수 있었다. 반면에 그의 군단들을 너무 일찍 동영지에서 출동시키면 수송상의 문제 때문에 군량 보급이 어려워질 수 있었다. 그러나 그런 모욕을 받아들이고 우방의 호의를 잃는 것보다는 어떤 어려움이라도 감수하는 편이 나을 듯했다. 그는 하이두이족에게 군량 수송을 맡기고 보이족에게 전령을 먼저 보내, 그가 가고 있으니 충성을 버리지 말고 용감하게 적의 공격을 막아내라고 격려했다. 그리고 아게딘쿰에 전군의 무거운 짐과 2개 군단을 남긴 후 보이족의 영토로 출동했다.

11 카이사르는 다음 날 세노네스족의 도시인 벨라우노두눔에 당도했다. 그는 후방의 적을 제거하고 보급로를 확보하기 위해

---

10. 데키우스 브루투스. 트레보니우스(7-11 참조)처럼 카이사르의 암살자들 중 한 명이다.
11. 프랑스 남부 리옹에서 남쪽으로 약 30킬로미터 거리에 있다.
12. 이 2개 군단 외에 6개 군단이 아게딘쿰에, 또 다른 2개 군단이 트레베리족의 경계 지역에 주둔하고 있었다. (6-44 참조).
13. 7-1에서 설명한 갈리아 족장들의 희망을 은근히 꺾는 조치이다. 7-7에서 7-9 사이에 묘사된 일련의 사건들은 상당히 복잡하다. 베르킨게토릭스는 루크테리우스를 통해 프로빈키아의 경계 지방에 사는 부족들을 선동해 프로빈키아를 공격할 계획이었다. 그러나 카이사르가 먼저 선공을 가하고, 비밀리에 출발해 그의 군대를 무사히 집결시킴으로써 베르킨게토릭스의 계획을 무산시켰다.

도시를 포위하고 이틀 동안 공성용 참호를 준비했다. 그러자 사흘째에 사절이 찾아와 항복을 선언했다. 카이사르는 그들에게 무기를 모으고 말을 끌고 나오고 600명의 인질을 넘기라고 명령한 다음, 가이우스 트레보니우스 부장에게 나머지 과정을 맡겼다. 그리고 최대한 빠른 속도로 카르누테스족의 도시인 케나붐을 향해 행군을 계속했다.[14]

벨라우노두눔이 공격을 받고 있다는 소식이 카르누테스족에게 전해지자 그들은 그 싸움이 오래 걸릴 것이라 생각하고 케나붐을 방어할 병력을 여유 있게 소집하고 있었다. 그러나 카이사르는 이틀 만에 도착해서 도시 정면에 진지를 구축했다. 그날은 시간이 늦었기 때문에 카이사르는 공격을 다음 날로 미루고 병사들에게 공격에 필요한 모든 준비를 지시했다. 케나붐 옆에는 루아르 강을 건너는 다리가 있었기 때문에 밤 사이에 사람들이 도시를 탈출할 수 있었다. 카이사르는 2개 군단에게 무장을 갖추고 대기하라고 명령했다.

자정이 될 무렵 케나붐 사람들은 조용히 도시를 빠져나가 다리를 건너기 시작했다. 정찰병으로부터 이 사실을 보고받은 카이사르는 성문에 불을 놓고 대기시킨 2개 군단을 보내 도시를 점령했다. 길과 다리가 아주 좁아 대부분의 주민들이 빠져나가지 못했기 때문에 극소수를 제외하고 모든 적이 붙잡혔다.[15] 카이사르는 도시를 약탈하고 불을 지른 후 전리품을 병사들에게 주고 곧바로 루아르 강을 건너 비투리게스족의 영토로 전진했다.

12

카이사르가 온다는 소식을 들은 베르킨게토릭스는 포위 공격을 풀고 로마군을 상대하기 위해 고르고비나를 출발했다. 카이사르는 행군 경로상에 위치한 비투리게스족의 도시 노비오두눔을 공격하고 있었다. 노비오두눔에서 보낸 사절이 그에게 용서를 빌고 목숨을 살려 달라고 애원했다. 카이사르는 문제를 신속히 매듭 짓고 다음 계획을 진행하기 위해 무기와 말을 모으고 인질을 넘기라고 명령했다. 인질 중 일부가 보내지고 그 밖의 일들이 차례로 처리되는 동안 카이사르는 백인대장들과 소수의 병사를 도시 안으로 들여보내 무기와 말을 수색하게 했다. 바로 그때 멀리 베르킨게토릭스의 선발대인 갈리아 기병대가 다가오는 것이 보였다. 이것을 본 도시 주민들은 살아날 수 있다는 희망에 부풀어 일제히 함성을 지르면서 무기를 들고 성문들을 닫고 성벽으로 몰려갔다. 도시 안에 갇힌 백인대장들은 갈리아인들의 행동을 보고 그들이 새로운 작전을 펼치는 중임을 깨달았다. 그들은 즉시 검을 뽑아 성문을 탈취한 후 모두 무사히 도시를 빠져나왔다.

13 카이사르는 기병을 진지 밖으로 내보내 적과 교전을 벌였다. 그의 기병이 어려움에 처하자 이번에는 원정을 시작할 때[16] 모집해 두었던 400기의 게르만 기병을 출동시켰다. 갈리아 기병은 그들의 공격에 큰 손실을 입고 본대로 후퇴했다. 이것을 본 도시 주민들은 또 다시 공포에 휩싸였다. 그들은 주민들을 선동한 책임이 있다고 여겨지는 사람들을 붙잡아 카이사르에게 넘기고 다시 한 번 항복을 선

---

14. 여기에는 약간의 문제가 있다. 케나붐은 벨라우노두눔으로 추정되는 곳에서 고르고비나까지 일직선상에 있지 않기 때문이다. 카이사르는 케나붐에 대한 응징을 행군의 필수적인 과정으로 여긴 듯하다.
15. 케나붐에서는 카르누테스족에 의해 로마 민간인이 살해되었기 때문에 보복 차원의 전투가 행해졌다. (7-3 참조.)
16. 갈리아 전쟁 7년째의 원정을 가리키는 것으로 추정된다.

언했다.

모든 일이 성공적으로 마무리되자 카이사르는 아바리쿰[17]으로 발길을 돌렸다. 아바리쿰은 비투리게스족의 영토에서 가장 큰 요새 도시로, 대단히 비옥한 지역에 위치해 있었다. 이 도시만 점령하면 비투리게스족 전체가 그의 지배에 들어올 것이 분명했다.

아바리쿰 점령

14 베르킨게토릭스는 벨라우노두눔, 케나붐, 노비오두눔에서 차례로 쓴 잔을 마시자 회의를 소집하여 지금까지와는 전혀 다른 전략으로 전쟁을 수행해야 한다고 역설했다. 이제 그들은 로마군의 식량과 군수품을 차단하는 데 총력을 기울여야 한다. 그들에겐 대규모 기병이 있고 시기적으로도 유리하므로[18] 목적을 달성하기는 매우 쉬운 일이라고 주장했다.

"로마군은 식량과 마초를 찾기 위해 어쩔 수 없이 민가를 뒤질 것이다. 그러면 갈리아 기병은 매일 그들을 공격할 수 있다. 모두의 안전을 위해 사사로운 이익쯤은 희생해야 한다. 로마군의 행군로 양쪽으로 징발 부대가 쉽게 접근할 수 있는 집과 마을은 모두 불태우자. 갈리아군은 전쟁에 휩싸인 갈리아 부족들에게서 모든 지원을 받을 수 있으므로 식량과 군수품은 충분할 것이다. 반면에 로마군은 굶주림에 시달리거나 큰 위험을 무릅쓰고 진지에서 멀리 나아가야 할 것이다. 갈리아인으로서는 로마군을 직접 죽일 수도 있고 그들의 군수품을 빼앗아 전투 능력을 제거할 수도 있다. 게다가 요새도 없고 자연적 지형의 위험으로부터도 안전하지 못해 로마군의 공격을 막아낼 수 없는 도시는 모두 불태워야 한다. 그런 도시들은 전쟁에 참가하지 않은 갈리아인들에게는 피난처가 되는 동시에, 로마군에게는 식량과 전리품을 안겨줄 기회가 될 것이다. 이 제안이 가혹하게 들린다면, 그대들의 자식과 아내가 노예로 끌려가고 그대들 자신이 살해되는 것은 훨씬 더 불행한 일임을 기억해야 한다. 전쟁에서 진다면 틀림없이 그런 운명을 맞이할 것이다."

15

베르킨게토릭스의 제안은 만장일치로 가결되었다. 비투리게스족의 영토에서 단 하루 만에 20여 개의 도시가 잿더미로 변했다. 다른 부족들도 이 정책을 수행하자 사방에서 불길이 치솟았다. 갈리아인들은 불타는 도시를 보고 괴로워하면서도 이제 곧 승리를 쟁취해 과거에 잃었던 모든 것을 되찾겠노라는 확신으로 마음을 달랬다. 족장들은 전체 회의에서 아바리쿰을 지켜야 할지 불태워야 할지를 놓고 격론을 벌였다. 비투리게스족은 모든 족장들 앞에 엎드려, 전 갈리아에서 가장 아름다운 도시이고 부족의 중요한 성채이자 자랑거리인 이 도시를 자신들의 손으로 불태우게 하지는 말아 달라고 애원했다. 좁디좁은 통로 외에는 사방이 강과 습지로 둘러싸여 있어 외적의 침입을 막기가 아주 쉽다는 것이 그들의 주장이었다. 족장들은 그들의 청원을

---

17. 파리 남쪽 220킬로미터, 예브르 강과 오롱 강의 합류점에 있는 오늘날의 부르주이다. (옮긴이)
18. 때는 3월이었고, 6월까지는 들판에서 징발할 곡식이 없었다.

불타오르는 부락을 바라보는
베르킨게토릭스(왼쪽)와 갈리아인들.

받아들였다. 베르킨게토릭스는 처음에는 반대했지만 부족민들의 간청과 주민들에 대한 동정심에 마음이 움직였다. 아바리쿰을 방어할 적절한 수비대가 선발되었다.

16 간격을 좁혀 가면서 카이사르를 뒤쫓던 베르킨게토릭스는 아바리쿰에서 약 22킬로미터 떨어진, 습지와 나무로 둘러싸인 곳에 진지를 구축했다. 그리고 척후병으로부터 매시간 아바리쿰의 상황을 보고받고 필요한 일들을 명령했다. 그는 로마군의 식량 조달을 지속적으로 정탐했다. 우리 병사들이 진지로부터 먼 곳까지 나가 넓게 흩어지면 기회를 놓치지 않고 공격을 가해 심각한 피해를 입혔다. 이에 대해 아군 병사들은 사전에 계획한 곳까지만 나가고, 매번 다른 방향으로 나가며, 정해진 시간은 피하는 방식 등으로 대응했다.

17 카이사르는 앞서 언급한 대로 강과 습지 사이로 난 좁은 통로 쪽에 진지를 구축했다. 그곳은 지형상 포위 공격이 불가능했기 때문에 그는 여기에 토루를 준비하고, 엄호차들을 옮기고, 두 개의 공성탑을 세웠다. 카이사르는 계속해서 보이족과 하이두이족에게 식량 수송을 재촉했다. 하이두이족은 그의 요구를 듣는 둥 마는 둥 했고, 가난하고 무능한 보이족은 자신들을 위한 식량조차 곧 바닥날 판이었다. 더구나 인근의 집들이 모두 불에 타버렸기 때문에 로마군은 극심한 식량난에 시달리기 시작했다. 병사들은 며칠 동안 밀을 먹지 못했다. 멀리 떨어진 마을에서 가축을 몰고 와 최악의 굶주림을 간신히 견뎌내고 있었다. 그러나 어느 누구도 로마의 권위와 승리의 역사를 욕되게 하는 말을 꺼내지 않았다. 오히려 카이사르가 작업에 열중하고 있는 군단들

을 방문해 식량 부족으로 더 이상 견디기 어려우면 공성을 끝내겠다고 말하자, 모든 병사들이 이렇게 말하며 반대의 뜻을 표했다.

"여러 해 동안 총사령관 밑에서 복무했지만 단 한 번도 굴욕을 당하거나 작전을 중도에 포기한 적이 없었습니다. 그리고 이제 와서 공성을 중단하는 것은 치욕스러운 일입니다. 갈리아인의 책략 때문에 케나붐에서 목숨을 잃은 로마 시민들의 복수를 위해서라도 어떤 어려움이라도 기꺼이 감수하겠습니다."

병사들은 이렇게 결정을 내린 후 백인대장들과 대대장들을 통해 카이사르에게 보고했다.

18 카이사르는 공성탑이 성벽으로 이동할 즈음에 포로들을 통해 새로운 사실을 알게 되었다. 즉, 베르킨게토릭스가 식량 부족을 해결하기 위해 진지를 아바리쿰 쪽으로 옮겼고, 그 자신은 기병과 기병들 틈에서 싸우는 경보병 부대를 이끌고 다음 날 아군이 마초 징발을 나갈 것이라 예상되는 곳으로 매복을 하기 위해 떠났다는 것이다. 카이사르는 한밤중에 조용히 출발해 아침에 적의 진지에 도착했다. 갈리아인들은 곧 척후병을 통해 카이사르의 이동을 알고는 짐마차와 무거운 짐을 깊은 숲 속에 감추고 전 병력을 훤히 트인 높은 지대에 포진시켰다. 이 소식을 들은 카이사르는 군장을 한곳에 쌓아놓고[19] 무기를 준비하라고 명령했다.

---

19. 전투를 하기 위해서이다.

19 갈리아 군대는 완만하게 경사진 언덕 위에 포진했다. 언덕 주변은 거의 전체가 늪으로 둘러싸여 있었는데 그 폭이 15미터 정도에 불과했음에도 건너기는 사실상 불가능했다. 늪 위로 난 둑길을 허물어버린 적은, 이제 로마군의 공격으로부터 안전하다고 확신하고 있었다. 그들은 부족별로 부대를 나눠 늪 전체의 모든 여울과 통로를 지키면서, 행여 로마군이 건너기라도 하면 즉시 유리한 고지에서 공격을 퍼부을 태세를 단단히 갖추고 있었다. 그 결과 갈리아 군대가 얼마나 가까운 거리에 있는지를 주목하는 사람은, 그들이 거의 동등한 전투 조건에서 결전을 준비하고 있는 것으로 생각할 수 있었다. 그러나 양쪽 군대의 위치가 상대적으로 대등하지 않다는 것을 눈치 챈 사람이라면, 갈리아인들이 단지 허세를 부리고 있음을 알 수 있었다. 적이 눈앞에 버티고 서 있는 데다 그것도 아주 가까운 거리에 있었기 때문에 아군 병사들은 전투 신호를 내려 달라고 아우성을 쳤다. 그러나 카이사르는, "승리하려면 불가피하게 다수의 용맹한 병사들을 잃을 수밖에 없다. 게다가 그대들이 카이사르의 명예를 위해 어떤 위험도 감수하려는 마음은 잘 알겠지만, 병사들의 목숨을 소중히 여기지 않는다면 카이사르 자신이 비난의 화살을 면치 못할 것이다."라고 말했다. 카이사르는 병사들을 이렇게 달랜 후, 군단들을 이끌고 진지로 돌아와 아바리쿰 공성에 필요한 일들을 준비했다.

20 진지로 돌아온 베르킨게토릭스에게 반역자라는 비난이 쏟아졌다. 로마군 가까이로 진지를 옮겼고, 지휘관도 없이 대규모 병력을 버려둔 채 전 기병을 이끌고 나갔으며, 그가 출발하자마자 로마군이 기회를 놓치지 않고 들이닥쳤기 때문이다. 그를 비난한 자들은 이

모든 일이 계획적이 아닌 우연으로 일어나기는 불가능하다고 주장했다. "우리들의 지지가 아니라 카이사르의 인가를 얻어 갈리아의 왕이 되기를 원하는가?" 이것이 비난의 골자였다.

그러나 베르킨게토릭스는 다음과 같이 응수했다. 진지를 옮긴 것은 식량 부족 때문이었고, 게다가 그들이 승인한 일이었다. 진지를 로마군 가까이 옮긴 것은 그곳의 자연적 방비가 대단히 훌륭해 방어 공사가 전혀 필요 없다는 이점 때문이었다. 게다가 습지에서는 기병이 무용지물인 반면 내가 출동한 곳에서는 대단히 유용했다. 출발할 때 최고 지휘권을 다른 사람에게 넘기지 않은 것은 그가 대중의 요구에 떠밀려 로마군과 싸우게 되는 것을 막기 위해서였다. 그들 모두가 이 정도의 문제에 흔들리는 것으로 보아, 하나같이 결단력과 인내심이 부족하여 설불리 싸움에 뛰어들 것이 분명하다고 생각했기 때문이다.

베르킨게토릭스는 계속해서 다음과 같이 외쳤다. 만약 로마군이 우연히 그곳에 왔다면 그들은 행운에 감사해야 한다. 또한 누군가를 통해 정보가 새어나갔기 때문에 온 것이라면 그 반역자에게 감사해야 한다. 우리 모두에게 로마군의 수가 얼마나 적은지를 직접 보게 해주었고, 감히 싸움을 걸지 못하고 겁쟁이처럼 물러나는 로마군을 보고 경멸할 수 있는 기회를 주었기 때문이다. 베르킨게토릭스는 카이사르에게서 지배권을 인정받기 위해 반역 행위를 할 필요가 전혀 없다. 그런 지배권은 이미 그와 전 갈리아인이 쟁취한 승리 덕분에 그의 수중에 들어왔다. 좋다, 만약 그들이 베르킨게토릭스에게서 받는 안전보다 그에게 부여하는 명예가 더 크다고 생각한다면 기꺼이 지휘권을 넘겨주겠다. 베르킨게토릭스는 "여기 로마 병사들의 말을 들어보면 내 말이 전적으로 진실이라는 것을 알게 될 것이다."라고 말한 후 며칠 전 마초 징발에 나섰다가 사로잡힌 노예들을 끌고 왔다.[20] 이들은 고문을 당하고 굶주린 채 묶여 있었다. 노예들은 심문받을 때 훈련받은 대로, 그들은 굶주림과 식량 부족에 내몰려 식량이나 가축을 찾기 위해 몰래 진지를 빠져나와 시골 지역을 돌아다니던 로마 군단병이라고 말했다. 그리고 로마군 전체가 그들과 비슷한 어려움에 처해 있으며 모든 병사가 힘든 일을 견디지 못할 만큼 쇠약해졌기 때문에 그들의 총사령관은 3일 안에 포위 공격에 진전이 없으면 군대를 철수하기로 결정했다고 증언했다. 베르킨게토릭스는 다음과 같이 말했다. "이것이 내가 그대들을 위해 노력한 결과지만, 그대들은 나를 배신자로 몰아붙이고 있다. 그대들은 피 한 방울도 흘리지 않았지만, 지금까지 승승장구하던 강력한 로마군이 굶주림에 지쳐가고 있는 것을 보고 있는 것이다. 장담하건대, 이제 어떤 갈리아 부족도 불명예스럽게 도망치는 로마군을 영토 안에 받아주어선 안 될 것이다."

21 이 말을 들은 모든 자가, 동의를 표하는 전통에 따라 무기를 부딪치면서 함성을 질렀다. 그들은 베르킨게토릭스는 최고의 지도자이며, 그의 성실함에는 의심의 여지가 없고, 그의 전략에는 흠잡을 데가 없다고 선언했다. 그들은 모두의 안전을 비투리게스족에게만 맡기지 않기로 결정하고 전군으로부터 1만 명의 병사를 뽑아 아바리쿰으로 보내기로 결의했다. 이것은 만약 비투리게스족이 방어에 성공하면 그들이 모든 공적을 차지할 것[21]이라는 걱정 때문이었다.

22 갈리아인들은 로마 병사들의 높은 사기를 꺾기 위해 온갖 수단을 이용했다. 갈리아인은 뛰어난 재능을 가진 민족인 데다

특히 배운 것을 모방하고 써먹는 데 타고난 재능이 있었다. 예를 들어 그들은 올가미를 사용하기 시작했는데, 아군의 갈고랑쇠를 올가미로 잡아챈 다음 단단하게 걸리면 밧줄을 이용해 성벽 안으로 끌어당겼다. 또한 토루 밑으로 구멍을 파서 기초를 무너뜨렸다. 그들에겐 많은 광산이 있고 온갖 종류의 터널을 뚫는 기술자들이 있었기 때문에 모든 일을 신속하고 기술적으로 진행했다. 또한 성벽 곳곳에 수많은 탑을 세우고 그 위에 가죽을 덮었다. 적은 밤낮으로 돌격을 감행해 토루에 불을 지르거나 공성 공사 중인 아군을 공격했다. 아군이 공성탑을 높이면 그들도 탑의 뼈대에 새로운 상판을 덧대 높이로 대적했고, 아군이 땅굴을 파면 끝을 날카롭게 깎은 장대, 펄펄 끓는 역청, 커다란 바위 등을 이용해 공사를 방해했다. 그들은 이런 식으로 아군의 접근을 막았다.

23   갈리아의 모든 성벽은 형태가 거의 똑같다. 먼저 성벽이 세워질 길을 따라 0.6미터씩 일정한 간격을 두고 성벽을 쌓을 길과 직각이 되게 바닥에 큰 목재들을 눕혀 놓는다. 그 중간 지점에 가로목을 끼워 목재들을 서로 연결시킨 다음 그 위에 흙을 붓는다. 앞서 말한 큰 목재들 사이의 간격을 메울 때에는 전면부 쪽에 큰 돌을 하나씩 놓아 간격을 고정시킨다. 이렇게 큰 목재들을 놓고 고정시킨 후에는 그 위에 또 한 층을 쌓는다. 두 번째 층에서도 목재들 사이의 간격은 똑같

---

20. 아주 긴 간접화법을 구사하다가 갑자기 직접화법으로 바꾼 것은 반어적 성격을 강조하기 위해서이다. 베르킨게토릭스는 진실을 말한다고 주장하지만 사실은 노예를 로마 병사로 위장시켜 내놓고 사람들을 속이고 있다.
21. 라틴어는 penes eos이다. 카이사르는 갈리아인의 태도가 내부 경쟁으로 흔들리고 있음을 말하고 있다. 다수의 편집자들은 이것을 paene in eo로 읽는데, 그러면 갈리아인들은 전쟁의 승패를 아바리쿰 방어에 달려 있는 것으로 생각한다는 뜻이 된다.

이 유지되지만 첫 번째 층의 목재와는 닿지 않게 한다. 여기에서도 목재들 사이의 공간은 똑같고 각각의 간격도 큰 돌 하나씩에 의해 고정된다. 이런 식으로 원하는 높이에 이를 때까지 층 쌓기를 계속한다. 완성된 구조물은 각 층마다 일직선상으로 목재와 돌이 교차하면서 변화를 이루기 때문에 꽤 아름답게 보인다. 게다가 도시를 방어하는 실용적인 기능도 매우 훌륭하다. 돌은 불을 막아주고 목재는 공성용 파쇄기를 막아준다. 그리고 연이어진 목재들은 길이가 대개 12미터에 이르는 데다 안쪽에 가로목을 댔기 때문에 돌파하거나 허물기가 불가능하다.

24 이 모든 요인들이 로마군의 공성 작전을 방해했다. 계속되는 추위와 비로 어려움을 겪었지만 우리 병사들은 끈질긴 노력으로 모든 장애를 극복했다. 25일 만에 폭 100미터, 높이 2.4미터의 토루를 쌓아 적의 성벽에 거의 접근했다. 여느 때처럼 카이사르는 경계심을 늦추지 않고 공사 현장에 머물면서 병사들을 격려했다. 제3야경시(24-03시)가 조금 못 된 시각에 토루 한쪽에서 연기가 피어올랐다. 적이 토루 밑에 굴을 파고 밑에서 불을 지른 것이다. 바로 그 순간 성벽 전체에서 함성이 울려퍼지더니 아군의 공성탑 옆에 있는 두 개의 성문이 열리면서 갈리아 병사들이 뛰쳐나왔다. 성벽 위에서는 적군들이 토루 위로 횃불과 마른 나무를 던지고 역청을 쏟아부었기 때문에 우리 병사들은 먼저 어느 방향으로 가야 하고 어디에 도움을 청해야 할지 가늠하기가 어려웠다. 그러나 카이사르의 평소 작전대로 진지 앞에는 2개 군단이 대기하고 있었고, 토루 위에서 교대로 근무하던 병사들도 쉽게 동원할 수 있었다. 소란은 곧 진정되었다. 일부 병사들이 적의 돌격을 막아내는 동안 다른 아군 병사들은 공성탑을 뒤로 옮기고 토루의 일부를 무

아바리쿰 공성 시설

너뜨렸으며, 모든 병사들이 막사에서 달려나와 불을 끄기 시작했다.

25 밤이 거의 지나갔지만 싸움은 도처에서 계속되었다. 적은 승리의 희망을 계속 이어갔다. 특히 아군의 공성탑을 보호하는 목재 엄호물이 불에 타버려 탑을 옮기던 병사들을 막아줄 것이 없어진 데다, 다른 병사들이 앞으로 달려나가 도와줄 수도 없는 상황을 보고 적은 더욱 기세를 올렸다. 더구나 적은 계속해서 새 병사들을 내보내 지친 병사들을 대신하게 했다. 그들은 갈리아 전체의 운명이 그 자리에서 판가름 날 것이라 생각했다. 바로 그때 도저히 기록하지 않고는 지

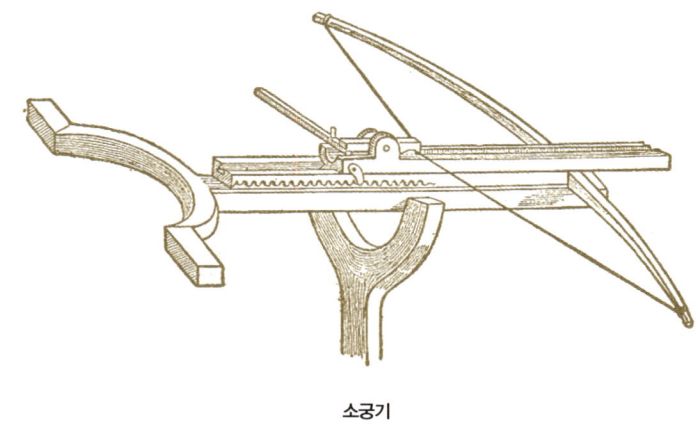

소궁기

나칠 수 없는, 아주 중대한 일이 눈앞에서 벌어졌다. 한 갈리아 병사가 공성탑 맞은편의 성문 앞에 서서, 차례로 전달받은 쇠기름 덩어리와 역청을 아군의 토루에 던지고 있었다. 그때 아군의 소궁기[22]에서 날아온 화살이 그의 오른쪽 옆구리를 꿰뚫어 그를 고꾸라트렸다. 근처에 있던 한 병사가 달려와 그가 하던 일을 떠맡았다. 이 병사도 화살에 맞고 쓰러지자 세 번째 병사가 달려왔고, 그가 쓰러진 후 네 번째 병사도 같은 운명을 맞았다. 그 자리를 지키던 병사들이 모두 쓰러지고 토루의 불이 꺼지자 적은 도처에서 쫓겨났고 전투는 끝이 났다.

26 갈리아인들은 모든 방법을 동원했으나 결국 실패하고 말았다. 이튿날 그들은 베르킨게토릭스의 독려와 지시에 따라 아바리쿰을 탈출하기로 결정했다. 밤중에 소리 없이 탈출하면 큰 사상자 없이 빠져나갈 수 있다는 희망이 있었다. 더구나 베르킨게토릭스의 진

지가 도시로부터 멀지 않았고, 긴 늪이 가로놓여 있어 로마군의 추격을 따돌릴 수 있을 것 같았다. 갈리아 병사들이 이 결정에 따라 탈출을 준비하고 있을 때 갑자기 아낙네들이 우르르 몰려와 발밑에 엎드려 통곡을 하면서, 적의 공격을 함께 막아낸 그들과 아이들을 버리지 말아 달라고 애원했다. 힘이 약한 그들로서는 남자들을 따라 도망치기가 어려웠기 때문이다. 극도로 위험한 상황에 처하면 공포가 동정심을 가로막기 때문에 남자들은 계획을 그대로 밀고 나가려 했다. 그러자 여자들은 더욱 큰 소리로 통곡했고, 로마군은 이 소리로 적의 계획을 알아차렸다. 갈리아 남자들은 로마 기병에게 붙잡힐 것이 두려워 결국 탈출을 포기했다.

27

이튿날 카이사르는 공성 공사를 완료하고 공성탑 하나를 앞으로 이동시켰다. 맹렬하게 쏟아지는 폭우 속에 성벽을 지키던 파수병들이 다소 방심하고 있었기 때문에 지금이야말로 작전을 펴기에 좋은 순간이라고 생각했다. 그는 아군 병사들에게 보다 태만한 모습을 보이라고 명령하고는 작전을 설명했다. 그의 지시에 따라 군단병들은 은밀히 무장을 하고 진지 밖으로 나와 전투 태세에 임했다. 카이사르는 병사들에게, "오랜 기다림 끝에 그대들의 고된 노력으로 승리의 열매를 거둬들일 때가 왔다."라고 외치면서 성벽에 가장 먼저 오르는 자에게는 큰 보상을 약속했다. 마침내 공격 신호가 떨어지자 병사들은 모든 곳에서 뛰쳐나와 순식간에 성벽을 점거했다.

---

22. 스코르피오 scorpio: 가까운 거리에서 발사하는 작고 날카로운 화살이나 그 발사기를 말한다.

28 예상치 못한 작전이 적을 공포와 혼란에 빠뜨렸다. 성벽과 탑에서 쫓겨난 그들은 시장과 공터에 모여, 어느 방향에서 공격이 오든 죽을 때까지 싸우겠다는 각오로 밀집 대형을 짰다. 그러나 로마군 중 아무도 성 안으로 내려가지 않았고, 로마군이 계속 몰려와 성벽을 완전히 에워싸는 것을 보자 그들은 탈출의 기회가 완전히 사라질 것을 두려워하기 시작했다. 결국 그들은 약속이나 한 듯 일제히 무기를 팽개치고 도시의 반대편으로 도망쳤다. 그곳에서 어떤 자들은 좁은 성문을 미처 빠져나가지도 못한 채 우리 병사들에게 살해되었고, 성문을 빠져나간 자들은 기병에게 살해되었다.

아군은 단 한 명도 전리품을 생각하지 않았다. 병사들은 모두 케나붐의 학살과 기나긴 공성 작전에 크게 분노한 터라 노인도, 여자도, 심지어 어린 아이도 살려주지 않았다.[23] 결국 약 4만 명 중에서 800명만이 간신히 베르킨게토릭스의 진지로 도망쳤다. 함성이 들리자마자 도시 밖으로 뛰기 시작한 자들이었다.

베르킨게토릭스는 도망쳐 온 자들을 보고 갈리아인들이 연민을 느끼면 진지 안에 소란이 일어날지 모른다고 우려하여, 한밤중에 친구들과 부족의 지도자들을 내보내 은밀히 생존자들을 맞이하

---

23. 카이사르는 이 맹렬한 복수극을 감추지 않고 오히려 non(neither 또는 nor)이란 단어를 반복해서 사용했다. 노예로 팔아 이익을 챙길 수 있는데도 사람들을 죽인 것은 병사들의 복수심이 사리사욕의 한계를 넘어섰음을 보여준다.

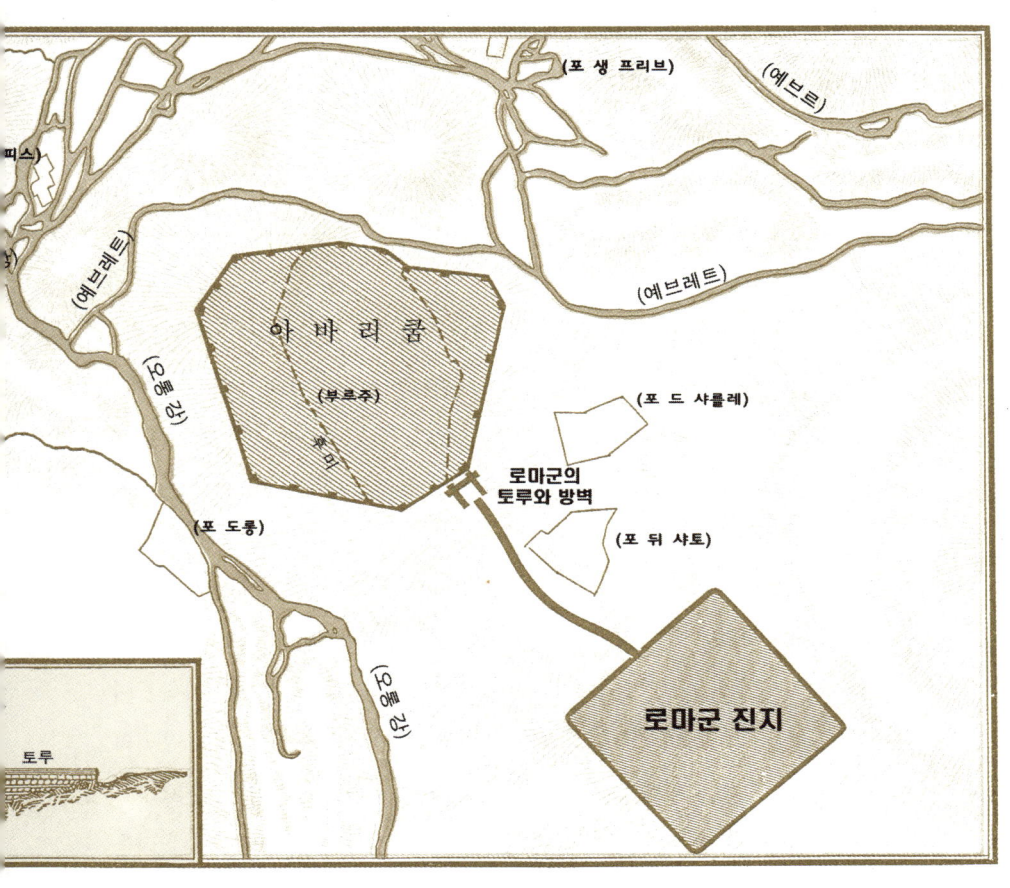

아바리쿰 공성 작전도

게 했다. 그들은 생존자들을 부족별로 나눈 다음 각 부족에게 할당된 진지 내 구역으로 데리고 갔다.

29 이튿날 베르킨게토릭스는 회의를 소집하여 사람들을 위로하고 이번 패배로 용기를 잃거나 불안에 사로잡히지 말라고 당부했다.

"결국 로마군이 승리한 것은 공정한 전투에서 용기 있게 싸워서가 아니라, 갈리아인들이 미처 몰랐던 포위 공격 기술 때문이었다. 전시에 모든 결과가 유리하게 진행될 것이라고 믿는 것은 잘못이다. 그대들이 목격했듯이 나 자신은 결코 아바리쿰의 수성에 동의하지 않았다. 그대들이 패배를 당한 것은 비투리게스족의 어리석음과 다른 부족들의 안이함 때문이었다. 그러나 이제 곧 나는 더욱 큰 승리를 거둬 이 패배를 만회할 것이다. 나의 부단한 노력으로 그동안 연합을 외면했던 부족들이 곧 합류할 것이다. 전 갈리아가 단결해 힘을 합치면 전 세계도 우리와 맞서지 못할 것이다. 그동안 그대들은 모두의 안전을 위해 내가 요구하는 바를 실행하도록 하라. 진지를 구축해서 갑작스런 적의 공격에 더욱 철저히 대비하라."

30 이 연설은 갈리아인들의 지지를 이끌어냈다. 베르킨게토릭스는 패배했다고 낙담하지 않았고, 은밀한 곳에 숨거나 사람들의 시야에서 사라지지도 않았다. 게다가 이러한 문제가 발생하기도 전에, 처음에는 그 도시를 불태워야 한다고 충고했고 다음에는 도시를 떠나야 한다고까지 충고하여 탁월한 예지력과 통찰력을 보여주었다. 그

결과 이번 패배로 인해 다른 지휘관들은 권위를 잃었지만 베르킨게토릭스의 권위는 날마다 한층 더 올라갔다. 그리고 그는 나머지 부족들을 끌어들이겠다는 약속으로 사람들에게 새로운 희망을 주었다. 이제 갈리아인들은 처음으로 진지를 구축하기 시작했다. 그들은 힘든 공사에 익숙하지 않았지만 베르킨게토릭스의 명령이라면 무엇이든 따라야 한다고 생각할 만큼 위기의식을 느끼고 있었다.

31 베르킨게토릭스는 약속을 충실히 이행했다. 그는 나머지 부족들을 끌어들이기 위해 그들에게 값진 선물을 주고 큰 보상을 약속하는 등 온갖 수고를 아끼지 않았다. 그는 이 일에 적합한 자로, 언변이 능한 자나 그들과 친분이 있는 자들을 선발했다. 그들은 뛰어난 언술과 개인적 친분을 이용해 많은 유력자들을 어렵지 않게 포섭했다. 베르킨게토릭스는 또한 아바리쿰에서 도망친 자들에게도 무기와 갑옷을 나눠주었다. 이와 함께 각 부족에게 일정한 수의 병사를 정해진 날까지 데려오고, 갈리아에 퍼져 있는 엄청난 수의 궁수들을 모두 소집해서 그에게 보내라고 명령했다. 이렇게 해서 그는 아바리쿰에서 잃은 병력을 빠르게 보충했다. 그러던 어느 날 올로비코의 아들이며 니티오브리게스족의 왕인 테우토마투스라는 자가 그를 찾아왔다. 그의 아버지는 한때 로마 원로원으로부터 친구의 호칭을 받았던 사람이다. 그런 자의 아들이 이제 자신의 대규모 병력과 함께 아퀴타니아에서 고용한 외인 기병까지 이끌고 적군에 합류한 것이다.

게르고비아에서의 패배

32   카이사르는 며칠 동안 아바리쿰에 머물렀다. 이제는 충분한 식량과 물자가 확보되었고 병사들에게도 그동안의 피로와 궁핍에서 벗어날 수 있게 해주었다. 겨울이 끝나고 원정을 시작할 계절이 됐다고 판단한 카이사르는 적이 있는 곳으로 접근해서 그들을 습지와 숲에서 유인해 내거나, 혹은 그 안에 봉쇄할 수 있는지를 확인하기로 결심했다. 그때 하이두이족의 지도자들이 사절로 그를 찾아와 긴박한 위기에 처해 있는 그들의 상황을 설명하고 도움을 요청했다. 매년 사법권을 가진 한 명의 판관을 임명하는 것이 그들의 오랜 관습인데, 올해는 두 명의 판관이 임명되어 서로 자신들이 합법적으로 선출되었다고 주장한다는 것이다. 그 중 한 명은 콘빅톨리타비스라는 이름을 가진 힘과 능력을 겸비한 젊은이였고, 다른 한 명은 상당한 세력과 인맥을 가진 귀족 가문 출신의 코투스라는 자였다. 코투스는 전년도의 최고 판관인 발레티아쿠스라는 자의 동생이었다. 이에 전 부족이 싸울 채비를 하고 있으며, 원로와 평민뿐 아니라 피보호민까지도 두 편으로 갈라졌다. 이런 다툼이 계속되면 전 부족이 두 패로 나뉘어 충돌할 것이 분명했다. 이런 사태를 막을 수 있는 것은 카이사르의 중재뿐이라며 사절들은 말을 맺었다.

33   적과 전쟁으로부터 등을 돌리는 것은 불리한 일이었지만, 카이사르는 그런 종류의 내분이 매우 심각한 재난으로 이어질 수 있음을 잘 알고 있었다. 그가 항상 최선을 다해 존중하고 후원해 온 대부족이 내란에 휩싸이는 것은 마땅치 않은 일이었다. 더구나 내란이

일어나면 자신감이 약한 쪽은 베르킨게토릭스에게 지원을 요청할 것이기에 그런 사태를 사전에 막는 것이 중요했다.

하이두이족의 법에 따르면 최고 판관은 영토 밖으로 나갈 수 없었다. 카이사르는 그들의 법을 존중한다는 것을 보여주기 위해 자신이 하이두이족의 영토로 들어갔다. 그는 모든 원로와 두 당사자를 데케티아[24]로 불렀다. 거의 모든 원로가 모였는데, 그들 말로는 소수의 사람들이 법적으로 효력이 없는 모임을 비밀리에 열고 그 자리에서 발레티아쿠스가 자기 동생을 판관으로 선언했다는 것이다. 그러나 하이두이족의 법에서는, 판관이든 원로든 전년도에 선출된 자가 살아 있다면 그의 가족은 어느 누구도 이듬해에 그 자리에 임명되는 것을 허락하지 않았다. 그에 따라 카이사르는 코투스를 사임시키고, (판관직이 계승되지 않았을 때의 관습에 따라) 사제들이 선출한 콘빅톨리타비스에게 지배권을 부여했다.

34 이것으로 분쟁은 해결되었다. 카이사르는 하이두이족에게 분쟁과 불화를 잊으라고 촉구했다. 그런 문제에 얽매이지 말고 로마군과 함께 원정에 나서면 갈리아 정복이 끝날 때 큰 보상을 거머쥘 수 있다고 격려했다. 그리고 식량 수송을 호위할 병력으로 그들의 전 기병과 1만의 보병을 신속히 보내라고 명령했다. 그런 다음 카이사르는 로마군을 둘로 나눠 라비에누스로 하여금 4개 군단과 기병의 일부를 이끌고 세노네스족과 파리시족을 정벌하게 하고, 그 자신은 6개 군

---

24. 루아르 강의 섬 데시즈를 말한다. (옮긴이)

단과 나머지 기병을 이끌고 알리에 강을 따라 아르베르니족의 도시 게르고비아로 진군했다. 이런 카이사르의 움직임이 알려지자 베르킨게토릭스는 알리에 강의 모든 다리를 파괴하고 반대편 강둑을 따라 이동하기 시작했다.[25]

35 두 군대는 나란히 이동하다가 해가 지면 서로 마주 보이는 양쪽 강둑에 진지를 구축했다. 베르킨게토릭스는 로마군이 다리를 놓고 강을 건너는 것을 막기 위해 곳곳에 정찰병을 배치했다. 알리에 강은 가을이 오기까지는 물이 줄지 않기 때문에 로마군은 여름 내내 강에 가로막혀 어려움에 처할 수 있었다. 카이사르는 이 문제를 타개하기 위해 베르킨게토릭스가 무너뜨린 다리들 중 하나가 보이는 숲속에 진지를 구축했다. 이튿날 그는 2개 군단과 함께 그곳에 몸을 숨기고, 나머지 병력은 평소처럼 모든 짐과 함께 이동시켰다. 그리고 군단의 수가 그대로인 것처럼 보이게 하기 위해 몇 개 대대를 넓게 퍼져 전진토록 했다. 그는 이동하는 병력에게 가능한 한 멀리까지 행군하라고 지시했다. 그리고 그들이 다음 진지쯤에 도착했으리라 짐작되는 시간에 (다리의 하단부는 그대로 남아 있었으므로) 남아 있는 목재 더미를 이용해 다리를 보수하기 시작했다. 다리는 금세 완성되었다. 카이사르는 2개 군단을 도하시키고 진지를 세우기에 적당한 장소를 고른 다음 나머지 병력을 다시 불러들였다. 이것을 알게 된 베르킨게토릭스는 뜻하지 않은 전투에 말려들지 않기 위해 강행군으로 병력을 이동시켰다.

36 강을 건넌 지점에서 게르고비아까지는 총 5일이 걸렸다. 도착한 날 소규모의 기병전이 벌어졌다. 카이사르는 도시의 지

형을 파악했다. 도시는 높은 고원[26]에 위치해 있었고 접근이 매우 어려웠기 때문에 강습으로 도시를 점령하기는 불가능했고, 따라서 먼저 식량을 확보한 후에 공성을 시작하는 것이 바람직해 보였다. 한편 베르킨게토릭스는 근처에 진지를 구축하고 그를 중심으로 각 부족의 병력을 적당한 간격으로 배치했다. 적군은 도시가 한눈에 내려다보이는 산마루의 모든 고지를 선점하고 있었기 때문에 매우 위협적으로 보였다. 매일 새벽마다 베르킨게토릭스는 참모로 선발한 여러 부족의 지휘관들과 회의를 가졌다. 그 회의에서 정보를 보고받거나 작전을 논의했다. 또한 거의 매일 기병과 궁수를 내보내 교전을 치르게 하여 병사들의 용기와 전의를 시험했다.

고원의 기슭에 해당하는 도시 맞은편에는 사방이 깎아지른 벼랑으로 둘러싸인 산[27]이 하나 있었다. 로마군이 이곳을 점령한다면 적의 물 공급을 차단하고 식량 반입도 막을 수 있었다. 그러나 비록 강력하지는 않아도 적의 수비대가 그곳을 지키고 있었다. 카이사르는 깜깜한 밤중에 병력을 내보내 도시에서 지원 병력을 보내기도 전에 수비대를 몰아냈다. 그는 이곳에 2개 군단을 배치하고, 주진지에서 부진지까지 3.6미터의 폭으로 이중의 호를 팠다.[28] 호가 완성되자 개별 병사들까지도 적의 습격을 걱정하지 않고 양쪽 진지를 오갈 수 있었다.

---

25. 로마군은 알리에 강의 동쪽 연안을 따라 이동했고, 베르킨게토릭스는 서쪽 연안을 따라 이동했다. 게르고비아는 알리에 강 서쪽에 있었다. (옮긴이)
26. 게르고비아 고원은 파리 남쪽 382킬로미터의 도시 클레르몽 페랑에서 남쪽으로 7.5킬로미터 지점에 있다.
27. 도시 남쪽으로 약 1.5킬로미터 지점에 있는 로시블랑시 산이다.
28. 1861–1865년에 나폴레옹 3세의 지시로 수행된 발굴 작업에서 2개의 로마군 진지와 두 진지를 잇는 이중 참호의 유적이 발견되었다.

37   게르고비아에서 이런 일이 진행될 때 하이두이족 영토에서는 앞에서 설명한 대로 카이사르의 지지로 사법권을 갖게 된 콘빅톨리타비스가 아르베르니족의 뇌물을 받고 매수되는 사건이 발생했다. 그는 명망 있는 가문의 젊은이들과 협상을 벌였는데 그 중에는 특히 리타비쿠스와 그의 형제들이 포함되어 있었다. 콘빅톨리타비스는 그들에게 뇌물을 떼어주고는, 그들이 자유민으로 태어났고 지배자로 태어났음을 기억하라고 격려했다. 갈리아의 확실한 승리를 가로막는 것은 하이두이족뿐이고, 다른 부족들은 모두 하이두이족을 따라 로마에 충성할 뿐이므로 하이두이족이 등을 돌리기만 하면 로마군은 갈리아에서 설 자리를 잃게 된다고 말했다. 카이사르가 그에게 호의를 베푼 것은 사실이지만 그것은 당연한 일이었을 뿐이다. 로마인은 하이두이족을 찾아와 그들의 문제를 논의하지 않는데, 왜 하이두이족은 카이사르를 찾아가 그들의 법과 통치를 논의하고 중재를 요청하는가?

콘빅톨리타비스의 언변과 뇌물에 사로잡힌 젊은이들은 앞다퉈 그를 지지하겠다고 선언했고, 그의 계획을 실행에 옮길 방도를 모색하기 시작했다. 하이두이족은 충동적으로 전쟁을 일으킬 가능성이 거의 없었다. 그래서 그들은 카이사르에게 보내는 1만 군사의 맨 앞에 리타비쿠스를 보내기로 결정하고 먼저 그의 형제들을 카이사르에게 보냈다. 그들은 또한 우발적인 사고에 대비한 전략도 마련했다.

38   군대를 넘겨받은 리타비쿠스는 게르고비아로부터 약 40킬로미터 떨어진 지점에 이르러 걸음을 멈추고 눈물을 흘리면서 병사들에게 외쳤다.

"병사들이여, 우리는 어디로 가고 있는가? 우리의 모든 기병, 우리의 모든 귀족이 목숨을 잃었다. 부족의 지도자 에포레도릭스와 비리도마루스는 반역의 죄를 쓰고 재판도 받지 못하고 로마군에게 처형되었다. 여기 살육을 피해 도망친 자들의 말을 들어보라. 나는 형제들과 모든 친척을 잃었기에 너무나 비통하여 차마 그 일을 이야기할 수가 없다."

그는 미리 정해 놓은 몇몇 사람들을 내세워 계획적으로 준비한 거짓말을 병사들에게 들려주었다. 즉, 하이두이족의 기병대가 아르베르니족과 내통했다는 혐의로 로마군에게 모두 살해당했고, 자신들은 병사들 틈에 숨어 간신히 도망쳤다는 이야기였다.

하이두이족 병사들은 모두 눈물을 흘리면서 동족의 복수를 하자고 리타비쿠스에게 간청했다. 그는 이렇게 말했다.

"이것은 지금 당장 결정할 수 있는 문제가 아니며, 우리가 반드시 게르고비아로 가서 아르베르니족과 합류해야 하는 것도 아니다. 그보다 로마군이 그렇게 잔혹한 범죄를 저지른 후에 우리마저 죽이기 위해 달려오는 것은 아닌지 생각해 보아야 한다. 따라서 우리에게 용기가 있다면 그렇게 억울하게 살해된 자들의 복수로 먼저 이 도적들을 처단해야 할 것이다."

그러면서 리타비쿠스는 그의 보호를 믿고 따라오던 로마 시민들을 가리켰다. 그리고 그들로부터 많은 식량과 물자를 빼앗은 다음 그들을 잔인하게 고문하고 살해했다. 그는 모든 하이두이족 지도자에게 전령을 보내 그들의 기병과 지휘관이 살해당했다는 똑같은 거짓말로 사람들을 자극했다. 그리고 그가 했던 것처럼 로마 시민들에게 똑같이 복수를 하라고 촉구했다.

39 하이두이족의 에포레도릭스는 귀족 가문 출신으로 부족 내에 상당한 세력을 가진 젊은이였다. 그리고 신분은 낮지만 나이와 인기 면에서 그에게 뒤지지 않는 비리도마루스라는 자가 있었다. 과거에 카이사르는 디비키아쿠스의 천거를 받아 그의 신분을 높여준 적이 있었다. 이 두 사람이 카이사르의 특별 요청에 따라 기병과 함께 와 있었다. 두 사람은 지휘권을 놓고 경쟁했을 뿐 아니라, 최고 사법권이 걸린 분쟁에서도 각각 콘빅톨리타비스와 코투스의 편에 서서 치열한 경합을 벌인 적이 있었다. 두 사람 중 에포레도릭스가 리타비쿠스의 음모를 듣자마자 자정 무렵에 카이사르를 찾아와 문제를 보고했다. 그리고 젊은이들의 빗나간 책동 때문에 하이두이족과 로마의 우호 관계가 깨지지 않게 해달라고 간청했다. 만약 수천 명의 병사가 적진에 가담했다면 하이두이족 사람들은 그들의 안전에 무관심하지 않을 것이고, 또한 전 부족이 그 문제를 가볍게 다루지 않을 것이므로 자칫하면 로마와의 우정이 깨질 수도 있었다.

40 카이사르는 하이두이족에게 항상 특별한 호의를 보였기 때문에 이 소식을 듣고 깊은 근심에 빠졌다. 그는 지체하지 않고 4개 군단과 전 기병을 이끌고 진지를 출발했다. 신속함이 요구되는 중대한 순간이었기 때문에 진지를 축소할 겨를마저 없었다.[29] 그는 가이우스 파비우스 부장과 2개 군단에게 진지를 맡겼다. 또한 리타비쿠스의 형제들을 체포하라는 명령을 내렸지만 그들은 간발의 차이로 적

에게 도망치고 말았다.

　카이사르는 매우 중대한 시기이므로 행군의 노고를 이겨야 한다고 병사들을 격려했다. 병사들은 열성을 다해 37킬로미터를 행군했다. 하이두이족 군대의 행렬이 보이자 카이사르는 누구도 죽이지 말라는 명령과 함께 그의 기병을 보내 그들의 행군을 정지시켰다. 그런 다음 그들이 살해되었다고 생각하고 있는 에포레도릭스와 비리도마루스를 보내 기병 사이를 오가게 하고 그들과 이야기를 나누게 했다. 두 사람을 알아본 하이두이족 병사들은 리타비쿠스에게 속은 것을 알고는 무기를 버리고 항복의 표시로 두 손을 내밀면서 목숨만 살려 달라고 애원했다. 리타비쿠스는 이미 그의 피보호민들과 함께 게르고비아로 도망쳤다. 갈리아의 관습에 따르면 피보호민은 아무리 절박한 상황이라도 주인을 버리지 못하게 되어 있었다.

41

카이사르는 하이두이족에게 사절을 보내, 전쟁의 규칙에 따라 당연히 죽여야 할 자들에게 그가 베푼 관대함을 알렸다. 그리고 밤이 되어 병사들에게 세 시간의 휴식을 준 다음 게르고비아로 이동했다. 행군 도중에 파비우스가 보낸 기병이 달려와 위급한 상황을 보고했다. 대규모의 적군이 진지를 둘러싸고 맹공을 퍼부었다. 적은 끊임없이 지친 병사들을 불러들이고 새 병력을 내보내 쉴 새 없이 아군을 몰아붙였다. 병력에 비해 진지가 너무 컸기 때문에 모든 병사가 방벽을 방어해야 했다. 온갖 종류의 화살과 투척 무기가 날아와 많은 병사들이

---

29. 2개 군단이 방어해야 하므로 규모를 줄였어야 했다.

부상을 입었다. 그러나 아군의 발사기가 적을 물리치는 데 결정적인 역할을 했다. 이제 적은 물러갔으나 내일도 같은 일이 벌어질 것에 대비해 파비우스는 두 개를 제외한 모든 진문을 막고 방벽에 장애물을 설치했다. 이 소식을 들은 카이사르는 병사들의 열정적인 행군으로 해가 뜨기 전에 진지에 도착했다.

42 게르고비아 부근에서 이런 일이 벌어지는 사이에 리타비쿠스가 보낸 최초의 전갈이 하이두이족에게 전해졌다. 사람들은 이야기의 진위를 확인하지도 않았다. 어떤 자들은 탐욕 때문에, 또 어떤 자들은 증오심이나 경솔함 때문에(이런 성향은 갈리아 민족의 특징이었다.) 확인되지 않은 이야기를 사실로 믿어버렸다. 그들은 로마 시민들의 재산을 빼앗고 그들을 학살하고 노예로 삼았다.

콘빅톨리타비스는 사람들이 일단 범죄를 저지르고 나면 더욱 정신을 차리지 못할 거라는 계산으로 평범한 사람들을 선동하여 사태를 더욱 악화시켰다. 로마의 대대장 마르쿠스 아리스티우스는 그의 군단에 합류하기 위해 여행하던 차에 카빌로눔이란 도시에 머물고 있었다. 그곳 주민들이 그를 찾아와 신변의 안전을 보장할 테니 도시를 떠나 달라고 요구했다. 그들은 또한 장사를 위해 그곳에 정착한 로마인들에게도 똑같은 요구를 했다. 그들은 로마인들이 도시를 떠나려는 순간 갑자기 달려들어 모든 짐을 빼앗았고, 로마인들이 맞서 싸우자 하루 낮과 하루 밤 동안 길을 가로막고 쉴 새 없이 공격을 퍼부었다. 양쪽에 많은 사상자가 발생한 후에도 그들은 공격을 늦추지 않고 무장한 사람들을 더 많이 불러들였다.

43 이런 일이 벌어지는 중에 하이두이족의 모든 병사가 카이사르의 포로로 붙잡혀 있다는 소식이 전해졌다. 주민들은 즉시 아리스티우스를 찾아가 지금까지 일어난 어떤 일도 공적인 결정에 의한 것이 아니었다고 해명했다. 그들은 또한 빼앗긴 재산을 조사하게 하고 리타비쿠스와 그의 형제들의 재산을 몰수한 다음 카이사르에게 사절을 보내 결백을 호소하고 다음과 같이 설명했다. "우리가 이렇게 찾아와 간청하는 것은 부족의 병사들을 살리기 위해서이다. 그러나 수많은 사람들이 약탈에 눈이 멀어 범죄를 저질렀고, 그 대가를 치르는 것이 두려워 은밀하게 전쟁을 준비하고 있으며, 다른 부족들의 도움을 얻기 위해 사절을 보내기도 했다."[30]

이러한 설명에도 카이사르는 최대한 친절한 말로 사절들을 위로했다. 즉, 무지한 사람들의 경거망동 때문에 하이두이족을 나쁘게 생각하지 않으며 그들에 대한 호의도 결코 줄어들지 않았다고 했다. 그러나 지금으로서는 갈리아의 모든 부족이 들고 일어나 적에게 둘러싸이는 심각한 상황을 피하는 것이 중요했다. 카이사르는 게르고비아에서 철수하기로 작전을 세웠다. 그는 반란이 두려워 도망친다는 인상을 주지 않으면서 게르고비아를 벗어나 전군을 재집결시킬 방법을 모색하기 시작했다.[31]

44 이런 문제들을 숙고하던 중 뜻밖에도 적을 공략할 수 있는 기회가 찾아왔다. 카이사르는 방어 공사를 시찰하기 위해 소진

---

[30]. 친로마파의 입장에서 반로마파의 음모를 고발하고 있다.
[31]. 북쪽으로 물러나 라비에누스의 4개 군단과 합류한 다음 결전을 치르겠다는 뜻이다.

지에 와 있던 중, 며칠 전만 해도 땅이 보이지 않을 정도로 많은 병사들이 지키고 있던 작은 산 하나가 텅 비어 있는 것을 발견했다.[32] 이유가 궁금해진 그는 투항한 자들에게 물어(많은 자들이 매일 적진을 이탈해 넘어오고 있었다.) 이미 척후병들을 통해 알고 있는 바를 확인했다. 즉, 그 산은 도시를 둘러싼 다른 산들과 거의 수평으로 하나의 능선을 이루고 있어, 좁고 울창한 그 능선을 따라가면 도시의 반대편으로 접근할 수 있다는 것이다. 갈리아인들은 이미 로마군에게 언덕 하나를 빼앗긴 상황에서 도시를 둘러싼 산을 또 다시 빼앗기면 결국 꼼짝없이 둘러싸여 도주하기도 어렵고 식량을 조달하기도 어려울 것이라 생각하여 능선을 방어하는 데 많은 신경을 쓰고 있었다. 그에 따라 베르킨게토릭스는 능선을 지키기 위해 최대한 많은 병사를 불러들였다는 것이다.

45 이것을 알게 된 카이사르는 자정 무렵에 그 산 쪽으로 몇몇 기병 중대를 내보내, 넓은 간격으로 행진하면서 가급적 큰 소란을 피우라고 명령했다. 그리고 동틀녘에는 많은 수의 짐말과 노새를 마구를 벗겨 진지 밖으로 내보내고, 몰이꾼에게는 투구를 쓰게 해 기병처럼 보이게 한 다음 그 산 주위를 돌아다니라고 지시했다. 또한 소수의 기병도 함께 내보내 그들보다 더 넓게 이동하면서 같은 장소로 향하게 했다.

게르고비아에서 진지까지는 시야가 탁 트여 있어 멀리 떨어진 도시에서도 이 모든 행동을 볼 수 있었지만 상당한 거리가 있어 상황을 정확히 분간하기는 어려웠다. 카이사르는 1개 군단을 그 산 쪽으로 보내 얼마간 전진하다가 저지대에서 멈춘 다음 숲으로 숨으라고 지시했다. 갈리아인들은 갈수록 의심을 키우더니 결국 그 산을 지키기 위해 전 병력을 출동시켰다. 적의 진지가 빈 것을 본 카이사르는 병사들에게 투구 깃을 덮고 부대기를 보이지 않게 하라고 지시한 다음, 도시에서 주의를 기울이지 않도록 한 번에 조금씩 전 병력을 주진지에서 소진지로 이동시켰다. 그는 각 군단의 지휘권을 맡은 부장들에게 작전을 지시하면서 특히, 병사들이 지나친 의욕이나 전리품 때문에 너무 깊이 전진하지 않도록 철저히 통제하라고 일렀다. 그리고 불리한 지형에서 싸워야 하는 아군의 입장을 설명하고, 이것은 전면전이 아니라 기습 공격임을 주지시킨 후 오직 속도만이 불리한 입장을 뒤바꿀 수 있다고 강조했다. 이렇게 지시한 후, 그는 진격 신호를 내림과 동시에 오른쪽의 다른 비탈 길로는 하이두이족 군대를 올려보냈다.[33]

46

오르막이 시작되는 곳에서 도시의 성벽까지는 직선상으로 1.5킬로미터가 조금 넘는 거리였지만 고르지 않은 지형을 굽이굽이 돌아가야 하기 때문에 실제 거리는 그보다 길었다. 그 중간에는 아군의 공격을 저지하기 위해 산중턱을 따라 커다란 돌을 쌓아 만든 2미터 높이의 방벽이 가로놓여 있었다. 방벽 아래쪽은 비어 있는 반면, 그 위로 성벽에 이르는 경사면에는 갈리아군의 진지들이 밀집해 있었다.

---

32. 이 산은 게르고비아 고원의 남서쪽에 있고, 로마군이 점령하고 〈소진지〉를 구축한 산은 고원의 남쪽에 있다. 작은 산은 도시를 둘러싼 능선과 직접 연결되어 있어 도시의 배후로 접근할 수 있는 길이 된다. 베르킨게토릭스가 능선을 지키기 위해 이 산에서 병력을 철수시킨 것이 과연 신빙성이 있고 가능한 전략인가에 대해서는 의심의 여지가 있다. 이 의심을 푸는 하나의 열쇠로, 카이사르가 갈리아에서 겪은 최대의 패배를 기술하기에 앞서 자신의 행위를 정당화할 필요가 있었음을 고려해 볼 수 있다.
33. 로마군은 남쪽에서 공격했고, 하이두이족 군대는 동쪽에서 공격하기로 되어 있었다.

공격 신호가 울리자 아군은 순식간에 이 방어선을 타고 넘어 적의 진지 3개를 점령해 버렸다. 병사들의 행동은 너무나 신속했기 때문에 니티오브리게스족의 왕 테우토마투스는 막사에서 낮잠을 자다가 옷도 제대로 입지 못한 채 로마 병사들의 손을 뿌리치고는 부상당한 말에 몸을 싣고 간신히 탈출했다.

47 카이사르는 의도했던 바를 이루었다.[34] 그의 명령에 따라 퇴각 신호가 떨어지자 그와 함께 움직이던 10군단은 즉시 진격을 멈췄다. 그러나 10군단과 다른 군단들 사이에는 상당히 넓은 골짜기가 있어 그쪽의 병사들에게는 나팔 소리가 들리지 않았다. 그럼에도 대대장들과 부장들은 카이사르의 명령에 따라 병사들을 제지하기 위해 안간힘을 썼다.

그러나 병사들은 승리에 대한 조급한 희망과 적의 도주, 그리고 지금까지의 모든 승리에 도취되어 그들의 용기라면 이루지 못할 것이 없다고 자신하면서 추격을 멈추지 않고 도시의 성벽과 성문 앞까지 진격했다. 그러자 도시 곳곳에서 비명 소리가 퍼져나왔다. 도시의 가장 안쪽에 있던 주민들은 갑작스런 소란에 놀라 로마군이 이미 성 안으로 들어왔다고 생각하고는 도시 밖으로 달려 나오기도 했다. 부녀자들은 성벽 위에서 옷과 돈을 던지기 시작했고, 성벽에 몸을 기대 가슴을 드러내고 두 손을 내밀면서 아바리쿰에서 했던 것처럼 여자와 아이들의 목숨까지 빼앗지는 말아 달라고 병사들에게 애원했다. 어떤 여자들은 다른 사람들의 손에 의지해 성벽을 타고 내려와서는 로마 병사들에게 목숨을 맡기기도 했다.

그날 8군단의 백인대장인 루키우스 파비우스는 부하들 앞에서, 그가 누구보다 먼저 성벽을 올라 카이사르가 아바리쿰에서 약속했던 상을 이번에는 기필코 받겠노라고 큰소리를 쳤다. 그는 부하 세 명을 끌어내 그의 몸을 들어 올리게 하여 성벽 위로 올라갔다. 그런 다음 그들을 한 명씩 붙잡아 성벽 위로 끌어올렸다.

48 그 사이 능선을 지키기 위해 도시 반대편에 집결해 있던 갈리아인들은 처음에는 비명 소리에 놀라고, 다음에는 도시가 로마군에게 점령당했다는 잇따른 소식에 놀라 기병을 먼저 보내고 나머지 병사들도 전속력으로 달려왔다. 그들은 도착하는 대로 성벽 밑에 자리를 잡으면서 수를 늘려갔다. 많은 병력이 모이자 조금 전까지만 해도 로마군에게 손을 내밀면서 목숨을 구걸하던 아녀자들이 이번에는 갈리아 남자들을 부르면서, 그들의 관습대로 머리를 풀어헤치고 아이들을 남자들 눈앞에 내밀었다. 지형상으로나 숫자상으로나 로마군에게 불리한 싸움이었다. 빠른 속도로 언덕을 달려온 데다 계속되는 싸움에 지친 아군 병사들은 힘이 넘치는 적을 상대하기가 힘들었다.

49 아군은 불리한 위치에서 싸우는 반면 적의 수는 계속 늘어나는 것을 본 카이사르는 병사들이 걱정되어 소진지를 맡겼던

---

34. 논쟁의 여지가 있는 주장이다. 많은 학자들은 이것을 작전 실패를 감추기 위한 시도로 본다. 문제는 '의도했던 바'가 전체적인 작전의 완료인지, 아니면 그 지점까지 진격하는 것이었는지의 여부이다. 사실 이것은 작전 실패를 감추기 위해서라기보다는 지금까지는 예비 과정이었고 계획된 작전에 따라 이제 병력을 재배치하고 군사적으로 중요한 목표를 달성하겠다는 인상을 주려 했을 가능성이 더 높아 보인다. 그러나 그 시점에서 군기가 흐트러지지 않았다면 이후에 어떤 작전을 구사했을지를 설명하지 않고 있다. 그리고 대단히 신중하게도, 그의 장교들에게 그와 같은 일이 일어나지 않도록 경고했다는 내용을 앞글에 삽입하여(7-45) 비난의 화살을 피하고 있다. 전투가 끝난 후에도 같은 내용의 글이 등장한다. (7-52 참조)

티투스 섹스티우스 부장에게 전령을 보내, 그곳을 지키던 대대들을 즉시 출동시켜 적의 우익에 해당하는 산기슭에 배치하라고 명령했다. 아군 병사들이 적에게 쫓기면 추격하는 적을 즉시 격퇴하기 위해서였다. 카이사르는 멈춰 섰던 곳에서 약간 앞으로 전진하여[35] 10군단과 함께 전투 결과를 지켜보았다.

50 맹렬한 접전이 벌어졌다. 적은 지형의 이점과 병력 수에 의존했고, 아군은 용맹함에 의존했다. 그때 갑자기 아군의 노출된 측면에서 카이사르가 오른쪽 비탈길로 올려 보낸 하이두이족 군대가 모습을 드러냈다. 그들의 무기는 적의 무기와 아주 흡사해서 우리 병사들을 착각과 혼란에 빠뜨렸다. 하이두이족 병사들은 여느 때처럼 동맹군의 표시로 오른쪽 어깨를 드러내놓고 있었지만 우리 병사들에게는 로마군을 속이기 위한 적의 책략으로 보였다.

그 순간 성벽 위로 올라갔던 백인대장 루키우스 파비우스와 그의 병사들이 적에게 둘러싸여 죽음을 당한 후 성벽 아래로 무자비하게 내던져졌다. 같은 군단에 소속된 백인대장 마르쿠스 페트로니우스는 성문을 돌파하려다 적의 집중 공격을 받아 목숨을 포기

---

35. 퇴각하던 방향으로 전진했으므로 게르고비아로부터 더 멀어졌다는 뜻이 된다. (옮긴이)

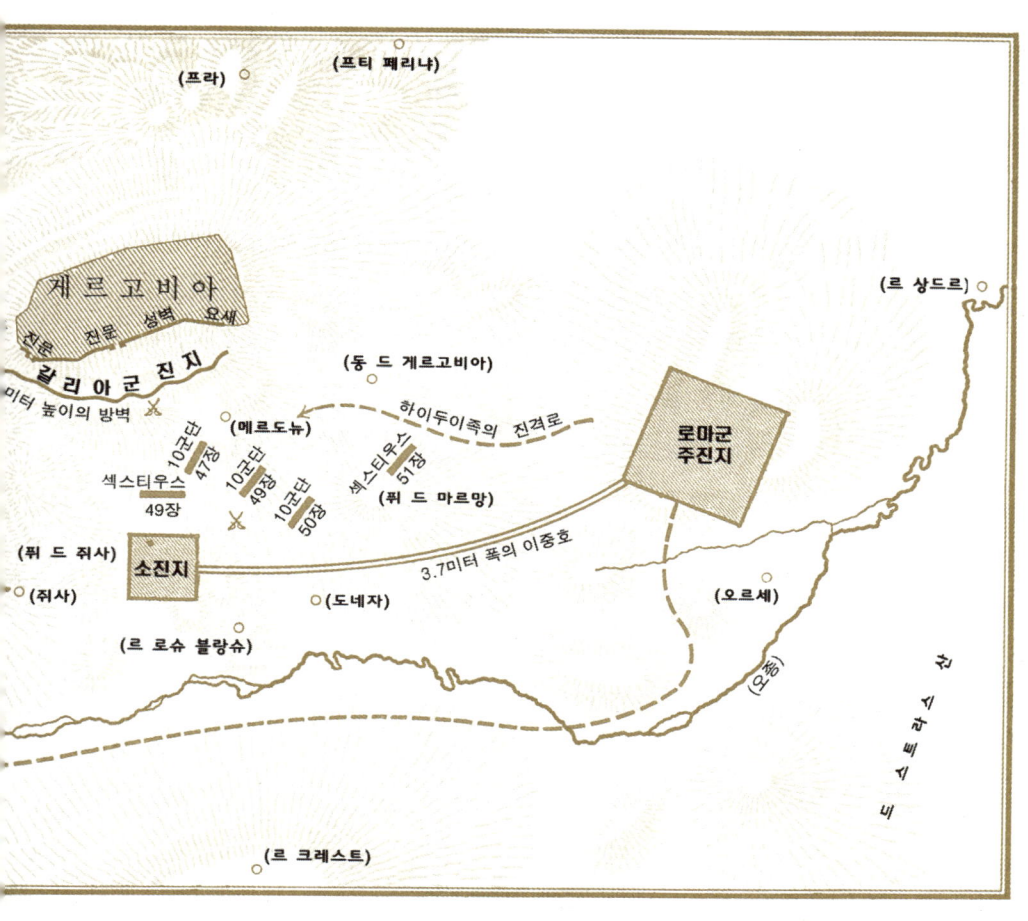

게르고비아 공성 작전도

하는 지경에 이르렀다. 심한 부상을 입은 그가 자신을 뒤따르던 병사들에게 말했다. "우리 모두의 목숨을 구하기는 어렵게 되었다. 용맹함을 보이려다 그대들을 위험에 빠뜨리는 우를 범했으니, 최소한 그대들의 목숨은 구할 수 있게 해주겠다. 기회를 틈타 자신의 생명을 구하라." 그는 즉시 적진 한가운데로 뛰어들어 두 명의 적을 살해하고 나머지를 성문 뒤로 약간 물러나게 했다. 아군 병사들이 달려가 도우려 하자 그가 외쳤다. "내 목숨을 구하려 하는 것은 부질없는 짓이다. 너무 많은 피를 흘려 더 이상 힘을 쓸 수가 없다. 그러니 기회가 있을 때 빠져나가 군단으로 돌아가라." 그는 이렇게 병사들의 목숨을 구하고 적과 싸우다 쓰러졌다.

51 아군은 사방에서 적에게 압도당해 후퇴하기 시작했다. 46명의 백인대장이 목숨을 잃었다. 그러나 다소 평탄한 지형에 포진해 있던 10군단이 나서자 맹렬히 추격하던 적의 기세가 이내 누그러졌다. 13군단의 대대들도 티투스 섹스티우스 부장과 함께 소진지에서 달려나와 10군단을 지원했다. 마침내 전 군단이 평지에 도착하자 아군은 즉시 퇴각을 멈추고 적을 향해 전열을 정비했다. 그러자 베르킨게토릭스는 기슭까지 내려온 그의 군대를 요새 안으로 불러들였다. 이날의 전투로 700명에 달하는 아군 병사가 목숨을 잃었다.

52 이튿날 카이사르는 회의를 소집해 병사들의 경솔함과 과욕을 호되게 질책했다. 그들은 어디로 진격하고 어떻게 공격할지를 스스로 결정했고, 퇴각 신호를 울려도 진격을 멈추지 않았으며, 대대장들과 부장들의 명령에도 따르지 않았다. 카이사르는 지형상의 이

점이 왜 중요한지를 설명하고, 아바리쿰에서 지휘관도 기병도 없는 적을 눈앞에 두고도 승리할 기회를 포기한 것은 불리한 지형을 피하고 최소한의 병력 손실도 막기 위함이었음을 다시 한 번 강조했다. 적의 진지를 점령하고 높은 산과 성벽을 단숨에 돌파한 용기는 가상하지만, 승리와 결과에 대해 총사령관보다 더 많이 안다고 생각한 것은 무례하고 오만한 행위로, 질책을 받아 마땅하다고 혹독하게 나무랐다. 카이사르는 병사들에게 용맹함과 대담성 못지않게 분별력과 자제심을 가져야 한다고 훈계했다.

53   카이사르는 병사들에게 이번 일로 의기소침해지지 말 것과, 불리한 지형 때문에 일어난 일을 적의 용맹함 탓으로 돌리지 말 것을 강조하며 연설을 끝냈다. 그는 여전히 전과 똑같은 조건으로 게르고비아를 떠날 기회를 노리고 있었지만 회의가 끝난 후 군단들을 이끌고 진지 밖으로 나와 적당한 지형에서 전투 대형을 갖췄다.[36] 그러나 베르킨게토릭스는 평지로 내려오지 않았고, 뒤이어 벌어진 기병전에서 아군이 우세를 보이자 카이사르는 군대를 이끌고 진지로 돌아갔다. 다음 날에도 똑같은 일이 벌어지자 카이사르는 갈리아인의 거만함을 꺾고 로마군의 사기를 충분히 만회했다는 판단하에 진지를 철수하고 하이두이족의 영토로 이동했다. 이때에도 적은 추격해 오지 않았다. 사흘째에 알리에 강에 도착한 카이사르는 다리를 재건하고 병력을 도하시켰다.

---

36. 결전을 치르기 위해서가 아니라 로마 병사들의 사기를 되살리기 위해서였다.

갈리아 총반란, 하이두이족 변절

54 강을 건너자 하이두이족의 에포레도릭스와 비리도마루스가 카이사르를 찾아왔다. 두 사람은 리타비쿠스가 자신의 전 기병을 동원해 하이두이족을 선동하고 있으므로 리타비쿠스보다 먼저 그들 두 사람을 하이두이족에게 보내 부족의 충성을 되돌릴 필요가 있다고 주장했다. 카이사르는 반란의 증거는 이미 충분했기 때문에 에포레도릭스와 비리도마루스를 보내면 부족의 반란이 더 가속화될 것이라 예측했다. 그러나 그들을 계속 붙잡아 두는 것은 하이두이족을 모욕하는 것처럼 보이거나, 카이사르가 두려워하고 있다는 인상을 심어줄 수 있었다. 두 사람을 보낼 때 그는 자신이 하이두이족에게 기여한 바를 간략히 전하게 했다. 먼저 그가 처음 갈리아에 왔을 때 하이두이족은 다른 부족의 힘에 눌려 도시로 쫓겨 들어가고, 땅도 빼앗기고, 모든 식량도 강탈당하고, 조공도 바치고, 굴욕적인 상황에서 인질도 바쳐야 했다. 그러나 그가 도착한 후부터 하이두이족이 나날이 커지고 번창했음을 지적했다. 그들은 과거의 영화를 되찾았을 뿐 아니라 어느 시대에도 가져보지 못한 커다란 명성과 세력을 거머쥐게 되었다. 카이사르는 두 사람을 보내 이런 경고를 전하게 했다.

55 노비오두눔은 루아르 양쪽 강변의 유리한 위치에 자리 잡은 하이두이족의 도시로,[37] 카이사르는 이곳에 모든 갈리아 인질과 식량, 자금, 그리고 그와 병사들 대부분의 짐을 운반해 놓았다. 또한 이 전쟁을 위해 이탈리아와 히스파니아에서 사들인 다수의 말도 그곳으로 보내놓은 상태였다. 에포레도릭스와 비리도마루스는 노비오두눔

에 도착하자마자 그들 부족 사이에서 벌어지는 상황을 알게 되었다. 리타비쿠스는 하이두이족의 가장 큰 도시인 비브락테에 입성했고, 판관인 콘빅톨리타비스와 다수의 원로가 그의 의견에 찬성하고 있었다. 뿐만 아니라 베르킨게토릭스에게 공식 사절단을 파견해 평화와 동맹을 청하고 있었다.

두 사람은 이것을 절호의 기회라 생각하고 노비오두눔에 도착하자마자 수비대와 상인들을 죽이고 돈과 말을 나눠 가졌다. 그런 다음 갈리아 인질들을 비브락테의 판관에게 보냈다. 그리고 그들 힘으로는 도시를 지키지 못할 것이라는 판단에 따라 로마군이 이용할 수 없도록 도시에 불을 질렀다. 또한 급히 배에 실을 수 있는 식량을 제외한 나머지 모든 곡식은 물에 적시거나 불에 태웠다. 그런 다음 인근에서 병력을 모집해 루아르 강변에 수비대를 배치하고 그들의 기병을 동원해 곳곳에서 소란을 일으켰다. 그것은 로마군의 식량 보급을 차단하거나 로마군으로 하여금 굶주림에 쫓겨 프로빈키아로 퇴각하도록 하기 위해서였다. 눈이 녹아 루아르 강의 수위가 높아져 로마군이 강을 건너기가 전적으로 불가능하다는 점이 그들의 희망을 부추기고 있었다.

56 이 모든 사실을 알게 된 카이사르는 신속한 행동이 필요할 때라고 생각했다. 다리를 놓으려면 전투가 불가피할 것이고, 그렇다면 더 많은 병력이 강으로 몰려오기 전에 교전을 벌이는 것이 유리했다. 그렇지 않으면 겁에 질린 장교들이 바라는 것처럼 원정 계획을

---

37. 비투리게스족의 도시인 노비오두눔과 이름이 같다.

포기하고 프로빈키아로 돌아가는 수밖에 없었으나 여러 가지 이유가 그것을 가로막았다. 우선 그것은 굴욕적인 일이었다. 또한 그 길에는 세벤 산맥이 가로놓여 있었고, 도로 사정도 좋지 않았고, 무엇보다 먼 곳에 떨어져 있는 라비에누스 휘하의 군단들이 걱정스러웠다. 그에 따라 카이사르는 여러 날 동안 밤낮으로 강행군을 한 끝에 루아르 강에 도착하여 모든 이들을 놀라게 했다. 때마침 기병대가 얕은 곳을 찾아낸 덕에 병사들은 팔과 어깨를 물 밖에 내놓고 무기를 든 채 강을 건널 수 있었다. 또한 카이사르는 병사들이 강을 건너는 동안 물살의 힘을 약화시키기 위해 상류 쪽에 기병대를 도열시켰다. 이것을 본 적이 혼란에 빠진 사이에 로마군은 안전하게 강을 건넜다. 카이사르는 들판에서 발견한 풍부한 곡식과 가축을 병사들에게 배급한 후 세노네스족의 영토로 전진하기 시작했다.

57 한편 카이사르에게 이런 일이 벌어지고 있는 동안, 라비에누스는 이탈리아에서 방금 도착한 보충 부대를 아게딘쿰에 남겨 군수품을 지키게 하고 자신은 4개 군단을 이끌고 루테티아로 이동했다. 루테티아는 센 강의 섬 위에 자리 잡은 파리시족의 도시이다. 그가 다가오자 적은 인근 부족들에서 대규모 병력을 규합하고 아울레르키족의 카물로게누스에게 최고 지휘권을 부여했다. 카물로게누스는 비교적 많은 나이에도 불구하고 뛰어난 군사 지식을 갖춘 훌륭한 지휘관이었다. 그는 센 강 옆으로 펼쳐진 광활한 습지를 이용해 그곳에 진지를 구축하고 로마군의 도하를 막기로 했다.

58 라비에누스의 첫 번째 조치는 이동식 엄호차를 동원해 버들가지와 잡석으로 습지를 메우고 통로를 다지는 것이었다. 그러나 이것이 어렵다는 것을 알고는 제3야경시(24-03시)에 조용히 진지를 벗어나 오던 길에 있던 메티오세둠으로 이동했다. 메티오세둠은 방금 설명했던 루테티아처럼 센 강의 한 섬에 위치한 세노네스족의 도시이다. 그는 약 50척의 배를 빼앗아 한 줄로 길게 엮어 배 다리를 만든 다음 병사들을 건너게 했다. 그곳은 대부분의 남자들이 전쟁에 소집되어 남아 있는 주민은 소수에 불과했으며, 그나마 그들도 이 놀라운 작전을 보고 공포에 휩싸였기 때문에 라비에누스의 군단들은 저항 없이 도시를 점령할 수 있었다. 그는 적이 파괴해 놓은 다리를 복구한 다음 군대를 이끌고 루테티아를 향해 하류로 행진하기 시작했다. 메티오세둠에서 도망친 난민들을 통해 이 소식을 들은 갈리아인은 루테티아를 불태우고 다리를 파괴하도록 명령했다. 그들은 습지에서 나와 센 강의 강둑까지 전진해 강과 루테티아를 사이에 두고 라비에누스의 진지 맞은편에 병력을 포진시켰다.

59 이 무렵 카이사르가 게르고비아를 떠났다는 소식과, 하이두이족이 반란을 일으켰고, 갈리아인의 봉기가 성공했다는 소식이 갈리아 전역에 퍼졌다. 갈리아인들은 곳곳에서 회의를 열고, 카이사르의 행군이 루아르 강에 막혀 차단되었고, 그로 인해 식량이 떨어진 로마군은 어쩔 수 없이 프로빈키아로 돌아갔다고 선언했다. 하이두이족의 반란 소식이 전해지자 일찍부터 로마의 지배에 불만을 품고 있던 벨로바키족도 공공연히 군대를 소집하고 전쟁을 준비했다. 이렇게 전체적인 상황이 돌변하자 라비에누스는 지금까지와는 완전히 다른 전략

을 수립할 수밖에 없었다. 이제는 전리품을 취득하거나 적에게 타격을 입힐 방법보다는 군대를 안전하게 이끌고 아게딘쿰으로 돌아갈 방법을 생각해야 했다. 한편에서는 갈리아인들 사이에 용맹함으로 명성이 자자한 벨로바키족이 위협했고, 또 한편에서는 전쟁 준비를 끝낸 카물로게누스의 군대가 로마군을 위협했다. 게다가 군단과 그들의 군수품 사이에는 큰 강이 흐르고 있었다. 라비에누스는 이렇게 극도로 어려운 상황에서는 병사들에게 용기를 불어넣어 줄 계기가 필요하다고 느꼈다.

60 그는 해질 무렵에 회의를 소집하여 병사들에게 그의 명령을 신속하고도 엄밀하게 수행하라고 격려했다. 그는 메티오세둠에서 가져온 배를 로마 기사들에게 한 척씩 배정한 다음 제1야경시(18-21시)에 조용히 하류로 6킬로미터를 이동하여 그곳에서 그를 기다리라고 명령했다. 그리고 가장 전의가 약하다고 생각되는 5개 대대로 하여금 진지를 지키게 하고, 같은 군단의 나머지 5개 대대에게는 자정에 모든 짐을 가지고 상류로 가서 큰 소란을 일으키라고 지시했다. 또한 몇 척의 작은 배를 상류로 보내 소란스럽게 노를 젓게 했다. 그런 직후 그는 조용히 3개 군단을 이끌고 배들이 기다리는 하류로 이동했다.

61 라비에누스가 하류에 도착할 무렵 갑자기 거센 폭풍우가 몰아쳤기 때문에 로마군은 강을 따라 배치돼 있던 적의 척후병들을 손쉽게 생포할 수 있었다. 이 작전을 이끈 기사들의 지휘하에 로마군과 기병은 신속하게 강을 건넜다. 동트기 직전 거의 같은 시각에 로마군 진지가 이상하게 소란스럽다는 정보가 적의 귀에 들어갔다. 대부대가 상류로 이동하고 있으며, 같은 방향에서 노 젓는 소리가 들려오

고, 조금 하류에서는 배로 강을 건너고 있다는 소식이었다. 적은 하이두이족의 반란에 사기가 꺾인 로마군이 세 장소에서 탈출을 시도한다고 생각하고는 병력을 셋으로 나눈 다음, 로마군 진지 맞은편에 수비대를 남기고, 소수의 병력을 배들이 전진한 메티오세둠으로 보낸 동시에, 나머지 병력을 라비에누스가 있는 곳으로 출동시켰다.

62 해가 뜰 무렵 모든 병사가 강을 건너자 적의 대오가 시야에 들어왔다. 라비에누스는 병사들에게 지금까지의 용맹함과 승전을 상기시키고, "그대들과 함께 수많은 적을 물리쳤던 카이사르가 그대들을 지켜보고 있다는 생각으로 전투에 임하라."고 촉구한 다음 전투 신호를 내렸다. 첫 번째 격돌에서 적의 우익이 7군단의 공격을 막아내지 못하고 무너지면서 패주했다. 좌익에서도 12군단의 무기와 공격이 적의 제1열을 돌파했다. 그러나 생존자들은 끝까지 용감하게 싸웠고 어느 누구도 도망칠 기세를 보이지 않았다. 적의 지휘관인 카물로게누스는 병사들 곁을 떠나지 않고 계속 싸움을 독려했다. 아직 최후의 승자가 누가 될지는 불확실했다. 치열한 접전이 계속되고 있을 때 좌익의 상황을 보고 받은 7군단의 대대장들은 군단을 적의 후방으로 이동시켜 적을 에워싸고 공격을 퍼부었다. 그때까지도 적은 단 한 명도 도망치지 않고 싸우면서 죽음을 맞이했다. 카물로게누스도 병사들과 같은 운명을 맞이했다.

라비에누스의 진지를 감시하기 위해 남겨졌던 부대는 전투가 벌어졌다는 소식에 동료들을 돕기 위해 달려와 언덕에 포진했다. 그러나 그들 역시 의기양양한 로마 병사들을 당해 낼 수가 없었다. 그들은 동지들과 뒤섞여 무기를 버리고 달아났지만 숲과 산에 이르기 전에 로마 기병들에게 죽음을 당했다.

라비에누스는 전투를 승리로 이끈 후 전군의 군수품을 남겨둔 아게딘쿰으로 돌아왔고, 사흘 후 다시 전 병력을 이끌고 아게딘쿰을 출발해 카이사르가 있는 곳으로 이동했다.

63 하이두이족의 반란 소식은 적의 세력을 더욱 확대시켰다. 그들은 사방으로 사절들을 보냈고, 갈리아 부족들의 지지를 얻기 위해 모든 호의와 뇌물과 영향력을 행사했다. 또한 동요하는 부족들에게는 카이사르의 수중에서 그들에게로 넘어온 인질들을 처형하겠다고 위협하여 승낙을 받아냈다. 하이두이족은 베르킨게토릭스에게 그들에게 와서 전쟁 계획을 설명하라고 요구했고, 이 요구가 받아들여지자 이번에는 최고 지휘권을 그들에게 넘기라고 요구했다. 이 문제로 논쟁이 일어나자 전체 갈리아 회의가 소집되어 갈리아 전역에서 수많은 사람들이 모여들었다. 그들은 공개적인 투표를 통해 만장일치로 베르킨게토릭스를 단독 사령관[38]으로 승인했다.

이 회의에 참석하지 않은 부족은 레미족, 링고네스족, 트레베리족뿐이었다. 앞의 두 부족은 로마와의 우호 관계를 유지했지만, 너무 멀리 떨어져 있는 트레베리족은 게르만인의 공격에 시달리고 있었기 때문에 전쟁에 참가하거나 어느 쪽을 지원할 수 있는 형편이 아니었다. 보기 좋게 최고 지휘권을 박탈당한 하이두이족은 운명의 변덕을 한탄하면서 카이사르가 보여줬던 호의를 그리워하기 시작했다. 그러나 전쟁이 시

---

38. 그들은 베르킨게토릭스를 로마 총사령관을 가리키는 임페라토르imperator로 칭했다. 이것은 카물로게누스를 비롯한 과거의 우두머리들을 〈지휘관〉으로 칭한 것보다 훨씬 불길한 일이었다.

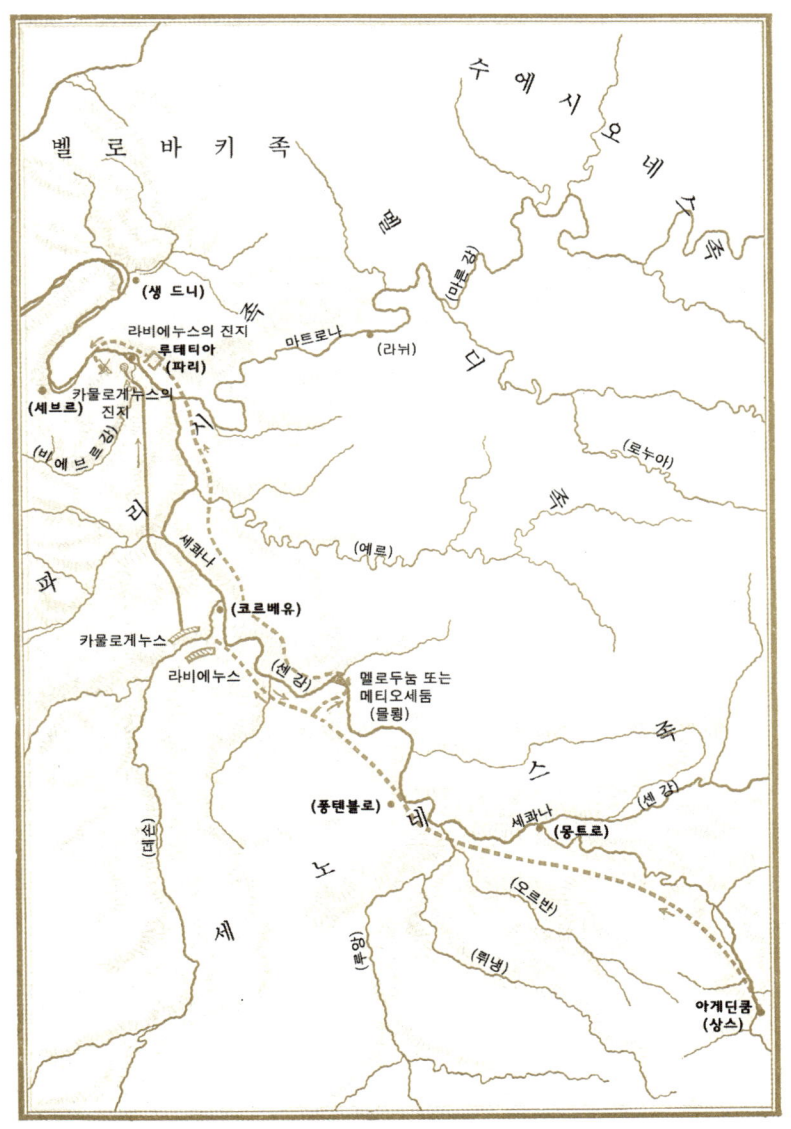

갈리아 전쟁 7년째

작된 지금, 그들은 다른 갈리아 부족들과의 협력 관계를 끊지 못했다. 야심만만한 두 젊은이 에포레도릭스와 비리도마루스는 마지못해 베르킨게토릭스에게 머리를 숙였다.

64 베르킨게토릭스는 다른 부족들에게 인질을 요구하고 마감 날짜를 통보했다. 그는 1만 5,000에 이르는 전 기병을 급히 소집하는 한편, 보병은 전과 같은 수준에서 만족한다고 말했다. 결국 그는 전운을 시험해 보거나 정규전을 치를 생각이 없다고 하면서, 그의 입장에서는 풍부한 기병을 이용해 로마군의 식량 보급과 마초 징발을 차단하는 것이 쉽다고 말했다. 그러나 그러기 위해서는 갈리아인들 스스로 그들의 곡식을 베고 집을 불태워야만 하고, 소중한 재산을 잃어야 영원한 주권과 자유를 얻을 수 있음을 이해해야 한다고 역설했다. 이 문제가 해결되자 그는 하이두이족과 프로빈키아 옆에 거주하는 세구시아비족에게 1만의 병사를 요구하고 추가로 800의 기병을 더 요구했다. 그는 이 군대를 에포레도릭스의 형제에게 맡겨 알로브로게스족을 공격하라고 명령했다. 또 다른 방향으로는 가발리족과 그 이웃에 인접한 아르베르니족 부락들의 군대를 헬비족에게 보내고, 루테니족과 카두르키족 군대를 볼카이 아레코미키족에게 보내 각각의 부족을 약탈하게 했다.

그러면서도 최근의 전쟁으로 알로브로게스족의 마음이 흔들리기를 바라면서 은밀히 사자와 사절을 보내 합류를 권유했다. 그는 알로브로게스족의 지도자들에게는 돈을 약속하고, 부족에게는 프로빈키아 전체를 지배할 권한을 약속했다.

65   이런 상황에 대비해 루키우스 카이사르 부장[39]은 프로빈키아 자체에서 22개 대대를 모집하고 속주 전역에 병력을 배치해 방어 태세를 갖추었다. 헬비족은 영토를 침략한 적에 맞서 싸웠으나 패하고 말았다. 이 전투에서 헬비족은 카부루스의 아들이자 부족의 지도자인 가이우스 발레리우스 돈노타우루스와 그 밖의 많은 사람을 잃은 후 도시의 성벽 안으로 후퇴했다. 알로브로게스족은 론 강 주변 여러 곳에 수비대를 배치하고 삼엄한 경계로 영토를 지켰다.

 카이사르는 적의 기병이 아군보다 강하다는 것과, 모든 길이 차단되어 이탈리아와 프로빈키아에서 지원군이 올 수 없다는 사실을 익히 알고 있었다. 그래서 그는 지난해에 복속시켰던 라인 강 너머 게르만 부족들에게 사자를 보내 기병과 그 기병들 사이에서 싸우는 경보병을 보내라고 요청했다. 그러나 그들은 전투에 부적합한 말을 타고 왔기 때문에 카이사르는 대대장들의 말과 대대장들 밑에서 일하는 기사들 그리고 고참병[40]들의 말을 차출해 게르만인에게 주었다.

66   이런 일이 진행되는 동안 적진에서는 아르베르니족 군대와 갈리아 전역에서 차출된 기병이 합류하고 있었다. 카이사르는 프로빈키아를 보다 쉽게 지원하기 위해 링고네스족 영토 외곽을 돌아 세콰니족 영토로 이동했다. 한편 대규모 병력을 모두 소집한 베르킨게토릭스는 3일간 행군으로 로마군으로부터 13킬로미터 떨어진 곳까

---

39. 이 책의 저자인 가이우스 율리우스 카이사르의 친척이다. 기원전 64년에 집정관을 지냈다.
40. 에보카티evocati: 복무 기한을 마친 후 보다 나은 급료와 대우를 보장받고 재입대한 병사를 가리킨다.

지 접근한 후 세 개의 진지를 구축했다. 그리고 기병 지휘관들을 소집해, "승리의 순간이 다가왔다."고 선언하며 이렇게 말했다.

"로마군이 갈리아를 떠나 멀리 프로빈키아로 도망치고 있다는 사실은 갈리아인에게 일시적인 자유를 주기에는 충분하나, 영원한 평화와 자유를 거머쥐기에는 불충분하다. 로마군은 틀림없이 많은 병력을 끌어모은 다음 다시 돌아와 언제까지나 전쟁을 계속할 것이다. 따라서 로마군이 무거운 짐을 지고 대열을 지어 행군할 때 공격을 가하자. 로마 보병들은 행군을 멈추고 동료를 살리기 위해 달려갈 것이다. 그러면 틀림없이 짐을 버리고 달려갈 것인데, 생존에 필요한 장비와 짐을 잃어버리면 그와 함께 위엄도 잃어버릴 것이다."

베르킨게토릭스는 계속해서 기병 지휘관들에게, "로마군 기병은 누구도 감히 본 대열을 조금이라도 벗어나지 못할 것이다. 따라서 우리 기병의 사기를 높이기 위해 나의 전 병력을 진지 앞에 포진시켜 적을 두려움에 빠뜨리겠다."고 약속했다. 그러자 기병들은, "적의 대오를 두 번 돌파하지 못하는 자는 절대 고향으로 돌아가지 않으며 처자식도 보지 않기로 맹세하자."고 외쳤다.

67 그들은 모두 이 제안에 동의하고 엄숙히 맹세했다. 다음 날 기병은 세 부대로 나눠, 두 부대는 전투 대형을 갖추고 본 대열 양쪽에 포진하고, 다른 한 부대는 전면에서 로마군의 행진을 방해했다. 이 소식을 들은 카이사르는 자신의 기병도 셋으로 나눠 적을 공격하게 했다. 즉시 사방에서 전투가 벌어졌다. 군단들은 행군을 멈추고

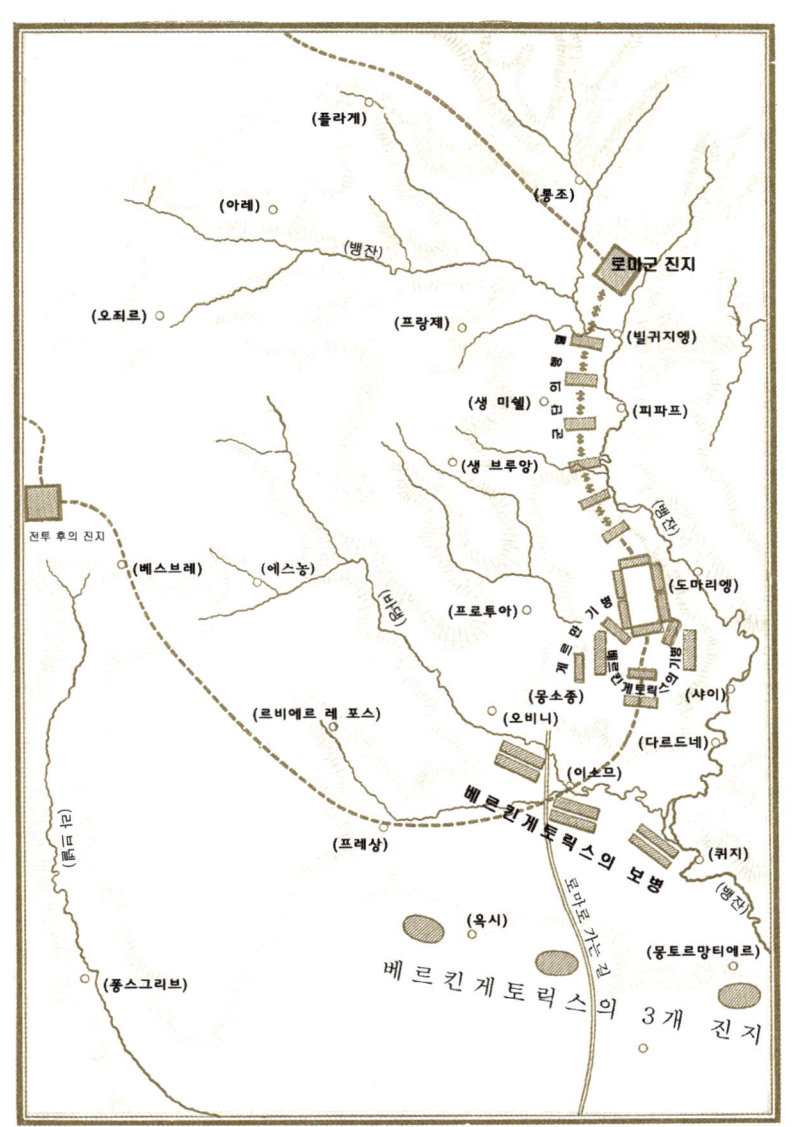

갈리아 전쟁 7년째

짐을 중앙에 모았다.⁴¹ 어느 곳에서든 아군이 어려움에 처하거나 우세를 빼앗기는 것처럼 보이면 카이사르는 즉시 독수리기를 앞세우고 전투 대형을 갖춰 전진하도록 명령했다. 이 작전은 적의 추격을 늦추게 하는 동시에 아군 병사들에게는 지원에 대한 희망을 불어넣었다.

얼마 후 우익에 있던 게르만 기병⁴²이 언덕의 정상을 빼앗았다. 그들은 비탈로 밀려 달아나는 적을 쫓아 베르킨게토릭스와 그의 보병이 포진해 있는 강까지 추격하여 많은 자를 살해했다. 이것을 본 나머지 기병들도 퇴로가 막힐 것이 두려워 도망치기 시작했다. 곳곳에서 살육전이 벌어졌다.

세 명의 하이두이 귀족이 붙잡혀 카이사르 앞으로 끌려왔다. 과거의 선거에서 콘빅톨리타비스와 경합을 벌였던 기병 대장 코투스, 리타비쿠스가 도망친 후 보병 지휘권을 부여받았던 카바릴루스, 그리고 카이사르가 오기 전 세콰니족과의 전쟁에서 하이두이족을 이끌었던 에포레도릭스가 그 세 명이었다.

알레시아 공방전

68 베르킨게토릭스는 모든 기병이 도망을 친 후, 세 개의 진지 앞에 포진시켰던 보병을 즉시 철수시켜 만두비족의 도시인 알레시아로 이동하기 시작했다. 그는 진지에서 짐을 신속히 운반해 그의 뒤를 쫓아오라고 명령했다. 카이사르는 전 병사의 짐을 가장 가까운 언덕으로 이동시키고 2개 군단을 남겨 짐을 지키게 하고는 밤이 이슥

하도록 베르킨게토릭스를 추격하여 적의 후미에서 약 3,000명에 이르는 병사를 살해하고, 이튿날에는 알레시아 근처에 진지를 구축했다. 그는 도시의 지형을 파악한 다음 아군 병사들에게, 적은 가장 믿을 만한 핵심 병력인 기병대의 패주로 공포에 떨고 있으니 더욱 용기를 내라고 격려하면서 공성 공사를 지시했다.[43]

69 알레시아 요새는 산꼭대기에 서 있었기 때문에 포위 공격이 아니면 공략하기가 불가능해 보였다. 두 줄기의 강이 언덕의 양쪽 기슭을 스치면서 흘렀고, 도시 전면에는 약 4.5킬로미터에 이르는 평지가 펼쳐져 있었다. 그 밖의 모든 방향에서는 약간의 간격을 두고 비슷한 높이의 산들이 도시를 에워싸고 있었다. 갈리아 군대는 동쪽을 향한 성벽 아래에 모여 있었다. 그들의 요새 안에는 두 강을 잇는 참호와 1.8미터 높이의 성벽이 있었다. 로마군이 파기 시작한 참호의 길이는 약 16킬로미터에 이르렀다. 아군은 또한 적당한 장소에 8개의 진지를 구축하고 방어선 곳곳에 23개의 보루를 세웠다. 그리고 낮에는 수비대를 배치해 기습 공격을 막고, 밤에는 보초와 강력한 정찰대가 보루들을 지켰다.

---

41. 행군 중에는 짐을 군단과 군단 중간에 배치하고 운반했지만, 공격을 받을 때는 사각형의 방진을 형성하고 그 안에 짐을 모아놓았다.
42. 7-65에서 언급된, 카이사르에게 보내진 게르만 기병이다.
43. 공사의 구조는 7-11과 7-17에서 설명한 일반적인 구조와 똑같았지만, 상상을 초월할 정도로 거대했던 규모는 카이사르의 지도력과 지휘 능력의 극치를 보여주는 고전적인 증거로 인정받고 있다. 먼저 안쪽 줄에 해당하는 첫 번째 호는 길이가 무려 15킬로미터를 넘었고(그때 베르킨게토릭스는 지원군을 요청하기 위해 기병을 내보냈다), 갈리아인의 후방 공격으로부터 로마군을 지켜줄 두 번째 호는 그보다 더 길었다.

70 공성 공사가 시작된 후 앞서 말한 대로 언덕들의 중간에 펼쳐진 폭 4.5킬로미터의 평지에서 기병전이 벌어졌다. 적도 아군도 치열하게 싸웠다. 아군이 열세에 몰리자 카이사르는 게르만 기병을 출동시키고, 그와 함께 적의 보병이 기습적으로 공격해 올 것에 대비해 진지 앞쪽에 군단들을 배치했다. 군단들이 도열하는 것을 보고 아군의 사기가 올라가자 적은 곧 패주하기 시작했다. 너무 많은 병사들이 한꺼번에 도망치면서 서로의 앞길을 가로막았고, 성문이 너무 조금 열려 있었기 때문에 많은 병사들이 문 앞에서 뒤엉켰다. 게르만 기병은 참호와 성벽까지 적을 추격했다. 대량 학살이 이어지는 가운데 어떤 자들은 말을 버렸고, 어떤 자들은 호를 넘거나 성벽을 기어올랐다. 카이사르는 진지의 방벽 바로 앞에 배치한 군단들에게 조금 앞으로 전진할 것을 명령했다. 그러자 공격이 임박했다는 생각에 요새 안의 갈리아인들도 기병들과 똑같이 두려움에 떨며 신호에 따라 무기를 들었다. 어떤 자들은 너무 두려운 나머지 도시 안으로 도망치기도 했다. 베르킨게토릭스는 진지가 완전히 무방비 상태가 되는 것을 막기 위해 모든 성문을 닫으라고 명령했다. 게르만 기병은 수많은 적을 살해하고 여러 마리의 말을 포획한 후 로마군 진지로 돌아왔다.

71 베르킨게토릭스는 로마군이 공성 공사를 완료하기 전에 어둠을 틈타 모든 기병을 내보내기로 결심했다. 그리고 그들을 보내면서 각자의 부족에게 돌아가 무기를 들 수 있는 모든 남자를 동원하라고 명령했다. 그는 자신이 갈리아 부족들에게 베푼 공로를 상기시키고, 전 갈리아의 해방을 위해 노력한 그를 모진 고초에 빠뜨리지 말라고 주장했다. 마지막으로 그들이 조금이라도 의무를 소홀히 하면

그 자신뿐 아니라 8만 명의 정예 부대를 죽음으로 몰고 갈 수 있음을 강조했다.

베르킨게토릭스는 자신이 계산한 바로는 모든 식량을 모으면 30일 분이 간신히 되고 배급량을 줄이면 조금 더 버틸 수 있다고 말했다. 그리고 제2야경시(21-24시) 중에 아군의 방어 시설을 뚫고 소리 없이 기병을 내보냈다. 베르킨게토릭스는 모든 식량을 모으게 하고 불복종하는 자는 사형에 처하겠다고 공포했다. 그리고 만두비족에게서 징발한 많은 가축을 개개인에게 나눠주고 식량을 아껴 조금씩 배급하는 한편, 도시 전면에 배치했던 전 병력을 안쪽으로 철수시켰다. 모든 계획이 실행되자 그는 갈리아에서 증원군이 오기를 기다리며 전쟁을 준비했다.

72 이 모든 상황이 탈주병과 포로들을 통해 카이사르의 귀에 들어가자 그는 다음과 같이 방어 공사를 지시했다. 폭이 6미터인 첫 번째 참호는 양쪽 면을 수직으로 만들어 호의 바닥과 상단의 폭을 똑같이 했다.[44] 그 밖의 모든 방어 시설들은 이 호로부터 약 600미터 뒤쪽에 배치했다. 이것은 방어선 전체에 병사들을 배치하는 것이 불가능한 상황에서 중간에 넓은 공간을 확보함으로써 적의 야간 공격을 막고, 아군 병사들이 공성 공사로 분주할 때 적이 투척 무기로 공격하는 것을 막기 위해서였다. 그런 다음 같은 거리만큼 떨어진 곳에 같은 깊이로 폭 4.5미터의 호를 두 개 더 파고, (지면과 수평이거나 그보다 더 낮은) 안쪽 호에는 강물을 끌어들였다. 두 개의 호 뒤에는 토루를 쌓고

---

44. V자 호가 아닌 U자 호였다. (옮긴이)

3.6미터 높이의 방벽을 쌓고 그 위에 흉벽[45]을 세웠으며 흉벽과 방벽이 만나는 곳에는 끝을 날카롭게 깎은 말뚝들을 수평으로 박아 적이 기어 올라오는 것을 막았다. 그리고 참호 전체에 24미터 간격으로 망루를 세웠다.

73 로마군은 대규모 공사를 진행하면서 한편으로는 목재와 식량을 조달하기 위해 정기적으로 먼 곳까지 출동했기 때문에 병력이 크게 부족했다. 이것을 눈치 챈 갈리아인은 불시에 성문을 몇 개씩 열고 맹렬히 돌격해 아군의 방어 시설을 시험해 보곤 했다. 따라서 카이사르는 더 적은 인원으로 보루를 지킬 수 있도록 방어 시설을 보강해야 한다고 판단했다. 우선 병사들은 나무줄기와 두꺼운 가지들을 잘라 껍질을 벗기고 끝을 날카롭게 깎았다. 그리고 1.5미터 깊이로 호를 판 다음 그 바닥에 말뚝을 단단히 고정시키고 가지들을 밖으로 튀어나오게 했다. 말뚝은 모두 다섯 줄이었고 각각의 말뚝을 서로 잡아매고 연결했기 때문에 누구라도 그 속에 빠지면 날카로운 가지에 찔릴 수밖에 없었다. 병사들은 이것을 〈묘비〉[46]라 불렀다. 묘비 앞쪽에는 5점형[47]으로 깊이 1미터의 구덩이들을 원추꼴로 판 다음 장정 허벅지 두께의 매끄러운 나무를 박고 불에 태운 날카로운 끝이 밖으로 3인치 나오게 했다. 구덩이는 0.3미터 깊이까지 흙으로 채우고 발로 밟아 나무를 고정시키고 나머지 공간은 잔가지와 섶나무로 채워 함정을 위장했다. 이런 구덩이를 1미터 간격으로 여덟 줄을 만들었다. 병사들은 각각의 구덩이가 꽃과 비슷하다 하여 〈백합〉이라 불렀다. 그 앞쪽에는 쇠갈고리를 단단히 박은 0.3미터 길이의 나무 토막들을 땅 속에 묻었는데 병사들은 이것을 〈박차〉라고 불렀다.[48]

74   이런 방어 시설들이 완비되자 카이사르는 바깥쪽의 적[49]을 막기 위해 반대 방향으로도 똑같은 방어 시설들을 만들었다. 최대한 평평한 지형을 따라 만든 이 방어 시설은 둘레가 21킬로미터에 이르렀다. 그 결과 아무리 많은 적이 몰려와도 돌파할 수 없을 만큼 든든한 방어선이 갖춰졌다. 카이사르는 이제 진지를 떠나는 위험을 피하기 위해 모두에게 30일분의 식량과 마초를 모으라고 명령했다.

75   알레시아에서 이런 일이 진행되는 동안 갈리아인들은 부족장 회의를 열어, 베르킨게토릭스의 제안처럼 무기를 들 수 있는 모든 남자를 동원하는 대신 각 부족으로부터 일정 규모의 병력을 소집하기로 결정했다. 그의 제안에 따라 모든 사람을 동원한다면 각 부족의 병력을 통제하거나 구별하기가 어려울 것이고 많은 식량을 확보하기도 어려웠다. 하이두이족과 그 피보호 부족인 세구시아비족, 암비바레티족, 아울레르키 브란노비케스족, 블란노비족에게는 3만 5000의 병력이 부과됐고, 아르베르니족과 그 피보호 부족인 엘레우테티족, 카두르키족, 가발리족, 벨라비족도 같은 수의 병력을 부과받았다. 세콰니족, 세노네스족, 비투리게스족, 산토니족, 루테니족, 카르누테스족은 각각 1만 2000, 벨로바키족과 레모비케스족은 각각 1만, 픽토네스족,

---

45. 가슴 높이의 방어용 벽을 말한다. (옮긴이)
46. 키푸스cippus: 경계석이나 무덤의 비석을 의미한다. 적의 묘비가 되기를 바란다는 의미도 있을 것이다.
47. 주사위의 5점 모양을 말한다. (옮긴이)
48. 카이사르의 2차 방어 조치는 매우 혁신적이다. 병사들은 여기에 반어적이거나 유머러스한 이름을 붙였다. 라틴어 cippus는 〈경계석〉이나 〈비석〉을 의미하고, 〈백합〉은 말뚝을 박은 각각의 구덩이가 백합꽃을 닮았기 때문에 붙인 이름이며, 〈박차〉는 말의 속도를 높이기 위해 말의 구두 뒤축에 달아 말에게 자극을 가하는 쇠붙이지만 여기에서는 정반대로 적을 멈추게 한다는 의미로 사용되었다.
49. 바깥에서 도착할 갈리아 군대를 말한다.

알레시아 방어 설비.
(7-73 내용의 그림)

투로니족, 파리시족, 헬베티족은 각각 8,000, 수에시오네스족, 암비아니족, 메디오마트리키족, 페트로코리족, 네르비족, 모리니족, 니티오브리게스족, 아울레르키 케노마니족은 각각 5,000, 아트레바테스족은 4,000, 벨리오카시족, 렉소비족, 아울레르키 에부로비케스족은 각각 3,000, 라우라키족, 보이족은 각각 2,000, 쿠리오솔리테스족, 레도네스족, 암비바리족, 칼레테스족, 오시스미족, 베네티족, 베넬리족 등 그들 자신을 아레모리카이족이라 부르는 연안 부족들에게는 총 3만의 병력이 부과되었다. 이들 중 벨로바키족은 그들 자신의 이름을 내걸고 로마군과 독립적으로 싸우면서 자신들의 지휘권을 유지하겠다고 선언했다. 그러나 그들과 우호 관계가 있는 콤미우스의 요청에 따라 다른 부족들과 나란히 2,000의 병력을 보냈다.

76 콤미우스는 몇 년 전 브리타니아에서 카이사르에게 충성을 바친 자였다. 카이사르는 그에 대한 보답으로 부족의 세금을 면제해 주겠다고 선언했다. 또한 부족의 권리와 법을 회복시키고 모리니족으로부터 조공도 받게 해주었다. 그럼에도 갈리아의 모든 부족이 과거의 자유와 명성을 되찾으려는 열망으로 하나가 되었고, 어느 부족도 과거의 호의나 우정에 흔들리지 않고 모든 노력과 자원을 오직 전쟁에만 쏟았다. 갈리아인은 8,000의 기병과 25만의 보병을 소집해 하이두이족 영토에서 병력을 점검하고 지휘관을 임명했다. 총지휘권은 아트레바테스족의 콤미우스, 하이두이족의 비리도마루스와 에포레도릭스, 베르킨게토릭스의 사촌인 아르베르니족의 베르카시벨라우누스에게 맡겨졌다. 그들 아래에는 각 부족에서 선발된 지휘관들이 작전을 논의하고 조언을 주기 위해 배정되었다.

갈리아 군대는 열망과 자신감에 충만하여 알레시아로 향했다. 어느 누구라도 그렇게 막강한 병력을 보기만 하면 저항할 의지를 잃을 것이라 믿어 의심치 않았다. 더구나 엄청난 규모의 지원군을 보면 도시에서도 즉시 돌격해 나올 것이므로 전투는 두 전선에서 동시에 벌어질 것이 분명했다.

77 한편 알레시아에 갇힌 자들은 지원군이 도착하기로 한 날이 지나면서 식량도 바닥났고, 하이두이족 영토에서 벌어지는 일에 대해서도 전혀 알 수 없는 상황에서 눈앞의 위기에 대처하고자 회의를 열었다. 다양한 의견이 쏟아지는 가운데 어떤 자들은 항복을 제안하고, 또 어떤 자들은 아직 힘이 남아 있을 때 돌격을 감행하자고 제안했다. 이 대목에서 비열하고도 잔인한 크리토그나투스의 연설을 지나칠 수 없다. 아르베르니족의 귀족 출신이자 대단한 세력가인 그는 이렇게 말했다.

"이 자리에서 치욕스런 예속을 〈항복〉이란 이름으로 부르는 자에 대해서는 한 마디도 언급하고 싶지 않다. 그런 자들은 갈리아 시민으로 대접받거나 갈리아인의 회의에 참석할 자격이 없다. 또한 돌격을 주장하는 사람들의 생각도 걱정스럽다. 그대들이 지지하는 것으로 보아 이들의 제안은 우리의 오랜 용맹함을 일깨우는 것 같다. 그러나 이처럼 잠시 동안의 어려움을 견디지 못하는 것은 용기가 아니라, 나약함이다. 이 자리에서는 말없이 고통을 견디려는 자보다 무모한 죽음을 선택하려는 자를 쉽게 볼 수 있다.

혹시라도 그들의 제안이 단지 우리의 목숨만을 희생시키자는 것이라면 그들의 명성으로 보아 그것에 찬성을 할 수도 있다. 그러나 우리는 결정을 내릴 때 갈리아 전체를 고려해야 한다. 전 갈리아인에게 도움을 요청했기 때문이다. 만약 이 자리에서 8만 명이 목숨을 잃은 후 우리의 친척과 혈족들이 그 시체를 밟고 싸워야 한다면 그들의 심정은 어떠하겠는가? 우리를 구하기 위해 생명의 위험을 무릅쓰고 달려오는 그들에게 우리의 목숨을 구할 기회를 빼앗지 말라. 경솔한 판단이나 의지 부족으로 갈리아 전체를 파멸과 영원한 예속으로 몰아넣지 말라.

정확한 날짜에 도착하지 않아서 동지들의 충성과 결의가 의심스러운가? 그렇다면 생각해 보라. 로마군은 단지 즐거움 때문에 밤낮으로 저렇게 열심히 바깥쪽 방어 공사를 하고 있는가? 모든 길이 봉쇄된 상황이어서 전령이 도착하지 않아 불안하다면, 로마군을 보고 증원군이 오고 있다는 증거로 삼으라. 그들이 밤낮으로 방어 공사에 매달리는 것은 바로 그런 경우를 두려워하기 때문이다.

그렇다면 나의 제안은 무엇이겠는가? 지금처럼 긴박한 상황은 아니었지만 킴브리족과 테우토니족이 왔을 때 우리 조상들이 어떻게 대처했는가를 생각하라. 우리처럼 도시 안으로 피신해서 어려움을 겪을 때 그들은 나이가 들어 싸울 수 없는 자들의 몸을 먹으며 연명하면서도 끝내 적에게 굴복하지 않았다. 설령 그런 예가 없다 해도 그것은 자유를 쟁취하는 훌륭한 수단이자 후손에게 물려줄 좋은 선례가 될 것이다. 사실 그때의 전쟁과 지금의 전쟁에는 큰 차이가 있다. 과거에 킴브리족은 갈리아 전체를 파괴한 후 다른 영토를 찾아 떠나갔다. 그들은 우리의 법과 권리, 우리의 땅과 자유를 남겨두었다. 반면에 로마인은 무엇을 찾고 무엇을 원하는가? 로마인은 우리 부족들의 뛰어난 명성과 용맹함을 시기하여 땅과 도시를 빼앗고 우리에게 영원한 굴레를 씌우려 하고 있다. 그들은 이것 외에 다른 목적으로 전쟁을 벌인 적이 없다. 멀리 떨어진 곳에서 일어난 일을 모르겠다면 우리 이웃에 있는 갈리아 부족들을 보라. 그들은 로마의 속주가 되어 법과 권리를 빼앗기고 로마의 지배하에 영원한 노예로 전락하지 않았는가."

78 갈리아인들은 모든 사람의 의견을 들은 후 나이가 많거나 병에 걸려 쓸모없는 자들을 도시 밖으로 내보내는 등 우선적인 조치를 취하기로 결정했다. 그리고 만약 증원군이 늦게 도착하거나 상황이 위급해지면 화평과 항복의 조건을 받아들이지 않고 크리토그나투스의 제안에 따르기로 결의했다.

그들을 도시 안으로 받아들였던 만두비족은 이제 처자식을 데리고 도시를 떠나야 했다. 그들은 로마군 진지로 몰려와 눈물을 흘리면서 식량을 나눠 줄 것과 자신들을 노예로 받아 달라고 애원했다. 그러나 카이사르는 그들의 요청을 거절하고 방벽의 경계를 강화했다.[50]

79 그러는 사이 콤미우스를 비롯한 갈리아 지휘관들이 전 병력을 이끌고 알레시아에 도착했다. 그들은 바깥쪽 언덕을 하나 점령하고 아군 요새로부터 1.5킬로미터도 채 안 되는 곳에 자리를 잡았다. 이튿날 적은 기병을 진지 밖으로 출동시켜 앞에서 말한 폭 4.5킬로

---

50. 카이사르는 그들의 운명에 대해 짧고 무뚝뚝한 설명 외에는 더 이상 언급을 하지 않고 있다. 그러나 카시우스 디오(서기 150-233)의 기록에 따르면, 카이사르가 그들을 받아들이지 않은 것은 한편으로는 식량 부족 때문이고, 또 한편으로는 알레시아에서 그들을 다시 받아들이면 적의 식량 부족이 가속화될 것이라는 계산 때문이었다고 한다. 그러나 그들은 진지와 도시 사이에서 비참하게 죽어갔다. 후에 여러 사람이 이런 카이사르의 결정을 비판했다.

미터에 이르는 들판을 가득 메웠다. 또한 그보다 약간 뒤쪽으로 높은 지대에는 보병을 배치했다. 알레시아 도시에서는 들판이 한눈에 내려다보였다. 지원군이 보이자 도시 안의 사람들은 안도의 한숨을 내쉬고 서로 축하하며 기쁨을 나눴다. 그들은 군대를 내보내 진지 전면에 배치하고 섶나무와 흙으로 가장 가까운 호를 메워 여차하면 돌격할 준비를 했다.

80 카이사르는 만일의 사태에 대비해 각각의 병사들이 자신의 위치를 알고 방어할 수 있도록 양쪽 방어선을 따라 각자의 위치를 배정했다. 그런 다음 기병을 진지 밖으로 출동시켜 전투를 벌이게 했다. 아군의 진지들은 능선 곳곳의 산마루에 자리 잡고 있었기 때문에 병사들은 전투 결과를 열심히 지켜보았다. 갈리아인은 기병이 말에서 떨어지거나 아군의 공격에 밀리면 도울 수 있도록 기병 사이사이에 궁수와 경보병을 배치했다. 이들 때문에 여러 명의 아군 기병이 뜻하지 않은 부상을 입고 전장에서 물러나기 시작했다.

이제 갈리아인은 그들의 기병이 수적인 면에서 아군을 압도할 뿐 아니라 전투에서도 더 뛰어나다고 믿기 시작했다. 도시 안의 갈리아인과 그들을 도우러 온 도시 밖 갈리아인이 일제히 함성을 지르고 아우성을 치며 병사들의 전의를 북돋웠다. 이 전투는 모두가 보는 가운데 벌어졌기 때문에 용감하든 비겁하든 모든 행동이 낱낱이 공개되었다. 따라서 찬사에 대한 욕심과 패배에 대한 두려움이 양쪽 병사들의 전의를 더욱 고취시켰다.

정오경에 시작된 싸움은 뚜렷한 결과 없이 해질녘까지 계속되었다. 바로 그때 한쪽에서 게르만 기병이 무리를 지어 맹렬한 공격을 퍼붓자 적은 급히 퇴각하기 시작했다. 갈리아 기병이 패주한 자리에는 궁수들만 남겨져 모두 죽음을 당했다. 다른 곳에서도 아군은 갈리아 기병을 진지 앞까지 추격하여 전열을 재정비할 기회도 주지 않았다. 알레시아에서 나와 있던 자들도 승리의 희망을 포기하고 낙담하여 도시로 돌아갔다.

81 다음 날 하루 동안 갈리아인들은 다량의 섶나무와 사다리와 갈고랑쇠를 만들었다. 그들은 한밤중에 조용히 진지를 떠나 바깥쪽 방어선으로 접근했다. 그리고 갑자기 함성을 질러 도시를 방어하던 자들에게 그들의 도착을 알린 다음, 장애물을 쓰러뜨리고 화살과 돌을 쏘아대며 방벽을 지키던 우리 병사들을 공격했다. 그들은 만반의 준비를 갖추고 공격을 가해 왔다. 함성이 들리자 베르킨게토릭스는 즉시 나팔을 울려 병사들을 준비시키고 도시 밖으로 출동했다. 우리 병사들은 이미 배정받은 자리를 찾아가 방어선 곳곳에 미리 준비해 둔 큰 돌과 말뚝과 납덩이를 투척기로 쏘아대며 갈리아인을 물리쳤다. 한 치 앞을 내다볼 수 없는 어둠 속에서 양쪽 모두 많은 사상자가 발생했다. 투척기에서는 쉴 새 없이 무기가 발사되었다. 그 부분의 방비를 맡고 있던 마르쿠스 안토니우스 부장과 가이우스 트레보니우스 부장은 보루 뒤쪽에 병사들을 집결시켜 놓고 있다가 아군이 고전하고 있는 지점에 병력을 지원하곤 했다.

노궁弩弓.
큰 화살을 쏘는 데 사용한다.

노포弩砲.
돌이나 무거운 나무토막을 발사하는 데 사용한다.

로마군의 투척기

82   갈리아군은 방어 시설에서 어느 정도 떨어져 있을 때는 많은 투척 무기를 앞세워 우세를 보였지만 방어선에 접근한 후로는 박차에 찍히고, 구덩이 속의 말뚝에 찔리고, 방벽과 보루에서 던지는 창에 맞아 목숨을 잃었다. 양쪽 모두 많은 사상자가 발생했지만 방어선은 단 한 곳도 돌파되지 않았다. 동이 트자 갈리아군은, 로마군이 높은 지대의 진지에서 몰려나와 그들의 노출된 측면을 포위하고 공격할지도 모른다는 두려움 때문에 서둘러 그들의 진지로 퇴각했다. 밖에서 이런 일이 벌어지는 동안 도시 안에서는 베르킨게토릭스의 명령에 따라, 준비한 돌격 장비들을 가져와 첫 번째 참호를 메우기 시작했다. 그러나 장비를 준비하느라 너무 많은 시간을 허비한 탓에 방어선에 도달하기도 전에 바깥쪽의 갈리아군이 철수한 사실을 알게 되었다. 결국 그들은 목적을 달성하지 못하고 도시로 돌아갔다.

83   갈리아인은 두 번의 큰 패배를 겪자 앞으로의 대책을 논의했다. 우선 그 지역을 잘 아는 사람들을 불러모아 그곳의 지형과, 고지대에 자리 잡은 로마군 진지에 대한 정보를 입수했다. 북쪽에 산이 하나 있었는데 반경이 워낙 넓어 로마군의 방어 공사에 포함시킬 수 없었다. 결국 아군은 완만하게 경사가 진 약간 불리한 장소에 진지를 구축해야 했다. 두 명의 부장인 가이우스 안티스티우스 레기누스와 가이우스 카니니우스 레빌루스가 2개 군단을 거느리고 그 진지를 담당하고 있었다. 갈리아 지휘관들은 정찰병들로 하여금 그 지역을 파악하게 한 후 용맹함으로 명성이 높은 부족들 중에서 6만의 병사를 선발했다. 그들은 작전 내용을 비밀에 붙이고 공격 시간을 정오로 잡았다.

이 병력의 지휘관은 아르베르니족의 베르카시벨라우누스라는 자였다. 그는 베르킨게토릭스의 친척이자 4인의 갈리아 지휘관 중 한 명이었다. 그는 제1야경시(18-21시) 중에 진지를 출발해 동틀 무렵 행군을 거의 마쳐 산 뒤편에 몸을 숨긴 후 병사들에게 전날의 피로를 풀 수 있도록 휴식을 허락했다. 정오가 될 무렵 그는 앞에서 설명한 진지를 향해 공격을 개시했다. 그와 동시에 들판에서는 적의 기병이 방어선을 향해 돌진했고 다른 병력도 진지 앞쪽에 모습을 드러냈다.

84 한편 알레시아 요새에서는 베르킨게토릭스가 섶나무단, 장대, 엄호차, 공성용 갈고리 등 돌격을 위해 준비했던 모든 장비들을 가지고 도시 밖으로 병력을 출동시켰다. 정확히 한순간에 모든 곳에서 싸움이 시작되었다. 갈리아 군대는 로마군이 조금이라도 취약한 기미를 보이면 그곳으로 벌떼처럼 몰려가 집중 공격을 가했다. 로마군은 광범위한 방어선을 따라 길게 펼쳐져 있었기 때문에 여러 곳에서 반격에 어려움을 겪었다. 뿐만 아니라 뒤편에서 들려오는 함성이 전투를 치르는 아군 병사들의 사기를 흔들고 있었다. 그들의 목숨은 그들 자신의 손이 아니라, 뒤쪽에서 싸우는 병사들의 용맹함에 달려 있었다. 결국 보이는 것보다 보이지 않는 것이 병사들의 마음을 더 효과적으로 흔드는 법이다.

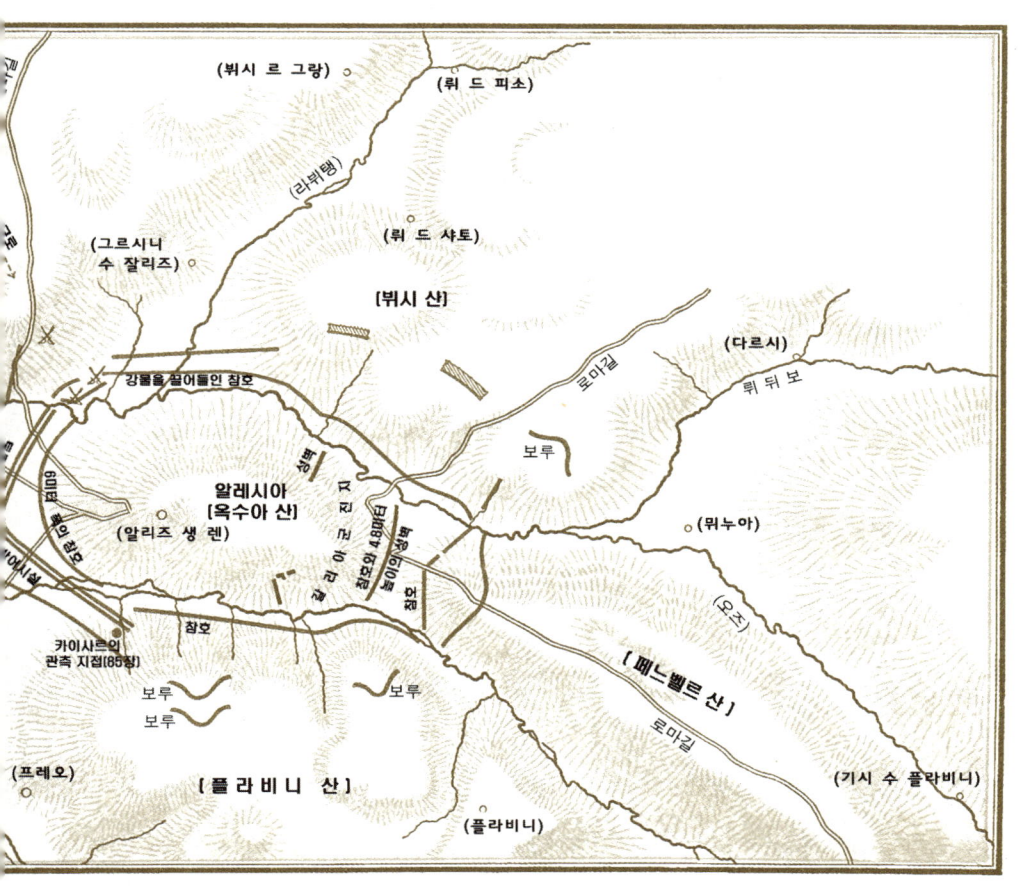

알레시아 전투 상황도

85 카이사르는 적당한 장소로 올라가 모든 방면의 상황을 파악하면서 열세에 몰린 곳마다 병력을 지원했다. 아군과 적군 모두, 지금이 전력을 다해 싸워야 할 순간임을 잘 알고 있었다. 갈리아인의 입장에서는 로마군의 방어선을 돌파하지 못하면 승리의 희망을 포기할 수밖에 없었고, 로마군의 입장에서는 방어선을 굳게 지키면 그동안의 모든 노력의 결실을 맺을 수 있었다. 전투가 가장 치열한 곳은 앞에서 설명한 대로 베르카시벨라우누스가 출동한 위쪽 방어선이었다. 불리한 내리막 경사가 아군에게 큰 짐이 되었다. 적의 일부 병력은 쉴 새 없이 무기를 투척했고, 일부 병력은 지친 병사들을 새 병사들로 교체하면서 귀갑진을 짜고 돌진했다. 그런 다음 아군의 방어 시설에 흙을 던져 땅속에 파놓은 함정들을 덮는 동시에, 방벽을 타고 오르는 오르막을 만들었다. 아군 병사들은 무기와 힘이 고갈되어 갔다.

86 이런 상황을 파악한 카이사르는 라비에누스와 6개 대대를 보내 열세에 몰린 병사들을 지원하기로 결정했다. 그는 라비에누스에게 가능하면 방어선을 지키되 진지를 사수하기가 불가능해지면 병사들을 철수시킨 다음 역습을 가하라고 지시한 후, 위급한 경우에만 그 방법을 사용하라고 일렀다. 그런 다음 카이사르는 방어선 곳곳을 직접 돌아다니면서 그날, 바로 그 시간이 지금까지의 모든 전투가 결실을 맺는 순간임을 일깨우며 병사들을 독려했다. 알레시아 쪽의 적은 드넓은 방어 지역 때문에 방어선 돌파를 포기하고 아군의 고지 한 곳을 빼앗기 위해 준비해 놓은 모든 장비를 갖고 가파른 비탈을 오르기 시작했다. 보루에서 우박처럼 쏟아지는 투척 무기가 적을 잠시 흩뜨려 놓았지만, 그들은 흙과 섶나무단으로 호를 메우고 갈고랑쇠로 방벽을 무너뜨

리기 시작했다.

87 카이사르는 먼저 젊은 브루투스와 몇 개 대대를 보내고 그런 다음 다시 가이우스 파비우스 부장과 몇 개 대대를 추가로 보냈지만, 전투가 더욱 격렬해지자 직접 새 지원군을 이끌고 최전선으로 출동했다. 아군은 곧 승기를 잡고 적을 격퇴하기 시작했다.

이제 카이사르는 라비에누스를 보낸 곳으로 향했다. 그는 먼저 가장 가까운 요새에서 4개 대대를 모으고 1개 기병 부대에게 그의 뒤를 따르게 했으며, 또 다른 기병 부대에게는 바깥쪽 방어선을 돌아 적의 후방을 공격하라고 명령했다. 그 사이 라비에누스는 토루와 참호로는 적의 공격을 막을 수 없다고 판단하여, 때마침 근처의 망루들에서 철수한 후 쉬고 있던 11개 대대 병력[51]을 모은 다음 카이사르에게 결정적인 공격 시기가 임박했음을 알렸다. 카이사르가 급히 전장으로 달려갔다.

88 카이사르가 전투를 벌일 때마다 입는 망토[52]의 독특한 색깔이 모두에게 그의 도착을 알렸다. 고지대에서 내리막 경사를 훤히 내려다보던 적은 카이사르가 이끌고 온 기병대와 대대들을 보자 즉시 공격을 가해 왔다. 양쪽 병사들이 동시에 함성을 지르자 방벽과 방어선에서도 그에 화답하듯 함성이 터져나왔다. 아군 병사들은 창을 내려놓고 검을 휘둘렀다. 바로 그때 뒤에서 아군 기병의 모습이 어른거리

---

51. 라틴어로 된 원전 중 어떤 것은 40개 대대로 되어 있으나 숫자가 훼손된 것으로 보인다. 상황으로 보아 설득력이 있는 숫자는 XI(11)일 것으로 추정된다.
52. 총사령관이 입는 진홍색 망토를 가리킨다. 후에는 황제가 입었다.

고 더 많은 대대들이 진격해 오자 적은 겁에 질려 달아나기 시작했다. 기병은 패주하는 자들을 추격해 수많은 적을 살해했다. 그 와중에 레모바케스족의 족장이자 사령관인 세둘리우스가 살해되었고, 아르베르니족의 베르카시벨라우누스가 도망치던 중 생포되었다. 적은 대규모 병력 중 극소수만이 살아서 진지로 돌아갔고 74개의 군기가 포획되어 카이사르에게 전해졌다. 도시 안에서 동료들의 패주와 학살을 지켜본 사람들은 희망을 버리고 병력을 철수했다.

병력을 철수한다는 소식이 전해지자 갈리아 병사들은 진지를 버리고 도망치기 시작했다. 만약 우리 병사들이 그날의 전투와 수많은 지원 공격으로 지치지만 않았다면 적을 전멸시킬 수도 있었을 것이다. 자정 무렵 추격에 나선 기병은 곧 적의 후미를 따라잡아 수많은 적을 살해했고, 추격을 피해 살아남은 자들은 뿔뿔이 흩어져 각자의 고향으로 돌아갔다.

89

이튿날 베르킨게토릭스는 회의를 소집하고 다음과 같이 말했다. "내가 이 전쟁을 일으킨 것은 내 사리사욕 때문이 아니다. 전체 갈리아의 자유를 위해서였다. 우리는 전운에 굴복하고 말았으나 이제 내가 모든 책임을 지겠으니, 나를 죽이든 산 채로 넘기든 원하는 방식대로 로마군에게 보상을 하라."

그들은 이 문제를 논의하기 위해 카이사르에게 사절을 보냈다. 카이사르는 모든 무기를 버리고 주모자들을 불러오라고 명령했다. 그가 진지 앞에 마련된 자리에 앉자 그 앞으로 주모자들이 나왔다. 베르킨게토릭스도 무기를 버린 채 인계되었다.[53] 카이사르는 하이두이족 및 아르베르니족과의 동맹을 복구할 경우를 대비해 두 부족의 인질은 남겨두고, 나머지 포로들은 전군에게 한 명씩 전리품으로 나눠주었다.

90 이 일이 마무리되자 카이사르는 하이두이족 영토로 찾아가 우호 관계를 회복했다. 그곳으로 파견된 아르베르니족의 사절들은 어떤 명령이든 기꺼이 따르겠다고 맹세했다. 카이사르는 다수의 인질을 요구하고는 두 부족에게 약 2만 명의 포로를 돌려보냈다. 그런 다음 군단들을 동영지로 보냈다. 먼저 티투스 라비에누스에게 2개 군단과 기병을 맡기고 마르쿠스 셈프로니우스 루틸루스를 부관으로 임명해 세콰니족 영토로 보냈다. 두 명의 부장 가이우스 파비우스와 루키우스 미누키우스 바실루스에게 2개 군단을 맡겨 레미족의 영토로 보내 이웃 부족인 벨로바키족의 공격을 막게 했다. 또한 가이우스 안티스티우스 레기누스를 암비바레티족 영토로, 티투스 섹스티우스를 비투리게스족 영토로, 가이우스 카니니우스 레빌루스를 루테니족 영토로 보내고 각자에게 1개 군단을 맡겼다. 마지막으로 퀸투스 툴리우스 키케로와 푸블리우스 술피키우스를 손 강 근처의 하이두이족 부락인 카빌로눔과 마티스코에 보내 군량을 조달케 했다. 그리고 카이사르 자신은 비브락테에서 겨울을 나기로 결정했다. 이 모든 소식을 알리는 급보가 당도하자 로마에서는 20일 감사제를 선포했다.[54]

---

53. 최후의 승리를 묘사한 장면치고는 대단히 억제된 글이다. 플루타르코스는 베르킨게토릭스가 가장 좋은 갑옷을 입고 말을 타고 달려온 다음 말에서 내려 카이사르의 발밑에 엎드렸다는 이야기를 더해 극적 효과를 높였다. 베르킨게토릭스는 로마에 압송된 후 6년 동안의 감옥 생활을 한 후 내전 이후 치러진, 기원전 46년의 카이사르 개선식 때 사형에 처해졌다. 갈리아인으로서는 유일하게 카이사르에게 재능을 인정받은 그의 죽음에 대해서는 7-4 각주를 참조하라.
54. 카이사르가 직접 쓴 『갈리아 전쟁기』는 제7권을 끝으로 기원전 52년이 끝날 무렵 혹은 기원전 51년 초에 간행되어 당시에 베스트셀러가 되었다. 냉정을 기하는 서술, 객관적이고 정확한 서술 형식을 지향한 그는 갈리아 전쟁 8년째의 기록은 직접 쓰지 못했다. 역사가 그에게 그것을 허락하지 않았다.

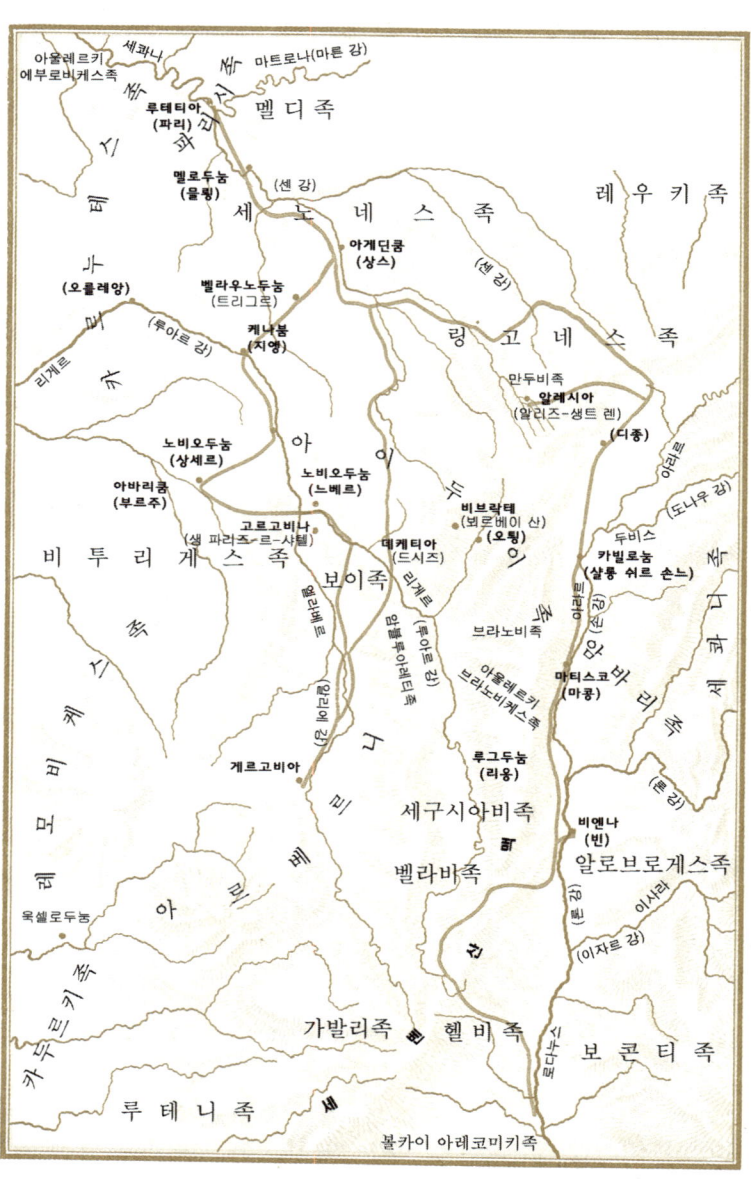

카이사르 49세,
갈리아 전쟁 8년째

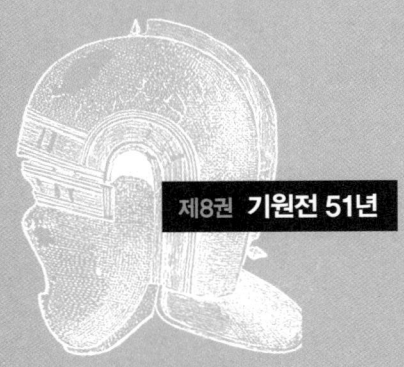

제8권　**기원전 51년**

>>> 제8권은 아울루스 히르티우스가 썼다.
히르티우스는 카이사르의 친구이자 참모였으며,
기원전 43년에 C. 비비우스 판사와 공동 집정관을 지냈고,
두 사람 모두 무티나의 두 번째 회전에서 전사했다.
히르티우스는 서문에서 카이사르가 쓴 일곱 권의 회고록 뒤에
여덟 번째 책을 덧붙이게 된 계기를 설명하고 있다.

서문

친애하는 발부스에게,

당신의 권유를 번번이 거절하는 것이 어느덧 어려운 작업에 대한 해명이 아니라 나 자신의 게으름을 감추려는 변명으로 보이게 되어, 결국 정말로 어려운 작업에 손을 대게 되었소. 카이사르의 이전 저술과 이후 저술[1]에는 단절된 기간이 존재해 우리의 친구인 카이사르가 갈리아 전쟁을 회고하며 쓴 글 뒤에 나의 기록을 채워넣었다오. 또한 미완성으로 남은 후기 저술[2]의 뒤편에서는, 알렉산드리아 원정부터 기록하기 시작했지만 내전의 끝이 보이지 않기 때문에 어쩔 수 없이 카이사르의 죽음까지만을 기록하고 말았소.

이 글을 읽는 사람들에 대해서는, 내가 얼마나 주저하면서 이 작업에 임했는지를 알아주었으면 하는 마음이 간절하다오. 그렇게 된다면 카이사르의 두 저술 중간에 내 자신의 글을 끼워넣은 어리석은 오만을 조금이라도 용서받을 수 있지 않겠소? 우리는 수많은 저자들이 얼마나 공을 들여 자신의 글을 완성하는지 잘 알지만, 카이사르의 저작은 세련미에 있어 타의 추종을 불허할 만큼 독보적이오. 그의 두 작품은 그렇게 중요한 사건들에 대해 정확한 정보를 제공하려는 목적으로 간행되었지만, 한편으로는 시대를 초월하여 다른 작가들에게 그를 능가할 기회를 주기

보다, 오히려 그런 기회를 빼앗고 말았다는 찬사를 받고 있소.

나는 카이사르의 업적에 대해 어느 누구보다 깊이 감탄하고 있소. 그의 작품이 얼마나 훌륭하고 완전무결한지 모르는 사람은 없겠지만, 나는 또한 그것이 얼마나 빠르고 쉽게 씌었는지를 잘 알고 있다오. 카이사르의 글은 유창하고 세련되었을 뿐 아니라 자신의 의도를 더없이 정확하게 표현하고 있소. 나는 애석하게도 알렉산드리아 원정과 아프리카 원정을 경험하지 못했소. 내가 두 원정에 대해 알게 된 것은 카이사르와의 대화를 통해서였지만, 신기하고 놀라운 이야기에 사로잡혀 귀를 기울이는 것과 나중에 기록으로 남길 목적으로 이야기를 듣는 것은 전혀 다른 법이라오.

나는 지금 카이사르와 비교당하지 않기 위해 온갖 이유와 변명을 늘어놓고 있지만, 그럼으로써 오히려 카이사르와 나를 비교해 주는 사람이 있을지도 모른다는 오만에 사로잡혀 있다고 비난을 받을 수도 있을 것이오.
잘 있으시오.

---

1. 각각 「갈리아 전쟁기」와 「내전기」를 가리킨다.
2. 「내전기」를 말한다.

갈리아 평정을 위한 전투

1 이제 갈리아 전체가 복속되었다. 지난 여름부터 원정이 쉼 없이 계속되었으므로 카이사르는 고된 전투에 지친 병사들을 동영지로 보내 휴식과 재충전의 시간을 주기로 했다. 그러나 갈리아 부족들이 음모를 꾀하고 새로운 전쟁을 일으키려 한다는 소문이 들려왔다. 이런 소문의 배경에는 갈리아인들이 한곳에 모여 로마군에 대항하는 것은 불가능하지만, 모든 부족이 여러 곳에서 동시에 공격을 하면 로마군으로서는 지원군을 확보하기도 어렵고 모든 공격에 대응할 시간이나 병력이 부족할 것이라는 인식이 있었다. 따라서 어느 한 부족이 고통을

겪더라도 로마군을 지연시켜 나머지 부족들에게 자유를 줄 수 있다면 자신의 운명을 감내해야 한다는 의견이 확산되고 있었다.

2 카이사르는 갈리아인들 사이에 이런 믿음이 자리 잡는 것을 막기 위해, 재무관 마르쿠스 안토니우스에게 비브락테의 동영지를 맡기고 12월 31일 기병 호위대와 함께 출발했다. 그는 먼저 비투리게스족 영토 중 하이두이족 영토와 가까운 곳에 주둔하고 있던 13군단과 합류한 다음 가까운 곳에 주둔하고 있던 11군단 병력을 불러들였다. 그리고 2개 대대를 남겨 무거운 짐을 지키게 하고 나머지 병력을 이끌고 비투리게스족의 영토로 진군했다. 비투리게스족은 대단히 비옥하고 넓은 땅에 수많은 도시를 갖고 있었기 때문에 그곳에 주둔시킨 1개 군단만으로는 음모를 꾀하고 전쟁을 일으키려는 적을 막기가 어려웠다.

3 카이사르의 갑작스러운 도착은 무방비 상태로 흩어져 있던 비투리게스족 사람들에겐 그야말로 뜻밖의 일이었다. 아무런 두려움도 없이 들판에서 일하던 자들은 미처 도시로 피신하지 못하고 그 자리에서 기병의 공격을 받았다. 적을 침략할 때는 건물을 불태우는 것이 보통이었지만, 카이사르는 더 깊이 전진할 경우 여분의 식량과 마초가 필요하다고 판단하여, 또한 적이 불로 인해 공격을 알아채고 도망치지 못하도록 소각 명령을 내리지 않았다. 이로 인해 수많은 자들이 불시에 붙잡혔고, 간신히 공격을 피한 자들은 겁에 질려 이웃 부족으로 도망쳤다. 그들은 대개 이웃 부족과의 개인적인 관계나 우호적인 전략을 믿었지만 아무 소용이 없었다. 로마군이 모든 곳에 강행군으로 출동했기 때문에 그들은 자신들의 안전보다 다른 부족의 안위를 생각할 겨

를이 없었다. 모든 작전이 신속히 진행되자 우호적인 부족들은 그대로 남고 동요하는 부족들은 화해를 청해 왔다. 비투리게스족은 이웃 부족들이 인질을 바치고 카이사르의 자비를 얻어 처벌 없이 우호 관계를 회복했다는 사실과, 그들 자신에게도 그런 길이 열려 있음을 깨닫고는 카이사르의 조건을 순순히 받아들였다.

4   아군 병사들은 엄동 속에서도 극히 어려운 행군과 혹한을 이겨 내면서 주어진 의무를 충실히 수행했다. 카이사르는 그 노고와 인내에 대한 보상으로 각 병사들에게는 전리품 대신으로 200세스테르티우스[3]를 주기로 약속하고, 백인대장들에게는 수천 세스테르티우스를 약속했다. 그런 다음 군단들을 동영지로 보내고 자신은 40일 만에 비브락테로 돌아갔다. 비브락테에서 치안 유지에 몰두하고 있을 때 비투리게스족이 사절을 보내, 카르누테스족이 그들을 공격한다고 호소하면서 지원군을 보내 달라고 요청했다. 비브락테에 온 지 18일밖에 되지 않았지만 그는 이 소식을 듣고 즉시 손 강의 동영지에서 14군단과 6군단을 출동시켰다. 앞에서 설명한 것처럼 두 군단이 그곳에 배치된 것은 식량 보급을 위해서였다. 카이사르의 명령에 따라 두 군단은 카르누테스족을 추격하기 시작했다.

5   로마군이 출동했다는 소식을 들은 카르누테스족은 다른 부족들에게 닥친 재난을 기억하고는 부락과 도시를 버리고 도망치기 시작했다. 그들은 최근의 패배로 많은 도시를 잃었기 때문에 겨울의 혹한을 견디기 위해 허름한 집들을 급히 지어 거주하고 있었다. 적은 뿔뿔이 흩어져 도망쳤지만 카이사르는 그 시기에 시작되는 거센 폭풍

을 피하기 위해 카르누테스족의 도시인 케나붐에 진지를 구축했다. 일부 병사들은 갈리아인들의 집에 머물렀지만 일부는 짚을 인 급조된 천막에 머물러야 했다. 그런 상황에서도 카이사르는 적이 도망친 모든 방향으로 기병대와 외인부대를 출동시켰고, 적을 추격한 병사들은 상당한 전리품을 포획하고 돌아왔다. 카르누테스족은 혹독한 추위와 로마군의 위협 때문에 더 이상 저항하지 못하고 이리저리 도망쳐 다녔으며, 맹렬한 폭풍이 불어와 숲 속에 숨어 있는 것마저 불가능해지자 수많은 사망자를 내고 뿔뿔이 흩어져 이웃 부족들의 영토로 도망쳤다.

6 이때는 한 해 중 가장 혹독한 계절이어서, 결집하고 있는 적의 병력을 분산시키기만 해도 새로운 전쟁을 막기에는 충분할 것 같았다. 모든 상황을 고려해 보건대 여름이 오기까지는 심각한 전쟁이 일어날 가능성이 없어 보였다. 카이사르는 가이우스 트레보니우스에게 그가 지휘하던 2개 군단을 맡기고 케나붐에서 겨울을 나게 했다. 그러나 레미족이 수차례에 걸쳐 보낸 사절단의 말에 따르면, 갈리아와 벨가이의 모든 부족들 사이에서 가장 용맹한 부족으로 기록되어 온 벨로바키족과 그 이웃 부족들이 벨로바키족의 코레우스와 아트레바테스족의 콤미우스의 지휘하에 병력을 집결시키고 있다는 것이다. 그들의 의도는 레미족에게 조공을 바치고 있는 수에시오네스족의 접경 지역을 총공격하려는 데 있었다. 카이사르는 로마에 충성하는 동맹자의 안전을 지키는 것이 그의 위엄[4]과 안전을 유지하는 데 있어 매우 중대하다고

---

3. 고대 로마의 화폐 단위이다.
4. 유명한 디그니타스dignitas를 말한다.

판단했다. 그는 11군단을 동영지에서 출동시키고, 가이우스 파비우스에게는 2개 군단을 이끌고 수에시오네스족의 영토로 진군하라고 편지를 띄웠다. 또한 티투스 라비에누스의 휘하에 있는 두 군단 중 1개 군단을 불러들였다. 이렇게 동영지의 사정과 전략상의 필요에 따라 여러 군단을 돌아가면서 작전에 투입했으나, 그러는 중에도 카이사르 본인은 휴식을 취하지 않았다.

7 카이사르는 일단 군대가 집결하자 즉시 벨로바키족 영토로 진입했다. 그는 진지를 구축한 다음, 포로를 잡아들여 적의 전략을 알아내기 위해 사방으로 기병대를 출동시켰다. 그의 명령을 수행하고 돌아온 기병들은, 모든 곳이 완전히 소개되어 남아 있는 자가 거의 없으며 그나마 건물에 남아 있는 소수의 사람들도 농사를 짓기 위해서가 아니라 정탐을 위해 남겨진 자들이라고 보고했다. 카이사르는 포로들을 통해 벨로바키족의 군대가 어디에 있으며 그들의 의도가 무엇인지 알아냈다. 벨로바키족은 무기를 들 수 있는 모든 남자를 동원해 한 곳에 집결시켰으며 암비아니족, 아울레르키족, 칼레티족, 벨리오카세스족, 아트레바테스족도 그들과 합류한 상태였다. 그들은 또한 습지로 둘러싸인 울창한 고지대에 진지를 구축했고, 깊은 숲 속으로 무거운 짐을 모두 옮겨놓았다. 군대의 지휘권은 일단의 주모자들에게 부여되었는데, 그들 중에서도 로마라는 이름을 가장 증오하는 코레우스가 총지휘를 맡았다. 포로들의 계속된 진술에 따르면, 며칠 전 아트레바테스족의 콤미우스는 지리상 매우 가까울 뿐 아니라 엄청난 병력을 보유하고 있는 게르만인들에게 지원군을 요청하기 위해 진지를 떠났다 한다. 벨로바키족은 부족장들이 만장일치로 찬성하고 부족민들이 열렬히 지지

하는 가운데, 소문대로 카이사르가 3개 군단을 이끌고 들어오면 피하지 않고 맞서 싸우기로 결의했다. 그렇게 하면 나중에 로마군의 전 병력과 맞닥뜨려 어렵게 싸우는 것을 피할 수 있다는 이유에서였다. 그러나 카이사르가 더 많은 병력을 이끌고 오면, 미리 지정해 둔 곳으로 이동한 다음 매복 작전을 이용해 로마군의 식량 보급을 차단하기로 결정했다. 한겨울이었으므로 식량은 물론이고 그 밖의 물자까지도 매우 부족할 뿐 아니라 넓은 지역 여기저기에 흩어져 있었다.

8 대부분의 포로들이 일치된 사실을 말했으므로 그들의 진술을 들은 카이사르는, 적의 전략이 대단히 신중하며 야만인들의 경솔하고 조급한 성격과는 거리가 멀다고 판단했다. 그래서 그는 적이 아군의 병력을 얕보고 도전을 해올 만한 빌미를 주기로 결심했다. 그에게는 뛰어난 용맹을 자랑하는 고참병들로만 구성된 7군단, 8군단, 9군단이 있었고, 젊은 병사들로 구성된 정예 부대인 11군단이 있었다. 특히 11군단은 이번이 8년차 원정으로, 다른 군단들에 비해 경험과 명성이 떨어지긴 했지만 카이사르의 기대를 한몸에 받고 있었다.

카이사르는 회의를 소집하여 포로들을 심문한 끝에 알아낸 사실을 모두 설명한 다음 병사들을 격려했다. 그는 아군이 3개 군단에 불과한 것처럼 속여서 적을 전투에 끌어들이기 위해 7군단, 8군단, 9군단을 앞에 세우고 그 뒤에 모든 짐을 운반하게 했는데, 아군의 짐은 여느 출정 때처럼 크지 않은 규모였다. 마지막으로 11군단은 이 수송 대열의 뒤를 따르게 했다. 적에게 규모가 작은 병력을 보여줌으로써 그들의 전의를 이끌어내기 위해서였다. 로마군은 사실상 전투 대형을 갖추고[5] 예상보다 빠르게 적의 시야로 진입했다.

9　카이사르가 이미 예측한 대로 갈리아인은 접근하고 있는 로마군을 보자 당장이라도 전투를 할 태세로 진지 앞으로 나와 전투 대형을 갖췄지만 높은 지대를 벗어나지는 않았다. 아마도 교전에 따르는 위험 부담이 컸거나, 카이사르가 너무 갑자기 나타났거나, 아니면 아군의 작전을 지켜보기 위해서였을 것이다. 카이사르는 즉시 전투를 벌이려 했지만 적의 규모를 보고 놀랐기 때문에 적의 진지 맞은편에 아주 깊은 계곡을 사이에 두고 진지를 구축했다. 병사들은 3.7미터 높이의 방벽을 쌓고 방벽의 높이에 맞춰 흉벽을 세웠으며, 폭 4.6미터에 양면이 수직인 이중 참호를 팠다. 또한 3층의 망루들을 좁은 간격으로 세우고 망루들 사이에는 다리를 놓았으며 버드나무 가지로 난간을 만들어 전면을 보호했다. 이로써 아군은 이중 참호와 이중의 방어선으로 적을 물리칠 수 있었는데, 첫 번째 방어선에서는 안전한 높이의 다리에서 무기를 투척할 수 있었고, 방벽에 배치되어 적과 더 가까운 두 번째 방어선은 망루의 다리 덕분에 적의 투척 무기로부터 보호를 받을 수 있었다. 카이사르는 출입구를 내고 각각의 진문에 더 높은 망루를 세우게 했다.

10　이 방어 시설에는 두 가지 전략이 숨어 있었다. 첫째, 지나치게 큰 규모의 방어 시설과 카이사르의 두려워하는 모습을 노출시켜 적에게 자신감을 불어넣어 줄 수 있었다. 둘째, 마초와 식량을 조달하기 위해 멀리 나가야 할 때 부족한 병력으로도 진지를 방어할 수 있었다.

　양쪽 군대는 두 진지의 중간으로 소수의 병력을 내보내 늪을 오가며 여러 차례 교전을 벌였다. 때로는 아군의 갈리아 부대와 게르만 부대가 습지 너머까지 적을 맹렬히 추격했고, 반대로 적이 아군을 멀리까지 추격해 올 때도 있었다. 마초를 징발하러 나갈 때는 건초를 얻을 수 있는 농장들이 드물고 또 멀리 떨어져 있었기 때문에 징발 부대들은 고립된 지역에 갇혀 빠져나오지 못할 때가 있었다. 그로 인해 아군은 짐을 싣는 동물과 종군 노예들을 잃기도 했지만 그로 인해 야만인들의 어리석은 희망에 불을 지피기도 했다. 게다가 앞에서 설명한 대로 지원군을 얻기 위해 게르만인들을 찾아갔던 콤미우스가 약간의 기병을 데리고 도착했다. 그 숫자는 500에 불과했지만 게르만 기병이 도착했다는 사실에 갈리아인들은 더욱 희망에 부풀었다.

11 적은 며칠 동안 진지에만 머물렀는데, 그들의 진지는 습지와 유리한 지형에 위치했기 때문에 그 지역을 포위하고 공격하기 위해서는 혈전이 불가피할 뿐 아니라 대규모 병력이 필요하다고 카이사르는 판단했다. 그래서 카이사르는 트레보니우스에게 편지를 보내, 티투스 섹스티우스 부장의 지휘하에 비투리게스족 영토에서 겨울을 나고 있는 13군단을 출동시키고 그의 2개 군단을 더해 모두 3개 군단을 이끌고 강행군으로 오라고 명령했다. 그리고 레미족과 링고네스족 등 몇몇 부족에게 다수의 기병을 지원받은 다음, 이 병력으로 징발 부대를 호위하게 하여 적의 기습에 대비했다.

12 이런 일이 매일 반복되자 아군 기병은 관성에 빠져 부주의를 드러내기 시작했다. 아군 기병의 출동 지역을 파악한 벨로바

---

5. 각 군단은 3열로 행진했을 것이다. 아그멘 콰드라툼 agmen quadratum은 문자 그대로 〈직각의 대열〉인데, 전선이 넓을 경우 쉽게 방향을 틀거나 신속하게 전투 대형을 갖출 수 있는 대열이었다.

키족은 정예 부대를 숲 속에 매복시키고 이튿날 기병을 내보냈다. 기병으로 아군을 유인해 함정에 빠뜨린 다음 에워싸고 공격하려는 작전이었다. 이 불행한 운명의 대상은 그날의 징발 담당인 레미족이었다. 레미족은 적의 기병이 갑자기 나타나자 자신들보다 상대적으로 적은 병력을 보고 코웃음을 치며 적을 추격하다 어느덧 함정에 걸려들고 말았다. 그러한 사실을 깨달은 순간, 그들은 보통의 기병전 때보다 더 조급하게 퇴각했고, 그 와중에 부족장이자 사령관인 베르티스쿠스를 잃고 말았다. 베르티스쿠스는 말에 올라타기도 어려울 만큼 노령이었지만 갈리아의 관습을 지키기 위해 나이를 잊고 부대를 이끌었다. 레미족의 최고 사령관이자 부족장인 그를 죽이고 승리를 거둔 적은 더욱 기세등등한 반면, 아군은 이 패배를 일종의 경고로 받아들여 주변의 지형을 더욱 자세히 파악해 병력을 배치하고 적을 추격할 때에도 보다 신중을 기하기로 결정했다.

13 아군과 적군이 모두 지켜보는 가운데 수심이 얕은 지대에서 매일같이 교전이 벌어졌다. 이러한 교전 중에 한 번은 카이사르가 병력을 보강하기 위해 라인 강 너머에서 데려온 게르만 기병이 전의를 불태우며 일제히 습지를 가로질러 건너편에 서 있던 몇 명의 적을 살해하고 나머지를 무섭게 추격했다. 적은 공포에 휩싸였다. 가까운 곳에 있다 공격을 당하거나 투척 무기에 맞아 부상당한 자들뿐 아니라, 멀찍이 떨어져 있던 예비대의 병사들까지도 겁쟁이처럼 달아나더니 유리한 위치에서 반격을 가할 기회마저 여러 번 외면하고 진지 안으로 들어가 버렸다. 어떤 자들은 단지 도망친다는 굴욕감 때문에 더욱 급하게 도망쳤다. 이로 인해 적군 전체가 두려움에 휩싸이면서 사소한 승리로

인한 로마군의 자부심이 큰지, 사소한 패배로 인한 적군의 공포가 더 큰지를 판단하는 것이 사실상 불가능했다.

14 벨로바키족 지휘관들은 진지 안에서 며칠을 보낸 후 가이우스 트레보니우스와 그의 군단들이 오고 있다는 정보를 입수하고는, 그들도 알레시아에서처럼 포위 공격을 당할 것이 두려워 어둠을 틈타 나이가 너무 많거나 무기가 없는 자들을 무거운 짐과 함께 진지 밖으로 내보내기로 결정했다. 그러나 그들은 질서정연한 대오를 갖추지 못하고 우왕좌왕하다 새벽을 맞이하고 말았다. (갈리아인은 전투를 위해 가볍게 행진할 때도 대규모의 짐마차 대열을 따르게 했다.) 결국 지휘관들은 그들이 로마군의 추격을 벗어날 때까지 시간을 벌기 위해 진지 앞에 병력을 포진시켰다. 카이사르는 가파른 경사 때문에 적을 공격하는 것이 불가능하다고 판단했지만, 그와 동시에 야만인들이 아무런 위협도 받지 않고 무사히 철수하는 것을 막기 위해서는 어떻게든 공격을 가해야 한다고 생각했다. 양쪽 진지 사이에는 건너기 어려운 늪이 가로놓여 있어 적을 추격하려 해도 늪 때문에 속도가 늦어질 것이 분명했다. 그러나 늪 건너편에는 적의 진지로 이어지는 언덕이 하나 있었고 이 언덕과 진지 사이에는 작은 골짜기 외에는 장애물이 없었다. 결국 카이사르는 습지 위에 둑길을 쌓고 늪을 건너 언덕 위의 평지로 병력을 이동시켰는데, 언덕 양쪽의 가파른 경사가 적의 공격을 막아주는 보호벽 구실을 했다. 카이사르는 병력을 재편성하고 능선을 따라 이동한 후 전투 대형을 갖췄다. 이곳에서는 밀집해 있는 적에게 투척기로 무기를 발사하는 것이 가능했다.

15 야만인은 지형상의 유리한 이점을 믿고는 로마군이 언덕을 올라오면 즉시 반격에 나설 태세를 갖추었다. 그러나 그들은 병력을 나눠 출동시키면 제각기 흩어져 달아날 것을 염려하여 전 병력의 대형을 계속 유지했다. 적의 결의를 간파한 카이사르는 20개 대대를 동원해 그 자리에 진지를 구축하고 방어 공사를 하도록 지시했다. 공사가 완료되자 방벽 앞에 군단들을 배열하고 재갈 물린 말과 함께 기병들을 곳곳에 배치했다.

로마군이 추격할 태세를 갖추자 벨로바키족은 그날 밤을 무사히 넘기기 어렵다고 판단하여 안전하게 도망칠 방도를 모색했다. 그들은 전투를 할 때 깔고 앉을 용도로 사용하기 위해 여느 때처럼 많은 짚단과 잔가지 더미를 준비해 두었는데, 이것을 손에서 손으로 전달해 전열 앞에 길게 쌓았다. 해질 무렵 신호와 함께 모든 더미에서 일제히 불길이 치솟았다. 갑작스런 불길이 아군의 시야를 가로막자 야만인들은 전속력으로 달아나기 시작했다.

16 치솟는 불길이 철수하는 적의 모습을 가렸지만, 카이사르는 그것이 도주를 위한 계략이라 생각하고 기병대를 보내 적을 추격하게 했다. 그러나 한편으로는 아군을 불리한 지형으로 유인해 기습 공격을 해올 가능성도 있으므로 신중을 기할 수밖에 없었다. 대부분의 기병은 짙은 연기와 불길 때문에 감히 전진하지 못했고, 설령 용기를 내어 불길을 통과하려는 자들도 겁에 질린 말을 원하는 대로 몰 수가 없었다. 매복 공격에 대한 아군의 두려움은 적에게 안전한 기회를 제공했다. 그들은 두려움뿐 아니라 그에 못지않은 영리함을 보이면서 어떤 손실도 입지 않고 병력을 철수했다. 그리고 15킬로미터가량 물러

난 다음 대단히 유리한 장소에 진지를 구축한 후 보병과 기병을 적절히 이용해 매복 공격을 가하여 아군의 징발 부대에 심각한 타격을 입혔다.

17 이런 일이 자주 반복되자 카이사르는 포로를 심문한 끝에, 벨로바키족의 사령관인 코레우스가 최고의 정예 병사 6,000명과 기병 1,000기를 선발해 로마군이 식량과 마초 징발을 위해 출동할 가능성이 높은 장소에 매복시키고 있다는 정보를 알아냈다. 적의 계획을 알게 된 카이사르는 평소보다 더 많은 병력을 출동시켰다. 그는 기병을 먼저 보내 평소처럼 징발 부대를 호위하는 것처럼 행동하게 하고 기병 사이사이에 경보병 외인부대를 딸려 보냈다. 그리고 그 자신도 군단병들과 최대한 가까운 거리를 유지했다.

18 적은 반경이 1.5킬로미터도 안 되는 들판을 공격 장소로 선택했다. 사방이 빽빽한 숲과 깊은 강으로 둘러싸인 그곳에 적은 마치 사냥꾼처럼 숨어 아군을 기다리고 있었다.

그러나 적의 작전은 노출되었고, 아군은 날카로운 무기와 굳은 결의로 무장하고 있었다. 게다가 로마의 군단들이 뒤에서 지원하는 상황에서 전투를 마다할 이유가 없었다. 아군 기병은 적의 공격을 유도하기 위해 한 소대씩 조심스럽게 접근했다. 아군의 모습을 본 코레우스는 마침내 공격 기회가 왔다고 판단하여 처음에는 몸소 소수의 병력을 이끌고 가장 가까운 소대들을 공격했다. 아군은 소규모 단위로 적당한 간격을 유지하면서 단호하게 맞서 싸웠다. 기병전에서는 너무 밀집해서 싸우다 많은 사상자를 내는 일이 자주 발생하기 때문이다.

19 아군의 기병 소대들은 적당한 곳에 자리를 잡고 동시다발적으로 전투를 벌였다. 그러자 코레우스가 싸움을 벌이는 동안 양쪽 날개의 동료 병사들이 포위되는 것을 막기 위해 다수의 갈리아 병사들이 숲에서 뛰쳐나왔다. 들판 곳곳에서 치열한 전투가 벌어졌지만 오랫동안 뚜렷한 성과를 얻지 못하자 적은 마침내 보병 부대를 내보내 전투 대형을 갖추고 아군의 기병을 맹렬히 공격했다. 그러자 이번에는 군단보다 먼저 기병들과 함께 도착했던 아군 경보병 부대가 재빨리 나서서 기병들 사이에 자리를 잡고 적의 공격을 단호하게 막아냈다. 전투는 한동안 대등하게 전개됐지만 시간이 지남에 따라 적의 선제 공격을 훌륭히 막아낸 아군이 차츰 우위를 점하기 시작했다. 이것은 적의 매복 공격에 침착하게 대응하여 병력 손실을 입지 않은 결과였다.

그러는 동안 로마 군단들은 점점 더 가까이 다가왔다. 총사령관[6]이 완전 무장을 한 전 병력을 이끌고 다가온다는 소식이 아군과 적군 모두에게 전해졌다. 아군 기병은 로마 군단의 지원을 믿고 그 어느 때보다 더욱 열심히 싸웠다. 기병은 전투를 너무 오래 끌지 않기 위해 더욱 분발했는데, 그것은 승리의 영광을 군단병들과 나눠야 할지 모른다는 걱정 때문이었다. 적은 곧 전의를 잃고 사방으로 도망칠 곳을 찾기 시작했다. 그러나 로마군을 차단하려 했던 천연의 장벽에 거꾸로 그들의 발목이 붙잡히고 말았다. 적은 아군의 맹렬한 공격에 절반 이상의 병력을 잃고 줄행랑을 쳤다. 어떤 자들은 숲으로 달아나고 어떤 자들은 강으로 도망쳤지만 아군의 맹렬한 추격을 피하기에는 역부족이었다.

그러나 어떤 실패도 코레우스의 결의를 꺾지 못했다. 그는 싸움을 피해 숲으로 피신하거나 아군이 제공하는 항복의 기회도 받아들이지 않고, 여러 아군 병사에게 부상을 입히면서 용감히 싸우다 결국 분개한 병사들이 던진 무기에 목숨을 잃었다.

20 전투의 여운이 채 가시기도 전에 카이사르가 군단을 이끌고 도착했다. 적의 진지는 학살 현장으로부터 12킬로미터 안에 있었는데 이곳의 소식이 전해지면 갈리아인들은 진지를 버리고 떠날 것이 분명했다. 강이 앞길을 가로막았지만 카이사르는 강을 건너 진군을 계속했다.

한편 울창한 숲을 이용해 간신히 도망친 소수의 패잔병과 부상병들이 진지로 들이닥쳐 벨로바키족과 다른 부족들에게 패배 소식을 전했다. 갈리아인들은 패배의 참상은 물론이고 코레우스의 죽음 그리고 기병과 정예 보병이 몰살당했다는 소식까지 들었다. 게다가 로마군이 다가오고 있으므로, 그들은 즉시 나팔을 불어 회의를 소집하고 카이사르에게 사절과 인질을 보내기로 결정했다.

21 이 의견이 만장일치로 통과되자 아트레바테스족의 콤미우스는 이번 전쟁에 지원군을 보내 주었던 게르만인의 영토로 도망쳤고, 나머지 부족들은 즉시 카이사르에게 사절을 보내 그들이 지금까지 겪은 고통을 보아 너그럽게 용서해 달라고 애원했다. 그들은 전쟁이 아니라면 카이사르가 그런 고통을 가할 위치에 있더라도 그의 자비와 호의 때문에 결코 부과하지 않았을 고통을 모두 겪었다고 호소했다. 그들은 기병전의 패배로 벨로바키족의 병력에 큰 타격을 입었고, 수천

---

6. 카이사르를 말한다.

명에 달하는 최고의 보병 부대를 잃었으며, 극소수만이 살아남아 학살의 소식을 전해 왔다고 설명했다. 그러나 이 엄청난 재난 속에서도 벨로바키족은 한 가지 이익을 얻었다. 전쟁을 일으키고 사람들을 선동했던 코레우스가 죽은 것이다. 그가 살아 있는 동안 부족을 이끈 것은 원로들이 아니라, 무지한 군중들이었다.

22 갈리아인의 애원을 들은 카이사르는 사절에게 다음과 같은 사실을 상기시켰다. 지난해에 벨로바키족은 다른 갈리아 부족들과 동시에 전쟁을 일으켰다. 그들은 다른 부족들보다 더 확고하게 전쟁을 지지했고, 다른 부족들이 모두 항복한 후에도 적대 행위를 계속했다. 모든 책임을 죽은 자에게 떠넘기기는 쉽다. 그러나 아무리 막강한 자라도 나약한 군중들의 지지가 없다면 한 사람이 모든 전쟁을 일으키고 수행할 수는 없을 것이다. 부족의 지도자들이 반대했거나 원로들이 거부했거나 올바른 정신을 가진 자들이 막았다면 군중들은 전쟁에 휩쓸리지 않았을 것이다. 그러나 카이사르는 벨로바키족이 스스로에게 벌을 내린 것으로 만족하겠노라고 말했다.

23 이튿날 밤 사절단은 카이사르의 대답을 부족에게 전하고 인질을 모았다. 다른 부족의 사절들은 벨로바키족의 운명을 지켜보면서 급히 회의를 열었다. 자신의 안전을 다른 사람의 호의에 맡기기에는 두려움이 너무 컸던 콤미우스를 제외한 다른 부족의 지도자들은 모두 인질을 바치고 카이사르의 명령에 복종하기로 결정했다. 지난해 카이사르가 갈리아 키살피나에서 순회 재판을 주재할 때, 티투스 라비에누스는 콤미우스가 갈리아 부족들을 선동하고 반란을 꾀하고 있다

는 사실을 알았지만 반란이 일어나도 쉽게 진압할 수 있다고 판단하여 그를 체포하지 않았다. 그러나 이제는 콤미우스를 소환해도 그가 로마군 진지에 출두하지 않을 것이고, 오히려 그를 경계시키는 결과만 초래할 것 같았다. 그에 따라 라비에누스는 가이우스 볼루세누스 콰드라투스를 콤미우스에게 보내 대화를 청한 뒤 그를 살해하라고 지시하고, 그 임무에 적합한 백인대장들을 뽑아 함께 보냈다. 회담이 시작되자 미리 계획한 대로 볼루세누스는 콤미우스의 손을 잡았지만 다음 단계를 맡은 백인대장이, 낯선 임무 때문에 불안했는지 아니면 콤미우스의 동료들이 신속히 나서서 방해를 했는지 그를 깨끗이 처치하지 못했다. 그러나 그가 휘두른 검이 콤미우스의 머리에 큰 부상을 입혔다. 양쪽 병사들은 즉시 검을 뽑았지만 어느 쪽이나 싸우기보다는 물러날 의도가 더 강했다. 로마군 병사들은 콤미우스가 치명적인 부상을 입었다고 생각했기 때문이고, 갈리아 병사들은 이 함정 뒤에 더 큰 위험이 도사리고 있을 것이라 생각하여 두려워했기 때문이다. 이 일이 있고 난 후로 콤미우스는 절대로 로마군 앞에 나타나지 않기로 결심했다.

갈리아 최후의 전투

24 카이사르는 가장 호전적인 부족들을 정복한 후 더 이상 그를 상대로 전쟁을 일으킬 부족은 없다고 확신했다. 그러나 여러 부족들이 로마의 통치를 피하기 위해 도시와 토지를 버린 채 떠나고 있었기 때문에 카이사르는 그들 각지에 군대를 보내기로 결심했다. 그는

재무관 마르쿠스 안토니우스와 12군단을 그의 곁에 두고, 가이우스 파비우스 부장에게 25개 대대를 맡겨 가장 먼 갈리아 지방으로 보냈다. 그곳의 몇몇 부족들이 무기를 들었다는 소문이 전해졌는데, 그곳에 주둔해 있는 가이우스 카니니우스 레빌루스 부장의 2개 군단으로는 병력이 부족하다고 판단했기 때문이다. 카이사르는 티투스 라비에누스를 그의 곁으로 불러들이고, 라비에누스와 함께 동영지에 있던 15군단을 갈리아 키살피나로 보내 로마 식민지의 시민들을 보호하게 했다. 테르게스테 부족이 야만인으로부터 기습 공격을 당했던 작년 여름과 같은 상황이 벌어지는 것을 막기 위해서였다.

그런 다음 카이사르는 암비오릭스의 영토를 정벌하기 위해 출동했다. 카이사르가 지배하고 있는 갈리아에서 놀란 도망자 신세로 쫓겨 다니는 암비오릭스를 붙잡기는 어려웠지만, 카이사르의 명성을 위해 범죄자의 영토와 건물과 가축을 철저히 약탈하기 위해서였다. 그렇게 한다면 행여 살아남는 부족민들이 있다 해도 그를 증오하게 될 것이므로 암비오릭스는 영원히 그의 땅에 발을 붙이지 못할 것이다.

25 카이사르는 암비오릭스의 영토 곳곳에 군단이나 외인부대를 출동시켜 살육과 방화와 약탈로 모든 곳을 파괴하게 했다. 수많은 자들이 붙잡히거나 살해되었다. 그런 다음 그는 라비에누스와 2개 군단을 게르만 영토와 근접해 있는 트레베리족 영토로 보내 하루도 쉬지 않고 전투를 벌이게 했다. 그들은 야만적인 생활에 있어 게르만인과 다를 바 없었고 무력을 사용하지 않으면 결코 명령을 듣지 않았다.

26 한편 가이우스 카니니우스 부장은 대규모의 적군이 픽토네스족 영토에 모였다는 두라티우스의 급보를 받았다. 두라티우스는 부족민들이 반란을 일으키는 동안에도 변함없이 로마와의 우호 관계를 지킨 인물이었다. 카니니우스는 즉시 레모눔으로 향했다. 우선 도시에 접근한 그는 포로들의 입을 통해, 레모눔이 수천의 병사를 이끌고 들이닥친 안데스족의 족장 둠나쿠스의 공격을 받고 있으며, 두라티우스는 레모눔 안에서 도시를 방어하고 있다는 확실한 정보를 입수했다. 카니니우스는 병력이 약화된 군단들을 섣불리 출동시키기보다는 먼저 안전한 장소에 진지를 구축했다. 둠나쿠스는 카니니우스가 가까이 다가왔다는 소식을 듣고는 전 병력을 이끌고 다가와 로마군 진지에 맹공을 퍼부었다. 며칠에 걸쳐 많은 병사들을 잃으면서 공격을 퍼부었지만 진지의 어느 곳도 돌파하지 못하자 그는 병력을 이끌고 레모눔으로 돌아갔다.

27 그동안 가이우스 파비우스 부장은 몇몇 부족을 로마의 통치 하에 복속시키고 인질을 넘겨받았다. 그리고 가이우스 카니니우스 레빌루스의 서신을 통해 픽토네스족의 영토에서 벌어지고 있는 상황을 알게 되었다. 그는 이 전갈을 받자마자 두라티우스를 도우러 달려갔다. 그러자 파비우스가 온다는 소식을 들은 둠나쿠스는 바깥쪽에서 로마군을 막아내는 동시에 도시 안의 움직임도 경계해야 하는 이중의 부담에 위험을 느끼고 즉시 병력을 철수했다. 둠나쿠스는 루아르 강을 건너기 전에는 안전하지 못하다고 판단했는데, 루아르 강은 다리를 이용하지 않으면 건널 수 없을 만큼 폭이 넓었다. 파비우스는 아직 적이 시야에 들어오지 않았고 카니니우스의 병력과 합류하지도 못했지만

그 지역을 잘 아는 자들의 도움으로 공포에 빠진 적이 지나갈 가능성이 가장 높은 곳으로 향했다.

군대를 이끌고 강행군으로 루아르 강의 다리에 접근한 파비우스는 기병을 먼저 보내 말을 지치게 하지 않는 범위 내에서 가능한 한 먼 곳까지 출동한 후 행군이 끝날 무렵 진지로 돌아오라고 명령했다. 그의 지시에 따라 아군의 기병은 둠나쿠스의 뒤를 쫓아 적의 대열을 공격했다. 무거운 짐 때문에 행동이 부자유스러웠던 적군 병사들은 아군 기병의 공격에 혼비백산하여 도망치기 시작했다. 아군은 많은 자들을 살해하고 수많은 전리품을 포획했다. 아군 기병은 전투를 성공적으로 마친 후 진지로 돌아왔다.

28 이튿날 밤 파비우스는 적의 행군을 가로막고 전투를 벌일 수 있도록 준비를 마친 후 기병을 먼저 보내 적의 대열을 따라잡게 했다. 용맹함과 확고한 판단력으로 명성이 높은 기병 대장 퀸투스 아티우스 바루스는 파비우스의 명령대로 적의 행군을 지연시키기 위해 열심히 병사들을 독려하며 적의 대열을 뒤쫓았다. 그는 적당한 여러 지점에 기병 소대들을 배치하는 한편 나머지 병력으로는 기병전을 벌였다. 적의 기병은 그들의 보병이 행군을 멈추고 그들을 지원하기 위해 다가오자 더욱 용감히 싸웠다. 양측 사이에 치열한 전투가 벌어졌다. 아군의 기병은 불과 하루 전에 손쉽게 물리쳤던 적을 두려워하지 않았을 뿐 아니라 로마 군단들이 지원하기 위해 오고 있다는 사실에 자신감이 넘쳤다. 그들은 치욕스런 퇴각을 두려워한 동시에 온전히 그들만의 힘으로 전투를 끝내고 싶은 바람으로 적의 보병에 맞서 대단히 용감하게 싸웠다. 반면에 적은 전날 전해 들은 정보에 따라 로마군 병력이 더

이상 지원되지 않을 것이라 확신하며 로마 기병을 전멸시킬 기세로 전투에 임했다.

29 싸움은 한동안 치열하게 계속되었다. 둠나쿠스는 보병을 전투 대형으로 포진시켜 언제라도 기병을 지원할 태세를 갖췄다. 그때 갑자기 밀집 대형으로 다가오는 로마 군단들이 적의 시야에 들어왔다. 아군을 보자마자 적의 기병 소대들은 우왕좌왕하고, 적진은 혼란에 빠졌으며, 수송 대열 역시 순식간에 흐트러졌다. 적은 비명을 지르며 무질서하게 도망치기 시작했다. 조금 전까지만 해도 적의 맹렬한 저항에 고전했던 아군 기병은 승리를 눈앞에 두고 사기가 충천하여 모든 병사들이 커다란 함성과 함께 퇴각하는 적을 에워싸고 공격을 퍼부었다. 그들은 추격하는 말이 지치고, 그들의 팔에 검을 휘두를 힘이 없어질 때까지 적을 추격하여 수많은 자를 살해했다. 무기를 가진 자들과 두려움 때문에 무기를 버리고 도망치는 자들까지 포함해 1만 2000명 이상의 갈리아인이 목숨을 잃었고, 그들이 수송하던 짐도 모조리 포획되었다.

30 그렇게 대패한 후 세노네스족의 드라페스라는 자가 패주하는 병력으로부터 2,000 이상의 병사를 모아 프로빈키아로 향한다는 소식이 들려왔다. 그는 갈리아 군대가 처음 반란을 일으킬 때부터 각지에서 자포자기하고 있던 병사들을 모으고, 노예들을 해방시키고, 각 부족에서 추방된 자들을 불러들이고, 도적들을 끌어모아 군대를 조직했다. 그는 이 병력을 이용해 로마군의 수송과 보급을 차단해 왔다. 또한 갈리아가 반란을 일으킨 초기에 프로빈키아를 공격하려 했던 카

두르키족의 루크테리우스도 드라페스와 공동 보조를 취하고 있었다. 카니니우스 부장은 프로빈키아가 이 무법자들의 공격에 피해를 입어 로마의 위신이 크게 손상되는 것을 막기 위해 2개 군단을 이끌고 그들을 추격했다.

31 가이우스 파비우스는 최근의 전투에서 둠나쿠스와 함께 패배를 당한 카르누테스족과 그 밖의 부족들을 정벌하기 위해 나머지 병력을 이끌고 출동했다. 그는 최근의 일로 그들이 보다 유순해졌을 것이라 확신했지만, 시간이 지나면 또 다시 둠나쿠스의 선동에 휘말릴 가능성이 있었다. 파비우스는 하늘의 도움으로 매우 신속하게 모든 부족을 로마의 통치하에 복속시켰다. 여러 번 공격을 받으면서도 한 번도 강화를 요청하지 않던 카르누테스족도 마침내 항복을 선언하고 인질을 제공했다. 파비우스와 그의 군단들이 대양에 접해 있는, 갈리아에서 가장 먼 지역에 도착하자 그곳에 거주하는 아레모리카이라 불리는 해안 부족들도 카르누테스족의 선례에 따라 즉시 파비우스에게 항복을 선언했다. 둠나쿠스는 고향에서 추방되어 사람들의 눈을 피해 혼자 떠돌다 결국 갈리아에서 가장 외진 곳으로 숨어들었다.

32 한편 카니니우스와 로마군이 다가오자, 드라페스와 루크테리우스는 프로빈키아로 들어가면 추격하는 로마군을 피하기 어려울 것이라고 판단했다. 그리고 이제는 자유롭게 돌아다니면서 마음껏 약탈할 기회도 사라졌으므로 그들은 루크테리우스의 고향인 카두르키족의 영토에 군대를 주둔시켰다. 루크테리우스는 베르킨게토릭스가 패하기 전에 그의 부족민들에게 막강한 영향력을 행사했는데, 그 여세

로 또 다시 무지한 부족민들을 선동하기 시작했다. 그는 자신과 드라페스의 군대를 앞세워 한때 그의 피보호 도시였으며 강력한 방어 시설을 자랑하는 욱셀로두눔을 점령하고, 도시 주민들을 자신의 병력에 편입시켰다.

33 가이우스 카니니우스는 강행군으로 도착했지만 도시는 사방이 깎아지른 암벽의 보호를 받고 있었다. 도시를 지키는 병력이 없다 해도 무장한 병력이 암벽을 기어 올라가는 것은 불가능했다. 그러나 도시의 주민들에게는 많은 재산이 있어 만약 그들이 몰래 재산을 빼돌리려 한다면 아군의 기병이나 군단병을 피하기는 불가능할 것이라 판단했다. 그에 따라 그는 전 대대를 세 부대로 나누고 매우 높은 지대에 3중 진지를 구축했다. 그리고 최대한의 인원을 동원해 이 진지로부터 방벽을 쌓아 도시를 포위하기 시작했다.

34 이것을 본 욱셀로두눔 안의 적은 알레시아와 똑같은 비극을 당할 것을 두려워하며 혼란에 휩싸였다. 특히 그 비극을 직접 경험한 루크테리우스는 주민들에게 식량 보급 계획을 세워야 한다고 주장했다. 결국 그들은 일부 병력을 도시에 남기고 경무장한 보병을 내보내 식량을 확보하기로 만장일치로 결정했다.

이 계획에 따라 드라페스와 루크테리우스는 이틀날 밤 2,000의 병사를 뒤에 남기고 나머지 병력과 함께 도시를 빠져나갔다. 며칠 후 그들은 카두르키족의 영토에서 많은 양의 식량을 징발했는데, 어떤 자들은 기꺼이 징발에 협조했고 어떤 자들은 강제로 식량을 빼앗겼다. 한편 적은 여러 번에 걸쳐 밤에 아군의 요새들을 습격했기 때문에 가이우스 카니니우스는 도시 전체를 둘러싸는 포위 작전을 잠시 미루기로 결정했다. 포위망을 완성하더라도 모든 곳을 지킬 수가 없었고, 모든 곳을 지키려면 각 초소의 전력이 약해질 수밖에 없었다.

35   충분한 식량을 확보한 드라페스와 루크테리우스는 도시에서 불과 15킬로미터 떨어진 곳에 진지를 구축하고 한 번에 조금씩 도시로 식량을 운반했다. 두 사람은 역할을 분담하여 드라페스는 일부 병력과 함께 진지 방어를 맡고, 루크테리우스는 식량 수송을 맡았다. 그는 곳곳에 경계병을 배치한 후 그날 밤 제10시경 무렵[7]에 좁은 숲길을 따라 식량을 수송했다.

아군 보초병이 그들의 소리를 들은 후 정찰병이 상황을 확인하고 보고하자 카니니우스는 가장 가까운 보루들의 병력을 출동시켜 동틀 무렵 식량을 수송하던 갈리아인을 급습했다. 갑작스런 재난에 부딪힌 갈리아인들은 두려움에 떨면서 경계병들이 있는 곳으로 달아났다. 적의 경계병을 발견한 아군은 더욱 맹렬히 공격하여 눈에 띄는 대로 적을 살해했다. 루크테리우스는 소수의 병사와 함께 도망쳤지만 그의 진지로 돌아가지는 못했다.

36   카니니우스는 성공적인 작전을 펼친 후 포로들을 통해 15킬로미터도 채 안 되는 곳에 적의 일부 병력이 드라페스와 함께 진지를 지키고 있다는 사실을 알아냈다. 몇몇 사람들의 진술이 일치했다. 이제 카니니우스는 한 명의 적장이 패주했고 나머지 병력도 겁에 질려 있어 쉽게 진압할 수 있음을 알게 되었다. 학살을 피해 살아남은 자들 중 누구도 진지로 돌아가 드라페스에게 패배의 소식을 전하

지 못한 것은 카니니우스로서도 미처 예기치 못한 큰 행운이었다. 이제 자신의 작전에는 어떤 위험도 없었지만, 그는 먼저 전 기병과 게르만 보병을 최대 속도로 출동시켰다. 그런 다음 1개 군단에게 그의 3중 진지를 지키게 하고, 가볍게 무장시킨 나머지 병력을 이끌고 적의 진지로 향했다.

적진 가까이 접근한 카니니우스는 먼저 보낸 정찰병들을 통해 적이 고지대를 포기하고 내려와, 야만인들의 진지가 흔히 그렇듯이, 강변의 낮은 지대에 머물고 있음을 알았다. 그 사이 아군의 기병과 게르만 병사들은 경계를 늦추고 있던 적을 급습해 공격을 퍼붓고 있었다. 이 소식을 보고받은 카니니우스는 즉시 군단을 전투 대형으로 배치했다. 사방에서 울리는 공격 신호에 맞춰 아군은 즉시 주변의 고지대를 점령했다. 로마군의 독수리기들이 펄럭이자 기병과 게르만 용병은 사기충천하여 더욱 맹렬히 적을 공격했다. 아군 병사들은 사방에서 공격을 퍼부었다. 그 결과 모든 적이 살해되거나 생포되었고 다량의 전리품이 포획되었다. 드라페스 역시 전투 중 생포되었다.

37 병력의 손실 없이 성공적으로 전투를 수행한 카니니우스는 이제 도시를 공격하기 위해 진지로 돌아왔다. 외부의 적 때문에 도시를 에워싸기 위해 병력을 분산 배치하기가 어려웠는데, 이제 그 병력이 완전히 궤멸되었으므로 카니니우스는 모든 곳의 공사를 차례로 완성하라고 명령했다. 이튿날 가이우스 파비우스가 그의 군대를 이끌

---
7. 일몰 후(저녁 6시)부터 계산하면 밤 10번째 시간은 새벽 3-4시가 된다. (옮긴이)

고 도착하여 공성 공사에 합류했다.

38 한편 카이사르는 벨가이인에게 새로운 반란의 기회를 주지 않기 위해 재무관 마르쿠스 안토니우스와 15개 대대를 벨로바키족의 영토에 남기고, 그 자신은 다른 부족들의 영토로 출발했다. 그는 더 많은 인질을 요구하는 한편 겁에 질린 부족들을 안심시켰다. 그런 다음 카르누테스족의 영토에 도착한 카이사르는 앞에서 설명한 대로 전쟁을 일으킨 그들의 죄가 특히 엄중함을 확인하고는, 부족민들의 두려움을 진정시키기 위해 즉시 전쟁의 주동자인 구트루아투스를 처형하라고 요구했다. 구트루아투스는 자신의 부족민들 사이에서도 안전을 장담할 수 없는 상황인 데다 부족민들은 최선을 다해 그를 찾아내 체포한 다음 카이사르 앞으로 끌고 왔다. 카이사르는 병사들의 강력한 요구에 따라 자신의 관대함을 접고 구트루아투스를 처형하기로 결정했다. 병사들은 전쟁 중에 겪은 모든 위험과 손실을 그의 책임으로 돌렸다. 결국 그는 죽을 때까지 매질을 당한 후 참수되었다.

39 곧이어 카니니우스로부터, 드라페스와 루크테리우스가 일으킨 반란 소식과 도시 주민들이 농성을 결의했다는 급보가 잇따라 카이사르에게 전해졌다. 비록 적은 무시해도 좋을 만큼 소수의 병력이었지만 카이사르는 그들을 가혹하게 응징할 필요가 있다고 생각했다. 한편으로는 갈리아인이 로마군에 패한 이유를 힘의 부족이 아니라 결의의 부족이라 믿는 것을 막기 위해서였고, 또 한편으로는 다른 부족들이 이 선례를 따라 유리한 지형을 믿고 자유를 선언하는 것을 막기 위해서였다. 갈리아인들은 이듬해의 원정 기간만 버티면 카이사르의

통치가 끝나 더 이상 두려워할 것이 없음을 알고 있었다.[8] 따라서 카이사르는 퀸투스 칼레누스 부장에게 2개 군단을 맡겨 보통 행군으로 그의 뒤를 따르라 명하고, 그 자신은 카니니우스와 합류하기 위해 전 기병을 이끌고 최강행군으로 이동했다.

40 카이사르는 모두의 예상을 깨고 욱셀로두눔에 도착했다. 도시는 로마군에게 철저히 포위되어 아군의 공격을 피해 달아날 곳이 전혀 없었다. 탈주자들을 통해 도시 안에 풍부한 식량이 있음을 알게 된 카이사르는 적의 물길을 차단하는 일에 주력했다. 욱셀로두눔에 물을 공급하는 강은 도시를 떠받치고 있는 산을 감싸며 깊은 계곡을 흐르고 있었고 계곡 양쪽으로는 가파른 경사가 이어졌다. 지형의 특성상 수로를 파서 물길을 돌리는 것은 불가능해 보였다. 그러나 도시 주민들이 강으로 내려가는 길은 매우 가파르고 험했기 때문에, 아군 병사들이 간단한 방법으로 길을 차단하면 적은 치명적인 위험에 노출된 채로 가파른 경사를 다시 올라갈 수밖에 없었다. 그에 따라 카이사르는 가장 쉬운 내리막길을 공격할 수 있는 몇몇 지점에 궁수와 투석병을 배치하고 투척기들을 설치했다. 이렇게 해서 그는 도시의 물 공급을 차단했다.

41 성벽 아래쪽에는 모든 도시 주민들이 물을 구하는 또 다른 장소가 한 군데 있었다. 도시를 감싸고 흐르던 강이 도시에서

---

[8]. 카이사르의 갈리아 총독 임기에 대해서는 당시에나 지금이나 논쟁이 분분하다. 그러나 그의 마지막 원정 시기는 기원전 50년 여름이었다.

멀어지는 곳에 강으로 둘러싸이지 않은 약 90미터 폭의 공간이 있었는데, 바로 여기에 큰 샘이 하나 있었다. 모든 병사가 그 길을 차단하고 싶어 애를 태웠지만 카이사르만이 그 방법을 찾아냈다. 카이사르는 적의 끊임없는 공격을 견디면서 이동식 엄호차들을 동원해 반대편 경사면에 토루를 쌓았다. 적은 유리한 고지에서 달려 내려와 충분한 거리를 유지하고 쉴 새 없이 공격을 퍼부었다. 토루를 쌓던 많은 병사들이 부상을 당했지만 아군은 지형상의 불리함을 극복하면서 엄호차를 밀고 토루를 쌓아 나갔다. 그와 동시에 아군은 샘을 향해 땅굴을 팠는데 이 작업은 적의 의심을 불러일으키지 않고 은밀히 진행되었다. 어느덧 18미터 높이의 토루가 완성되자 병사들은 다시 그 위에 10층의 탑을 쌓았다. 이것은 성벽과 같은 높이에 도달하기 위해서가 아니라(그것은 불가능했다.) 그 샘보다 높은 지점을 확보하기 위해서였다. 마침내 샘으로 이어진 통로를 향해 아군의 투석기에서 무기가 발사되자 도시 주민들은 안전하게 물을 구하기가 불가능해졌다. 이제 가축과 짐말은 물론이고 모든 사람이 갈증에 시달리기 시작했다.

42 예상치 못한 재난에 놀란 적은 쇠기름, 역청, 돌 등을 담은 통에 불을 붙여 경사 아래로 굴리기 시작했다. 그와 동시에 아주 맹렬한 공격을 가했기 때문에 우리 병사들은 방어를 하느라 진화 작업을 펴지도 못했다. 갑자기 아군 토루 한가운데서 커다란 불길이 치솟았다. 위에서 굴러 내려온 통들이 토루와 엄호차에 걸려 쌓인 후 한꺼번에 불타올랐기 때문이다. 그러나 아군 병사들은 불리한 위치에서 싸워야 하는 어려움 속에서도 놀라운 용맹함으로 각자의 위치를 지켰다. 이 전투는 모든 병사가 볼 수 있는 높은 지대에서 벌어졌기 때문에 양

쪽 진영에서는 쉴 새 없이 큰 함성이 터져나왔다. 아군 병사들은 모두가 보는 전장에서 자신의 용맹함을 과시하거나 입증하기 위해 적의 무기와 불길을 헤치며 용감하게 싸웠다.

43 카이사르의 눈앞에서 많은 병사들이 부상을 입고 쓰러졌다. 그는 몇 개 대대의 병사들에게 마치 성벽을 공격할 것처럼 힘껏 함성을 지르면서 도시의 가파른 언덕을 기어오르는 척하라고 명령했다. 이 작전이 적을 공포에 빠뜨렸다. 토루를 공격하던 갈리아 군대는 성벽 쪽에서 일어나는 일을 추측할 수밖에 없었기 때문에 즉시 공격을 멈추고 성벽으로 달려갔다. 이렇게 해서 아군 병사들은 전투를 끝내고 공성 시설에 붙은 불을 끄거나 불타고 있는 부분을 잘라낼 수 있었다. 적은 많은 자들이 갈증으로 죽어가는 상황에서도 이에 굴하지 않고 완강한 저항을 계속했다. 그러나 아군이 판 땅굴들 때문에 땅속의 수로가 바뀌어 지금까지 한 번도 마른 적이 없었던 샘이 바닥을 드러내고 말았다. 이제 희망을 포기한 도시 주민들은 이 모든 것이 사람의 힘이 아니라 신들의 뜻이라 믿고 순순히 패배를 인정했다.

44 카이사르의 관대함은 널리 알려져 있었다. 따라서 그가 어느 정도 가혹한 행동을 보인다 해도 사람들은 그것을 카이사르의 타고난 잔인성 때문이라고는 생각하지 않을 것이고, 이런 반란을 꾀하는 다른 부족들에게도 어느 정도 전시 효과가 있을 것이라고 카이사르는 생각했다. 그는 일벌백계의 의미로 도시 주민들을 벌하여 또 다른 반란을 억제하기로 결정하고, 이에 따라 사람들의 목숨은 살려주되 무기를 들고 대항한 자들의 손목은 잘랐다.

앞서 말한 대로 카니니우스에게 붙잡힌 드라페스는 자유를 빼앗긴 굴욕과 슬픔에, 게다가 가혹한 처벌에 대한 두려움까지 겹쳐 여러 날 동안 음식을 거부하다 목숨을 잃었다. 한편 전장에서 도망친 루크테리우스는 한 곳에 오래 머무는 것이 위험하다는 생각에 카이사르의 증오를 피해 여러 곳을 전전했다. 그는 여러 사람을 찾아다니며 자신의 목숨을 의탁했지만 결국에는 로마의 충실한 친구인 아르베르니족의 에파스낙투스라는 자에게 체포되어 카이사르에게 끌려왔다.

45 한편 라비에누스는 트레베리족의 영토에서 기병전을 벌여 승리를 거두고 트레베리족과 다수의 게르만인을 살해했다. 지금까지 이들은 로마에 대항하는 자는 그 누구에게나 지원을 아끼지 않았다. 라비에누스는 또한 여러 명의 적장들을 생포했다. 그들 중에는 하이두이족 출신의 수루스라는 자가 있었는데, 뛰어난 용기와 훌륭한 혈통을 지닌 그는 하이두이족 중에서 유일하게 끝까지 무기를 들고 로마에 저항한 자였다.

46 이 소식을 들은 카이사르는 전쟁이 모든 곳에서 순조롭게 진행되고 있음을 확인하고는, 지난 몇 해 동안의 원정을 통해 이제 갈리아를 완전히 정복했다고 판단했다. 그러나 아퀴타니아 지방은 푸블리우스 크라수스를 통해 일부 지역은 정복했지만 직접 본 적은 없었기 때문에 그곳으로 건너가 마지막 원정기의 남은 여름을 보내기로 결정했다. 지금까지의 모든 일이 그랬듯이 이 일도 신속하고 성공적으로 해결되었다. 아퀴타니아의 모든 부족들이 카이사르에게 사절을 보내고 인질을 바쳤기 때문이다. 그런 후 카이사르는 기병의 호위를 받

으며 나르보로 향했다.

그는 부장들에게 동영지를 배정했다. 우선 세 명의 부장인 마르쿠스 안토니우스, 가이우스 트레보니우스, 푸블리우스 바티니우스에게 4개 군단을 맡기고 벨가이의 동영지에 배치했다. 그 밖의 2개 군단은 전 갈리아에서 가장 큰 세력을 가진 하이두이족의 영토로 보냈고, 또 다른 2개 군단은 카르누테스족의 영토에 인접해 있는 투로니족의 영토에 배치해 대양에 인접한 지역 전체를 통제하게 했다. 마지막으로 나머지 2개 군단은 아르베르니족의 땅과 가까운 레모비케스족의 영토에 배치했다. 이로써 전 갈리아 지역이 로마의 지배를 받게 되었다.

카이사르는 며칠 동안 프로빈키아에 머물렀다. 그는 여러 도시를 바쁘게 돌아다니면서 분규를 처리하고 공적에 따라 적절한 보상을 분배했다. 이 과정에서 카이사르는 갈리아에서 전쟁이 일어났을 때 프로빈키아의 모든 주민들이 얼마나 충성스럽게 그를 지원했는지 알게 되었다. 모든 업무를 마친 후 그는 군단들이 머물고 있는 벨가이로 돌아가 네메토켄나에서 겨울을 보냈다.

47 그곳에서 카이사르는 아트레바테스족의 콤미우스가 로마군과 기병전을 벌였다는 보고를 받았다. 안토니우스가 벨가이의 동영지에 도착했을 때 아트레바테스족은 여전히 로마에 충성했지만, 앞에서 말한 대로 볼루세누스와의 회담에서 머리에 부상을 입은 콤미우스는 언제나처럼 부족을 선동하고 소란을 일으키며 반란의 주도자처럼 행세했다. 이제 아트레바테스족은 로마에 복속되었음에도 그와 그의 지지자들은 기병을 이끌고 다니며 습격을 자행했다. 그는 길 옆에 잠복해 있다가 로마군의 동영지로 가는 사절단을 약탈하곤 했다.

48 　기병대장 가이우스 볼루세누스 콰드라투스는 안토니우스의 동영지에 배정되어 있었다. 안토니우스는 그를 보내 적의 기병을 추격하게 했다. 볼루세누스는 자신의 타고난 용맹함에 콤미우스에 대한 적개심까지 더해 안토니우스의 명령을 더욱 충실히 수행했다. 그는 은밀한 곳에 매복했다가 콤미우스의 기병대를 급습해 승리를 거두었다. 콤미우스를 사로잡기 위해 평소보다 더욱 맹렬히 싸우던 볼루세누스는 그를 집요하게 추격하는 와중에 몇 명의 병사들과 함께 너무 먼 곳까지 나가고 말았다. 열심히 도망치던 콤미우스는 볼루세누스를 충분히 유인한 후 갑자기 말을 세우고 그의 병사들에게, 볼루세누스에게 억울하게 당한 부상에 대해 복수를 해야 한다고 호소했다. 그가 말을 돌려 볼루세누스를 향해 무모하게 돌진하자 그의 기병들도 모두 방향을 돌려 얼마 안 되는 아군 병력을 추격하기 시작했다. 콤미우스는 전속력으로 말을 달려 볼루세누스의 뒤로 접근해 그를 향해 창을 겨눈 다음 온힘을 다해 볼루세누스의 허벅지를 찔렀다.

　로마의 지휘관이 부상을 당하자 아군 병사들은 지체 없이 말 머리를 돌려 적을 공격하기 시작했다. 아군의 맹렬한 공격에 많은 병사들이 말에서 떨어지거나 추격하는 아군의 말발굽에 밟혀 부상을 입고 생포되었지만, 콤미우스는 빠른 말 덕분에 무사히 도망쳤다. 결국 아군의 기병은 훌륭한 전과를 거두었지만 볼루세누스는 생명이 위태로울 정도로 심각한 부상을 입고 진지로 돌아왔다. 콤미우스는 복수를 한 것에 어느 정도 만족하기도 했고, 한편으론 너무 많은 추종자를 잃어 더 이상 싸움을 벌이지 않기로 결정했다. 그는 안토니우스에게 사절과 인질을 보내 안토니우스가 지정하는 곳에 머물 것과 그의 명령에 따를 것을 맹세한 다음, 그가 두려워하는 한 가지 요구 조건을 수락해 달라고 요청했다. 다름 아닌, 로마군이 있는 곳에 절대로 그를 불러들이지 말라는 것이었다. 안토니우스는 그의 두려움과 요구가 정당하다고 판단하여 그의 요청을 수락하고 인질을 받아들였다.

> 나는 카이사르가 해마다 별개의 회고록을 작성한 사실을 잘 알고 있지만, 여기에서는 그의 방식을 따르지 않기로 했다. 루카우스 파울루스와 가이우스 마르켈루스가 집정관이던 해[9]에는 갈리아에 별다른 사건이 일어나지 않았기 때문이다. 그러나 당시에 카이사르와 그의 군대가 어디에 주둔했는지를 모르는 사람들을 위해 나는 짤막한 글을 추가하고자 한다.

49 카이사르가 벨가이에서 겨울을 보낸 의도는 그곳 부족들과 우호 관계를 유지하고, 누구에게도 전쟁을 일으킬 여지나 동기를 허락하지 않으려는 것이었다. 카이사르가 그곳을 떠나자마자 또 다른 전쟁이 시작되는 것은 그가 무엇보다 원하지 않는 상황이었다. 실제로 로마군이 철수하면 전 갈리아가 아무런 제약 없이 새로운 전쟁에 뛰어들 위험이 존재했다. 그래서 그는 모든 부족을 존중하고 부족장들에게 많은 선물을 제공하는 동시에 새로운 부담을 주지 않았다. 이렇게 해서 그는 여러 번의 패배로 기력을 소진한 갈리아 부족들을 보다 쉽게 복종시키고 로마에 더욱 순종하게 만들었다.

---

9. 기원전 50년을 말한다.

임박한 내전

50 겨울이 지나자 카이사르는 평소의 관례를 깨고 강행군으로 이탈리아로 향했다. 그는 그곳의 여러 자유 도시와 식민 도시에 그의 재무관 마르쿠스 안토니우스의 사제직을 추천해 놓은 상태였다.[10] 입후보를 위해 먼저 떠난 안토니우스의 뒤를 따라 이탈리아에 도착한 카이사르는 이 절친한 친구를 위해 기꺼이 자신의 영향력을 행사하고, 소수 분파의 힘[11]에 맞서 싸우기로 결심했다. 그들은 카이사르가 속주를 떠난 후 그의 세력을 전복시키기 위해 안토니우스가 패하기를 바라고 있었다.

이탈리아에 도착하기도 전에 안토니우스가 복점관[12]에 선출되었다는 소식이 들려왔지만 그래도 자유 도시와 식민 도시를 방문할 이유가 있었다. 즉 안토니우스를 전폭적으로 지지해 준 것에 대한 감사를 표하기 위해서였다. 뿐만 아니라 이듬해에 벌어질 선거[13]에 그 자신을 추천하려는 목적도 있었다. 루키우스 렌툴루스와 가이우스 마르켈루스가 집정관에 선출된 이후로[14] 카이사르의 정적들은 그의 직위와 명성을 깎아내리며 교만하게 웃고 있었다. 그들은 세르비우스 갈바가 높은 인기에 힘입어 많은 표를 얻었음에도 카이사르의 친구이자 부장이라는 이유로 그에게서 집정관직을 빼앗아 간 자들이었다.

51 카이사르가 도착하자 자유 도시와 식민 도시 모두가 놀라움을 금치 못할 정도로 존경과 애정을 표하며 그를 맞이했다. 그것이 전 갈리아를 평정한 후의 첫 번째 방문이기 때문이었다. 그들은 생각해 낼 수 있는 온갖 수단을 동원하여 카이사르가 지나갈 모든 성문

과 도로와 건물들을 화려하게 장식했다. 모든 시민들이 그를 보기 위해 자녀들을 데리고 몰려나왔고, 곳곳에서 동물을 바치고 제사를 올렸다. 오랫동안 기대해 온 개선의 기쁨을 만끽하기 위해 시장과 사원에는 만찬 침상[15]이 가득 놓였다. 부유한 자들은 관대함을 베풀었고, 가난한 자들은 기쁨과 열정으로 보답했다.

52 카이사르는 빠른 속도로 갈리아 키살피나의 모든 지역을 방문한 후 그의 군대가 머물고 있는 네메토켄나로 돌아와 동영지들에 있는 병력을 트레베리족의 영토로 출동시키고 그 자신도 그곳으로 이동했다. 목적지에 도착한 카이사르는 군대의 분열식을 참관했다.[16] 카이사르는 티투스 라비에누스에게 갈리아 키살피나를 맡겨 이듬해 집정관에 입후보할 때 자신에 대한 지원을 강화하게 했다. 그 자신은 군단병들이 체력을 유지하는 데 필요하다고 생각되는 만큼 거리를 정해 행진을 계속했다.

이렇게 행진하는 동안 카이사르의 정적들이 라비에누스를 매수하고 있다는 소문과 함께, 몇몇 사람들이 원로원의 포고를 이용해 카이사르의 군대 일부를 제거할 의도로 그런 일을 조종하고 있다는 소식이 들려

---

10. 자유 도시는 기원전 90년 율리안 법에 따라 시민권을 갖게 되었다. 식민 도시에는 로마 시민들이 거주했다. 안토니우스가 복점관에 선출되려면 시민들의 표가 필요했다.
11. factio et potentia paucorum: 문자 그대로 번역하면 〈소수 사람들의 분파와 권력〉이 된다. 이 표현에는 공화정 후기의 정치 투쟁이 반영되어 있다.
12. 점을 치고 예언하는 일을 관장하는 직책이다.
13. 집정관 선거를 말한다.
14. 기원전 49년에는 렌툴루스와 마르켈루스가 집정관에 선출되었다.
15. 트리클리니아triclinia: 세 명이 누워 저녁 식사를 할 수 있는 침상이다.
16. 루스트룸lustrum: 종전을 선언하기 위한 일종의 정화 의식으로 매년 다섯 명의 감찰관이 집전했다.

왔다. 그러나 카이사르는 라비에누스에 대한 그 어떤 이야기도 믿지 않았고, 원로원의 포고에 대처하라는 설득에도 귀를 기울이지 않았다. 그는 원로들이 자유롭게 의견을 표명할 수 있는 자리에서 충분히 자신의 입장을 관철시킬 수 있다고 생각했다. 이미 호민관인 가이우스 쿠리오가 카이사르의 입장과 그의 명성을 옹호하면서 원로원에 다음과 같은 안을 내놓은 상태였다. 즉 "카이사르의 군대가 두렵다면 폼페이우스의 독재도 공화정에 적지 않은 위협이 되고 있다. 그러므로 두 사람 모두 무기를 버리고 군대를 해산시키도록 하라. 이렇게 하면 로마의 자유와 독립을 지킬 수 있을 것이다."라는 주장이었다.

쿠리오는 이 안을 표결에 붙여 원로원의 포고를 이끌어내려 했기 때문에 이것은 결코 공허한 약속이 아니었다. 그러나 두 집정관과 폼페이우스의 측근 세력이 개입하여 논의를 막고 회의를 무산시켰다.

53

이것은 지금까지의 원로원 입장과도 일치하는 것으로, 이제 그들의 전체적인 입장이 분명해졌다. 지난해에 마르켈루스는 카이사르의 명성을 깎아내리려는 욕심에, 폼페이우스와 크라수스의 법[17]을 위반하면서까지 카이사르의 속주 문제를 원로원에 제출했다. 그는 카이사르에 대한 질시에 사로잡혀 어떻게든 자신의 명성을 쌓아보려 했지만 원로원은 투표를 통해 그의 제안[18]을 거부했다. 카이사르의 적들은 이 실패에 굴하지 않았지만, 원로원이 그들의 제안을 승인하도록 만들기 위해서는 보다 유리한 상황이 필요하다는 것을 알게 되었다.

54

곧이어 원로원은 폼페이우스와 카이사르에게 각자 1개 군단씩을 파르티아 전쟁에 파견할 것을 명하는 포고를 통과시켰다.[19] 그러나 두 군단 모두 카이사르에게서 차출될 것이 분명했다. 폼페이우스가 파견하려는 1군단은 그가 카이사르의 속주에서 모집한 후 카이사르에게 빌려준, 사실상 카이사르의 군단이었기 때문이다. 카이사르는 정적의 의도를 훤히 알고 있었지만 그 군단을 폼페이우스에게 돌려보냈다. 그리고 원로원의 포고에 따라 그 자신의 군단으로는 갈리아 키살피나에 주둔하고 있던 15군단을 파견했다. 그는 15군단의 빈자리를 메우기 위해 13군단을 이탈리아로 불러왔다. 카이사르는 군단들의 동영지를 재배치하여 가이우스 트레보니우스를 4개 군단과 함께 벨가이로 보내고, 가이우스 파비우스에게 같은 수의 군단을 맡겨 하이두이족의 영토로 보냈다. 여기에는 용맹함이 드높은 벨가이인과 영향력이 높은 하이두이족을 로마군의 지배하에 두면 갈리아 전체가 평온할 것이라는 판단이 담겨 있었다. 그런 후 카이사르는 이탈리아로 향했다.

55   이탈리아에 도착한 카이사르는, 원로원의 포고에 따라 파르티아로 파병하기로 했던 그의 2개 군단이 가이우스 마르켈루스에 의해 폼페이우스에게 인계된 후 이탈리아에 머물고 있다는 사실을 알게 되었다. 이로써 카이사르를 해치려는 계획이 진행되고 있음을 확실히 알 수 있었다. 그러나 카이사르는 이 문제를 무력보다는 법에

---

17. 두 사람이 기원전 55년에 집정관을 지냈기 때문에 그렇게 불리지만, 사실 그것은 카이사르에게 갈리아 총독의 두 번째 임기를 허락한 트레보니우스 법이었다.
18. 카이사르를 총사령관에서 해임하여 본국으로 소환하자는 제안이었다.
19. 카시우스 디오의 확인에 따르면, 카이사르와 공동 집정관을 지냈던 비불루스가 수행하는 파르티아 전쟁은 이미 끝났으며, 따라서 그것은 카이사르로부터 2개 군단을 빼앗기 위한 구실이었다고 한다. 이 문제가 내전의 불씨가 되었다.

따라 해결할 수 있다는 희망을 버리지 않고 그 모든 일을 감수하기로 결정했다. 그는 …… 라고 적었다.[20]

— 『내전기』에서 계속 —

---

20. 이 부분에서 몇 단어가 유실된 것이 분명하다. 한 학자는 이 문장을 카이사르가 원로원에 보내는 급보를 썼다는 내용으로 완성한다. 이 문장이라면 『내전기』의 첫머리로 쉽게 넘어갈 수 있다.

옮긴이의 글

2000년을 뛰어넘은 감동

이 책은 H. J. 에드워즈가 9세기부터 12세기 사이에 발행된 6권의 『갈리아 전쟁기』 라틴어 원본을 비교하면서 영어로 번역한 라틴어-영어 판본인 『*Caesar: The Gallic War*』(Harvard University Press)를 주 텍스트로 삼아 번역했다. 그러나 번역의 정확성을 최대한 높이기 위해 현재 나와 있는 영역본 4권을 비교해 가면서 번역했고, 또 라틴어 단어 설명과 함께 풍부한 해설과 그림이 담긴 라틴어 판본 『*Commentarii De Bello Gallico*』(D. C. Heath & CO., Publishers)도 함께 참고했다. 대부분의 영역본은 내용상의 흐름과 문체에 큰 차이가 없었지만 이따금씩 세부적인 사항에서 차이를 보이곤 했다. 이럴 경우에는 주 텍스트의 내용을 채택하는 것을 원칙으로 삼았으며, 때로는 보다 정확한 내용을 위해 다수 판본의 내용을 따르기도 했다.

문체로 말하자면, 카이사르의 라틴어 원문의 가장 큰 특징인 간결함, 솔직함, 명료함이 드러나도록 번역하고자 노력했다. 다시 말해 "알몸이고 순수하며…… 미사여구를 죄다 벗어던진" 문체로 번역하기 위해, 우선 최대한 문법에 맞는 우리말을 구사하고자 했고(가장 기본이 되는 원칙이라 생각한다), 개념들과 이미지들의 논리적 순차적 관계를 정확히 제시하고, 행위와 행위 주체 그리고 대상과의 관계를 명확히 드러내고자 노력했다. 이것은 생각보다 어렵지 않았다. 대부분의 문장이 간결하고 명확한 카이사르의 문체를 잘 반영하고 있었기 때문이다.

문체의 두 번째 특징으로써, 카이사르의 글은 라틴어 교본으로 사용되는 것 외에도 오랜 세월 동안 대중들의 사랑을 한몸에 받아왔다. 이것은 당연히 그의 글에서 배어나는 수사학적 풍미와 충실한 세부 묘사에서 오는 결과일 것이다. 따라서 이 책에서는 카이사르의 비유와 풍자가 섞인 어법을 놓치지 않기 위해 노력했으며, 공성 공사와 진지 공사, 전투의 전개 과정 등을 가급적 정확히 이해하여 번역하려고 노력했다.

마지막으로 직접화법과 간접화법은 가급적 원문에 맞춰 카이사르의 차분하고 냉철한 육성을 전달하는 데 중점을 두고 원문의 화법 그대로 번역하고자 했으나, 일부는 독자들의 이해를 돕고 내용의 흐름을 명확히 전달할 필요성이 있어 직접화법으로 바꿔 번역하기도 했다.

옮긴이 주로 말하자면 원문 자체가 워낙 명료하고 정확했으며 영역본의 주들이 훌륭했기 때문에 문맥과 사실 관계를 이해하는 데 꼭 필요하다고 간주되는 것들로만 한정했다.

동서고금의 명문으로 통하는 카이사르의 『갈리아 전쟁기』를 번역하게 된 것은 옮긴이로서 큰 영광이자 부담이었다. 4권의 영역본을 비교하며 번역해야 했고 또한 기존에 번역되어 있는 정보들도 제각각인 경우가 많았기 때문에 정보의 부족 또는 과잉으로 번역하는 펜이 흔들릴 때가 종종 있었다. 그러나 2000년을 뛰어넘어 전해지는 생생한 전율과 감동 덕분에 최후의 한 문장까지 즐겁고 기쁘게 번역할 수 있었다. 또한 역자의 모든 부족함에도 용기를 내어 번역을 마칠 수 있었던 것은 주위 사람의 친근한 격려 덕분이었다. 모든 분들께 감사드린다.

2005년 여름
김 한 영

카이사르 연표

기원전 100년   7월 12일 아버지 율리우스 카이사르와 어머니 아우렐리아 사이에서 외아들로 태어났다. 7월을 가리키는 영문 July는 그의 이름에서 유래되었다.

86년 _14세   민중파인 고모부 마리우스의 후광으로 사제직에 선출된다.

84년 _16세   아버지가 돌아가셨으며, 민중파 킨나의 딸 코르넬리아와 결혼한다.

82년 _18세   원로원파인 술라의 이혼 명령을 거부하고 소아시아로 도피하여 군에 입대한다.

80년 _20세   레스보스 공방전에서 아군을 구한 공로로 떡갈나무 잎으로 만든 〈시민관市民冠〉을 수여받는다.

78년 _22세   로마로 돌아와 변호사로 개업하여 소아시아 속주 총독을 지낸 바 있는 돌라벨라를 부정 축재 혐의로 기소했으나 키케로에게 참패해 변호사로서 참담한 실패를 겪는다.

76년 _24세   로도스 섬으로 가는 도중 해적에게 붙잡혀 인질이 되었으나 몸값을 지불하고 풀려난 뒤 군사를 빌려 해적을 소탕하고 모두 처형했다.

74년 _26세   제사장에 선출된다. 동시에 대대장으로도 선출되어 어느 군단에 지원하든 대대를 지휘할 수 있는 자격을 획득한다.

69년 _31세   재무관(또는 회계감사관)에 선출되어 정치 경력의 첫발을 내딛고 히스파니아에서 1년 임기를 보낸다. 이후 원로원 의석을 차지하게 된다.

68년 _32세   로마 귀국 후 첫 번째 아내 코르넬리아의 죽음을 겪는다.

67년 _33세   폼페이아와 두 번째 결혼을 한다.

65년 _35세   공공 시설물을 관리하고 국가 행사를 감독하는 안찰관에 선출된다. 자비를 들여 도시 시설을 수리하고 검투사 대회도 개최한다.

63년 _37세   최고 제사장에 선출된다. 카틸리나 역모 사건에 대해 원로원에서 연설을 했으나 받아들여지지 않는다. 민중파 입장을 확실히 한다.

62년 _38세   법무관에 선출된다. 두 번째 아내와 이혼한다.

61년 _39세   전직 법무관 자격으로 히스파니아 남부 총독으로 부임한다.

60년 _40세   폼페이우스, 크라수스와 제1차 삼두 동맹을 맺는다.

59년 _41세   삼두 동맹을 배경으로 로마 공화정의 최고 자리인 집정관에 선출된다. 딸 율리아가 폼페이우스와 결혼한다. 카이사르 자신은 원로원파 피소의 딸과 세 번째 결혼을 한다. 공직자 윤리법, 농지법, 조세법 등 각종 개혁 법안을 채택한다.

58년 _42세 갈리아 속주 총독으로 기원전 50년까지 8년 동안 갈리아 전쟁을 수행한다. 이 과정에서 두 차례에 걸쳐 라인 강을 건너 게르만인을 침공하고 역시 두 차례 도버 해협을 건너 브리타니아 섬을 침공했으며 수많은 갈리아 부족들과 전투를 벌여 갈리아 지방을 서서히 정복해 나간다.

55년 _45세 어머니 아우렐리아가 세상을 떠난다.

54년 _46세 폼페이우스와 결혼한 딸 율리아가 세상을 뜨게 되면서 삼두동맹이 점차 소원해진다.

53년 _47세 크라수스가 전사함으로써 삼두 동맹이 깨지고 원로원의 지지를 받게 된 폼페이우스와 마찰을 빚기 시작한다.

52년 _48세 갈리아의 젊은 반란군 베르킨게토릭스의 주도로 일어난 갈리아 대반란을 진압하여 사실상 전 갈리아를 정복한다.

49년 _51세 군대 해산을 명하는 원로원 포고가 결의되자 "주사위는 던져졌다!"는 말과 함께, 1월 12일 1개 군단을 이끌고 갈리아와 이탈리아의 경계인 루비콘 강을 건너 로마로 진격해 반기를 든다. 1월 17일 폼페이우스는 로마를 탈출한다.

48년 _52세 3개월 동안의 디라키움 공방전에서는 패배하였으나, 9월 폼페이우스가 알렉산드리아에서 살해되면서 내전은 새로운 양상을 띠게 된다. 알렉산드리아로 간 후 이집트 왕위 계승에 휘말려 이듬해까지 알렉산드리아 전쟁을 치른다. 전쟁에서 승리한 후 클레오파트라를 왕위에 올리고 그녀와의 사이에서 아들 카이사리온이 태어난다.

47년_53세 소아시아에서 파르나케스를 격파한 후 "왔노라, 보았노라, 이겼노라."의 세 마디로 된 보고서를 원로원에 보낸다. 『내전기』를 완성한다. 로마로 돌아와 독재관에 임명된다.

46년_54세 폼페이우스의 잔여 세력을 아프리카에서 소탕하고 원로원 지배 체제를 종식시킨다.

45년_55세 폼페이우스의 두 아들을 히스파니아에서 격파하고 5년에 걸친 내전에 종지부를 찍었다. 제정帝政으로 바꾸기 위한 각종 개혁 작업을 착수한다.

율리우스력을 채택하고, 해방된 노예에게 관직을 주고, 포로 로마노를 새롭게 개발하는 각종 공공 사업을 추진하고, 새 화폐도 발행한다.

44년_56세 종신 독재관으로서 각종 권력이 그에게 집중되자 공화정 지지파에 의해 원로원 회의장인 폼페이우스 극장에서 암살되어 생을 마친다.